Grigori Grabovoi

SALVATOR MUNDI
LA RESURREZIONE DEGLI UOMINI E LA VITA ETERNA ORA SONO LA NOSTRA REALTÀ!

Work "La resurrezione degli uomini e la vita eterna ora sono la nostra realtà!" è stato creato da Grigori Grabovoi nel 2000, 2001

2015

Grigori Grabovoi
Salvator Mundi - La resurrezione degli uomini e la vita eterna ora sono la nostra realtà! – Edizioni L'Arcipelago – 392 pp.
ISBN 978-88-89517-30-7

Work "La resurrezione degli uomini e la vita eterna ora sono la nostra realtà!" è stato creato da Grigori Grabovoi nel 2000, 2001.

Il libro è stato tradotto dalla lingua russa in lingua italiana dalla "Permanent Creation Limited".
"La redazione del testo è di Edizioni L'Arcipelago"

www.edizionilarcipelago.it

Tutti i diritti riservati.
Nessuna parte di questo libro può essere riprodotta, memorizzata su supporto informatico o trasmessa in qualsiasi forma e da qualsiasi mezzo senza un esplicito e preventivo consenso da parte dell'editore.

GRIGORI GRABOVOI®
© Грабовой Г.П., 2001
© Grabovoi G.P., 2001
© GRIGORI G.P. 2012

ISBN 978-88-89517-11-6   Traduzione italiana

CONTENUTO

INTRODUZIONE..7

CAPITOLO I. EPISODI CONCRETI DI RISUSCITAMENTO DI ESSERI UMANI..29

   1..31
   2..41
   3..62
   4..68

CAPITOLO II. PRINCIPI FONDAMENTALI DEL RISUSCITAMENTO..71

   1..73
   2..95
   3..110
   4..163

   RIASSUNTO DEI PRINCIPI FONDAMENTALI DEL RISUSCITAMENTO..184

CAPITOLO III. METODI PER IL RISUSCITAMENTO DEGLI ESSERI UMANI..191

CAPITOLO IV. PRINCIPI DEL RISUSCITAMENTO E VITA QUOTIDIANA..233

   §1. LA NUOVA MEDICINA COME UNA DELLE CONSEGUENZE DEI PRINCIPI DEL RISUSCITAMENTO..238

   §2. I PRINCIPI FONDAMENTALI DELLA NUOVA MEDICINA, LA MEDICINA DEL FUTURO E DEL PRESENTE..264

   §3. LE TESTIMONIANZE CONCRETE DELLA GUARIGIONE DA MALATTIE CONSIDERATE INGUARIBILI..274

   §4. IL SALVATAGGIO DEGLI UOMINI GRAZIE

ALLA PREVENZIONE DEGLI INCIDENTI E ALLA PREVISIONE PREVENTIVA DEGLI AVVENIMENTI POLITICI, ECONOMICI E SOCIALI. I CASI CONCRETI 281

§5. I FENOMENI DI MATERIALIZZAZIONE E DEMATERIALIZZAZIONE. FATTI CONCRETI.........290

§6. L'UTILIZZO DEI DISPOSITIVI TECNICI AI FINI DEL RISUSCITAMENTO DEI DEFUNTI E DELLA RICOSTRUZIONE DEGLI ORGANI MANCANTI........304

§7. LA CURA DI QUALSIASI MALATTIA GRAZIE ALLE SEQUENZE NUMERICHE 312

§8. I METODI PER LA CREAZIONE DI QUALSIASI MATERIA SULLA BASE DELLA NOSTRA COSCIENZA 320

CONCLUSIONE..329

ALLEGATO (F). Il fenomeno della resurrezione.................347

ALLEGATO (G). Gli esercizi per ogni giorno del mese per lo sviluppo della coscienza, lo sviluppo degli avvenimenti nella direzione favorevole, il recupero della salute completa e l'instaurazione dell'armonia con la pulsazione dell'universo.........353

POSTFAZIONE..387

INTRODUZIONE

INTRODUZIONE

In questo libro racconterò la mia attività pratica di risuscitamento di persone. Si può parlare di risuscitamento o di ristabilimento non solo di persone, ma anche di animali, di piante e di oggetti di qualsiasi altro tipo, ma in questo libro, in generale, parlerò solo del risuscitamento di persone.

Per molti il risuscitamento è un qualcosa di simbolico, anche se, a livello dell'Anima, ognuno percepisce il risuscitamento come una realtà del Mondo esistente in qualsiasi tempo. Tuttavia molti devono ancora evolversi per arrivare alla percezione del Mondo a livello dell'Anima, e per questo motivo essi non interpretano ancora la parola "risuscitamento" in senso letterale, come invece in realtà, bisognerebbe interpretarla. Quando una persona ha delle concezioni di questo genere deve fare degli sforzi per capire come un'altra persona, che se ne è "andata", all'improvviso possa realmente ritornare.

Il problema consiste nel fatto che ci sono delle persone che volontariamente non riflettono su come sia strutturato il Mondo, su quali siano le sue leggi, su che cosa sia la vita. Per cui, oltre al risuscitamento, riescono ad essere accettati solo con stupore anche molti altri fatti, come per esempio, le guarigioni dall'AIDS e dal cancro all'ultimo stadio da me effettuate (per di più senza contatto e a distanza); il controllo del tempo atmosferico; i casi di indicazione esatta di guasti e difetti di apparecchiature tecniche di qualsiasi livello di complessità, anche su oggetti che si trovavano nello spazio; la materializzazione e la smaterializzazione di oggetti diversi; il controllo di computer a distanza tramite la forza del pensiero; la modifica del passato, del presente e del futuro; l'intercettazione di una conversazione fra persone a qualsiasi distanza ed in qualsiasi lingua; e molti altri fatti ancora. Tutti questi fatti sono confermati da documenti ufficiali e formano ormai parecchi volumi. Molti di questi fatti possono essere interpretati come dei miracoli, ma bisogna tenere presente la seguente osservazione: come è noto, il miracolo non contraddice le leggi della Natura, il miracolo contraddice i concetti che noi abbiamo delle leggi della Natura.

È giunto il momento di cambiare i concetti ormai solidificatisi relativi al Mondo che ci circonda e alla sua struttura. È tanto più indispensabile farlo, in quanto ci troviamo alle soglie del nuovo

© Грабовой Г.П., 2001

millennio. Ed è indispensabile per la salvezza del Mondo. Il presente libro fa parte di una serie di libri dedicati all'esposizione di una rappresentazione veritiera del Mondo.

***

Noi siamo testimoni del rapidissimo sviluppo della scienza e della tecnica, e questo sviluppo si sta effettuando con ritmi sempre più incalzanti. Ma poniamoci una domanda: cosa sta succedendo all'uomo in quanto tale? Si sta sviluppando? Se si sta sviluppando, in che modo? Con che cosa è opportuno collegare lo sviluppo dell'essere umano, il suo progresso, la sua evoluzione?

In realtà lo sviluppo dell'essere umano ed il suo perfezionamento sono collegati allo sviluppo della sua coscienza. Nella tappa attuale di sviluppo l'essere umano, in genere, si trova in uno dei due seguenti stati di coscienza: stato di sonno e stato di veglia. Tutti conoscono bene questi due stati. Inoltre adesso non esamino i sogni premonitori, perché il sogno premonitore, per l'appunto, rappresenta l'uscita verso altri stati di coscienza. Adesso sto parlando del sonno comune.

Dunque l'uomo passa la maggior parte della vita in due stati di coscienza: lo stato di sonno e lo stato di veglia. Nello stato di veglia l'uomo può spostarsi, riflettere, prendere delle decisioni, e in generale, riesce a compiere molte azioni che gli risultano impossibili nello stato di sonno. Ebbene, si può dire che esistono anche degli stati di coscienza più elevati, in confronto ai quali il comune stato di veglia è simile ad un sonno profondo.

Esaminiamo come cambia la percezione che un uomo ha del Mondo quando cambia il suo stato di coscienza. Nel sonno normale, la percezione del Mondo è trasformata. Nello stato di veglia, l'uomo percepisce il Mondo attraverso il prisma dello spazio tridimensionale e del tempo ad una dimensione. Qui si può portare un paragone. Supponiamo che ad un uomo, alla sua nascita, siano state applicate delle lenti a contatto di un certo colore, ma che lui non lo sappia. A questo punto percepirà tutto di quel colore. E poiché vede il Mondo così dalla nascita, naturalmente non dubita che il Mondo sia fatto proprio così. Ma le lenti a contatto possono essere tolte, ed allora il Mondo si presenterà in modo del tutto diverso, con tutta una gamma di superbi colori. Allo stesso modo, se si eliminano le limitazioni del comune stato di veglia, nonché la percezione del Mondo a

© Грабовой Г.П., 2001

tre dimensioni e quella del tempo, ad esso legate – cioè, se si passa ad uno stato di coscienza più elevato, il Mondo apparirà completamente differente

Questa verità era nota da tempi immemorabili. Vediamo cosa viene detto dello spazio nella "Epistola agli Efesini" dell'apostolo Paolo (3, 18): "... Affinché, radicati e fondati nell'amore, siate in grado di comprendere con tutti i santi quali siano l'ampiezza e la lunghezza, la profondità e l'altezza".

Qui sono elencate quattro dimensioni dello spazio. Questo significa che, come risultato di un determinato lavoro e in presenza di determinate condizioni, e soprattutto, secondo le parole dell'apostolo Paolo, a condizione di essere radicato e fondato nell'amore, l'essere umano può cominciare a percepire le quattro dimensioni dello spazio. Io aggiungo: questo avviene grazie a un cambiamento dello stato di coscienza. In realtà, con il cambiamento del proprio stato di coscienza, una persona può cominciare a percepire spazi caratterizzati da qualsiasi quantità di dimensioni.

Ma, in pratica, che cosa significa la possibilità di avere la capacità di percepire quattro dimensioni dello spazio? Per chiarire la situazione, utilizziamo un esempio noto ed evidente. Immaginiamo una linea retta. Se su questa linea segniamo un punto qualsiasi, questo punto dividerà la retta in due parti. Se consideriamo questo punto come se fosse una divisione, esso divide la retta in due parti e, a causa sua, dai punti di una metà non saranno visibili i punti dell'altra metà (come nel vostro appartamento, a causa di un muro, non si vede quello che c'è al di là del muro stesso). Ma la linea retta, dal punto di vista della matematica, può essere concepita come uno spazio ad una dimensione. Se potessimo uscire in uno spazio a due dimensioni, cioè spostarci sulla superficie, potremmo vedere di lato la nostra retta, e perciò riusciremmo a vedere ambedue le metà della retta contemporaneamente.

Adesso esaminiamo una superficie: ad esempio, la superficie di un tavolo. Disegniamo un cerchio su questa superficie. Questo cerchio divide tutta la superficie in due parti: divide ciò che si trova all'interno del cerchio da ciò che si trova all'esterno del cerchio. Ma se usciamo in uno spazio a tre dimensioni (cioè, in questo caso, se ci innalziamo al di sopra del tavolo), potremo guardare la superficie del tavolo dall'alto e vedere contemporaneamente ciò che si trova all'interno del cerchio e ciò che si trova al di fuori di esso.

Siamo giunti, infine, al caso di uno spazio tridimensionale.

© Грабовой Г.П., 2001

Prendiamo una sfera. Essa divide tutto lo spazio in due parti, cioè nello spazio che si trova dentro alla sfera e in quello che si trova al di fuori di essa. Ma, se avete acquisito la capacità di percepire le quattro dimensioni dello spazio, potrete vedere contemporaneamente ciò che si trova dentro la sfera e ciò che si trova al di fuori di essa. Potrete vedere contemporaneamente ciò che si trova, diciamo, dentro casa e al di fuori di essa.

Torniamo all'esempio relativo alla superficie del tavolo. Nel nostro esempio con il cerchio sulla superficie, potete prendere un oggetto qualsiasi (per esempio, una moneta) dalla parte interna e spostarlo, attraverso l'aria, fin dentro la parte esterna. Facendo così non avrete attraversato il cerchio, cioè i confini che dividono le due parti della superficie. Potete spostare un oggetto dalla porzione interna di uno spazio bidimensionale a quella esterna senza attraversarne i confini perché utilizzate l'uscita in uno spazio tridimensionale, cioè in uno spazio con una maggiore quantità di dimensioni,

In modo analogo, in un Mondo tridimensionale potrete passare da una stanza all'altra senza usare la porta, come se passaste attraverso il muro, ma, in realtà, utilizzando la quarta dimensione. Per gli abitanti della stanza questo sarebbe un miracolo, e potrebbero, per esempio, cominciare immediatamente a telefonare alla redazione di un quotidiano per raccontare un avvenimento del tutto incredibile.

Abbiamo esaminato insieme il problema dello spazio. Ascoltiamo ora quello che viene detto del tempo nella "Apocalisse" di S. Giovanni (10, 6): "E giurò...che non vi sarebbe stato più tempo".

Unendo questa affermazione sul tempo con l'affermazione dell'apostolo Paolo sullo spazio, vediamo che è sempre stato compreso il fatto che la percezione del Mondo attraverso il prisma dello spazio tridimensionale e del tempo è limitata, e che questa percezione limitata del Mondo è collegata al livello di coscienza presente nella persona in quel certo stadio del suo sviluppo.

Si può cambiare questa situazione. Le due affermazioni sopra riportate, prese dai testi canonici, parlano della possibilità di uscire al di fuori della struttura della percezione consueta.

In effetti, le leggi della Natura, insieme ai concetti di spazio tridimensionale e di tempo che ne formano la base, sono solo una descrizione superficiale di questo Mondo. In realtà esiste

© Грабовой Г.П., 2001

un legame più profondo e più fondamentale fra le strutture del Mondo, grazie al quale possono essere provocate delle modifiche in questo Mondo semplicemente mediante un particolare atto di volontà.

Per poter essere capaci di produrre tali modifiche bisogna possedere uno stato di coscienza più elevato o, per lo meno, trovarsi in tale stato nel momento in cui viene compiuto l'atto di volontà indispensabile all'ottenimento del risultato di cui si ha bisogno.

Tutti conoscono bene il Vangelo. Ma si potrebbe chiedere: quale parola, quale termine che si trova in esso ha un valore chiave? Se si legge attentamente il Vangelo risulta chiaro che la parola chiave in esso contenuta è il termine "Regno di Dio" ("Regno dei Cieli"). Gesù Cristo, ricorrendo ad esempi formulati con allegorie sempre nuove, esorta continuamente a rinunciare a tutto per ottenere il Regno di Dio, spiegando che, se qualcuno riuscirà ad ottenere il Regno di Dio, otterrà tutto il resto automaticamente in sovrappiù.

Ebbene, il Regno di Dio, in primo luogo, è appunto uno stato di coscienza più elevato. E l'ascesa a stati di coscienza sempre più elevati è, in sostanza, il cammino che porta a Dio.

E diventa comprensibile la frase: "Il Regno di Dio è dentro di voi". Proprio per il fatto che il Regno di Dio è uno stato di coscienza più elevato, esso si trova dentro di noi.

E quando Gesù ripete in continuazione "Svegliati!", intende proprio il senso letterale di questa parola, perché, se paragonato a stati più elevati di coscienza, lo stato abituale di veglia è un sonno profondo, quasi come il nostro sonno abituale è un sogno, se paragonato allo stato di coscienza della veglia.

E quando un uomo ottiene il Regno di Dio tutto il resto gli sarà dato in aggiunta, perché un uomo con uno stato di coscienza più elevato risulta liberato dal modello dello spazio tridimensionale e del tempo che lo limitava, risulta liberato da quel tipo di percezione del Mondo che è tipico della normale coscienza di veglia: quest'uomo si trova nella condizione di cominciare a percepire la realtà fondamentale.

In questo stato più elevato di coscienza, la persona si trova ad essere capace di compiere delle azioni che, dal punto di vista della comune coscienza di veglia, sembrano incredibili, fantastiche. Come, per esempio, il contatto coi morti. Si può acquisire la capacità di vedere i defunti e di stare in contatto con loro. E li

© Грабовой Г.П., 2001

si può aiutare a tornare di qua. Perché solamente alcuni di loro, grazie ai propri sforzi, riescono a ritornare nel nostro Mondo.

Fra l'altro, è opportuno notare che coloro che noi chiamiamo "trapassati" (cioè "andati via") sono "trapassati" solamente dal punto di vista della comune coscienza di veglia.

Per offrire una qualche analogia, si può proporre questo esempio. Immaginiamo di eseguire a casa il seguente esperimento. Prendiamo un pezzetto di ghiaccio e mettiamolo su un piatto. Ora è un materiale solido: lo si può prendere in mano, cercare di immaginare quanto pesa. Tuttavia, se questo pezzetto di ghiaccio rimane per un po' di tempo nella nostra stanza, scopriremo che nel piatto è rimasta solo acqua. Come dicono i fisici, è avvenuto un passaggio da una fase a un'altra: la materia è passata dalla fase solida a quella liquida. Lasciamo l'acqua nel piatto e guardiamo cosa succede. L'acqua evaporerà e, dopo un po' di tempo, nel piatto non resterà nulla. È avvenuto un ulteriore passaggio da una fase a un'altra: la materia è passata dalla fase liquida a quella gassosa. Se guardiamo da tutte le parti, non riusciamo a trovare quell'acqua che poco tempo prima si trovava nel piatto. Tuttavia, se nel nostro appartamento c'è una tubazione in cui scorre acqua fredda, a volte d'inverno, quando l'acqua che scorre nella tubazione è particolarmente fredda, si può notare che sul tubo compaiono delle goccioline d'acqua. Questo vapore acqueo si è condensato dall'aria sulla superficie del tubo freddo. Se raccogliamo un po' di quest'acqua e la mettiamo nel frigorifero, otterremo di nuovo ghiaccio.

Ho riportato questo esempio per dire quanto segue. Il passaggio dalla condizione di "vita" alla condizione in cui si trovano i trapassati è un po' come un passaggio da una fase a un'altra. Quando l'acqua si trasforma in vapore, si trova vicino a noi, attorno a noi, anche se non la vediamo. Lo stesso avviene nel caso dei trapassati: si trovano vicino a noi. Ricordiamoci i racconti di coloro che hanno sperimentato la morte clinica. Queste persone vedevano, da un luogo posto sotto il soffitto, come i medici si davano da fare col loro corpo, sentivano ciò che quelli dicevano, ed in seguito, dopo la rianimazione, spesso davano delle descrizioni particolareggiate di ciò che avevano visto e sentito, con enorme stupore dei medici.

Ovviamente l'analogia con la trasformazione del ghiaccio in vapore invisibile e con il suo ritorno allo stato precedente,

© Грабовой Г.П., 2001

come qualunque analogia, non può essere completamente esatta. Nell'atto della morte e nell'atto del successivo ritorno alla vita si utilizzano dei passaggi in altri spazi, concetto sul quale torneremo ancora. Ma il fatto stupefacente (incredibile, si potrebbe dire) consiste nel rendersi conto che, in realtà, fra queste due condizioni (la condizione dei viventi e la condizione dei trapassati) in linea di massima non c'è una differenza di principio, per cui è sempre possibile riportare le persone alla condizione di vita. Tenendo presente questo, sarebbe addirittura meglio, in generale, utilizzare un'altra terminologia e parlare non di "vivi" e di "trapassati", ma di "coloro che chiamano vivi" e "coloro che chiamano trapassati". Perché in realtà sia l'una condizione, sia l'altra condizione sono uno stato di coscienza, soltanto in forme diverse (come nel nostro esempio relativo al ghiaccio, all'acqua e al vapore acqueo, in cui in tutti i casi si tratta di H20). In base a quanto detto si può asserire, da un certo punto di vista, che il risuscitamento sia una procedura standard, che fa sviluppare lo stato di coscienza fino a portarlo allo stato corrispondente alla vita. Ed è proprio per questo che si può insegnare il risuscitamento, come si può insegnare qualunque procedura standard.

Nei libri di questa serie chiariamo come sia possibile cambiare il passato, il presente e il futuro sulla base della conoscenza delle leggi fondamentali relative a come è strutturato il Mondo, in armonia con lo scopo della realizzazione della vita eterna. In realtà è solamente dal punto di vista della comune coscienza dello stato di veglia (cioè, ripeto, della coscienza che utilizza il modello dello spazio tridimensionale e del tempo) — è solo dal punto di vista di questa coscienza che le vite passate si sono svolte nel passato, o che gli eventi passati di questa vita si sono svolti nel passato, mentre il presente si svolge nel presente ed il futuro esisterà nel futuro. In realtà (o, è meglio dire, per una persona con uno stato di coscienza più elevato), sia il passato, sia il presente, sia il futuro esistono contemporaneamente, oppure, detto altrimenti, si trovano in una condizione statica (ricordiamo: "E giurò…che non vi sarebbe stato più tempo"). È proprio per questo che si può trasferire nel "presente" una persona proveniente dal "passato", che si può, cioè, riportare di nuovo nel nostro Mondo un trapassato. D'altra parte, colui che ritorna non vede niente di strano, e tanto di meno di incredibile, nel proprio ritorno. Per lui tutto questo è naturale. Vive questo passaggio nello stesso modo in cui, nella vita comune,

© Грабовой Г.П., 2001

una persona vive il passaggio di un normale stato di salute dopo un raffreddore o un'influenza. Vi potete convincere di questo parlando con qualcuno di quelli che sono tornati. Attualmente la loro quantità sta aumentando in continuazione.

***

Bisogna dire ancora alcune parole sulla differenza fra i due approcci alla comprensione del Mondo: uno di questi è l'approccio dello scienziato, l'altro è l'approccio della persona che sviluppa una armonica gestione spirituale della realtà, che può essere definita come "visione interiore".

Il primo approccio è ben noto a tutti. Sulla base di osservazioni e di esperimenti, gli scienziati si sforzano di vedere al di là dei fenomeni singoli (che addirittura, ad un primo sguardo, non sono nemmeno collegati fra di loro) quel fattore comune che li unisce. E in caso di successo viene stabilita una legge che, con un'unica formula, unisce i diversi fenomeni. Tutti noi, già dal tempo in cui andavamo a scuola, sappiamo dell'esistenza delle leggi di Newton, in base alle quali si può calcolare sia lo spostamento di un pallone da calcio, sia il volo di un aereo, sia il movimento dei pianeti del Sistema Solare. Nel loro lavoro gli scienziati usano degli strumenti fabbricati nei laboratori e nelle fabbriche. E il perfezionamento degli strumenti dà la possibilità di ottenere ulteriori informazioni.

Il secondo approccio alla comprensione del Mondo è assolutamente diverso. In questo caso la persona, nel proprio lavoro, non utilizza strumenti fabbricati nei laboratori o nelle fabbriche, cioè non usa strumenti creati artificialmente; no, utilizza un apparecchio creato dal Signore Iddio, cioè il proprio organismo. E proprio con questo "strumento" che viene effettuato il lavoro. E si può dire subito che tutti i libri della presente serie si basano su questo secondo approccio. E come vedremo in seguito, è proprio questo approccio che deve essere quello primario e fondamentale.

Tuttavia già ora si può dire che la dimostrazione di tutto ciò va trovata nella necessità di superare la minaccia, attualmente esistente, di un annientamento totale, e nella necessità di stabilire un controllo spirituale sullo sviluppo della tecnica. In effetti è chiaro che lo sviluppo ininterrotto fondato sull'accumulazione di sistemi tecnici può diventare pericoloso, se tali sistemi non saranno basati nella loro gestione, effettuata attraverso la coscienza umana.

© Грабовой Г.П., 2001

Introduzione

Perché è proprio la coscienza che si sviluppa armoniosamente, all'unisono con lo sviluppo di tutto il Mondo.

Gli scienziati che lavorano ai confini più avanzati della scienza capiscono benissimo che, per spiegare i fenomeni di questo Mondo, è indispensabile creare delle teorie che utilizzino spazi pluridimensionali, cioè spazi la cui quantità di dimensioni sia superiore a tre. E gli scienziati non solo capiscono tutto questo, ma lo fanno. Tuttavia, se non saranno in grado di percepire tali spazi, questo li sottoporrà subito a notevoli limitazioni. Perciò sia in questo caso, come in tutti i casi, sussiste il problema di liberarsi in qualche modo dalle limitazioni della nostra percezione attuale.

Ma il problema consiste appunto nel modo in cui fare tutto ciò. Questo problema si presenta ad ogni uomo, indipendentemente dal tipo della sua attività. In generale, questo è uno dei problemi chiave. Prima ho già detto che il cambiamento dello stato di coscienza e l'ascesa a stati di coscienza sempre più elevati è proprio il problema principale che si presenta all'essere umano. Che cosa concretamente debba fare una persona per il proprio sviluppo, ed in primo luogo per lo sviluppo della propria coscienza, è un tema a sé, un grande tema che verrà trattato nella presente serie. Ma affinché voi possiate già da ora cominciare a cambiare il vostro organismo e possiate cominciare ad armonizzare questo lavoro con il battito dell'Universo, alla fine del libro, nell'Appendice, sono stati riportati degli esercizi per ogni giorno del mese. La loro esecuzione può occupare in tutto solo pochi minuti al giorno, ma il risultato sarà avvertibile perché tali esercizi propongono, in ogni giorno del mese, il tipo di allenamento più appropriato proprio per quel giorno. È per questo che essi garantiscono la massima efficacia a fronte di un impegno minimo in fatto di sforzi e di tempo.

Durante la vita ci scontriamo ad ogni passo con l'importanza del problema del cambiamento del nostro stato di coscienza. La vita continua a porre davanti a noi questo problema.

Immaginate di trovarvi in un parco e di vedere all'improvviso, davanti a voi, una rosa in fioritura. Vedete i sorprendenti colori dei teneri petali, avvertite il delicato profumo emanato dal fiore, e, forse, una piccola goccia d'acqua sul petalo brilla al Sole dopo che è terminata la pioggia. Contemplate questa bellezza Divina, mentre questa bellezza e questo profumo vi incantano. Sentite un'altra vita presso di voi. Volete comprenderla. Ma come si può fare?

© Грабовой Г.П., 2001

Sentite che la risposta è lì vicino, da qualche parte. Sentite questo fatto con tutto il vostro essere. Ma allo stesso tempo vi sembra che vi manchi qualcosa. Il fiore è vicinissimo, è davanti a voi, ma sembra che ci sia una barriera invisibile che vi separa da esso. La risposta sta venendo verso di voi, è un fatto che percepite, ma è come se fosse espressa in un'altra lingua. Avete la sensazione di non riuscire a forzare il passaggio attraverso qualcosa. E rimane la domanda: come si potrebbe percepire che cosa mai sia una rosa?

Rivolgiamoci alla scienza. La scienza può eseguire l'analisi chimica del fiore, può stabilire la percentuale dei diversi elementi chimici presenti in esso, può studiare i processi che si svolgono nei tessuti del fiore e molti altri particolari, ma la conoscenza di tutti questi rapporti percentuali e dei vari tipi di processo non ci aiuterà molto per riuscire a sapere, capire, sentire che cosa sia un delizioso fiore che vive ed emana profumo.

E per questo si presenta di nuovo la domanda: ma allora come si può fare? Come si può venire a sapere che cosa sia una rosa? E, in generale, si può fare tutto questo? Ebbene, la risposta è "sì". Ma lo si può fare solo in un modo. E questo modo consiste in quanto segue.

Per sapere che cosa sia una rosa bisogna diventare una rosa. Bisogna fondersi con essa. Fosse anche per un solo attimo. E questo è possibile, ovviamente, solo in uno stato di coscienza più elevato.

Questa è per l'appunto quella via di comprensione del Mondo che è fondamentale. Deve diventare fondamentale.

Notate che, per ottenere la conoscenza con questa via, non è necessario tagliare a pezzi il fiore, non è necessario ucciderlo. Questa è già in linea di principio una diversa forma di tecnologia volta all'ottenimento di conoscenze. È un ottenimento di conoscenze senza distruzione.

Apriamo una parentesi per un attimo. Abbiamo appena parlato di come sia possibile in uno stato di coscienza più elevato una percezione del Mondo del tutto diversa. Tuttavia bisogna tenere presente che lo stato in cui comunemente ci troviamo non rimane sempre lo stesso. La semplice osservazione di sé stessi fa scoprire questo fatto molto rapidamente. Ricordatevi la vostra percezione di un qualche evento ripetitivo: cercate di richiamare alla mente le vostre sensazioni. Vi ricorderete che la percezione non era sempre la stessa. Le impressioni erano

© Грабовой Г.П., 2001

diverse. Tutti abbiamo fatto questa esperienza. Alle volte la percezione avviene come attraverso una nebbia, mentre altre volte la nebbia sembra dissolversi e la percezione diventa più chiara, più precisa, e noi notiamo che un certo avvenimento o una certa persona, all'improvviso, ci tocca molto più da vicino questa volta, oggi.

Tutto questo è in misura notevole collegato al fatto che praticamente noi non ci troviamo mai in uno stesso stato di coscienza: esso cambia continuamente entro certi limiti che corrispondono al livello del nostro sviluppo in quel dato momento.

E quando succede che sperimentiamo degli stati particolari, degli stati di euforia, o una sensazione di pienezza vitale, o quando sentiamo di essere colmi di gioia e felicità — allora tutte queste sensazioni sono, per l'appunto, i sintomi di uno stato di coscienza più elevato rispetto a quello che sperimentiamo normalmente. E spesso questi sono proprio quei momenti che restano impressi nella memoria, alle volte per tutta la vita.

Ovviamente può anche succedere che, all'improvviso, si esca dal nostro stato comune e si entri in uno stato di coscienza abbastanza elevato, e allora la persona sperimenta qualcosa che assomiglia ad un'illuminazione, qualcosa di simile alla beatitudine, alla illimitata felicità dell'essere: tuttavia è impossibile descrivere a parole questo stato, e bisogna provarlo personalmente. Mediante un corretto sforzo spirituale, una corretta comprensione e una corretta pratica regolare potete giungere ad ottenere il risultato di vivere sempre questi stati più elevati.

***

Si può praticare anche un approccio leggermente diverso alle questioni che abbiamo trattato.

Immaginatevi che nella vostra "dača", nello sgabuzzino o in una soffitta, troviate una lente d'ingrandimento che avete depositato là in precedenza. È rimasta lì a lungo e perciò si è coperta di uno spesso strato di polvere. Uscite dalla casa e andate nel cortile, e all'improvviso vedete una formica che striscia lungo il sentiero. La volete guardare meglio, vi chinate, ma in ogni modo la formica non si vede bene — è veramente piccola. E a questo punto vi ricordate di avere in mano la lente d'ingrandimento che avete trovato. La avvicinate alla formica, cominciate confusamente a distinguere alcuni particolari, ma, tuttavia, non c'è un miglioramento concreto.

© Грабовой Г.П., 2001

Allora si può applicare un approccio scientifico a questo problema. Si può avvicinare e allontanare la lente alla formica, analizzando i cambiamenti della scena osservata; si può cominciare ad osservare la formica da diverse angolazioni, cambiando la propria posizione; si possono elaborare degli algoritmi più complessi delle azioni da fare e sottoporre i dati ad un'elaborazione statistica; in breve, si può effettuare un serio programma di ricerche scientifiche.

Ma si può procedere anche diversamente. Si può prendere un panno pulito e spolverare la lente. E allora, senza nessun algoritmo e senza nessuna elaborazione statistica dei dati, vedremo subito la formica con precisione e chiarezza. Siamo riusciti ad ottenere con rapidità e facilità il risultato desiderato perché abbiamo fatto ciò che era essenziale: abbiamo migliorato lo strumento che utilizzavamo durante le osservazioni.

Dunque, per avere successo quando avanziamo sul cammino della comprensione del Mondo, dobbiamo in primo luogo migliorare la nostra percezione: per esempio, dobbiamo rendere più perfetto il funzionamento del cervello, anche se addirittura il cambiamento di una sola cellula può modificare lo stato di tutto l'organismo.

E allora sorge la domanda fondamentale: come si può ottenere questo cambiamento? Come si potrebbe fare?

Esistono molti metodi per il raggiungimento di questo scopo, ma uno dei più semplici, e allo stesso tempo dei più efficaci, è la meditazione. In seguito a esercizi regolari di meditazione si produce un cambiamento di principio nel funzionamento del cervello: gradualmente, una sempre maggiore quantità di settori del cervello comincia a funzionare in modo coordinato. Questo viene confermato dalle ricerche scientifiche svolte con l'ausilio di elettroencefalogrammi. Mediante gli elettroencefalogrammi è stata studiata l'influenza degli esercizi di meditazione sulle caratteristiche delle onde cerebrali in diverse parti del cervello. Le ricerche hanno dimostrato che, nella misura in cui si avanza nella pratica della meditazione, tali settori cominciano sempre più a funzionare in maniera coordinata. E quando una persona si impadronisce totalmente di questa pratica, comincia a funzionare in maniera coordinata tutto il suo cervello. Utilizzando la terminologia della fisica, si può dire che il cervello di quella persona ha cominciato a funzionare in modo coerente.

© Грабовой Г.П., 2001

Tutti sanno quale rivoluzione abbia prodotto nella scienza e nella tecnica la creazione del laser. I lavori di ricerca in questo campo hanno ottenuto quale riconoscimento il Premio Nobel per la fisica. L'essenza di questi lavori consiste nel fatto che, per la prima volta, si riuscì a creare una radiazione coerente e a stabilire i principi necessari ad ottenerla. E proprio il carattere coerente della radiazione laser spiega tutte le sue proprietà irripetibili e sorprendenti.

In maniera analoga, quando una persona, grazie a una determinata pratica, riesce ad ottenere il risultato di far funzionare il proprio cervello in modalità coerente, entra in possesso di uno strumento qualitativamente diverso. E, come nel caso del laser, è proprio la modalità coerente di funzionamento del cervello che porta alla comparsa, in questa persona, di capacità e possibilità che sono nuove in linea di principio.

Facciamo un'osservazione importante. Negli esperimenti citati ci si proponeva lo scopo di determinare in quale modo, durante la meditazione, cambiasse il funzionamento specifico del cervello: è per questo motivo che, in precedenza, abbiamo parlato di questo argomento. Tuttavia, in realtà, quando ci si dedica ad esercizi di meditazione, avviene un cambiamento del funzionamento non solo del cervello, ma di tutto l'organismo, di ogni sua piccola cellula.

Per cui, se si stabilisce un'analogia col laser e si tiene conto del fatto che viene paragonato al laser un organismo vivente, si può capire che, benché la differenza fra le proprietà di irradiazione del laser e quelle delle consuete sorgenti di luce sia insolitamente grande, nonostante tutto la differenza fra il funzionamento di un organismo dopo l'apprendimento della meditazione e il suo funzionamento prima di tale apprendimento è immensamente maggiore.

In realtà questa differenza è talmente grande che la persona, in effetti, passa ad un altro livello dell'essere. Perché bisogna tener presente che l'organismo umano è un sistema capace di un autoperfezionamento illimitato. Ed è addirittura difficile immaginarsi tutte le possibilità di questo sistema.

Ancora un'altra osservazione. Quando dico che la meditazione è uno dei sistemi di cambiamento dello stato del proprio organismo, bisogna considerare che la meditazione stessa può avere diverse forme. Esistono molti tipi di meditazione. La preghiera, per esempio, è, in sostanza, una forma di meditazione.

© Грабовой Г.П., 2001

Al contempo, ovviamente, la preghiera, come qualsiasi meditazione autentica, deve essere spirituale. Nella tradizione cristiana è nota, in particolare, la cosiddetta "preghiera mentale", una preghiera di alto livello spirituale, durante la quale la coscienza viene mantenuta ferma nella regione del cuore, e che è molto efficace per entrare in stati di coscienza più elevati.

Con l'ausilio di diverse forme di concentrazione si possono effettuare dei passaggi rapidi ad elevati stati di coscienza. Durante il raggiungimento di queste forme di concentrazione, i diversi tipi di meditazione possono fungere da parte essenziale di tale processo.

***

Per poter conoscere la condizione degli organi interni di un paziente, i medici utilizzano delle apparecchiature, e pertanto mandano il paziente, per esempio, a sottoporsi ai raggi X o agli ultrasuoni. Invece una persona dotata di una visione interiore sviluppata procede diversamente. Utilizza il proprio organismo come apparecchio. Fa adottare al proprio organismo la necessaria modalità di funzionamento e vede tutti gli organi interni del paziente mediante la chiaroveggenza. Con l'aiuto della chiaroveggenza è possibile non solo vedere gli organi interni, ma anche giungere a conoscerne la finalità, come pure i metodi per farli guarire.

Fra l'altro, la risposta ottenuta con l'ausilio della chiaroveggenza viene ottenuta all'istante. In questo caso non è necessario, come nel caso dell'approccio scientifico, eseguire esperimenti, accumulare dati, analizzarli, cercare delle costanti e così via. Tutte queste azioni, in effetti, vengono eseguite per ottenere una risposta. Ma la risposta, in realtà, è già presente da qualche parte, già esiste: bisogna solo prenderla. Effettivamente, poniamo che ci interessi quell'organo che è l'appendice e che vogliamo conoscerne la finalità. È chiaro che alla Natura la sua finalità è nota. Pertanto la risposta già esiste. Bisogna solo tendere la mano e prenderla. E questo si può fare mediante la chiaroveggenza.

La chiaroveggenza è un metodo universale per l'accesso alle informazioni. A cosa si potrebbe paragonare un simile ottenimento di informazioni? In realtà, qualcosa di simile già esiste nella nostra vita contemporanea. È la rete globale di Internet. Grazie a questa rete, si può ottenere qualsiasi informazione in essa contenuta, e da qualsiasi punto del globo

© Грабовой Г.П., 2001

terrestre. Ebbene, si può constatare che esiste qualcosa di simile a una "Rete Cosmica" — la "Rete dell'Universo", in cui si trovano dati su tutto. Da questo punto di vista, si può paragonare una persona ad un operatore. Allora la chiaroveggenza è, per l'operatore, un sistema per entrare nella Rete Cosmica con una domanda. La rapidità di azione in questa rete è talmente grande che la risposta viene data all'istante. Però desidero far notare che, in realtà, è meglio parlare di "campo informativo generale" piuttosto che di Rete Cosmica.

Qui sorge una domanda interessante: come vengono fatte le scoperte? In vari campi della vita vengono fatte delle scoperte, a volte delle scoperte eccezionali. In primo luogo questo si vede nel campo della scienza, ma anche in altri settori, ovviamente, ci sono delle scoperte, come, per esempio, un cambiamento in un processo tecnologico in fabbrica o nella società: un fatto del genere è appunto un avvenimento nella nostra vita, anche se si deve dire che la realizzazione delle scoperte si manifesta nel modo più evidente nel campo della scienza.

Nasce allora la seguente domanda: che cosa si può dire, dal punto di vista che stiamo ora esaminando, delle scoperte realizzate dalle persone che non padroneggiano la chiaroveggenza?

Quando ad un uomo viene in mente un pensiero brillante ed egli fa una scoperta, questo pensiero, questa risposta alle sue ricerche, proviene, ovviamente, da quello stesso "data base", dalla base di dati della Rete Cosmica. E in un certo senso questo pensiero non gli giunge casualmente: non casualmente nel senso che spesso lo si riceve dopo lunghi anni di ricerche e di lavoro caparbio. Ma non si può mai dire quando arriverà la risposta, né se arriverà mai. Per cui bisogna riconoscere che questa incursione nella base dati, purtroppo, è pur sempre casuale, perché non è controllata, non è gestita.

Si può fare il seguente paragone. Poniamo che esistano due persone che hanno bisogno di acqua. Una di queste persone unisce i palmi, allunga le mani in avanti e resta in piedi, in attesa di quando arriverà la pioggia per raccogliere un po' d'acqua. L'altra persona, invece, sa che esiste una rete idraulica. Non solo, ma sa pure utilizzarla. Perciò, quando ha bisogno d'acqua, si avvicina semplicemente al rubinetto e lo apre. E riempie d'acqua un bicchiere, o un secchio, o un intero serbatoio, a seconda di quanta gliene serve.

© Грабовой Г.П., 2001

Perciò bisogna padroneggiare la procedura standard di accesso alle informazioni. Il problema consiste nel fatto che esistono molte domande, mentre troppo pochi sono i casi di raggiungimento casuale delle risposte. Se prendiamo come esempio il problema sopra ricordato dello scopo dell'esistenza dell'appendice, bisogna dire che in questo caso il raggiungimento della risposta ancora non ha avuto luogo, come in una quantità incalcolabile di altri casi.

Bisogna fare un'importante osservazione relativamente a quanto detto precedentemente. Per fare un esempio evidente io ho paragonato l'utilizzo della chiaroveggenza con l'ingresso in una Rete Cosmica in cui si può trovare la risposta ad ogni domanda che ci interessa. Questo paragone riflette soprattutto il lato esteriore del fenomeno: in esso non è riflessa la sua reale profondità, il suo carattere multiforme, e pertanto è necessario fare alcune precisazioni.

Per essere più esatti: si può certamente entrare nella Rete Cosmica con una domanda per ottenere informazioni, come è stato detto, ma si può procedere anche diversamente. Si può prendere subito l'informazione direttamente dal luogo dove si trova il trasmettitore che fornisce quella certa informazione. Inoltre (e questo è molto importante) l'informazione esiste già nello stato della persona che formula la domanda, cioè esiste sotto forma di conoscenza diretta quando è ancora in forma non decifrata; in altre parole, pur non essendo ancora riconosciuta consciamente dalla persona, già ne determina il comportamento. Affinché questa informazione possa essere subito riconosciuta e utilizzata consciamente dalla persona per la determinazione della propria linea di comportamento, è necessario un livello elevato di sviluppo della coscienza, e questo è per l'appunto il fine di cui ho già parlato.

In precedenza ho ricordato il problema dell'appendice. Esaminiamo in maniera un po' più approfondita questo problema a mo' d'esempio. La scienza contemporanea, lo ripeto, non sa ancora effettivamente che cosa sia l'appendice e quale sia la sua finalità. Ma con l'aiuto della chiaroveggenza si può venire a sapere tutto sull'appendice. Si viene a sapere che è un organo importante. Ha varie funzioni, ed una di queste è la seguente: l'appendice riflette la proiezione dell'emisfero sinistro del cervello su quello destro attraverso il sistema immunitario dell'organismo. E una delle funzioni dell'appendice è quella di mantenere l'equilibrio fra questi

© Грабовой Г.П., 2001

sistemi. Se viene tolta l'appendice, la funzione di rigenerazione di riserva del sistema immunitario viene indebolita. In questo caso il sistema immunitario, per la riproduzione, deve riflettersi direttamente all'interno dell'emisfero sinistro o di quello destro, il che determina un carico del cervello, porta ad un aumento della pressione all'interno del cranio e ad altre conseguenze indesiderabili. In questo modo, l'appendice ci compare in una luce completamente diversa. Non solo, ma la scopriamo per la prima volta. Si possono raccontare cose stupefacenti anche sugli altri organi. Non ci si immagina nemmeno quale sia l'importanza della sola ipofisi!

Nel quarto capitolo parleremo della nuova medicina, una medicina del futuro, ma anche già una medicina del presente. Alla base di questa medicina si trova la pratica del risuscitamento. È proprio la pratica del risuscitamento che determina i principi della nuova medicina, e in primo luogo il principio della piena "ri-creazione" della materia. Questa nuova medicina ha già cominciato ad occuparsi della realizzazione del suo scopo fondamentale. Questo scopo consiste nel non far morire i viventi.

In uno dei libri di questa serie parleremo anche della numerologia, cioè del calcolo simbolico. Il fatto è che, per l'analisi di situazioni concrete e per la determinazione delle prognosi, si può utilizzare questa scienza. Per esempio, quando io, utilizzando la chiaroveggenza, emetto una conclusione circa lo stato di un aereo in base al suo numero stampigliato sulla fusoliera, vedo che le cifre sono legate a guasti concreti. Per questo la numerologia permette di eseguire un'analisi della situazione.

Una persona che non abbia studiato appositamente la numerologia non capisce in che modo delle comuni cifre, che conosce dall'aritmetica studiata a scuola, possano essere collegate ad avvenimenti della vita reale. Per lui questo è un mistero. Non vede nessun legame. Chiariremo in seguito quale sia il legame che esiste in questo caso e come si possa utilizzare la numerologia nella vita quotidiana.

Un altro tema interessante è la vita degli animali e degli uccelli. Dall'infanzia osserviamo come gli uccelli volino di ramo in ramo, di albero in albero. Ci riempiono d'ammirazione la leggerezza e la naturalezza con cui lo fanno, o anche il modo in cui si librano alti nel cielo.

© Грабовой Г.П., 2001

Tuttavia, nel volo degli uccelli ci sono molti particolari inattesi. Per esempio, la scienza ancora non sa che gli uccelli volano utilizzando solo parzialmente il battito delle ali. Nel loro volo svolge un ruolo essenziale l'antigravità che essi creano. Il colombo, per esempio, ha dieci volte meno gravità nella testa che nell'estremità della coda: esso, cioè, sa distribuire la gravità, e grazie a questo viene prodotta un'altra dinamica di volo. Nei diversi uccelli la modifica della gravità e la sua distribuzione nel corpo avvengono in modo diverso. E addirittura il volo può essere realizzato sulla base di un altro principio: per esempio nella civetta, uccello notturno, il principio del volo è diverso da quello tipico degli uccelli che volano di giorno.

Il caso più interessante è quello dell'aquila. Anch'essa ha la capacità di creare l'antigravità, ma ha anche la capacità di smaterializzarsi. Se si osserva l'aquila quando va all'attacco, sembra che stia volando un piccolo grumo rotondo. Si potrebbe pensare che sia diventata così piccola perché si è ristretta in sé stessa. Bisogna però considerare che l'aquila può modificare di parecchie volte il proprio volume. Per cui l'aquila non si stringe su sé stessa (anche se pure l'atto di restringersi, ovviamente, è presente): la fondamentale diminuzione del suo volume viene ottenuta mediante la smaterializzazione di alcune parti del suo corpo. L'aquila può anche cambiare la forma del proprio copro in base al problema che deve risolvere. Solo il falco si avvicina parzialmente all'aquila per le sue capacità.

L'aquila possiede anche altre capacità sorprendenti di cui parleremo in un libro appropriato. Non a caso i popoli primitivi di tutto il Mondo collegavano l'immagine dell'aquila al Creatore. Non è un caso nemmeno il fatto che la raffigurazione di un'aquila si possa vedere sugli stemmi di molti Stati. Vediamo la rappresentazione di un'aquila anche sullo stemma della Russia. In questo caso è un'aquila a due teste. L'aquila a due teste è il simbolo di un futuro stabile e prospero.

Nei libri successivi esamineremo anche i fenomeni della levitazione, della materializzazione e smaterializzazione, della telepatia, della telecinesi, del teletrasporto, ecc. Per molto tempo questi fenomeni sono stati dei misteri. È giunto il momento di dare delle risposte in merito.

In generale, l'umanità è giunta alle soglie di una tappa qualitativamente nuova del proprio sviluppo: all'ordine del

© Грабовой Г.П., 2001

giorno c'è il problema di non far morire i viventi e di risuscitare i trapassati. E questa problematica si pone già non su un piano teorico, ma su un piano pratico. Adesso tutto questo, finalmente, è una realtà viva. È la realtà viva della reale salvezza di tutti.

E notiamo che gli episodi di risuscitamento dimostrano che la materia può essere ricreata: questo, a sua volta, dimostra che qualunque tipo di distruzione è privo di scopo e di logica.

Nel nostro secolo caratterizzato dall'accumulo di armi di distruzione di massa, la pratica del risuscitamento è un metodo di salvezza. Questa pratica mostra una via alternativa di sviluppo della civiltà.

Lo sviluppo dei meccanismi di rigenerazione e di ristabilimento permette di passare alla soluzione dei problemi legati a una creazione senza distruzione. Il principio di ristabilimento può essere facilmente esteso a tutte le sfere dell'attività umana. Può fungere anche da base per lo sviluppo del pensiero creativo delle generazioni future.

Ogni habitat cosiddetto "aggressivo" può essere trasformato con questo approccio, e in forma tramutata può diventare un elemento ormai non aggressivo dell'ambiente primario. Grazie a questo si può trovare un'efficace strategia di comportamento, tale da permettere di evitare una catastrofe ecologica e di garantire un ulteriore sviluppo esente dalla distruzione dell'ambiente. In effetti bisogna tenere presente il fatto che il risuscitamento, in realtà, è il controllo di tutto lo spazio esterno.

Si può garantire una maggiore armonia con l'ambiente creando, per esempio, materiali che non si usurino, e macchine che, durante il loro utilizzo, non richiedano significative risorse aggiuntive. Tutto questo è assolutamente reale, proprio come il risuscitamento. Ed è tutto nelle nostre mani.

Inoltre bisogna ricordare sempre una sola, semplicissima verità: l'essere umano nasce in vista della gioia, della felicità e di una vita piena ed infinita.

© Грабовой Г.П., 2001

CAPITOLO I

EPISODI CONCRETI DI RISUSCITAMENTO DI ESSERI UMANI

CAPITOLO I
EPISODI CONCRETI DI RISUSCITAMENTO DI ESSERI UMANI

In questo capitolo esamineremo alcuni episodi concreti di risuscitamento. Tutti questi fatti sono confermati da documenti. (Allegato.A) – N. B. ESCLUSI GLI ALLEGATI (F) e (G) GLI ALLEGATI CITATI NEL PRESENTE LIBRO SI POTRANNO CONSULTARE NEL SECONDO VOLUME IN PREPARAZIONE.

In effetti ci sono già moltissimi fatti di risuscitamento. Semplicemente, partendo da tutta l'abbondanza di fatti già esistenti, ne sono stati selezionati alcuni che rappresentano casi diversi. Il fatto è che le richieste di risuscitamento alle volte mi arrivano subito dopo il sopraggiungere della morte biologica, ma altre volte dopo molto tempo: pertanto i quattro episodi esaminati qui di seguito si differenziano l'uno dall'altro in base al lasso di tempo trascorso fra il sopraggiungere della morte biologica e l'evento del risuscitamento. Gli episodi riportati sono i seguenti: risuscitamento operato alcune ore dopo il sopraggiungere della morte biologica (episodio 4), dopo alcune settimane (3), dopo alcuni mesi (1), dopo alcuni anni (2). Negli episodi (1) e (2) si parla di risuscitamento di uomini, negli altri due — del risuscitamento di donne.

1

Iniziamo dunque l'esame del primo episodio. I testi delle due dichiarazioni qui riportate sono prese dal libro: Grigori Grabovoi – "La pratica del controllo. La via della salvezza", tomo 3, fogli 756-757 e 758-759. Il volume è stato edito a Mosca nel 1998 dalla Casa Editrice "Sopričasnost' ".

Dichiarazione di Emilia Aleksandrovna Rusanova, datata 27/05/1996

"Il 25 settembre 1995, durante un incontro con Grigori Petrovič Grabovoi, mi sono rivolta a lui chiedendogli il completo risuscitamento di mio figlio A. E. Rusanova, nato il 22 agosto 1950 e morto il 16 giugno 1995. Mio figlio è nato a Mosca ed è anche morto a Mosca. Prima di rivolgermi a G. P. Grabovoi ero completamente disperata ed avevo subito un infarto. Dopo essermi rivolta a G. P. Grabovoi all'inizio dell'ottobre del 1995, nacque in me la speranza che mio figlio sarebbe tornato, e cominciai ad avvertire la sua presenza (spirituale) in casa. Andai al cimitero e, avvicinandomi alla tomba di mio figlio, vidi che attraverso tutta la tomba passava una profonda fessura, mentre al centro si era formato un accumulo di terra, come se fosse stata buttata fuori della terra dall'interno.

Verso mezzanotte vidi chiaramente (malgrado avessi gli occhi chiusi) che due «corde» bianche si protendevano dal mio petto verso la tomba di mio figlio e verso la cavità che si era formata sopra di essa. Mi sembrò di tirare queste «corde» verso di me, e nel farlo avvertii un peso. Tutto questo durò alcuni secondi. Mio figlio è sepolto nel Cimitero Vostrjakovskoe di Mosca, mentre la mia visione della sua tomba avvenne al livello della finestra del mio appartamento, che si trova al settimo piano.

Quando mi rivolsi a G. P. Grabovoi chiedendogli di risuscitare mio figlio A. E. Rusanov, confidai il fatto alla ex moglie di mio figlio, Tat'jana Ivanovna Kozlova, con la quale io ero rimasta in rapporti amichevoli dopo il divorzio. Tat'jana Ivanovna Kozlova era stata presente ai funerali di mio figlio. Nel periodo che seguì, da ottobre a tutto febbraio, durante le nostre conversazioni T. I. Kozlova mi raccontò varie volte di aver incontrato spesso, nelle vie di Kaliningrad e di Mosca, delle persone simili a mio figlio A. E. Rusanov. Nel 1996, all'inizio di febbraio, si recò da Mosca a Kaliningrad, nella regione della costa baltica, col treno «Jantar'» [= «Ambra»]; nello scompartimento del vagone viaggiava con lei una persona molto simile a mio figlio A. E. Rusanov. Quest'uomo era simile a lui esteriormente, per le sue maniere, il suo comportamento, i suoi gesti, il suo sguardo, ma sembrava distaccato, come smarrito. Quest'uomo viaggiava insieme a un altro uomo che sembrava accompagnarlo e dirigerlo, ma che, nonostante ciò, non lo chiamò nemmeno una volta per nome. T. I. Kozlova rimase stupita quando mio figlio A. E. Rusanov, vedendo del denaro (una banconota da mille rubli di tipo nuovo), mostrò con evidenza che non conosceva quel tipo di banconota".

Dichiarazione di Ta'jana Ivanovna Kozlova datata 27/05/1996

"Sono stata sposata con A. E. Rusanov dal mese di dicembre 1975 a tutto il mese ottobre 1982. Dopo lo scioglimento del matrimonio con A. E. Rusanov rimasi in rapporti amichevoli con la mamma di lui, Emilija Aleksandrovna Rusanova. Durante l'incontro avvenuto il 26 settembre 1995 con lei (che è nata il

20 giugno 1927 nella provincia di Mosca), ella mi comunicò che si era rivolta a Grigori Petrovič Grabovoi, chiedendogli il risuscitamento di suo figlio A. E. Rusanov (nato a Mosca il 22 agosto 1950). A. E. Rusanov, secondo il certificato di morte, è morto il 16 giugno 1995 a Mosca. Dopo tale conversazione, sapendo che Grigori Petrovič Grabovoi stava operando per il risuscitamento di A. E. Rusanov, nel periodo da ottobre 1995 a tutto febbraio 1996 cominciai a notare per strada delle persone esternamente simili ad A. E. Rusanov; durante il viaggio alla città di Kaliningrad, nella provincia di Kaliningrad, viaggiava con me nello scompartimento un uomo il quale, a guardarlo, dava l'impressione di essere stato portato via dall'altro Mondo. Quest'uomo entrato nello scompartimento corrispondeva ad A. E. Rusanov, nato nel 1950, in base ai seguenti criteri: colore dei capelli, colore degli occhi, aspetto esterno e forma del viso.

Il modo di comportarsi della persona entrata nello scompartimento corrispondeva esattamente al modo di comportarsi di A. E. Rusanov. Inoltre corrispondevano anche le peculiarità del carattere. Quell'uomo aveva le stesse abitudini (tendenza al silenzio e grande passione per la lettura: per la maggior parte del tempo lesse un quotidiano). L'uomo che lo accompagnava era un uomo di taglia media che, durante tutto il tempo del viaggio, non lo chiamò mai per nome. E quando quest'uomo mostrò del denaro, l'uomo che corrispondeva a Rusanov fu stupito nel vedere una banconota da 1.000 rubli di tipo nuovo: al che l'uomo che l'accompagnava gli spiegò che erano banconote di nuova emissione. Si formò in me l'impressione che costui (l'uomo che veniva accompagnato) fosse stato per qualche tempo tagliato fuori dalla vita reale. Anche se, probabilmente, aveva conservato le capacità professionali, perché l'uomo che lo accompagnava disse che si dedicavano al trasporto di macchine.

L'incontro sopra descritto ebbe luogo il 2 febbraio 1996 durante il mio viaggio da Mosca a Kaliningrad col treno «Jantar'»".

Tale è la descrizione di questo episodio, riportato direttamente dalle donne che parteciparono a quegli eventi. In queste descrizioni è riportata tutta una serie di particolari importanti che esamineremo più dettagliatamente.

Cominciamo l'analisi dalla dichiarazione di Emilija Aleksandrovna, mamma del trapassato.

In effetti, già all'inizio della dichiarazione Emilija Aleksandrovna parla del fatto che, dopo l'inizio del mio lavoro volto al risuscitamento di suo figlio, comparve in lei la percezione della sua presenza spirituale in casa.

Bisogna dire che, anche quando avviene la morte biologica di una persona e questa persona, passato lo stadio della sepoltura, si trova in una determinata tomba, nella sua coscienza seguitano a mantenersi, esattamente come prima, tutte le conoscenze da essa acquisite, e questa coscienza riconosce il proprio legame con il corpo nel quale già manca la vita (o, più esattamente, ciò che in genere viene chiamato "vita"). A causa di questo il corpo, anche se non ha processi vitali che si stiano svolgendo nell'organismo — in questo caso il corpo del figlio, nel caso in cui venga a fissarsi su di esso la coscienza della madre, reagisce in modo adeguato al tocco di tale coscienza esterna, alle informazioni che si trovano nell'impulso di quella coscienza esterna, e pertanto si produce una risposta adeguata che corrisponde a quell'impulso. Da questo si può concludere che, immaginandosi il corpo, si possono trasmettere all'Anima le conoscenze relative al risuscitamento.

In seguito, già dopo il suo risuscitamento, in base alle domande volte al risuscitato si è potuto stabilire che, nel momento in cui si era rivolta a lui una coscienza esterna, egli aveva realmente percepito tutto ciò ed aveva collegato il suo corpo fisico col suo proprio "io", anche se questo corpo fisico si trovava nella tomba e, ovviamente, era limitato nelle sue possibilità da molti punti di vista. Inoltre, la persona ritornata a questa vita ha detto — e questo è un fatto noto — che comunque, il trovarsi sul piano informativo comune, mostrava che il suo corpo fisico seguitava ad esistere e possedeva tutte le qualità possibili e indispensabili per seguitare ad essere parte di un gruppo collettivo, parte della società; inoltre è importante notare che questa conoscenza conteneva in sé sia le informazioni precedenti, relative alle funzioni antecedenti di tale corpo fisico, sia le nuove informazioni, già relative alla sua morte biologica.

Seguitiamo a leggere la dichiarazione. Quando Emilija Aleksandrovna andò al cimitero e si avvicinò alla tomba del figlio, vide che attraverso la tomba passava una profonda fessura, e che al centro si era formata una cavità, come se fosse stata buttata fuori della terra dall'interno.

© Грабовой Г.П., 2001

Capitolo I. Episodi concreti di risuscitamento di esseri umani

La spiegazione di questo fatto è la seguente. La fuoriuscita di terra sopra ricordata deve essere considerata come una prima materializzazione della coscienza, di quella coscienza che si trovava nel corpo fisico. Dopo l'inizio del mio lavoro volto al risuscitamento si è prodotta una prima materializzazione di questa coscienza in forma sferoidale e la sua uscita nella struttura informativa del nostro pianeta. Dopo di che viene la fase della creazione di una struttura materiale attorno all'Anima, di quella struttura che generalmente vediamo quando guardiamo le persone. Si può dire che, sia da un punto di vista teorico, sia da un punto di vista pratico, una persona può essere considerata come una struttura di coscienza che ha un certo involucro corporeo.

Farò un'osservazione di sfuggita. Ho parlato di una prima materializzazione della coscienza in forma sferoidale. Ebbene, dopo che questa sfera è passata attraverso la struttura informativa del nostro pianeta, può aver luogo la sua proiezione in un ovulo (e allora avverrà la nascita di un bambino) oppure nella struttura del risuscitamento. Nel caso specifico, mediante la direzione del processo, è stata realizzata la proiezione nella struttura del risuscitamento: in altre parole è stato ricreato lo stesso corpo, è stata ricreata la stessa persona. Dunque, in questo caso, è stato fatto ciò che fece Gesù Cristo quando risuscitò Lazzaro. Però, in questo caso, dopo la morte biologica non erano passati alcuni giorni, ma alcuni mesi.

Più avanti Emilija Aleksandrovna scrive che una volta, verso la mezzanotte, vide chiaramente ad occhi chiusi che due corde bianche si allungavano dal suo petto verso la tomba del figlio, verso il monticello formatosi su di essa; dopo ella avrebbe come tirato a sé le corde, avvertendo un peso durante quest'operazione. Tutto questo durò alcuni secondi. Dal seguito della descrizione si apprende che il figlio della signora Rusanova era stato sepolto nel Cimitero Vostrjakovskoe di Mosca, e che la visione della di lui tomba aveva avuto luogo all'altezza dell'appartamento della madre, situato al settimo piano.

Le due corde sopra descritte sono tipiche della tappa di passaggio. La prima corda si è prodotta nel momento in cui la madre ha partorito il figlio: è la struttura della nascita di suo figlio. La seconda corda è la struttura del possibile "allungamento", dell'estensione, del prolungamento della sua coscienza o della sua essenza. Precedentemente ho già detto che, dopo la morte biologica di una persona, sono possibili due varianti: o la nascita in un altro bambino, e, conseguentemente, la realizzazione della reincarnazione, o il risuscitamento, e, conseguentemente, la ri-creazione dello stesso corpo (fra l'altro, non solo la ri-creazione della materia di prima, ma anche di qualsiasi struttura della coscienza). Nel caso specifico, grazie alla direzione del processo, si è proceduto a realizzare la variante del risuscitamento.

La comparsa delle due corde di congiunzione e la percezione allo stesso livello della tomba del figlio e dell'appartamento, sito al settimo piano, rappresenta la congiunzione delle strutture di coscienza del figlio e dell'ambiente esterno.

Nella prassi del risuscitamento c'è un aspetto abbastanza peculiare che caratterizza l'attaccamento del corpo alla struttura, al luogo dove si trova il corpo dopo la morte biologica. In altre parole, il luogo dove viene deposto il corpo è il luogo del suo attaccamento. L'attaccamento primario copre un raggio di circa due metri a partire dal corpo fisico. Tutta la zona dell'attaccamento si estende approssimativamente per un raggio di 50 metri dalla tomba, mentre oltre questa distanza c'è già l'uscita verso la struttura informativa del Mondo esterno. La conoscenza dell'attaccamento e degli aspetti ad esso collegati è importante per la procedura del risuscitamento, perché il passaggio di ritorno attraverso la morte biologica rappresenta in realtà anche il passaggio attraverso la struttura dell'attaccamento. E naturalmente colui che viene risuscitato deve essere orientato ad uscire da questo attaccamento. D'altra parte, se si interpreta da questo punto di vista la descrizione della visione fornita da Emilija Aleksandrovna, si può dire che ella ha visto la forma della tomba quale variante dell'attaccamento del corpo biologico ad un luogo fisso.

Più avanti il testo della dichiarazione di E. A. Rusanova si basa sulle informazioni che ella ha ricevuto da T. I. Kozlova (per cui si può prendere la descrizione degli avvenimenti successivi da ambedue le donne).

Dal testo risulta che, dopo che Emilija Aleksandrovna si era rivolta a me chiedendomi di risuscitare suo figlio e dopo che ella aveva condiviso questa informazione con la signora Kozlova, ex moglie del figlio, la signora Kozlova aveva cominciato ad incontrare delle persone simili al signor Rusanov, suo ex marito, nelle vie di Kaliningrad e di Mosca. In seguito, quando si recò col treno "Jantar' " da Mosca a Kaliningrad, incontrò una persona che aveva tutte le caratteristiche di Rusanov, e questa volta molto vicino, nello stesso scompartimento.

© Грабовой Г.П., 2001

Capitolo I. Episodi concreti di risuscitamento di esseri umani

Se si legge la descrizione di questo incontro, fornita dalla signora Kozlova, si può avere l'impressione che ella si sia comportata in modo troppo passivo. Ma immaginatevi di viaggiare voi in treno e all'improvviso, nello stesso scompartimento del vagone, di incontrare una persona simile come una goccia d'acqua ad un vostro parente che avete sepolto qualche mese prima. Inoltre questa persona non fa assolutamente caso a voi. Credete che vi sareste avvicinati e che gli avreste detto: "Ciao! Ma come, non mi riconosci?" O forse non sareste rimasti bloccati dallo stupore, perdendo la facoltà della parola, senza riuscire a fare nemmeno un passo, perché le vostre gambe all'improvviso sarebbero diventate come d'ovatta? E anche se Tat'jana Ivanovna [Kozlova] non scrive nulla circa le impressioni che provò durante questo incontro, ci si può immaginare il turbine dei sentimenti più disparati che si impadronì di lei: stupore, turbamento, perplessità, e poi, all'improvviso, la comparsa della consapevolezza che, nonostante tutto, si era compiuto un reale risuscitamento. "Nonostante tutto" perché, attualmente, il risuscitamento viene ancora interpretato da molti come un miracolo, poiché per ora ci sono ancora delle persone che non possiedono una comprensione vera del fatto che il risuscitamento, in realtà, è una procedura standard, e che presto esso sarà accettato come un evento naturale, diventando una norma di vita.

Ma per ora colui che all'improvviso ha visto accanto a sé, nello scompartimento di un treno, un suo parente che è stato sepolto, non può arrivare a nessuna conclusione, perché non accetta subito il possibile miracolo o ha timore di poter fare qualcosa di sbagliato. Pertanto, quando leggiamo questa dichiarazione, dobbiamo tenere presente lo stato d'Animo di una persona in una situazione del genere. Il presente libro, per l'appunto, avvia le persone all'accettazione della vera realtà e permette di assimilare le idee su come ci si debba comportare in simili circostanze. Appena si incontra il risuscitato per la prima volta, è particolarmente importante cominciare una conversazione con lui ed offrirgli aiuto.

Torniamo al racconto della signora Rusanova, e precisamente al punto in cui dice che la signora Kozlova aveva cominciato a incontrare delle persone simili al signor Rusanov per strada, e che poi, durante il viaggio da Mosca a Kaliningrad, aveva incontrato

© Грабовой Г.П., 2001

una persona che aveva tutte le caratteristiche di Rusanov, ma questa volta vicino, nel suo stesso scompartimento.

In merito a questo racconto è opportuno dire che i trapassati (o, nel caso in questione, sarebbe meglio dire "i ritornati") comprendono molto bene lo stato d'Animo delle persone da cui ritornano, e che in nessun caso vorrebbero sottoporre questa persona ad una tensione eccessiva. Pertanto Rusanov all'inizio ha cominciato a mostrarsi ad una certa distanza dalla sua ex moglie, portandola gradualmente all'accettazione della possibilità del suo ritorno, tanto più che la signora Kozlova già sapeva che era in corso il processo di risuscitamento.

Perciò, quando ella scrive che aveva osservato delle persone simili al suo ex marito, effettivamente aveva visto il signor Rusanov, già realmente risuscitato.

Si può spiegare che i risuscitati si comportano con tanta delicatezza e con tanta attenzione perché sono stati trasmessi alla loro coscienza gli elementi del risuscitamento. E a causa del fatto che sono stati loro trasmessi questi elementi, in loro sorge una diversa struttura psichica di percezione della realtà. Per esempio, essi ritengono che la vita sia eterna, e questo viene confermato dalla loro personale esperienza. In queste persone nasce anche un rapporto particolare con le leggi del macrocosmo. Molte leggi appaiono loro assolutamente esatte, ed essi non le violano mai.

Conoscono anche l'esistenza dell'attaccamento caratterizzato da un raggio di cinquanta metri, e dopo il ritorno al livello fisico si mantengono per un certo tempo oltre cinquanta metri di distanza dalle persone dalle quali ritornano.

Dopo la prima fase del contatto, durante la quale il ritornato viene percepito a livello di sensazione, avviene il passaggio alla seconda fase, la fase della visualizzazione, durante la quale il risuscitato entra già più da vicino in contatto coi viventi. Vediamo che Rusanov compare già direttamente vicino alla sua ex moglie, nello scompartimento del treno.

Notate che qui il risuscitato mostra la sua padronanza della "tecnica del controllo", nel caso specifico del controllo della situazione. Questa tecnica viene data a colui che viene risuscitato nel momento del suo risuscitamento. Come conseguenza di ciò, egli può trovare — ed anche creare — le situazioni che gli servono per stabilire il contatto con coloro che conosceva e dai quali ritorna.

© Грабовой Г.П., 2001

Circa l'impressione che suo figlio produsse nello scompartimento del vagone sulla propria ex moglie, Emilija Aleksandrovna scrive quanto segue: "Quest'uomo era simile a lui esteriormente, per le sue maniere, il suo comportamento, i suoi gesti, il suo sguardo, ma sembrava distaccato, come smarrito. Quest'uomo viaggiava insieme a un altro uomo che sembrava accompagnarlo e dirigerlo, ma che, nonostante ciò, non lo chiamò nemmeno una volta per nome".

Qui, nelle azioni del risuscitato, vediamo un ulteriore elemento di conoscenza, e precisamente la comprensione da parte sua dello stato d'Animo della persona che lo conosceva. Se fosse comparso solo, la concentrazione su di lui dell'attenzione della sua ex moglie avrebbe potuto essere talmente alta, che gli avrebbe reso difficile un adattamento graduale ed avrebbe potuto cambiare il previsto corso degli eventi.

Per questo motivo in questa situazione viene introdotto un elemento che devia parzialmente su di sé l'attenzione della signora Kozlova: l'uomo che accompagna il risuscitato. D'altronde non è assolutamente indispensabile che questa seconda persona sia una persona reale nel senso abituale della parola: in realtà può avere anche solo una natura visuale, ma questi sono dettagli tecnici e per ora, in questo libro, li lascerò da parte.

Prima ho parlato dell'esistenza di un attaccamento primario che si estende per un raggio di circa due metri a partire dal corpo fisico. Ebbene, una concentrazione parziale o significativa sulla seconda persona — se si esaminano questi avvenimenti dal punto di vista del piano sottile — corrisponde allo svincolamento dalla zona primaria, cioè dalla zona dove si trova la tomba, e al passaggio di questa zona alla persona accompagnatrice. Vorrei far notare che non deve trattarsi per forza di una persona: può anche essere, semplicemente, un oggetto, per esempio un'automobile in cui viaggia il risuscitato, o qualcosa d'altro. Quello che è importante è il principio, il principio del distacco del risuscitato dalla zona primaria.

Inoltre la circostanza che l'accompagnatore, in presenza della signora Kozlova, non abbia mai chiamato per nome il signor Rusanov, ci fa capire che in questa situazione un fatto del genere avrebbe potuto portare a uno stato di shock della signora Kozlova, e, come risultato di questo, alla distruzione di alcune sue cellule. Ma ho già detto che il risuscitato afferra bene la situazione e lo stato d'Animo della persona che ha davanti:

© Грабовой Г.П., 2001

egli è passato attraverso tappe più profonde di destrutturazione e poi di ristrutturazione della coscienza, per cui, seguitando ad agire, si comporta con molta prudenza.

Si può rilevare il seguente aspetto fondamentale nella dichiarazione di Emilija Aleksandrovna. Dopo la frase sopra riportata, ella scrive: "T. I. Kozlova rimasi stupita quando mio figlio A. E. Rusanov...". La signora Rusanova non parla di una persona simile a suo figlio, no; dice: "... quando mio figlio...". Qui si può vedere che, dopo i racconti della signora Kozlova relativi all'incontro col figlio di lei nello scompartimento del treno, la signora Rusanova è giunta ad una piena identificazione del risuscitato proprio con suo figlio, che prima era morto, e che ora era comparso vivo. Desidero far notare che in seguito questo fatto ricevette una conferma definitiva e che la storia qui descritta terminò positivamente.

È opportuno sottolineare che l'identificazione spirituale è un criterio fondamentale per determinare che è avvenuto il risuscitamento proprio di quella certa persona.

La frase successiva nella dichiarazione è: "Vedendo del denaro (una banconota da mille rubli di tipo nuovo), mostrò con evidenza che non conosceva quel tipo di banconota".

In che occasione una normale persona vivente avrebbe potuto reagire in modo analogo? Nel caso in cui nel momento dell'introduzione di nuove banconote si fosse trovata, per esempio, all'estero. Allora certamente avrebbe manifestato stupore, dopo essersi scontrata con una nuova realtà. Effettivamente Rusanov, nel periodo dell'introduzione delle nuove banconote, si trovava nello spazio chiuso della sua tomba, ed anche la sua coscienza, che si trovava presso il corpo fisico, era limitata dall'ambito di quello spazio. Da questo fatto si può notare che la coscienza dei trapassati, cioè di coloro per i quali ha avuto luogo la morte fisica, è praticamente uguale alla coscienza di coloro che si trovano in quella condizione che abitualmente viene chiamata "vita". Ecco perché si produce una stessa reazione ad una stessa situazione.

Dalla descrizione sopra riportata non bisogna trarre la conclusione che lo schema di risuscitamento descritto sia standard. Per il periodo attuale è, effettivamente, abbastanza tipico, a causa del modo in cui la società attuale recepisce il fenomeno del risuscitamento. In realtà, esso riflette le reali leggi

© Грабовой Г.П., 2001

del risuscitamento. In effetti, qui tutto dipende in grande misura dal livello di preparazione dei viventi al ritorno dei propri cari e dei propri conoscenti. Il completo processo di risuscitamento può richiedere anche un tempo non lungo. Ed in un futuro non lontano, quando per lo meno una parte della società avrà capito che il processo di risuscitamento è una normale procedura standard, il risuscitamento avverrà allora in modo rapido, a causa della preparazione della società all'accoglimento di questo fenomeno.

Io ho selezionato le testimonianze sugli episodi di risuscitamento in modo che lo schema di tali episodi permettesse di imparare a risuscitare le persone, basandosi su un'analisi complessiva dei fatti.

Nel secondo capitolo si parla anche della possibilità di un risuscitamento praticamente istantaneo, ma per ottenere questo il risuscitatore deve possedere un elevatissimo livello di sviluppo spirituale.

2

Passiamo all'esame del secondo episodio di risuscitamento.

Dichiarazione di Svetlana Alekseevna Kulikova, datata 26/01/1999

"Essendomi io rivolta il 24/12/1998 a Grigori Petrovič Grabovoi chiedendogli di risuscitare mio figlio Valentin, ucciso a 26 anni, dichiaro che Grigori Petrovič Grabovoi è veramente capace di risuscitare le persone uccise.

Dopo essere stata ricevuta da Grigori Petrovič Grabovoi, e dopo che questi ebbe detto di essere disposto a risuscitare mio figlio Valentin, nato nel 1967 e ucciso nel 1993, mi misi a studiare con impegno la sua dissertazione (composta per ottenere il titolo di dottore) e la sua opera – La pratica del controllo. La via della salvezza. Ogni volta mi si presentava una quantità di nuove domande. Alle volte la mia ignoranza, relativa a come si ottenessero le formule, e l'impossibilità di penetrare il senso delle laconiche frasi della dissertazione, mi portavano alla disperazione. Dopo ogni nuova rilettura, la dissertazione mi sembrava diversa: in essa cambiava sempre qualche cosa.

E all'improvviso, il 10/01/1999, verso le 23, dopo l'ennesimo tentativo di capire ciò che era incomprensibile, disperata, mi rivolsi mentalmente a Grigori Petrovič Grabovoi per ottenere aiuto. E dopo un po' di tempo tutto ciò che mi era sembrato confuso ed incomprensibile sparì. Nella mia coscienza si formarono in modo del tutto chiaro e limpido le definizioni della forma cubica del tempo e le leggi relative alla struttura del Mondo. Nacque in me una sensazione di gioia e di felicità. Per alcuni giorni mi tormentò questa domanda: «Chi è mai Grigori Petrovič Grabovoj?».

Il 13 gennaio 1999, alla vigilia del "Nuovo Anno", dopo aver preparato la tavola per i miei congiunti, avvertii un inspiegabile desiderio di avvicinarmi alla finestra. mi accostai alla finestra, cominciai ad ammirare il bel paesaggio invernale con la scintillante neve azzurra. Erano le 22,40 — 22,50. Fra i miei pensieri comparve di nuovo la domanda: «Chi è mai Grigori Petrovič Grabovoi?». Ed ecco, sulla neve, cominciarono a pulsare davanti ai miei occhi delle enormi cifre nere: 14111963. Dopo comparvero in mezzo a queste cifre dei segni di addizione, e il tutto si trasformò in una strana equazione: $1+4+1+1+1+9+6+3 = 8$. Il numero otto emanava una soffusa luce dal colore tra il pervinca e il violetto. Poi il numero otto si girò e si mise in posizione adagiata, esprimendo così il segno dell'infinito: ∞. Mi chiamarono a tavola e le cifre scomparvero. Solo il giorno successivo mi resi conto che queste cifre erano la data di nascita di Grigori Petrovič Grabovoi. E la loro somma dava 8 — la cifra di Gesù Cristo, che, giratasi, aveva indicato l'eternità.

Il 14/01/1999 pernottò da me mia figlia Katja, che vive da sola e che è la gemella del mio figlio defunto Valentin. Alle 2 di notte, quando tutte le persone della casa già dormivano, mentre Katja era appena entrata in camera sua, sentii un colpo, come se fosse scoppiato un palloncino, e dopo un po' di tempo produsse un fruscio della carta d'alluminio che stava su una poltrona, dentro una delle stanze. In quel momento esatto Katja uscì dalla sua stanza e disse che, letteralmente davanti ai suoi occhi, una scatola che conteneva una macchinina si era alzata in volo, come se una persona invisibile le avesse dato un calcio. Io dissi che avevo sentito quel colpo ed anche che avevo sentito il fruscio della carta d'alluminio nella poltrona. Katja ed io andammo a guardare la poltrona e vedemmo che la carta d'alluminio era come accartocciata, e che su di essa c'era l'impronta della mano di una persona adulta. Dopo questi fatti, in casa si sentì costantemente la presenza di qualcuno. Si diffondevano all'improvviso dei fruscii, dondolavano le tende, scricchiolava il pavimento.

© Грабовой Г.П., 2001

Capitolo I. Episodi concreti di risuscitamento di esseri umani

Il 16/01/1999 mio figlio Dimitrij (nato nel 1965) e mio nipote Michail (nato nel 1985) mi raccontarono concordemente che, svegliandosi nel cuor della notte, mio figlio Dimitrij aveva visto Valentin, vivo, sulla parete opposta a quella dove si trovava il letto, in un punto dove c'era un'enorme fotografia di un leone. Mio figlio Dimitrij chiuse gli occhi e li aprì di nuovo. Valentin era sempre nello stesso posto. Allora mio figlio svegliò mio nipote Michail e si convinse del fatto che anche mio nipote vedeva Valentin. Fra l'altro, prima di questo avvenimento mio figlio aveva accolto con molto scetticismo la comunicazione circa la possibilità di far risuscitare Valentin. Adesso ne è assolutamente convinto. Voglio aggiungere che, quando fui ricevuta da Grigori Petrovič Grabovoi, ricevetti da lui una audiocassetta con la sua voce in cui era registrata per me la spiegazione circa ciò che era un criterio [dell'avvenuto risuscitamento] e circa il motivo per il quale lo spazio è secondario rispetto alla coscienza, mentre è primario l'intervallo del movimento. Dopo che ebbi raggiunto la consapevolezza di tutto ciò, la cassetta scomparve, cioè si smaterializzò".

Dunque, Svetlana Alekseevna Kulikova si era rivolta a me chiedendomi di far risuscitare suo figlio. Suo figlio Valentin, nato nel 1967, era stato ucciso nel 1993. La signora si era rivolta a me nel 1998, chiedendomi di operare il risuscitamento. Di conseguenza, giudicando dalle date, risulta che erano passati più di cinque anni e che già correva il sesto anno dal momento in cui Valentin era stato ucciso.

In linea generale, per il risuscitamento è necessaria sempre una stessa quantità di energia, indipendentemente dal fatto che la persona sia morta poco tempo prima o molto tempo prima. Tuttavia, la differenza di tempo può avere il seguente significato. Quanto più tempo è passato dal giorno della morte biologica, in questo caso causata da un omicidio, tanto più probabile diventa l'affievolimento o la completa scomparsa di quei fattori che hanno portato alla morte (all'omicidio). Questa circostanza facilita il risuscitamento e lo può rendere più veloce. Pertanto nel processo di risuscitamento è spesso importante capire il motivo dell'avvenimento, perché ciò accelera il risuscitamento stesso.

Cominciamo l'analisi della dichiarazione.

Svetlana Alekseevna Kulikova scrive di aver studiato la mia opera – Strutture applicate della zona di creazione dell'informazione e il mio libro in tre tomi – La pratica del controllo. La via della salvezza: in questi volumi sono raccolti episodi concreti relativi alla pratica della mia attività, compresi episodi relativi al risuscitamento. Inoltre, per alcuni giorni la domanda relativa a chi io fossi l'ha fatta riflettere in modo insolito, o, come ella scrive, l'ha tormentata.

Evidentemente la sua concentrazione su questo pensiero è stata talmente profonda che una volta, mentre stava in piedi vicino alla finestra ed ammirava il paesaggio invernale, Svetlana Alekseevna Kulikova ha ricevuto in forma simbolica la risposta alla sua domanda.

Questo è avvenuto la sera della vigilia dell'Anno Nuovo (calcolato secondo il vecchio calendario). La signora scrive: "... avvertii un inspiegabile desiderio di avvicinarmi alla finestra. Dopo essermi accostata alla finestra, cominciai ad ammirare il bel paesaggio invernale con la scintillante neve azzurra. Erano le 22,40 — 22,50. E fra i miei pensieri comparve di nuovo la domanda: «Chi è mai Grigori Petrovič Grabovoi?». Ed ecco, sulla neve, cominciarono a pulsare davanti ai miei occhi delle enormi cifre nere: 14111963. Dopo comparvero in mezzo a queste cifre dei segni di addizione, e il tutto si trasformò in una strana equazione: $1+4+1+1+1+9+6+3 = 8$. Il numero otto emanava una soffusa luce dal colore tra il pervinca e il violetto. Poi il numero otto si girò e si mise in posizione adagiata, esprimendo così il segno dell'infinito: ∞. Mi chiamarono a tavola e le cifre scomparvero. Solo il giorno successivo mi resi conto che queste cifre erano la data di nascita di Grigori Petrovič Grabovoi. E la loro somma dava 8 — la cifra di Gesù Cristo, che, giratasi, aveva indicato l'eternità".

La prima osservazione relativa al brano in questione è che la data 14/11/1963 è quella del mio compleanno.

Una seconda osservazione: nel testo è stata eseguita la somma delle cifre secondo la regola che viene adottata in numerologia, consistente nel sommare le cifre fino a che non si ottiene una cifra formata da un solo numero. In questo caso abbiamo: $1+4+1+1+1+9+6+3 = 26, 2 + 6 = 8$.

Proseguiamo l'analisi della dichiarazione. Gesù Cristo diede ai suoi discepoli un simbolo con la cifra "otto" lievemente inclinata, cioè simile al simbolo del numero "otto" e, contemporaneamente, al simbolo dell'eternità. Questo era il simbolo del suo livello; lo teneva in mano, e poi lo passò ai suoi discepoli.

Se il numero "otto" è disposto verticalmente, è un normale "otto"; se è disposto orizzontalmente, è il simbolo dell'infinito. Il comune "otto" è una cifra: si tratta semplicemente di otto unità

© Грабовой Г.П., 2001

sommate insieme, e dunque questo numero è rappresentato da una quantità finita di elementi.

Il numero "otto" disposto orizzontalmente è già un "otto" appartenente ad un piano totalmente diverso: è il simbolo dell'infinito, è il simbolo di una quantità infinita di elementi, è il simbolo di una quantità infinita di collegamenti.

Il numero "otto" di Gesù era inclinato, cioè occupava una posizione intermedia fra due posizioni estreme, vale a dire fra quella verticale e quella orizzontale. Pertanto il numero "otto" inclinato è un simbolo che corrisponde alla trasformazione dell'infinito in una cifra finita. Corrisponde alla struttura fondamentale che collega una quantità infinita di fenomeni ad un fenomeno concreto: rappresenta il trasferimento di tutta la varietà del Mondo in ciò che vediamo, sentiamo, percepiamo concretamente in questo momento.

Questo segno simboleggia il principio del collegamento fra ciò che è spirituale e ciò che è materiale. In effetti, rappresenta l'atto della creazione.

Questa conoscenza è rimasta nascosta fino a poco tempo fa: ora io, per la prima volta, rivelo le proprietà di questo segno.

Per quanto riguarda Svetlana Alekseevna Kulikova, ella, presa dal fortissimo desiderio di penetrare l'essenza di quanto stava accadendo, di capire da sola, per un certo periodo si è trovata costantemente in una condizione di particolare tensione, e questo ha fatto sì che le conoscenze di cui ella scrive le giungessero sotto forma di rivelazione. "Chi cerca trova!". Ovviamente, solo chi cerca con sincerità.

Leggiamo oltre la dichiarazione:

"Il 14/01/1999 pernottò da me mia figlia Katja, che vive da sola e che è la gemella del mio figlio defunto Valentin. Alle 2 di notte, quando tutte le persone della casa già dormivano, mentre Katja era appena entrata in camera sua, sentii un colpo, come se fosse scoppiato un palloncino, e dopo un po' di tempo produsse un fruscio della carta d'alluminio che stava su una poltrona, dentro una delle stanze. In quel momento esatto Katja uscì dalla sua stanza e disse che, letteralmente davanti ai suoi occhi, una scatola che conteneva una macchinina si era alzata in volo, come se una persona invisibile le avesse dato un calcio. Io dissi che avevo sentito quel colpo ed anche che avevo sentito il fruscio della carta d'alluminio nella poltrona. Katja ed io andammo a guardare la poltrona e vedemmo che la carta d'alluminio era come accartocciata, e che su di essa c'era l'impronta della mano di una persona adulta. Dopo questi fatti, in casa si sentì costantemente la presenza di qualcuno. Si diffondevano all'improvviso dei fruscii, dondolavano le tende, scricchiolava il pavimento".

Qui bisogna evidenziare una circostanza importante. Quando un risuscitato si avvicina ad un parente vivo, in quest'ultimo può avere luogo una reazione dell'ipofisi del cervello. Quando si ha un certo livello di reazione, il parente vede il risuscitato, ma percepisce quanto avviene in uno stato di espansione di coscienza. Questo avviene quando il vivo non è ancora sufficientemente pronto all'incontro diretto col risuscitato: allora l'incontro avviene per lui in modo più blando.

Quando si ha un altro livello di reazione dell'ipofisi, può avvenire che il parente non riesca assolutamente a vedere il risuscitato, benché altre persone possano non solo vederlo, ma anche registrarne l'immagine mediante delle apparecchiature. Nel caso specifico i parenti di Valentin, a causa della reazione delle loro ipofisi, non sono riusciti a percepirlo.

Nel testo viene notata anche un'altra interessante particolarità. Valentin e Katja erano gemelli, e un gemello, dal punto di vista delle informazioni, è un riflesso informativo: pertanto è il canale più efficace per il primo livello del risuscitamento.

Il risuscitamento avviene secondo un sistema dai molteplici livelli: adesso studieremo questo problema, ma prima farò la seguente osservazione.

Esiste un principio del risuscitamento consistente nel fatto che, quanto più numerose sono le persone che desiderano il risuscitamento, tanto più facile è il contatto con colui che deve essere risuscitato. Questa proposizione si chiama "principio di disparallelizzazione dei segnali". Da tutto ciò consegue che, per il risuscitamento, è indispensabile che il risuscitamento stesso venga desiderato dalla maggior quantità possibile di persone (preferibilmente parenti stretti), perché allora viene facilitata l'uscita [del trapassato] verso il Mondo di coloro che vivono, ed è particolarmente efficace l'uscita attraverso un gemello. Per questo Katja ha rappresentato il canale più favorevole per il primo livello del risuscitamento

Ed ora parliamo dei livelli di risuscitamento.

© Грабовой Г.П., 2001

LIVELLI DI RISUSCITAMENTO

Primo livello: è l'evento stesso del risuscitamento.

Secondo livello: è il livello dell'armonizzazione, dell'armonizzazione con due tipi di realtà. Una di queste è la realtà dei trapassati, l'altra — la realtà dei viventi. L'essenza di questa armonizzazione consiste nel fatto che, per un certo periodo, il risuscitato deve essere presente contemporaneamente in questi due livelli di realtà; inoltre c'è anche, ovviamente, un "qualcosa" fra questi due livelli, che esiste per tutto il periodo in cui si svolge il passaggio da un livello all'altro.

Quando ha luogo la registrazione e viene eseguita, per esempio, l'analisi dei tessuti, si può considerare in maggiore misura quest'evento quale uscita dal livello dei trapassati.

Terzo livello: nel terzo livello il legame con i trapassati è tale che il risuscitato non fa più parte della struttura dei trapassati, ma già di quella dei viventi. In lui si sta producendo la stabilizzazione del corpo fisico, ma esiste ancora il suo cosiddetto "corpo d'equilibrio". Questo è il corpo in cui, in caso di necessità, viene trasferito il corpo materiale. Inoltre il passaggio del corpo materiale nel corpo d'equilibrio viene realizzato grazie ad una fuoriuscita di materia che va a versarsi in esso, approssimativamente come, nei vasi comunicanti, un liquido trabocca da un vaso ad un altro. Questo meccanismo funziona nel modo seguente.

Immaginate che il risuscitato abbia incontrato una persona vivente, una di quelle che ancora non sono pronte all'incontro. L'Anima del risuscitato recepisce questa informazione, ed allora il risuscitato, per non provocare traumi all'altra persona, determina la reazione della sua ipofisi in modo tale che quella persona cominci a percepire quanto sta avvenendo in uno stato di coscienza espansa, ed in questo lasso di tempo il corpo d'equilibrio realizza la fuoriuscita di materia, spostandola in un altro luogo dello spazio-tempo. Infatti bisogna tener presente che l'Anima, che dirige tutto il processo, è una quantità notevole: è una struttura dal volume infinito. Di conseguenza, il risuscitato viene a trovarsi in un luogo del tutto diverso. L'esistenza di questa possibilità aiuta a rendere più armonico l'adattamento dei risuscitati ai viventi.

Il fenomeno descritto è simile al teletrasporto, ma non si tratta di teletrasporto. La differenza fra i due fenomeni consiste in quanto segue.

© Грабовой Г.П., 2001

Nel caso del teletrasporto di una persona vivente, che non è mai morta, è necessaria la conoscenza delle esatte coordinate del luogo del teletrasporto, ed è indispensabile un elevato livello delle strutture direttive, cioè del livello dell'Anima. Invece, quando colui che ritorna comincia a trasferire la materia in un altro luogo dello spazio-tempo, la situazione è più semplice, poiché il posto per lui è già pronto.

C'è ancora un'altra differenza: è ciò che registra la macchina da presa in questi due casi. Quando si osserva il materiale ripreso si vede che nel caso del teletrasporto, gli elementi del corpo appaiono con una serie di movimenti discreti, mentre nel caso del trasferimento di materia al corpo d'equilibrio, che si trova in un altro luogo dello spazio-tempo, tutti i movimenti sono molto graduali, come se effettivamente la materia sgorgasse da un luogo e comparisse in un altro, cioè nel luogo di registrazione.

Quarto livello: al quarto livello il corpo d'equilibrio praticamente non è più necessario, perché esistono già dei contatti stabiliti con molte persone che il risuscitato conosceva prima, ed esistono già dei documenti che sono stati emessi.

Quinto livello: al quinto livello il risuscitato funziona già proprio come una persona normale, e praticamente non si differenzia in nulla dai viventi.

Bisogna dire che il risuscitato può scegliere se stare con i propri parenti, o con i suoi vecchi conoscenti, oppure no . Il problema consiste nel fatto che alcuni di loro, dopo il risuscitamento, incontrando il risuscitato possono comportarsi in un modo che non è quello che vorrebbe il risuscitato. Perciò il risuscitato può scegliere. E quando ha operato la sua scelta e ha deciso quale sarà il luogo in cui vivrà, si trova già al quinto livello. Ed allora il secondo corpo, il "corpo di fuoriuscita", non gli serve più, perché non gli serve più nascondersi.

È opportuno notare, tuttavia, che negli ultimi tempi il passaggio al corpo d'equilibrio avviene praticamente sempre più di rado. Questa circostanza è collegata al fatto che, nel nostro tempo caratterizzato da una maggiore apertura, sta diventando sufficiente lo spiegare che ha avuto luogo un evento di risuscitamento.

***

Proseguiamo la lettura della dichiarazione.

"Il 16/01/1999 mio figlio Dimitrij (nato nel 1965) e mio

nipote Michail (nato nel 1985) mi raccontarono concordemente che, svegliandosi nel cuore della notte, mio figlio Dimitrij aveva visto Valentin, vivo, sulla parete opposta a quella dove si trovava il letto, in un punto dove c'era un'enorme fotografia di un leone. Mio figlio Dimitrij chiuse gli occhi e li aprì di nuovo. Valentin era sempre nello stesso posto. Allora mio figlio svegliò mio nipote Michail e si convinse del fatto che anche mio nipote vedeva Valentin".

In base ai principi generali del risuscitamento si deduce che, se il risuscitamento avviene in presenza di parenti stretti (nel caso specifico, di Dimitrij e Michail), la velocità del risuscitamento aumenta e diventa più facile l'accesso alla zona di uscita di coloro che vengono risuscitati. Il risuscitamento è avvenuto in presenza di questi due testimoni, che hanno visto Valentin, vivo, nella zona dove si trovava la grande fotografia di un leone.

Qui ha un'importanza non trascurabile la presenza, nella zona del risuscitamento, della fotografia di un rappresentante del mondo animale, ma al posto della fotografia avrebbe potuto esserci un gatto vivo, o un cane, o una pianta qualsiasi. Nell'analisi del precedente caso di risuscitamento ho già trattato questo argomento. La presenza di un qualsivoglia altro oggetto porta alla dispersione dell'attenzione della persona, e, di conseguenza, alla diminuzione del carico che deve sopportare: questo rende possibile l'accelerazione del risuscitamento.

Di conseguenza, possiamo constatare l'esistenza delle seguenti leggi:

In primo luogo, affinché il risuscitamento avvenga più rapidamente, bisogna avere quanta più gente possibile che desideri il risuscitamento di una certa persona.

In secondo luogo, è meglio se si tratta di parenti di quella persona.

Ed infine, in terzo luogo, è estremamente positiva la presenza di un rappresentante del Mondo animale, sia pure solo a livello di fotografia (come, in questo caso, è avvenuto con la fotografia del leone).

D'altra parte, la presenza proprio di un leone nel caso specifico ha rappresentato un'ulteriore, interessante particolarità che permette di vedere il legame tra colui che viene risuscitato ed il Mondo circostante. Riferendomi a questo dettaglio, parlerò delle possibilità informative del leone e dell'aquila.

© Грабовой Г.П., 2001

In effetti, a differenza degli altri animali, il leone si muove sapendo in anticipo quale situazione (approssimativamente) lo attenda e che cosa possa succedergli nell'immediato (orientativamente nell'arco di tempo di un'ora). Per capire meglio che cosa avvenga in questo caso, consideriamo un avvenimento più familiare.

Nei grandi aeroporti moderni gli aerei, a volte atterrano ogni minuto. Per garantire la sicurezza dei voli i controllori devono vedere sugli schermi dei radar il movimento di tutti gli aerei nell'aria, per dirigere i loro decolli e i loro atterraggi. Esaminiamo in breve come funziona il radar, o, per dirla in altre parole, una stazione di controllo radar.

Il radar emette un corto impulso elettromagnetico che va in una certa direzione. Se in questa direzione c'è un aereo, l'impulso, arrivando all'aereo, viene riflesso da esso e torna indietro: sullo schermo del radar, in quel punto, appare un puntino luminoso. In base al tempo impiegato dal segnale riflesso per tornare indietro si determina la distanza esatta dell'aereo. Nell'istante successivo l'impulso viene inviato in una direzione lievemente diversa: tutto questo avviene con estrema rapidità, e ne risulta che viene eseguita un'analisi visiva dello spazio aereo. Pertanto sullo schermo del radar compare un quadro esatto della posizione degli aerei in un determinato momento.

Quest'analisi visiva dello spazio aereo, nella lingua degli specialisti, viene chiamata "scannerizzazione".

Ebbene, il leone possiede la capacità di procedere alla scannerizzazione dello spazio degli eventi futuri per un periodo che copre fino ad un'ora di tempo; inoltre esso vede gli avvenimenti futuri esattamente come vede quelli presenti. Notiamo che, invece di parlare di scannerizzazione dello spazio degli eventi futuri, si può parlare di scannerizzazione del tempo: è possibile utilizzare anche quest'espressione.

Di tanto in tanto il leone emette dalla gabbia toracica un impulso di coscienza e, ricevendo il segnale riflesso di ritorno, ottiene una conoscenza preventiva degli avvenimenti futuri.

Questo primo impulso si forma nella zona dello stomaco del leone, si riflette a partire dalle pareti dello stomaco, passa attraverso il cervello e viene emesso all'esterno approssimativamente all'altezza dello stomaco; un secondo segnale, subito dopo il primo, viene emesso attraverso il cervello; quasi immediatamente

© Грабовой Г.П., 2001

i due segnali si incontrano, e dall'impulso così ottenuto viene l'utilizzazione per la scannerizzazione del tempo. Quando avviene la formazione di questo impulso, lo stomaco del leone si contrae lievemente, assume una forma che ricorda un po' un pallone da rugby, e l'impulso parte da una delle sue estremità superiori.

Nell'ambito dell'argomento attualmente trattato è opportuno dire alcune parole sullo struzzo. L'espressione "politica dello struzzo" ed altre espressioni analoghe sono legate alla diffusa concezione secondo cui, nel momento del pericolo, lo struzzo nasconde la testa nella sabbia per la paura, invece di agire. In realtà la situazione è diversa.

Lo struzzo può scannerizzare il tempo fino a circa un minuto nel futuro. E se vede un pericolo reale, fugge via. Questo è stato confermato da esperimenti di scienziati americani che lanciavano delle palle allo struzzo. Addirittura quando c'è un pericolo potenziale che in quel momento non è reale, e lo struzzo sa che non gli avverrà nulla di male, esso nasconde la testa nella sabbia. Se invece la minaccia diventa reale, allora fugge via.

Ritorno al leone. Il leone scannerizza il tempo approssimativamente per un'ora nel futuro. Se invece guardasse nel futuro non per un'ora, ma, diciamo, per un'ora e venti minuti, a causa della minore mobilità comincerebbe a perdere la forma, e difficilmente un leone si potrebbe permettere questo.

È necessario dire che, da un certo punto di vista, la scannerizzazione degli eventi futuri da parte di un leone si distingue radicalmente dalla scannerizzazione dello spazio aereo da parte di un laser. L'impulso emesso da un radar è una parte di un'onda elettromagnetica, si muove nello spazio alla velocità della luce. L'impulso di coscienza emesso dal leone, invece, non si muove in nessuna direzione e non si diffonde da nessuna parte: non c'è nessun movimento. Questo impulso compare subito, istantaneamente, nel punto in cui il leone vuole andare. Questo impulso compare in quel punto e viene anche riflesso a partire da quel punto, dopo aver preventivamente scannerizzato tutto ciò che si trova attorno ad esso.

Tuttavia, per un segnale riflesso, a differenza di quanto accade per un segnale diretto, esiste il concetto di diffusione ondulatoria. Un'onda riflessa si diffonde con una grandissima velocità, superiore a quella della luce, e ritorna alla sua fonte iniziale.

Torniamo al segnale diretto. Affinché sia più facile capire

quello che avviene in questo caso, ci si può immaginare intuitivamente questo processo (in modo semplificato) nella maniera seguente. Quando il leone deve, per esempio, attraversare un certo territorio, in lui sorge un pensiero legato a questa necessità. Immaginiamoci questo pensiero sotto la forma di una colonnina cilindrica (in realtà, stiamo parlando della forma delle informazioni). Quando nel leone appare questo pensiero sotto forma di una colonnina cilindrica, istantaneamente, nel punto dove il leone vuole trovarsi, si forma un cilindro lievemente modificato (diciamo a forma di cono). La sua formazione avviene in base al principio dei legami comuni esistenti fra tutti i frammenti di informazione. L'informazione che si trova nel segmento che serve al leone viene scannerizzata attorno alla forma che è sorta.

Si può dire che la colonnina a forma di cono che si è formata consiste di due parti. Una sua parte rappresenta ciò che si trova sempre in questo segmento, e che è la conseguenza del principio fondamentale, consistente nella seguente proposizione: "TUTTO è PRESENTE IN TUTTO". La seconda parte della colonnina a forma di cono consiste in ciò che viene prodotto dalla volontà, nel caso specifico dalla volontà del leone. Fra l'altro, in questo caso si potrebbe calcolare esattamente la volontà, cioè enucleare un segmento di Spirito.

La gestione effettuata dallo spirito è una struttura direttiva. Lo spirito dirige la coscienza, e questa gerarchia, ovviamente, si riflette anche nella procedura che si segue nel prendere decisioni.

Quando il leone riceve il segnale riflesso, ancora prima che esso venga elaborato dalla sua coscienza, la prima decisione viene immediatamente presa dallo spirito, cioè dalla struttura direttiva spirituale. Per esempio, davanti al leone c'è qualcosa che lo disturba e questi deve fare un piccolo salto per spostarsi. Poi si svolge l'elaborazione del segnale riflesso: qui il carico principale viene affidato alla coscienza. Sulla base dell'elaborazione del segnale riflesso eseguito dalla coscienza il leone decide che cosa fare: in questo caso, dove scappare.

Se, per fare un paragone, esaminiamo il comportamento della tigre, vediamo che la situazione è diversa. Nella tigre la direzione spirituale è sostituita dal lavoro della sua coscienza sviluppata, e pertanto la tigre è un po' più lenta.

Vediamo che il leone è considerevolmente superiore alla tigre, come anche agli altri animali, nella direzione spirituale. È proprio

© Грабовой Г.П., 2001

Capitolo I. Episodi concreti di risuscitamento di esseri umani 53

questa sua capacità che lo fa distinguere in mezzo agli altri animali, e proprio per questo si ritiene che il leone sia il re degli animali.

Se, in rapporto a queste considerazioni, si esamina la corrispondente organizzazione dell'essere umano, si può constatare quanto segue: l'essere umano ha uno speciale volume separato di livello spirituale e la sua direzione spirituale si innalza fino a diventare una struttura di contatto con Dio. Perciò, se lo vuole, l'essere umano si può sviluppare molto rapidamente.

Ancora un'osservazione. In base alla descrizione sopra riportata del processo decisionale si può vedere che, se il sistema di direzione spirituale è molto sviluppato, assai più sviluppato del sistema della coscienza, e controlla completamente tutte le cellule e la stessa coscienza, allora l'oggetto diventa del tutto indistruttibile. Questo perché, mediante una coscienza contenente principi spirituali sviluppati, si può creare la materia, e, di conseguenza, qualsiasi corpo fisico, anche quello di un essere umano.

Adesso passiamo ad un rappresentante dei pennuti veramente unico, di cui abbiamo parlato nell'introduzione — all'aquila. Oltre alle capacità precedentemente elencate, l'aquila possiede anche la capacità ben sviluppata di scannerizzare lo spazio degli eventi futuri.

Il suo primo impulso parte dalle penne, anche se potrebbe sembrare che queste siano una parte del corpo assolutamente inadatta per tale scopo, dato che le penne possono cadere: tuttavia è così. Il suo secondo impulso parte dagli occhi: dopo di che, come nel caso del leone, questi due impulsi si incontrano, e l'impulso articolato che se ne ottiene viene utilizzato per la scannerizzazione del tempo. Praticamente non viene toccata nessuna altra parte del corpo per la creazione dell'impulso. Se gli occhi dell'aquila sono chiusi, essa invia un sistema di segnali paralleli, e allora, per fare questo, utilizza il corpo. Gli altri uccelli non possono fare quest'operazione. Pertanto, se ad alcuni tipi di uccelli che vengono ammaestrati vengono coperti gli occhi (per esempio, alle aquile reali e ai falchi), questi non possono più procedere alla scannerizzazione, e perciò cercano di non volare.

Adesso parliamo del tempo. Quando l'aquila scannerizza lo spazio degli eventi futuri con un anticipo di un'ora, ha una visione estremamente spaziosa: vede sé stessa, vede tutti i processi, determina con esattezza i rapporti reciproci, analizza tutto complessivamente. La percezione di tutto questo avviene con

© Грабовой Г.П., 2001

l'ausilio della chiaroveggenza, cioè della vista irrazionale. Per quanto riguarda la successiva mezz'ora, l'aquila seguita a vedere bene come prima sé stessa e alcuni fatti che avvengono, ma lo sfondo comincia a diventare sfocato. L'aquila vede bene sé stessa anche per un periodo che giunge fino a cinque ore, e addirittura fino a sette. Si può dire che dall'aquila si origini come un filo che va nello spazio, e con l'aiuto di questo filo essa sente, per esempio, che da qualche parte c'è un problema, ed allora non vola in quel luogo.

Alcuni tipi di aquila possono utilizzare la visone irrazionale anche semplicemente per orientarsi durante il volo: fra l'altro, in questo caso vedono in modo più preciso che con gli occhi. Tuttavia utilizzano poco questa possibilità, perché usando questo tipo di orientamento si produce un grande sforzo a carico del tessuto osseo.

Si può aggiungere che l'aquila padroneggia in modo eccellente anche il teletrasporto.

Osservando il volo degli uccelli si può vedere che alcune volte essi si lasciano cadere giù e, senza raggiungere il suolo, si alzano di nuovo, utilizzando la forza aerodinamica per risalire. L'albatro è un magnifico esempio di tale tipo di volo: acquista velocità mentre si lascia cadere, proprio prima di toccare terra si volta contro vento e risale in alto.

È evidente che anche l'aquila può fare lo stesso, ma adesso ci interessa un'altra tecnica che essa adotta. È stato notato che alle volte l'aquila cade con grande velocità, poi sembra cozzare a terra (questa è l'impressione che produce esternamente), e subito si innalza di nuovo a gran velocità. Si pensava che, dopo essere atterrata, si imprimesse una potente spinta, e che grazie a questa spinta riuscisse a staccarsi da terra con grande velocità. Tuttavia si è appurato che non è così. Le riprese eseguite da scienziati australiani con macchine da presa hanno mostrato che l'aquila in questi casi non tocca affatto la terra. Questo fenomeno è rimasto un mistero.

In realtà l'aquila, vedendo il futuro e sapendo dove sarebbe andata in volo dopo essersi allontanata da terra, si teletrasporta subito nel luogo dove avrebbe dovuto trovarsi dopo la spinta di decollo. Perciò l'aquila possiede anche la capacità di utilizzare il teletrasporto.

***

Torniamo all'esame della dichiarazione di Svetlana Alekseevna Kulikova, e precisamente al punto in cui racconta

Capitolo I. Episodi concreti di risuscitamento di esseri umani

che suo figlio e suo nipote videro Valentin, vivo, presso la grande fotografia di un leone. Adesso, dopo aver fatto conoscenza con le particolarità di questo animale, possiamo capire come la sua fotografia abbia aiutato il risuscitamento di Valentin. Infatti, avendo la capacità di scannerizzare il futuro, il leone — si può dire — fa fuoriuscire il campo informativo del futuro, e a questo punto avviene il risuscitamento. Questo ha fatto sì che Dimitrij, quando riaprì gli occhi, vedesse di nuovo Valentin vivo.

Più oltre Svetlana Alekseevna Kulikova scrive di aver ascoltato un'audiocassetta in cui io avevo registrato per lei la spiegazione di tutta una serie di principi fondamentali sulla struttura del Mondo. Dopo che ella ebbe compreso questi principi, la cassetta si smaterializzò.

Desidero dare alcune spiegazioni. Il risuscitato, poiché ha vissuto un'esperienza unica, vuole aiutare gli altri viventi a rendersi conto che il risuscitamento è un normale fenomeno naturale. I contatti del risuscitato con i viventi hanno un ruolo importante nel raggiungimento di questo scopo. In effetti, il contatto stesso col risuscitato diffonde le informazioni necessarie in tutto il campo informativo, e questo aiuta molto a far sì che la società accetti il risuscitamento come un fenomeno comune. Inoltre è particolarmente importante il contatto fra il risuscitato ed una persona che prima non sapeva del suo risuscitamento.

Dopo il contatto con una persona il risuscitato si reca in un altro posto, poi in un terzo. In questo modo egli stesso accumula esperienza, perché ha la sua missione: deve dare la conoscenza alla gente. Inoltre viene a formarsi una determinata statistica delle reazioni provocate dal risuscitato, e questa è una conoscenza molto utile per i risuscitamenti successivi.

La missione di Valentin era la creazione di un sistema di conoscenza nella sua famiglia. Per questo, quando sua madre, dopo aver ascoltato la cassetta, comprese i principi che venivano esposti in essa, e in particolare, per esempio, il fatto che lo spazio è secondario rispetto alla coscienza, la cassetta si smaterializzò.

Con questo finisce l'esame della dichiarazione del 26 gennaio 1999. Passo all'esame della dichiarazione successiva, datata 26 aprile 1999.

Dichiarazione di Svetlana Alekseevna Kulikova, datata 26/04/1999

© Грабовой Г.П., 2001

"Mi sono rivolta a Grigori Petrovič Grabovoi chiedendogli di fare ritornare alla vita mio figlio che era stato ucciso. Dichiaro che Grigori Petrovič Grabovoi è effettivamente capace di risuscitare le persone uccise.

Mi rivolsi a Grigori Petrovič Grabovoj il 24/12/1998 chiedendogli di risuscitare mio figlio Valentin, nato nel 1967, che era stato ucciso.

Il 16/01/1999 mio figlio Dimitrij (nato nel 1965) e mio nipote Michail (nato nel 1985) mi raccontarono concordemente che, svegliandosi nel cuor della notte, mio figlio Dimitrij aveva visto Valentin, vivo, in un punto dove c'era la fotografia di un leone. Mio figlio Dimitrij chiuse gli occhi e li aprì di nuovo. Valentin era sempre nello stesso posto. Allora mio figlio svegliò mio nipote Michail e si convinse del fatto che anche mio nipote vedeva Valentin. Mia figlia Katja raccontò che, verso i primi giorni di aprile 1999, Valentin si recò da lei e le disse che avremmo sperimentato grandi cambiamenti in senso positivo. Valentin, vivo, parlò con me attraverso il citofono. Inoltre Katja si sentì toccare da lui. Le chiese di fare un numero di telefono e di chiamare lei stessa una persona. Ella si ricorda che prese il telefono, si sedette sul letto e formò il numero, ma dall'altra parte rispose il segnale di libero. Valentin disse che non si trattava di un affare urgente, si accomiatò da Katja ed uscì. L'11 aprile 1999, giorno della festa della Santa Pasqua, mi telefonò verso le 18 la mia nipotina Maša (nata nel 1990), figlia di Valentin (mio figlio), e mi disse che Valentin, vivo, si era recato da sua madre, Marina Glebovaja (nata nel 1970). Dopo l'episodio dell'incontro di Valentin con la sua ex moglie, Marina, quest'ultima, insieme ad un'amica e a sua figlia Maša, si recò al cimitero dove prima era situata la tomba di Valentin. Ma non trovarono la tomba di Valentin né nel luogo fisico dove stava prima, né nel registro del cimitero".

Nella prima parte della dichiarazione vengono riportati alcuni fatti che erano già stati descritti nella dichiarazione precedente. Nella parte seguente leggiamo:

"Mia figlia Katja raccontò che, verso i primi giorni di aprile 1999, Valentin si recò da lei e le disse che avremmo sperimentato grandi cambiamenti in senso positivo".

Questa è una frase molto importante. Qui si riflette la legge generale secondo cui il risuscitamento è sempre segno di un

© Грабовой Г.П., 2001

Capitolo I. Episodi concreti di risuscitamento di esseri umani

cambiamento del futuro in senso positivo. È un principio. Se ha avuto luogo un risuscitamento, allora gli eventi cominceranno a svilupparsi in una direzione più favorevole.

"Inoltre Katja si sentì toccare da lui. [Valentin] le chiese di fare un numero di telefono e di chiamare lei stessa una persona".

Qui, nelle azioni di Valentin, vediamo la manifestazione di un ulteriore principio. Dopo il primo contatto con un vivente qualsiasi, magari anche con un risuscitato, ma che sia già passato attraverso il quinto livello di risuscitamento, il risuscitato stabilisce il contatto successivo in modo indiretto, attraverso qualcuno: per esempio, telefona a suo nome a qualcuno, un parente o un conoscente, o un rappresentante dell'UNESCO. Nel caso specifico Valentin voleva agire attraverso Katja.

"Ella si ricorda che prese il telefono, si sedette sul letto e formò il numero, ma dall'altra parte rispose il segnale di libero. Valentin disse che non si trattava di un affare urgente, si accomiatò da Katja ed uscì".

Il risuscitato, dopo il risuscitamento, deve essere registrato ufficialmente. Esiste una struttura nell'ambito della quale è stato creato tutto un sistema di registrazione dei risuscitati.

Funzionano degli enti speciali, con segreterie e telefoni, dove il risuscitato può recarsi e registrarsi. La particolarità di questi enti consiste nel fatto che essi godono della proprietà, per così dire, di trovarsi in un duplice spazio: sono visibili per i risuscitati e per chi lavora con loro, ma non lo sono sempre per la gente comune, anche se la macchina da presa li può filmare.

Questi enti non sono stati fondati da persone comuni, che con hanno nulla a che vedere con la loro creazione. Tuttavia gli edifici in cui si trovano hanno la stessa forma esteriore che hanno tutti quelli fabbricati dalla gente comune.

In questi enti lavorano delle entità che esteriormente possiedono l'aspetto di persone comuni; anche i loro organi interni funzionano come quelli delle persone comuni. Ma si tratta di entità del tutto diverse, ed anch'esse, come i loro enti, godono della proprietà di essere visibili ai risuscitati, ma non alla gente comune.

Tuttavia, alle volte, ci sono delle situazioni in cui questi enti ed i loro "impiegati" diventano visibili anche per la gente comune. Questo avviene, per esempio, in quei casi in cui bisogna registrare la quantità di persone che vedranno il risuscitato e la quantità di quelle con cui egli entrerà in contatto. Allora si forma un ente di questo tipo. Le persone che gli passano vicino, naturalmente, non ci fanno particolarmente caso, ma incontrano il risuscitato che, per esempio, sta sul marciapiede: gli possono chiedere qualcosa, o superarlo, o può essere lui a chiedere qualcosa a loro. I passanti possono non rendersi conto di avere a che fare con un risuscitato, ma nel frattempo viene registrata la quantità di persone che ha visto quel risuscitato e la quantità di quelle con cui ha avuto luogo un contatto. Perciò questo ente per un certo tempo è, per così dire, aperto a tutti, dopo di che diventa di nuovo impercettibile per le persone comuni.

Alcune volte succede che cambi anche il substrato materiale di questi enti, ma il fatto principale è che essi esistono materialmente.

Tutto questo sistema di registrazione dei risuscitati, con enti speciali, con entità (e alle volte anche con esseri umani) che ci lavorano, tutto questo solo ora comincia gradualmente ad essere svelato alle persone: io parlo ora di questo sistema, ma è già da un certo tempo che si è cominciato ad organizzarlo.

In merito agli enti appena descritti, ritorna alla memoria il racconto di Herbert Wells "La bottega magica". Vorrei far ricordare come inizia.

Un uomo cammina per strada col figlioletto. E all'improvviso il bambino prende il padre per un dito e lo trascina verso la vetrina di una bottega. Il padre alza gli occhi e, con stupore, vede effettivamente davanti a sé una bottega in cui si vendono giocattoli. Si può capire il suo stupore: è passato migliaia di volte per quella via, ma il quel punto non c'era mai stata nessuna bottega. Ma il bambino ha visto questa bottega: entrano dentro, ed effettivamente là si trovano dei giocattoli stupefacenti.

Questo racconto fa parte di una raccolta a cui è stato dato il titolo collettivo di "Opere fantastiche".

In effetti, come si può vedere, la nostra realtà viva, la nostra quotidianità, supera in maniera smisurata qualsiasi forma di fantascienza. Tanto più, poi, se si tiene conto di ciò che la gente dovrà ancora venire a sapere.

Dunque, dopo il risuscitamento sorge per la persona il problema della registrazione. Le entità di cui abbiamo appena parlato ricevono il risuscitato dopo il suo risuscitamento: sanno tutto, possiedono informazioni complete su tutto, danno al risuscitato i numeri di telefono dei loro uffici e gli mettono subito a disposizione un alloggio, nel caso in cui questi prenda la decisione di farne uso.

© Грабовой Г.П., 2001

Capitolo I. Episodi concreti di risuscitamento di esseri umani

Il risuscitato è dotato di libera volontà: pertanto decide lui stesso dove abitare, se abitare presso i parenti oppure no. Opera lui stesso la sua scelta. Questa scelta dipende in buona parte dal comportamento dei parenti, dalla loro reazione al suo risuscitamento.

È auspicabile provvedere alla registrazione in un luogo non molto distante dalla persona con cui il risuscitato ha avuto il primo contatto, cioè non molto distante dal luogo in cui si trova questa persona al momento della registrazione. È meno importante la distanza fisica dal luogo del primo contatto, anche se, nella misura del possibile, è meglio provvedere alla registrazione in una rappresentanza situata non lontano.

L'incontro con un qualsiasi vivente è un riconoscimento valido dell'avvenuto risuscitamento. Se, per esempio, il risuscitato viene solo fotografato, senza contatto con alcun vivente, allora un fatto del genere può essere ritenuto solo una tappa preventiva del riconoscimento dell'avvenuto risuscitamento. L'importanza del contatto personale consiste nel fatto che il contatto coi tessuti di un vivente ha un grande significato. Dunque è proprio il contatto con qualche vivente che è un riconoscimento valido dell'avvenuto risuscitamento. Dopo di ciò si può procedere alla registrazione.

Se un risuscitato può recarsi in uno degli enti suddetti con due accompagnatori, può immediatamente provvedere alla registrazione e dopo, come già si è detto, può restare là o tornare dai suoi parenti. Se il risuscitato ha solo un accompagnatore, allora prima bisogna telefonare in segreteria e consultarsi su cosa fare. La tappa finale della registrazione è l'ottenimento dei documenti. Con i documenti il risuscitato può ormai proseguire i contatti su un altro livello.

Bisogna dire che in un primo tempo il risuscitato si trova ad interagire con queste particolari strutture organizzative. Il programma è concepito in modo tale che il risuscitato partecipi per un certo tempo al processo generale di salvezza.

Pertanto, quando Valentin chiese a Katja di telefonare, lo fece per eseguire una determinata missione che gli era stata affidata.

Più avanti Svetlana Alekseevna Kulikova scrive che l'11 aprile 1999, giorno della festa della Santa Pasqua, le telefonò la nipotina Maša, figlia di suo figlio Valentin, e le disse che Valentin, vivo, era andato da loro, cioè da lei e da sua madre Marina, l'ex

© Грабовой Г.П., 2001

moglie di Valentin. Dopo questo incontro con Valentin vivo, Marina, insieme ad un'amica e a sua figlia, si recò al cimitero dove si trovava la tomba di Valentin. Nei cinque anni che erano trascorsi erano andate là parecchie volte e conoscevano bene quel luogo. Tuttavia non trovarono la tomba di Valentin nel cimitero, e nel registro dello stesso non c'era l'annotazione relativa alla sepoltura di Valentin.

Per cominciare contiamo con quanti parenti di sangue sia entrato in contatto Valentin. I primi sono stati i suoi parenti Dimitrij e Michail, che lo videro vivo presso di loro in una stanza, vicino alla fotografia di un leone. Poi egli parlò con sua madre attraverso il citofono.

Ebbe il successivo contatto diretto con sua sorella Katja. E, infine, quando si recò dalla sua ex moglie, ebbe anche un contatto con sua figlia Maša.

Se sommiamo tutti questi casi, otteniamo quattro contatti a livello di vista fisica.

Volgiamoci per un attimo alla numerologia. Per fare questo utilizziamo il fatto che per ogni oggetto esiste sempre il suo riflesso nel campo dell'informazione. Perciò nella struttura della direzione informativa, e sottolineo direzione, esiste sempre il principio della moltiplicazione per due. Se si moltiplica quattro per due, si ottiene otto.

Dunque, si ottiene "8". Se si volta il numero "8", il numero stesso passa ad indicare l'infinito: ∞. Dunque avviene uno spostamento dello spazio-tempo.

Il quarto contatto con un consanguineo è avvenuto il giorno della festa della Santa Pasqua. La festa della Santa Pasqua, la festa della Risurrezione di Cristo, è caratteristica, in particolare, per il fatto che proprio in questo periodo pasquale il canale del risuscitamento è maggiormente semplificato, affinché possa avvenire la regolazione dello spazio-tempo. È proprio in occasione della Pasqua che vengono svelate nella misura più ampia le conoscenze naturali relative al risuscitamento generale dei trapassati.

Inoltre, la festa della Pasqua quell'anno (1999) cadde l'11 aprile. Se guardiamo questa data come se fosse una cifra, otteniamo un "sette". In effetti:

$11.04.1999 \rightarrow 1+1+0+4+1+9+9+9 \rightarrow 3+4 \rightarrow 7.$

In questo modo, la data del quarto contatto ha la struttura

© Грабовой Г.П., 2001

Capitolo I. Episodi concreti di risuscitamento di esseri umani

vibrazionale del Natale di Cristo. Questo è un sostegno molto forte. Qui si vede chiaramente l'immortalità, realizzata attraverso la nascita ed il risuscitamento.

Vediamo che il ricorso alla numerologia conferma la serietà degli eventi accaduti dal punto di vista della leggi relative alla struttura del Mondo.

La scomparsa della tomba e la scomparsa della registrazione della sepoltura riflettono l'esistenza di una delle leggi più fondamentali, secondo la quale "IN PRESENZA DI DETERMINATE CONDIZIONI, UN EVENTO PUÒ ESSERE ESTRAPOLATO DAL CONTESTO DELLA SUA REALIZZAZIONE". Cioè si può togliere all'evento la forma che aveva mediante l'ingresso nel passato, ed allora l'evento non viene più "annotato" nel presente. In questo caso è risultato possibile spostare lo spazio-tempo in quella zona in cui Valentin viveva ancora tranquillamente. Ed è proprio per questo che dopo, al cimitero, mancava la sua tomba, e nel registro mancava l'annotazione relativa alla sua sepoltura: questo è naturale, perché è avvenuto uno spostamento dello spazio-tempo in quella zona in cui la persona era ancora viva, in cui la persona non era morta.

Tuttavia bisogna dire che la presenza della tomba o la sua mancanza dipende in notevole misura dal desiderio del risuscitato, dal fatto che egli voglia o non voglia che restino informazioni visibili relative a quegli eventi. In effetti nella mia attività ho incontrato moltissimi casi in cui tutte le informazioni attinenti alla morte sono scomparse. Inoltre la scomparsa delle informazioni era arrivata a tal punto che nessun membro della cerchia del risuscitato ricordava più l'evento della sua morte.

Così risultò che Valentin non era nemmeno mai morto, e a causa di questo dovette sottoporsi ad un'ulteriore registrazione.

La prima registrazione, a livello fisico, aveva preso nota del fatto che egli era stato risuscitato, mentre la seconda confermava che non era mai morto.

Qui bisogna evidenziare una circostanza molto importante. Dopo la conclusione favorevole di tutti questi avvenimenti si constatò che Valentin si ricordava bene del proprio risuscitamento, si ricordava di essere stato registrato quale risuscitato, si ricordava di tutto ciò che era avvenuto nel periodo in cui non era stato ancora registrato l'evento della scomparsa della sua tomba e della annotazione nel registro del cimitero, e

© Грабовой Г.П., 2001

che tuttavia, contemporaneamente, si ricordava di tutti gli eventi che in seguito erano stati collegati alla scomparsa della sua tomba, cioè alla registrazione del fatto che non era mai morto: egli si ricordava di tutti questi avvenimenti reali confermati da una grande quantità di testimoni.

Pertanto si constatò che Valentin contemporaneamente sapeva benissimo sia di essere passato attraverso la struttura del risuscitamento, sia di essere passato attraverso la struttura di "de-realizzazione" dell'evento della morte.

Qui vediamo un esempio della realizzazione pratica di un principio che risolve il noto problema del ricordo delle reincarnazioni. Dal punto di vista di alcune teorie sulla reincarnazione, la memoria delle esistenze passate scompare, in modo che sia possibile accumulare nuove esperienze. Tuttavia il fatto concreto sopra riportato, relativo al suddetto risuscitato, ha mostrato che ormai non è più così. Ora il vecchio modello cede il posto a uno nuovo: ora la memoria permette di concentrare in sé parallelamente sia l'esistenza concreta di una vita, sia il fatto concreto di non essere morti grazie a uno spostamento dello spazio-tempo, cioè, in effetti, l'esistenza concreta di una vita parallela. Questo fatto è una conoscenza qualitativamente nuova, che ci dice che si può conoscere contemporaneamente una qualsiasi quantità di vite. Ma questo significa che già adesso si può non morire, cioè che si può vivere eternamente. Non solo: significa anche che si può scegliere coscientemente la migliore variante di vita.

Tuttavia, qualsiasi cambiamento avvenga, deve restare sempre irremovibile il principio che non si devono commettere omicidi. Del resto, come si vede dai fatti esposti, qualunque distruzione è priva di senso, perché si può ricostituire tutto.

In conclusione si può dire che, in seguito, tutto finì positivamente per il personaggio principale di questa storia. Riuscì ad organizzare bene la propria vita privata ed ebbe successo nel campo del lavoro: insomma, tutto si svolse come si svolgerebbe nel caso di una persona che non è mai morta.

3

Passiamo all'esame dell'episodio seguente.

Dichiarazione di Ljubov' Serafimovna Kazakova del 1°/06/1999

© Грабовой Г.П., 2001

Capitolo I. Episodi concreti di risuscitamento di esseri umani

"Poiché il 06/05/1999 mi sono rivolta a Grigori Petrovič Grabovoi... per ottenere il risuscitamento di mia madre, Nina Vasil'evna Čigirinceva, dichiaro che Grigori Petrovič Grabovoi ha veramente risuscitato mia madre Nina Vasil'evna Čigirinceva.

Io, Ljubov' Serafimovna Kazakova, mi sono rivolta a Grigori Petrovič Grabovoi per ottenere il risuscitamento di mia madre Nina Vasil'evna Čigirinceva, nata il 23 dicembre 1923 e morta a Mosca il 18 aprile 1999.

Mi recai al cimitero. Avvicinandomi alla tomba, mi stupii molto nel vedere che un vasetto di plastica che era stato conficcato da mio figlio nella terra per una profondità di 7 – 10 cm. stava buttato al suolo da una parte della tomba, mentre i fiori stavano buttati dall'altra parte. Ebbi l'impressione che il vaso fosse stato scagliato fuori dall'interno. Subito dopo mi sedetti presso la tomba e mi posi ad ascoltare la spiegazione [registrata] di Grigori Petrovič Grabovoi sul risuscitamento di mia madre. Dopo un po' di tempo la terra sulla tomba cominciò a "scuotersi", cioè iniziò a muoversi. Fui presa dallo sbigottimento: mi spostai un po' di lato, mi fermai in piedi vicino a un'altra tomba e ricominciai ad ascoltare la spiegazione (che avevo già ascoltato per intero tre volte). A questo punto vidi la Terra, o una grande parte di essa, come dal di fuori: si trattava di un bosco scuro formato da abeti marroni. Dopo di ciò me ne andai subito via.

Quando mi recai sulla tomba per la seconda volta, percepii subito che la tomba era vuota e che dentro di essa non c'era nessuno.

Poi chiesi a mia madre di darmi un segno per farmi capire se stavo agendo del tutto correttamente. All'improvviso guardai la parete: sulla parete stavano appesi, alla stessa altezza, un cucchiaio e una forchetta della lunghezza di 82 centimetri. Vidi che la forchetta era spostata in basso di 61 centimetri, e che era spostata di lato di 15 centimetri in direzione del cucchiaio. Nessuno era entrato nella stanza nel corso della giornata e nessuno aveva potuto appendere la forchetta in un punto differente; inoltre, due ore – due ore e mezzo prima io avevo guardato la forchetta e il cucchiaio e avevo pensato che si dovesse spostarli in cucina. Mi convinsi del fatto che era mia madre che mia aveva dato un segno. Dopo che mi ero rivolta a Grigori Petrovič Grabovoi (06/05/1999), nella notte fra il 6 e il

7 maggio 1999 ebbe luogo un contatto fra me e mia madre. Ella non era soddisfatta di me. Durante il contatto si verificarono dei disturbi fisici, ma furono eliminati dalla mano fisica di mia madre sulla mia guancia, ed io accettai con serenità l'incontro con mia madre "fisicamente risuscitata".

Ed ora esaminiamo in sequenza ciò che scrive Ljubov' Serafimovna Kazakova.

"Avvicinandomi alla tomba, mi stupii molto nel vedere che un vasetto di plastica che era stato conficcato da mio figlio nella terra per una profondità di 7 – 10 cm. stava buttato al suolo da una parte della tomba, mentre i fiori stavano buttati dall'altra parte. Ebbi l'impressione che il vaso fosse stato scagliato in fuori dall'interno".

Qui incontriamo una situazione molto simile a quella che è stata descritta nel primo episodio nel caso di A. E. Rusanova. Abbiamo già analizzato questo tipo di avvenimento. Si è verificata una espulsione della sfera. L'espulsione può avvenire, per esempio, attraverso una fessura: in linea generale viene utilizzata la via d'uscita che offre meno resistenza.

Vale la pena di notare che esiste una speciale tecnologia del risuscitamento legata alla sepoltura della persona nella terra. Se la persona viene sepolta nella terra e vengono poste delle traversine in determinate zone della terra, quella persona viene "ricostruita".

In merito a questo metodo posso dare anche le seguenti informazioni: se viene utilizzata una corretta tecnologia di sepoltura, il corpo fisico non si decompone e periodicamente si può alzare per nutrirsi di cibo vegetariano. Se invece parliamo dei santi i cui corpi sono rimasti incorrotti, possiamo dire che questi possono nutrirsi molto più di rado: per esempio, una volta ogni cento anni.

L'idea di questa tecnologia di sepoltura consiste nel far sì che in seguito, dopo il risuscitamento, sia più facile ristabilire tutte le funzioni vitali del corpo fisico, affinché quella persona goda di una vita piena. A proposito di questo si può aggiungere che in alcune sepolture si lasciavano degli speciali spazi aperti, affinché il corpo fisico avesse più possibilità.

Di conseguenza si può dire che un tempo le sepolture si facevano in modo tale che la persona potesse risorgere. Se parliamo del risuscitamento dobbiamo dire che, quando il corpo fisico di una persona viene conservato, si può utilizzare una

© Грабовой Г.П., 2001

procedura di risuscitamento leggermente diversa basata su un orientamento speciale delle parti del corpo.

Il metodo della sepoltura della persona nella terra può essere utilizzato, in particolare, anche per salvare coloro che hanno ricevuto una scossa elettrica. Nell'utilizzo di questo metodo ha una grande importanza lo spessore dello strato di terra che sta al di sopra della persona: questo particolare è fondamentale per la velocità del risuscitamento.

Tale dettaglio è collegato al fatto che la terra possiede, in particolare, la proprietà di schermare: pertanto, a seconda che sia stata messa molta terra o poca terra, si svolgeranno dei processi totalmente differenti.

Qui vorrei dare un consiglio pratico su come soccorrere una persona colpita da una scossa elettrica. È vero che molto dipende dalla forza della scossa, ma, in ogni caso, è auspicabile fare quanto segue.

- Prima fase — Mettere in contatto il polso della mano destra con la terra. Questo si può fare o pigiando direttamente sulla terra il polso della mano destra, o provvedendo a creare una "messa a terra" del polso tramite una batteria o un altro apparecchio che possieda la messa a terra.
- Seconda fase — La seconda fase consiste nel creare una messa a terra per la mano sinistra (o meglio, nel caso specifico, per quella parte del braccio che si trova lievemente più in alto del polso).

Dopo di che si possono eseguire le procedure standard.

Proseguiamo l'analisi della dichiarazione.

"Subito dopo mi sedetti presso la tomba e mi posi ad ascoltare la spiegazione [registrata] di Grigori Petrovič Grabovoi sul risuscitamento di mia madre. Dopo un po' di tempo la terra sulla tomba cominciò a "scuotersi", cioè iniziò a "muoversi".

Anche questa può essere una delle forme del risuscitamento: il risuscitamento si svolge direttamente sulla tomba, ed allora sulla tomba si svolge anche l'incontro [con un vivente]. In generale, questa variante potrebbe essere più semplice per la coscienza della persona, ma, naturalmente, a condizione che la persona riesca a sopportare tale emozione, affinché non avvenga una deformazione delle sue cellule. Ho già detto precedentemente che il risuscitamento deve sempre avvenire in modo tale che da non traumatizzare coloro che formano la cerchia del risuscitato: esso deve verificarsi in condizioni positive per tutti.

Il fatto che la terra abbia cominciato a muoversi dimostra che il processo di preparazione al risuscitamento era cominciato direttamente nella tomba. Ci sono casi in cui delle persone vanno alla tomba e, dopo il risuscitamento, portano via con sé i risuscitati. Ma, nel caso specifico, Ljubov' Serafimovna Kazakova non era psicologicamente pronta a questa variante. Come si chiarì in seguito, ella si aspettava che il risuscitamento avvenisse in casa sua.

"Fui presa dallo sbigottimento: mi spostai un po' di lato, mi fermai in piedi vicino a un'altra tomba e ricominciai ad ascoltare la spiegazione (che avevo già ascoltato per intero tre volte). A questo punto vidi la Terra, o una grande parte di essa, come dal di fuori: si trattava di un bosco scuro formato da abeti marroni."

Il processo di risuscitamento stava andando avanti, Ljubov' Serafimovna Kazakova era in tensione, e pertanto, per diminuire la sua agitazione, fu introdotto un ulteriore elemento — una grande quantità di abeti marroni.

"Quando mi recai sulla tomba per la seconda volta, percepii subito che la tomba era vuota e che dentro di essa non c'era nessuno".

Bisogna dire che Ljubov' Serafimovna Kazakova possiede buone capacità sensitive e di chiaroveggenza. Ella "scrutò" la tomba e vide che dentro di essa non c'era materia fisica. Capì che sua madre non era più lì dentro (del resto, la terra si era mossa già durante la sua visita precedente), e perciò Ljubov' Serafimovna Kazakova avvertì la necessità di ricevere una conferma del fatto che sua madre ormai era da qualche parte vicino a lei e che tutto si stava svolgendo nel modo giusto.

"Poi chiesi a mia madre di darmi un segno per farmi capire se stavo agendo del tutto correttamente".

Come si comprende dal seguito del testo, quando Ljubov' Serafimovna Kazakova guardò la parete dove stavano appesi un grande cucchiaio di legno e una grande forchetta di legno, vide che la forchetta si era spostata in giù. Si può notare che Ljubov' Serafimovna Kazakova ha utilizzato degli ottimi metodi di registrazione. Nel testo vengono riportate delle distanze concrete, accertate tramite le sue misurazioni. La signora ha anche scattato delle fotografie.

© Грабовой Г.П., 2001

Con lo spostamento della forchetta la madre fece comprendere a sua figlia che quest'ultima stava facendo tutto bene e che poteva stare tranquilla. Questo era il periodo di transizione. La madre era uscita dalla tomba e doveva entrare in qualche modo in contatto con la figlia.

Il caso descritto relativo al cucchiaio e alla forchetta fu una tappa di preparazione all'incontro diretto con la madre risuscitata, che avvenne nella notte fra il 6 e il 7 maggio.

"Dopo che mi ero rivolta a Grigori Petrovič Grabovoi (06/05/199), nella notte fra il 6 e il 7 maggio 1999 ebbe luogo un contatto fra me e mia madre. Ella non era soddisfatta di me. Durante il contatto si verificarono dei disturbi fisici, ma furono eliminati dalla mano fisica di mia madre sulla mia guancia, ed io accettai con serenità l'incontro con mia madre fisicamente risuscitata".

Nina Vasil'evna Čigirinceva, madre di Ljubov' Serafimovna Kazakova, era una persona che aveva raggiunto l'illuminazione. In una delle sue vite precedenti era stata uno yogi. Era addirittura riuscita a riunire parzialmente da sola le parti del suo corpo. In realtà, non si poteva assolutamente parlare di una seria insoddisfazione da parte sua. Come venne chiarito in seguito, ella espresse solo una certa scontentezza per il fatto che la figlia, anche se chiaroveggente, si era mostrata psicologicamente impreparata al risuscitamento direttamente sulla tomba, il che aveva portato ad un allungamento dei tempi. Ma, nel complesso, la donna era molto soddisfatta di sua figlia, perché quest'ultima aveva agito con precisione e in modo corretto.

Parliamo ora dei disturbi fisici. Durante il primo contatto col risuscitato, quando la persona in questione è appena risuscitata fisicamente, la tensione dei parenti può essere forte: a causa dell'eccitazione emozionale le sensazioni possono essere acute, possono comparire delle sensazioni specifiche, al punto che addirittura i dondolii delle tende provocati dal vento possono essere intesi come disturbi fisici. Ma quando la madre toccò la guancia della figlia con la mano — proprio con la sua mano fisica, — allora la tensione cessò immediatamente. In quel momento scomparvero anche i disturbi.

È molto importante anche il fatto che Ljubov' Serafimovna Kazakova abbia accettato con serenità interiore l'incontro con la madre: così tutto terminò positivamente.

© Грабовой Г.П., 2001

4

Passiamo ad un episodio di risuscitamento avvenuto il giorno in cui si verificò la morte biologica. Il testo della dichiarazione è preso dal libro: Grigori Grabovoi – "La pratica del controllo. La via della salvezza", tomo 3, foglio 760.

Dichiarazione di Lev Davydovič Bogomolov datata 28/01/1998

"Poiché mi sono rivolto a Grigori Petrovič Grabovoi in data 7 gennaio 1998 a Mosca in merito alla morte di O., dichiaro che Grigori Petrovič Grabovoi ha veramente ristabilito le funzioni vitali di O., dopo che io gli avevo fornito informazioni in proposito, nel periodo di tempo compreso fra le ore 23,15 del 7 gennaio 1998 e le ore 16,15 dell'8 gennaio 1998. La prova della morte di O. consiste nella dichiarazione del marito di lei, E., basata sulla diagnosi emessa dai medici il 7 gennaio 1998. La dimostrazione dell'avvenuto ristabilimento delle funzioni vitali di O., dopo l'intervento eseguito a distanza da Grigori Petrovič Grabovoi nell'arco di 17 ore, consiste nel fatto che io ho parlato personalmente con O. alle ore 16,15 dell'8 gennaio 1998; ulteriore dimostrazione è la dichiarazione di suo marito E. Oltre all'intensa azione extrasensoriale a distanza eseguita da Grigori Petrovič Grabovoi non sono stati utilizzati altri metodi per ottenere tale ristabilimento".

In questo caso il risuscitamento è avvenuto 17 ore dopo che i medici avevano constatato la morte biologica. Quando avviene il risuscitamento nell'arco delle 24 ore dal momento in cui è avvenuta la morte biologica, i risuscitati, in genere, non avvertono praticamente alcuna differenza fra la condizione di malattia e la condizione di morte biologica. Questo dimostra che la coscienza possiede la funzione di ristabilire il corpo in presenza di qualunque tipo di distruzione, e che conserva per molto tempo i dati relativi all'attività vitale del corpo fisico. Comunicando mentalmente alla coscienza del trapassato i principi e i metodi del risuscitamento, si può sviluppare tale funzione della coscienza fino a un livello in cui il corpo comincerà a formarsi di nuovo. La "ri-formazione" avviene più rapidamente se l'Anima è stata preparata a ciò mediante il ricevimento di conoscenze sui processi di risuscitamento, e se la maggiore quantità possibile di persone

© Грабовой Г.П., 2001

collabora al risuscitamento stesso. Il risuscitamento avviene in base alla libertà di scelta dell'Anima della persona, in base alla sua scelta di un ulteriore sviluppo. Le conoscenze sui principi e sui metodi del risuscitamento devono essere diffuse dappertutto, in modo che tutti ricevano la conoscenze sul risuscitamento inteso quale unica via di sviluppo. La vita si svilupperà nella direzione che la porterà a diventare eterna. I vivi verranno indirizzati sulla via dell'immortalità. I trapassati risorgeranno. Verrà realizzata la legge del Creatore sulla vita eterna.

***

Dall'esame dei concreti episodi di risuscitamento sopra riportati si possono trarre le seguenti conclusioni.

Prima conclusione – Il risuscitato, come una normale persona libera, ha il diritto di scegliere il luogo dove fermarsi, con chi e per quanto tempo. Egli possiede questa possibilità, tanto più se si considera che la registrazione avviene ad altissimo livello, e che se ne occupano organizzazioni internazionali, dopo di che la registrazione avviene nel Paese del risuscitato (anche se alle volte, ma abbastanza raramente, capita che la registrazione abbia luogo prima nel Paese del risuscitato, e che solo dopo che sia effettuata presso le organizzazioni internazionali).

Ora sto parlando di organizzazioni comuni, cioè di organizzazioni fondate da esseri umani. Ma il risuscitato effettua la primissima registrazione, quella di cui ho parlato analizzando il secondo episodio, in quelle particolari strutture di cui ho raccontato. Pertanto, in effetti, il risuscitato passa attraverso due diverse registrazioni: la prima registrazione viene effettuata in queste strutture particolari, mentre la seconda — nei nostri normali enti.

I risuscitati hanno gli stessi diritti di tutte le altre persone: la loro differenza consiste solo nel fatto che sono passati attraverso la struttura del risuscitamento.

Seconda conclusione – Il contatto con le strutture speciali attraverso cui avviene il risuscitamento, con gli esseri sopra ricordati, con i loro concreti rappresentanti e così via, ha una grande importanza per l'accelerazione del risuscitamento. A questo scopo è auspicabile avere dei mezzi di comunicazione, per esempio un telefono, per poter telefonare ed ottenere informazioni. Si può procedere anche senza telefono se si possiedono capacità telepatiche ben sviluppate. In questo caso il risuscitato, dopo essersi concentrato mentalmente, può inviare telepaticamente la sua richiesta e ricevere la risposta sempre per via telepatica.

La velocità del risuscitamento aumenta ancora di più nel caso in cui si abbia piena coscienza del fatto che il risuscitamento può avvenire anche direttamente, cioè senza anelli intermedi che svolgano la funzione di abbinare le strutture del risuscitato e quelle dei viventi. Attualmente c'è un numero abbastanza elevato di situazioni in cui il risuscitato compare direttamente davanti ai viventi, e quando questa conoscenza è radicata nel vivente, anche questo particolare accelera il risuscitamento: allora il risuscitato non passa attraverso quegli stadi particolari in cui si trovano i suddetti rappresentanti, che collegano i risuscitati coi viventi. Pertanto è opportuno sapere che il risuscitamento può avvenire in condizioni assolutamente differenti e che non è obbligatorio, per esempio, che il risuscitato formi delle strutture intermedie.

Terza conclusione – Il risuscitamento provoca sempre un effetto benefico. Questo è un principio fondamentale. Il risuscitamento è sempre molto utile a tutti, perché dimostra che l'annientamento è impossibile. Questa informazione, già di per sé, è estremamente benefica. Il risuscitamento modifica sempre per il meglio la situazione.

Sono a conoscenza di molti fatti concreti che dimostrano che il risuscitamento è un evento benefico per tutti. Per esempio, quando il risuscitato, dopo il risuscitamento, entrava in contatto coi parenti, le malattie dei parenti scomparivano: scomparivano, per esempio, dei tumori maligni, o si risolvevano dei problemi, si risolvevano delle situazioni, si verificavano molti cambiamenti positivi nella loro vita. La loro vita, in generale, passava ad un livello qualitativamente diverso: a quel livello in cui tutto va come deve.

In questo modo, il risuscitamento esercita un'azione insolitamente benefica sui viventi, perché, già per il fatto di essere stato realizzato, il risuscitamento crea una dimensione di vita del tutto diversa, e le persone, inserendosi in questa dimensione, vivono ormai a un livello del tutto diverso, incomparabilmente più favorevole di quello che esisteva prima della realizzazione del risuscitamento.

© Грабовой Г.П., 2001

CAPITOLO II

PRINCIPI FONDAMENTALI DEL RISUSCITAMENTO

CAPITOLO II
PRINCIPI FONDAMENTALI DEL RISUSCITAMENTO

In questo capitolo verranno esaminati i principi fondamentali del risuscitamento. Tutti questi principi, in base alla loro importanza, sono divisi in quattro gruppi. Nel primo gruppo sono rappresentati i principi del primo livello, cioè quelli più importanti. Dopo vengono il secondo livello, il terzo ed il quarto. Le formulazioni dei principi verranno scritte con le lettere maiuscole. Dopo la formulazione di ogni principio seguirà la sua espressione numerica in parentesi tonde: per esempio, (3.5). Questo simbolo significa che il suddetto principio si riferisce al terzo livello e che, in quel livello, è contrassegnato dal numero ordinale "cinque". Alla fine del capitolo verrà esposta la successione logica dei principi fondamentali del risuscitamento divisi per livelli. Cominciamo l'esposizione dai principi del primo livello.

1

Già nell'Introduzione si era detto che lo scopo fondamentale nella vita dell'uomo consiste nell'innalzamento del suo livello di coscienza. L'innalzamento del livello di coscienza è il procedimento autentico per cambiare sé stessi ed il Mondo circostante.

Attualmente esiste l'opinione che il Mondo circostante non dipenda da noi, che esista di per sé, che esista, per così dire, "in modo oggettivo", e che all'uomo rimanga solo da studiare questo Mondo e le sue leggi in modo da poterle usare a beneficio della gente.

In realtà, la situazione non sta proprio in questi termini.

Riflettiamo sul motivo per cui nella gente si è formata questa idea. L'uomo vede che il Sole sorge ogni mattina e che la sera tramonta, che avviene in modo regolare l'alternanza delle stagioni, e che, inoltre, esse si succedono sempre nello stesso ordine; in cielo si può trovare la Stella Polare sempre nello stesso posto, e sempre nello stesso posto si possono trovare anche le altre stelle; se si lascia un oggetto che si teneva fra le mani, esso cadrà sempre verso il basso, come la famosa mela di Newton. Tutti questi fenomeni si producono sempre nello stesso ordine, e l'uomo ha l'impressione che essi avvengano indipendentemente dalla sua esistenza, che siano dei fenomeni oggettivi, non sottoposti alla sua volontà, cioè che egli abbia a che fare con un Mondo

© Грабовой Г.П., 2001

oggettivo che esiste indipendentemente da lui. Ed è appunto quest'impressione che è il grande errore dell'uomo.

Per chiarire quale sia la situazione in realtà, bisogna introdurre il concetto di coscienza collettiva. La coscienza collettiva è la coscienza unificata di tutte le persone. Più oltre vedremo che nella coscienza collettiva bisogna comprendere anche la coscienza degli altri esseri, per esempio degli animali, e, in generale, la coscienza di tutto ciò che esiste.

Nella coscienza collettiva esistono delle impressioni persistenti. Queste impressioni sono persistenti perché sono un qualcosa di medio, cioè quello che si ottiene quando si fa la media delle impressioni di tutta la collettività delle persone.

Per capire meglio di cosa stiamo parlando, rivolgiamoci ad esempi concreti. Immaginiamo di lanciare una moneta. Si può dire con esattezza, se il risultato del lancio sarà "testa" o "croce"? Se la moneta è normale, non si può dire in anticipo quale faccia uscirà. Ma se lanciamo la moneta, per esempio, sette volte? È lo stesso, può uscire alcune volte "testa" e alcune volte "croce". Può addirittura succedere che esca tutte e sette le volte "testa", ma può anche succedere, al contrario, che esca "croce" tutte e sette le volte. Se volessimo stabilire il rapporto esistente fra la quantità di "teste" e la quantità di "croci" uscite, nei casi riportati non potremmo predire questa quantità senza l'uso della chiaroveggenza, non potremmo dire a quale valore sarà pari a questa quantità, dopo, per esempio, sette lanci della moneta.

Tuttavia, se gettiamo la moneta qualche migliaio di volte, si può dire in anticipo che la quantità "teste" uscite in rapporto a quella delle "croci" tenderà all'unità. Se poi gettiamo la moneta qualche milione di volte, allora questa cifra sarà praticamente pari ad uno. Ne consegue che, nel caso di una grande quantità di lanci, si può predire il risultato. E ciò non è casuale. Il fatto è che, in presenza di una grande quantità di esperimenti e di una grande quantità di casi, compaiono le cosiddette regolarità statistiche.

Dunque, quando si eseguono alcuni esperimenti isolati non si riesce a scoprire nessuna regolarità ed il risultato è casuale. Se, invece, la quantità dei casi diventa molto numerosa, allora emergono delle regolarità, dette statistiche.

Intorno a noi ci sono moltissime regolarità di questo tipo. Osserviamo con maggiore attenzione, per esempio, la tastiera del computer. Si può notare che le lettere sulla tastiera non

© Грабовой Г.П., 2001

Capitolo II. Principi fondamentali del risuscitamento

sono disposte in ordine alfabetico. Sono disposte in un modo particolare: evidentemente, secondo una certa regola. Ma quale?

Al centro della tastiera sono disposte le lettere usate più frequentemente, alle estremità — quelle meno usate. È chiaro che è più agevole lavorare con gli indici che non con i mignoli, e proprio per questo le lettere più utilizzate sono state disposte al centro.

Come si può venire a sapere quali sono le lettere più usate? Si può, per esempio, ordinare al computer di leggere molti libri e di determinare quali lettere si incontrano con maggiore frequenza, quali più raramente e quali quasi mai. Il computer può calcolare per ogni lettera la probabilità della sua comparsa in un testo. Le lettere con la maggiore probabilità di comparsa nel testo vengono poste al centro della tastiera.

Fate caso a quanto segue. Se ci interessiamo alla probabilità della comparsa di una lettera (diciamo della lettera "A") in una parola presa a caso dal testo, non riusciremo ad ottenere la risposta a questa domanda. Se, invece, prendiamo molti libri in cui sono contenute molte parole (e, di conseguenza, molte lettere), emergeranno delle regolarità statistiche, e, per quanto riguarda la lettera "A", potremo determinare la probabilità della sua comparsa nel testo.

Questi dati possono essere utilizzati anche nelle tipografie per preparare le casse di composizione. Non è necessario fondere tutte le lettere dell'alfabeto in quantità uguale. Si possono preparare le lettere in quantità proporzionali alle loro probabilità di comparsa nel testo.

Questa stessa idea viene utilizzata per la compilazione dei dizionari di frequenza di una lingua. Il computer, dopo aver letto molti libri (in particolare, le opere dei classici), può compilare un elenco delle parole più usate. Dizionari di questo tipo sono molto utili nello studio di una lingua straniera. Così, per esempio, le 3.000 parole più usate della lingua inglese occupano circa il 90% di un testo letterario. D'altro canto, nel grande dizionario "Webster" sono contenute alcune centinaia di migliaia di parole. Vediamo che l'utilizzo delle regolarità statistiche può semplificare lo studio di un'altra lingua. Basta conoscere 3.000 parole — quelle più usate — e già si può leggere e comunicare.

Torniamo al tema principale. Ogni persona ha le sue idee, delle rappresentazioni che riguardano ogni oggetto, e queste possono essere diverse dalle rappresentazioni di un'altra persona. Ma se prendiamo tutte le persone — ed è una quantità enorme —, viene formata una rappresentazione che è la media di queste rappresentazioni. Come risultato dell'ottenimento di questa rappresentazione media, nella coscienza collettiva si trova ad esistere una certa rappresentazione stabile relativa a diverse cose. Ed è proprio questa rappresentazione collettiva stabile relativa a diverse cose che viene interpretata come realtà oggettiva dalle persone. L'illusione viene creata proprio dalla stabilità della rappresentazione risultante, anche se essa è semplicemente il risultato dell'ottenimento di un valore medio relativo ad una grande quantità di oggetti (nel caso specifico, è il risultato dell'ottenimento del valore medio delle rappresentazioni esistenti nelle coscienze delle persone).

Quando, per esempio, io eseguo la diagnosi di una persona che si è rivolta a me per ottenere aiuto, vedo come muta ininterrottamente la condizione del suo organismo, e sempre in termini molto notevoli. Tuttavia, se si mandasse subito questa persona a fare, diciamo, una radiografia, sullo schermo dell'apparecchio si osserverà un quadro costante. Il fatto è che gli apparecchi danno indicazioni collegate alle rappresentazioni della coscienza collettiva relative alla situazione in esame.

Siamo ormai giunti al punto in cui è possibile formulare un principio importantissimo:

LA NOSTRA COSCIENZA PERCEPISCE COME REALTÀ CIÒ CHE ESISTE NELLA NOSTRA COSCIENZA (1.3).

Quando pensate, ciò a cui pensate rappresenta per la vostra coscienza una realtà dello stesso tipo di ciò che avviene attorno a voi, come ciò che, per esempio, vedete coi vostri occhi, cioè con la vista comune.

Questo principio è fondamentale, perché quando unite ciò a cui pensate con ciò che avviene nella realtà esterna, cosiddetta "oggettiva", quando realizzate questa unione a livello di azione, allora potete produrre la materializzazione degli oggetti: potete operare dei risuscitamenti.

Esistono, per così dire, due realtà: la realtà nella sfera pensante della coscienza è una di queste realtà, mentre la realtà della coscienza nella sfera della percezione del Mondo fisico è l'altra, ed è ciò che viene interpretato come un qualcosa di stabile.

© Грабовой Г.П., 2001

Capitolo II. Principi fondamentali del risuscitamento

Inoltre bisogna capire che tutti gli oggetti del Mondo circostante (per esempio: un tavolo, una sedia, un'automobile) — tutti questi oggetti, ogni loro particella, ogni elemento del Mondo vengono costruiti sulla base della coscienza totale delle persone viventi. Pertanto, se venisse cambiata anche solo una parte di tale coscienza, il Mondo comincerebbe a trasformarsi. È per questo, d'altra parte, che bisogna trasformare non distruggendo, ma costruendo sul fondamento di conoscenze creative. Per cui, quando guardiamo il Mondo circostante, in realtà non guardiamo qualcosa di veramente fisso, bensì lo spazio più conveniente per tutti i viventi, che si ottiene come risultato dell'ottenimento di un valore medio, con tutti gli oggetti che vi si trovano. Detto con maggiore esattezza: noi percepiamo la realtà collettiva nello spazio–tempo. Ed è per questo che la nostra Terra, per esempio, o i corpi fisici sono solo la conseguenza dell'unione di tutte le coscienze delle persone, o, più esattamente, di tutte le coscienze in genere, sia di quelle delle persone, sia di quelle degli altri esseri.

Se conosciamo questo principio, si può dire che il risuscitamento è semplicemente una corretta aggiunta tecnologica alla struttura dei legami comuni.

Ripetiamo dunque ancora una volta. Tutto quello che esiste attorno a noi (la Terra, il Sole, le stelle, lo spazio, tutto il Mondo) — tutto questo, in realtà, è creato sulla base della struttura della coscienza, struttura che comprende la coscienza del Creatore. Pertanto, quando sappiamo che cosa è lo spirito e che cosa è la coscienza, possiamo operare dei risuscitamenti, possiamo creare degli spazi, possiamo costruire il Mondo: in generale, possiamo eseguire qualsiasi azione creativa.

Praticamente la trasformazione della realtà è possibile perché a suo tempo la realtà è stata creata mediante una decisione presa dalla coscienza di ogni individualità e dalla coscienza di ogni oggetto di informazione.

Dunque, affinché sia possibile far risuscitare i trapassati e possedere l'immortalità, affinché a ciascuno sia garantita una vita felice, bisogna che ognuno accetti questo punto di vista, bisogna che ciascuno prenda la decisione di accettare questa via. E quanto maggiore sarà la quantità di decisioni prese in favore dell'accettazione di questa via, la via di una vita eterna e felice, tanto più rapidamente la realtà comincerà a trasformarsi in questa direzione.

© Грабовой Г.П., 2001

In questo modo, se noi introduciamo nella coscienza collettiva il principio che l'annientamento è impossibile, che bisogna far risuscitare tutti e che la vita deve essere eterna, allora sarà proprio così che si svolgerà tutto. Perché quando questa rappresentazione diventerà la norma, cioè diventerà parte della coscienza collettiva e diverrà uno dei suoi parametri, uno dei suoi principi, allora questo principio, quale parte della coscienza collettiva, diventerà stabile e comincerà ad essere percepita come realtà oggettiva.

In realtà non esiste una realtà fisica, cioè una realtà oggettiva in quanto tale. Ciò che sembra realtà oggettiva in realtà è stato creata dalla struttura dello spirito, dalla struttura della coscienza. Questo perché, lo ricordo, la coscienza considera realtà semplicemente ciò che esiste nella coscienza. E pertanto, ripeto, la nostra Terra — per esempio — è semplicemente una proiezione della coscienza collettiva relativamente ad uno dei suoi parametri.

Sulla base della coscienza collettiva si possono, diciamo, far aumentare le dimensioni della Terra, ci si può organizzare per far comparire Terre supplementari e spazi supplementari. Non mi soffermerò sui particolari di questa problematica, perché essa viene esaminata nei miei libri dedicati alla struttura del Mondo. Adesso mi limiterò a formulare il seguente principio collegato ad essa.

LO SPAZIO DIPENDE DAL PUNTO IN CUI SI INTERSECANO DIVERSI INTERVALLI TEMPORALI. IN CONSEGUENZA DI QUESTO FATTO, LE DIMENSIONI DELLA TERRA POSSONO ESSERE AUMENTATE (1.15).

Una vita felice e senza fine, cioè tutto ciò che tutti hanno sempre sognato, a cui hanno creduto le religioni, ciò che si chiama "paradiso", una vita di questo tipo, finalmente, può diventare realtà. Propongo una religione che dà le risposte a tutte le domande, che mostra come si possa organizzare la vita con pieno controllo, in piena sicurezza, con piena libertà d'azione, a condizione che ci sia un naturale sviluppo creativo di ogni personalità e di tutte le personalità contemporaneamente. Tutto questo si può fare sulla base della coscienza, ed io spiego delle tecniche concrete che danno modo di utilizzare la coscienza, conoscendone la struttura, per ottenere delle soluzioni e dirigere la realtà. Sottolineo che parlo di dirigere

© Грабовой Г.П., 2001

qualsiasi realtà, non necessariamente solo la Terra o alcuni processi determinati. Dobbiamo comprendere che tutto ciò che vediamo intorno a noi, tutti i processi che si svolgono intorno a noi — tutto questo è formato sulla base della coscienza collettiva. Perché avvengono proprio queste mutazioni della composizione del terreno? Perché nelle piante si svolge proprio questo processo di fotosintesi? Perché proprio così si muovono le nuvole? Perché l'essere umano ora ha proprio questa forma materiale? Perché il Sole si trova proprio lì dove si trova attualmente? Per tutte queste domande esiste una sola risposta: sono tutti fenomeni che vengono formati sulla base della coscienza collettiva. Semplicemente, tutto questo avviene in un modo non evidente ad ogni persona, e perciò non tutti se ne rendono conto. Mediante il cambiamento della coscienza collettiva possiamo cambiare la realtà che ci circonda.

Qui bisogna sottolineare un punto importante. Il fatto è che esiste una coscienza collettiva non solo degli esseri umani, ma anche di tutti gli oggetti dello stesso tipo. Se, per esempio, si creano moltissimi computer, la loro realtà, la loro coscienza collettiva può riprodurre il computer che li amministra. E se la loro concentrazione specifica per unità di volume di informazione fosse grande, questo potrebbe portare ad un certo cambiamento della forma della vita. Per cui ciò di cui scrivono a questo proposito gli autori di fantascienza non è, a grandi linee, una fantasticheria. In linea di principio, tutto questo può diventare realtà. Tutto questo deve essere tenuto presente, ed è proprio per questo, fra l'altro, che è tanto importante imparare i metodi per dirigere la realtà.

A proposito, vorrei dire che a suo tempo alcuni tipi di animali — per esempio i leoni, ed anche alcuni tipi di uccelli — sono passati attraverso lo stadio del livello della direzione: non è un caso, pertanto, che il loro istinto sia ben sviluppato. L'istinto degli esseri umani è risultato sviluppato per la vita in società. Naturalmente anche gli animali — per esempio i leoni — hanno una coscienza collettiva, ed anch'essa influisce sul nostro pianeta: ma, ovviamente, non in modo così determinante come la coscienza collettiva degli esseri umani. La priorità qui viene data all'uomo, perché, anche se tutti gli esseri sono creature di Dio, l'uomo in aggiunta è stato creato anche ad immagine e somiglianza del Creatore.

A tutto quanto sopra detto fa riferimento il seguente principio:

© Грабовой Г.П., 2001

LA STRUTTURA DEL MONDO SI DEVE SVILUPPARE IN MODO MOLTO INTENSO NELL'AMBITO DELLO SVILUPPO DELLA NOSTRA PROPRIA COSCIENZA (1.4).

Traiamo le conclusioni. Quando sviluppiamo la nostra propria coscienza, cambiamo la struttura del Mondo. Questo perché, modificando la nostra coscienza, modifichiamo gradualmente la coscienza collettiva, e di conseguenza otteniamo quel tipo di Mondo che ci serve, cioè proprio esso verrà riprodotto nella realtà. Tale è il meccanismo della trasformazione del Mondo.

Formuliamo ancora alcuni principi:

L'AUTENTICA CONDIZIONE DEL MONDO CONSISTE NELLA VITA ETERNA. LA VITA ETERNA GARANTISCE UNA AUTENTICA STABILITÀ DEL MONDO. LA TENDENZA AD UN MONDO STABILE CREA LA VITA ETERNA.

CHI NON È MAI MORTO RAPPRESENTA IL FONDAMENTO CHE RIPRODUCE TUTTO IL RESTO. DIO RAPPRESENTA TALE FONDAMENTO. DIO È ETERNO: NON È MAI MORTO. DA QUESTO CONSEGUE TUTTO (1.1).

LA VITA ETERNA È IL PRINCIPIO DI SVILUPPO DELLA REALTÀ DIVINA (1.2).

IL RISUSCITAMENTO È LA COMPRENSIONE DELLA COSCIENZA AUTENTICA (1.5).

LA VITA SENZA FINE DETERMINA LA NECESSITÀ DELLO SVILUPPO DELL'ANIMA (1.6).

Per la comprensione di qualsiasi scritto è sempre indispensabile conoscere i termini fondamentali utilizzati nel testo. Perciò ora dirò alcune parole sui termini usati.

Anima.

L'Anima è quella sostanza che è stata creata dal Creatore in conformità con l'eternità del Mondo, ed è un elemento del Mondo. L'Anima è indistruttibile: in linea di principio, essa

© Грабовой Г.П., 2001

esiste come struttura organizzativa del Mondo, e pertanto è da essa che originano altri concetti, come quello di spirito (nel quale è compreso anche il concetto di azione).Perciò si può dire che, secondo uno dei modi di concepire questo rapporto, le azioni dell'Anima sono lo spirito. Pertanto, perfezionando il fondamento spirituale in direzione di uno sviluppo creativo del Mondo, si può modificare la struttura dell'Anima.

Il principio (1.6) dice che la vita senza fine determina la necessità dello sviluppo dell'Anima. In realtà, nel caso di una vita infinita, a mano a mano che si svilupperanno l'essere umano e la società, sorgeranno problemi sempre nuovi, e perciò è indispensabile lo sviluppo dell'Anima, affinché l'essere umano sia in grado di rispondere in modo adeguato alle nuove esigenze.

Coscienza.

La coscienza è la struttura che permette all'Anima di dirigere il corpo. L'Anima, di cui il corpo è la parte materiale, interagisce con la realtà attraverso la struttura della coscienza.

Ma esiste anche l'interazione fra il corpo e le cellule di questo corpo. Anche questa interazione viene realizzata dalla coscienza, ma in questo caso si tratta già di coscienza cellulare.

In senso lato la coscienza è la struttura che unisce la materia spirituale e la materia fisica.

Mediante il cambiamento della coscienza si può trasformare lo spirito, e dunque produrre di nuovo le azioni, cioè gli avvenimenti. Questo perché l'Anima è una parte del Mondo, cioè è presente in qualsiasi avvenimento.

Coscienza autentica.

La coscienza autentica è la coscienza che riflette la realtà del Mondo nel tempo e nello spazio senza fine: è la coscienza che permette di vivere in eterno e di svilupparsi eternamente.

Si possono sottolineare tre caratteristiche, tre proprietà della coscienza autentica:

• Prima caratteristica. La coscienza autentica riflette in modo adeguato il sistema di sviluppo del Mondo, perché si sviluppa contemporaneamente allo sviluppo del Mondo in tutte le sue manifestazioni.

© Грабовой Г.П., 2001

- Seconda caratteristica. La coscienza autentica, se viene mantenuta nella sua fonte originaria, può essere "re-indirizzata", o "delegata", o "passata" ad altre entità — fra l'altro, con tutte le conoscenze da essa accumulate.
- Terza caratteristica. La coscienza autentica gode della proprietà di riflettere tutta la realtà in ciascuno dei suoi segmenti: in altre parole, in ogni segmento della coscienza autentica esiste tutta la realtà contemporaneamente.

Notiamo qualcosa di simile nella fotografia. Quando viene illuminata una lastra olografica, nell'aria compare un oggetto tridimensionale — per esempio, un "samovar". Inoltre la sensazione della presenza reale di un samovar è sorprendente. Se spezziamo la lastra e prendiamo uno dei frammenti che si sono ottenuti, illuminando questo frammento comparirà di nuovo lo stesso samovar, anche se la precisione dell'immagine sarà minore. Se si prendono dei frammenti molto piccoli, si ottiene un'immagine sfocata: la sua qualità peggiora in modo evidente.

Per quanto riguarda la coscienza autentica, anche un suo piccolo frammento riflette in modo ideale tutta la realtà contemporaneamente.

La coscienza autentica si forma con lo sviluppo spirituale, cioè la coscienza autentica si sviluppa in primo luogo con l'Anima, poi con la struttura spirituale e col corpo. Quando qui dico "… e col corpo", ovviamente non intendo una gestione diretta del corpo. Qui si parla di una interazione armoniosa di tutte le cellule dell'organismo fra di loro e con la coscienza, grazie ai legami comuni.

Desidero far notare che anche la cellula più minuscola ha il suo sviluppo a un microlivello che può passare al macrolivello grazie ai già ricordati legami comuni: per cui anche la cellula più piccola è collegata a tutto il macromondo.

Nel capitolo precedente ho utilizzato il termine "coscienza espansa". Ora dirò alcune parole su questo concetto.

Coscienza espansa.

La coscienza espansa è un concetto che viene già abbastanza spiegato dalle stesse parole di questo termine. È una condizione in cui la percezione si espande e comincia ad abbracciare il livello direttivo della coscienza stessa. Il concetto di "coscienza espansa" comprende tre livelli:

- Il livello di percezione del Mondo dinamico, del quadro dinamico dell'Universo.

Se un uomo guarda il Mondo nella sua condizione normale, di coscienza, diciamo così, "stabilizzatrice", egli registra delle forme statiche. Per esempio, per quest'uomo una poltrona è una poltrona, un tavolo è un tavolo, un albero è un albero, e nulla più. Costui non fa altro che registrare questi oggetti come forme statiche.

Se, invece, quest'uomo si trova in condizione di coscienza espansa, comincia a percepire gli oggetti come forme dinamiche, cioè comincia a percepire come per esempio, nel caso considerato, la poltrona o l'albero esistano in uno stato dinamico, nel processo dei loro rapporti reciproci.

Pertanto l'uomo, in condizione di coscienza espansa, non percepisce più gli oggetti come stabili: comincia a percepire il Mondo come una forma in movimento, comincia a vedere il Mondo come una struttura che si può cambiare, trasformare, e compare la consapevolezza del fatto che si può migliorare senza fine il Mondo esistente.

Si può osservare che, in caso di incontro con un risuscitato nell'arco del primo mese dal momento del risuscitamento, colui che lo ha incontrato può trovarsi in una condizione di coscienza espansa, ed in questa condizione percepisce l'assenza del tempo e la presenza di un altro modo di essere della realtà.

- Al secondo livello la coscienza non si limita più alla semplice percezione dell'oggetto, ma diventa attiva: è già essa stessa che diventa un elemento creativo. Così, per esempio, nel caso del risuscitamento è proprio la coscienza del risuscitatore a formare la struttura di colui che viene risuscitato, e tale coscienza è un elemento della struttura — che viene creata — di colui che viene risuscitato.

- Il terzo livello è il livello della condizione propria della coscienza. La coscienza che si trova a questo livello si rende conto di tutto ciò che avviene e controlla tutta la situazione.

Nella condizione di coscienza espansa un uomo può percepire contemporaneamente molti processi diversi. Inoltre può percepire contemporaneamente avvenimenti sia vicini, sia lontani.

© Грабовой Г.П., 2001

Nel caso del risuscitamento, indipendentemente dal fatto che una persona realizzi da sola il risuscitamento o che semplicemente osservi il lavoro di un'altra, nella condizione di coscienza espansa questa persona vede direttamente in quale modo avvenga la creazione del corpo attorno all'Anima di colui che viene risuscitato: vede, cioè, la creazione della materia fisica.

Se, invece, si parla della materializzazione di un qualche oggetto, allora si può vedere come avvenga la creazione della materia attorno al volume di informazione esistente. Inoltre la coscienza è presente contemporaneamente anche nell'oggetto (coscienza espansa!), e la coscienza non è semplicemente presente nell'oggetto, bensì svolge il ruolo di elemento attivo e creativo.

Vediamo qui, nel caso della materializzazione, che la coscienza realizza la gestione della materia fisica. Tuttavia la coscienza può dirigere anche i piani di informazione spirituali, piani in cui il termine "materia fisica" non si usa più.

È opportuno notare che la coscienza espansa è una parte della coscienza autentica, ma che sotto molti aspetti rappresenta un elemento indipendente che realizza l'azione della coscienza autentica.

Dello spazio e del tempo parleremo nella sezione successiva.

È estremamente vicino ai principi precedenti anche il seguente principio, il principio della Divinità:

PRINCIPIO DELLA DIVINITÀ: LA TENDENZA ALL'INCORRUTTIBILITÀ DEL CORPO, ALLA VITA ETERNA E ALLO SVILUPPO DELLA COSCIENZA AUTENTICA, RAPPRESENTANO LA PRASSI CHE PORTA ALLA FIORITURA PIÙ ELEVATA DELL'ESISTENZA UMANA (1.7).

Esaminiamo dettagliatamente questo principio.

Esistono molte questioni legate al risuscitamento. Per esempio, la differenza che esiste fra il risuscitamento dopo un periodo di tempo trascurabile seguito alla morte biologica ed il risuscitamento nel caso in cui sia già passato un certo tempo. E la questione se, in questo caso, esistano delle frontiere temporali che, come pietre miliari, segnino il cambiamento della situazione.

Si può notare che qui svolgono un ruolo importante il nono e quarantesimo giorno dopo la morte biologica. Non a caso esiste la tradizione di svolgere delle cerimonie in questi giorni.

© Грабовой Г.П., 2001

Capitolo II. Principi fondamentali del risuscitamento 85

Esaminiamo questa problematica.

IL NONO E IL QUARANTESIMO GIORNO DOPO LA MORTE BIOLOGICA, QUALI CONFINI CHE SEPARANO L'UNO DALL'ALTRO I DIVERSI APPROCCI AL RISUSCITAMENTO.

La tradizione di osservare il nono ed il quarantesimo giorno riflette il principio della distribuzione delle informazioni attorno al corpo fisico.

Durante i primi otto giorni si svolge l'accumulo, la raccolta di tutte le informazioni che si hanno, e il nono giorno tutti gli avvenimenti spirituali, emotivi, fisici che hanno avuto luogo in vita vengono proiettati nel corpo fisico del trapassato.

Poi, nell'arco di trentun giorni, si svolge la preparazione al quarantesimo giorno, nel quale tutte le informazioni accumulate sotto forma di raggio infinito vengono trasferite nel campo informativo e divengono un segmento sferoidale, che si riferisce a quella certa persona e che è in rapporto con la sua Anima.

Se esaminiamo la questione della rapidità del risuscitamento, possiamo dire che fino al nono giorno il risuscitamento si svolge più velocemente che non dal nono al quarantesimo. Pertanto, per un risuscitamento effettuato entro il nono giorno, si possono trasmettere degli impulsi più deboli, impulsi che contengono la struttura fondamentale di quella certa personalità.

In caso di risuscitamento entro il nono giorno, alle volte è sufficiente immettere addirittura soltanto le informazioni dei cosiddetti biocampi, cioè di ciò che generalmente si trova attorno al corpo della persona.

In caso di risuscitamento da effettuarsi fra il nono e il quarantesimo giorno bisogna immettere le informazioni sugli avvenimenti che ha vissuto quella certa persona: solo allora la si potrà far risuscitare.

In caso di risuscitamento dopo il quarantesimo giorno bisogna immettere le informazioni che, in linea di principio, caratterizzano la personalità al livello della creazione della medesima da parte di Dio, cioè al livello della creazione della sua Anima.

Come si vede da quanto sopra esposto, i tre diversi approcci utilizzati nel risuscitamento sono separati l'uno dall'altro proprio dal nono e dal quarantesimo giorno.

© Грабовой Г.П., 2001

Desidero sottolineare un punto molto importante. La velocità del risuscitamento aumenta notevolmente se, prima del quarantesimo giorno, si parla del trapassato come se fosse ancora vivo. È auspicabile anche in seguito non menzionare senza motivo l'evento del trapasso. Aggiungo che le azioni che vengono eseguite nelle fondamentali religioni creative dopo il trapasso facilitano il risuscitamento.

Se si esamina il problema del risuscitamento nel momento giusto, cioè di quando, per esempio, cercando di salvare una persona, si rende necessario farla risuscitare immediatamente, all'istante, allora in questo caso si vede che per il risuscitamento è necessario un elevatissimo livello di entrata in contatto con le informazioni indispensabili a dirigere il processo: perciò, in tale eventualità, viene richiesto a colui che opera il risuscitamento un elevatissimo livello spirituale.

È importante anche la questione della percezione dei trapassati.

LA PERCEZIONE DEI TRAPASSATI

Si possono dire ancora alcune parole su come cambi col tempo la percezione della realtà da parte dei trapassati. Per i trapassati, ovviamente, compare una realtà diversa. A seconda del livello di putrefazione del corpo fisico, cambia il carattere della percezione dell'Anima del trapassato.

Dopo il sopraggiungere della morte biologica inizia la distruzione delle varie strutture, la distruzione della struttura cellulare: tuttavia, approssimativamente per i primi tre giorni il trapassato seguita a percepire la realtà fisica dei viventi più o meno come prima. In seguito e fino al quarantesimo giorno la realtà dei viventi per lui comincia — diciamo così — a scomparire: questo è uno specifico processo di passaggio, che adesso non mi soffermerò a descrivere.

Dopo il quarantesimo giorno il trapassato percepisce la realtà fisica dei viventi come una sorta di piano etereo, ed i processi che vi si svolgono non gli sembrano molto importanti o problematici, perché davanti a lui si apre tutta una serie di nuovi compiti.

Il primo compito che gli si presenta è quello della sincronizzazione dei corpi fisici che ha avuto nelle precedenti reincarnazioni (ovviamente, se gli sono rimasti, cioè se a suo

© Грабовой Г.П., 2001

Capitolo II. Principi fondamentali del risuscitamento

tempo egli non li ha sviluppati fino a giungere alla possibilità di utilizzare una stessa materia in due o più reincarnazioni). L'Anima funge da centro organizzativo nel lavoro di sincronizzazione fra le sue incarnazioni precedenti e quelle più recenti.

Dopo aver eseguito questo compito, il trapassato passa al secondo livello. Questo livello si riferisce all'illuminazione. Qui compare la luce, ma non quella che in genere si intende quando viene descritto il passaggio dalla condizione di vita alla condizione di morte e la formazione di un sistema simile a un corridoio, che accompagna tale passaggio. Qui compare un'altra luce, la luce delle conoscenze. Inoltre le conoscenze compaiono dinanzi al trapassato come una essenza aperta — essenza aperta nel senso che egli comprende che può prendere queste conoscenze come se egli stesso fosse indistinguibile da loro. Questo processo si può paragonare con quello che, nell'Introduzione, si diceva della rosa, della comprensione della sua essenza. In uno stato di coscienza più elevato ci si può fondere con essa, ed allora si rivelerà la verità, la verità della sua essenza.

Quando hanno raggiunto il secondo livello, il livello dell'illuminazione, i trapassati cominciano a percepire le informazioni che arrivano dal piano dei viventi. Attualmente si è venuta a creare una situazione in cui i trapassati, a causa delle informazioni che ricevono, cominciano ad essere interessati a tornare. Il fatto è che, a causa della creazione delle armi nucleari e del loro accumulo, l'umanità si è estremamente avvicinata alla minaccia dell'autoannientamento. Nel caso di una catastrofe nucleare verrebbe leso anche il piano dei trapassati. A causa di questo attualmente è comparso un serio pericolo per i trapassati, perché la loro storia può scomparire, e può addirittura svanire tutta l'essenza di questo piano. Tutto questo può accadere in base alla seguente legge dello sviluppo dell'informazione:

IL COMPLETO ANNIENTAMENTO DI UNO DEGLI ELEMENTI FONDAMENTALI DELLO SVILUPPO DELL'INFORMAZIONE PUÒ PORTARE ALL'ANNIENTAMENTO DI TUTTA QUESTA SFERA DI INFORMAZIONE, E, CON QUESTO, MODIFICARE RADICALMENTE LA REALTÀ FUTURA.

E poiché la minaccia dell'annientamento è comparsa fra i

viventi, i trapassati cominciano a tendere al risuscitamento, per tornare e dimostrare che la materia fisica dei viventi ha una somma importanza, e per aiutare ad evitare la catastrofe, perché è proprio dai viventi che dipende la soluzione di questo problema.

C'è anche un altro motivo a causa del quale attualmente i trapassati si sforzano di tornare. Il fatto è che la morte biologica, il successivo rifiuto del corpo fisico ed il passaggio ai piani sottili dell'essere venivano precedentemente utilizzati come modo di acquisizione di nuove conoscenze (abbiamo appena parlato del secondo livello della condizione in cui si vengono a trovare i trapassati — il livello dell'illuminazione). Il disfacimento del corpo, cioè, in effetti, la rimozione del corpo fisico, ormai non possiede più quella conformità allo scopo che le veniva riconosciuta prima. La distruzione biologica del corpo come meccanismo, come atto di conoscenza ha ormai praticamente esaurito le proprie possibilità. E tutto questo viene sottolineato particolarmente bene dai risuscitati, che dicono che, col passaggio al piano sottile causato dalla morte biologica, non hanno ottenuto in tale piano nulla di nuovo che non fosse possibile ottenere nel normale corpo fisico.

Perciò non ha senso rifiutare questo corpo per ottenere nuove conoscenze e nuova esperienza. Si può restare in questo corpo, ma sviluppare, per esempio, il livello sensitivo, ed ottenere tutto ciò che è necessario, o sviluppare il livello di gestione delle informazioni.

La vita va avanti e, naturalmente, con il cambiamento delle condizioni nasce una nuova comprensione del processo di sviluppo.

UNA NUOVA TAPPA NELLO SVILUPPO DELLA PERSONA E DELLA SOCIETÀ

La questione che verrà ora esaminata è talmente seria che è opportuno soffermarsi su di essa in modo più particolareggiato. Usando il linguaggio scientifico si potrebbe cominciare la discussione parlando della modifica del paradigma, cioè, nel caso specifico, del cambiamento di principio del modello di comportamento. Ma resterò nel contesto di una semplice analisi e di paragoni evidenti.

Riflettiamo su come nell'antichità si raggiungeva, per esempio, l'America partendo dall'Europa. Su una nave con le vele bisognava attraversare l'oceano. Tutto questo richiedeva moltissimo tempo. Certo, quando si guarda l'immagine di una nave con una grande quantità di vele, si ha davanti una visione molto bella. Ma quanto tempo era necessario per la traversata! E quanti pericoli erano in agguato per una piccola nave, durante una tempesta! Adesso, invece?

Adesso la situazione è del tutto diversa. Adesso esistono navi del tutto diverse, che attraversano l'oceano abbastanza rapidamente. E se è necessario raggiungere l'America davvero rapidamente, si può prendere un aereo e dopo qualche ora trovarsi a destinazione.

Inoltre, notate un particolare. Ora si può raggiungere via mare l'America partendo dall'Europa non solo assai più rapidamente, ma anche con maggior sicurezza. E per di più con una quantità ancora maggiore di comodità, perché su una nave di linea transoceanica c'è tutto il necessario: ristoranti, piste da ballo, piscine — tutto ciò che occorre.

Oppure, prendete in considerazione il problema delle comunicazioni. Quanto tempo serviva ad un europeo del passato per scambiarsi messaggi con un conoscente americano? E anche senza retrocedere troppo nella storia, quale era la situazione soltanto — per esempio — nel sec. XIX? Quanto tempo occorreva per mandare una lettera e ricevere la risposta? E quale è, invece, la situazione odierna?

Oggi sono diventate un fenomeno comune le teleconferenze fra città diverse, durante le quali si parla con persone che si trovano all'altro capo del globo terrestre come se queste stessero sedute davanti ai propri interlocutori. Oppure, prendiamo come esempio la diretta della finalissima del campionato del Mondo di calcio. Una enorme quantità di persone in tutti i punti del globo terrestre sta incollata allo schermo del televisore e, attraverso il collegamento satellitare, guarda la partita in diretta!

La vita è profondamente cambiata. Sono cambiate le condizioni di vita. Il ritmo della vita è diventato del tutto diverso.

È proprio per questo che il vecchio, lento meccanismo di comprensione delle verità superiori e di sviluppo spirituale attraverso il rifiuto del corpo fisico, la permanenza temporanea in un'altra forma nei piani sottili dell'essere, l'acquisizione in questi piani sottili delle necessarie informazioni, e poi il ritorno nel corpo fisico — tutto questo lento sistema di crescita ormai non corrisponde più al ritmo contemporaneo della vita. Perciò ormai non si deve più rinunciare al corpo fisico, non si deve più perdere tempo con tutte queste trasformazioni, ma, in questo stesso corpo, imparare a raggiungere più elevati stati di coscienza con l'aiuto di metodi speciali, e con ciò, garantirsi una crescita spirituale.

E per quanto riguarda coloro che se ne sono già andati, ebbene, bisogna farli tornare indietro mediante la procedura del risuscitamento.

Desidero far notare che sempre — sia in precedenza, sia ora — ci sono state persone capaci di vivere tanto quanto ritenessero necessario. Appartengono a quella categoria di persone che capiscono e sanno per esperienza personale che cosa sia la coscienza autentica. È per questo che, in particolare, queste persone comprendono che la vita è la realtà più semplice, più accessibile e più naturale, e che si ottiene mediante lo sviluppo della coscienza.

Ciò che da un punto di vista comune viene ritenuto vita non è ancora vita dal punto di vista di un più elevato stato di coscienza, perché la vera vita è la vita eterna. In questo senso anche la biologia ortodossa (nonostante la parola "biologia" si traduca come "scienza della vita"), nonostante tutti i suoi successi, non è ancora giunta ad una autentica comprensione di ciò che è la vita. Questo, in primo luogo, dipende dalla mancata comprensione del fatto che la vita è basata su un principio spirituale, ed anche dalla mancanza di chiarezza circa la determinazione di che cosa sia la coscienza e di quale sia il suo ruolo.

La coscienza è uno dei concetti – chiave. Quando, dal punto di vista della conoscenza del Mondo, scompare la necessità che si sviluppi quella fase della coscienza che corrisponde alla scomposizione della materia fisica, allora scompare la morte: la morte diventa inutile. Di più: la morte diventa un ostacolo, perché porta ad un rallentamento artificiale del ritmo dello sviluppo spirituale.

Dunque quello schema di sviluppo spirituale che veniva utilizzato in precedenza, cioè lo schema comprendente il rifiuto del corpo fisico, non corrisponde più al ritmo contemporaneo di sviluppo della società, della scienza e della tecnica. È proprio per questo che l'uomo comincia a perdersi di fronte alla complessità sempre crescente della tecnica e di fronte ai problemi di carattere generale che si presentano, come la minaccia dell'annientamento nucleare o la catastrofe ecologica globale.

© Грабовой Г.П., 2001

L'uomo avverte di non avere più tempo sufficiente a disposizione per venire a capo dei crescenti problemi del Mondo esterno. La causa di questa situazione consiste nel fatto che lo sviluppo del suo Mondo interiore è molto più lento di quanto serva oggigiorno. Accelerare questo sviluppo e cominciare, finalmente, ad utilizzare tutto il potenziale dell'uomo — questo è il compito del giorno d'oggi. Dalla soluzione di questo problema dipende il destino di tutti noi, il destino di tutto il Mondo.

A proposito del potenziale, la scienza dice che oggi l'uomo non utilizza il proprio cervello oltre il 5%. Inoltre bisogna notare che la scienza, per ora, sa molto poco della finalità di alcuni organi — per esempio, di quella parte del cervello che è l'ipofisi. Perciò parlare di un utilizzo del 5% del potenziale cervello per adesso è prematuro. L'utilizzo del proprio potenziale da parte dell'uomo praticamente non è ancora iniziato. Secondo un certo paragone, l'uomo è come una persona che abbia trovato rifugio nell'anticamera di una grande edificio con parecchi piani: questo edificio è la sua casa, ma lui non lo sa, e addirittura non sospetta che esistano altre stanze ed altri piani. La conquista di tutti questi territori, che possono e debbono appartenergli di diritto, passa attraverso lo sviluppo della coscienza.

Pertanto bisogna cominciare ad utilizzare un nuovo schema di sviluppo, una nuova via: la via che passa attraverso il non-morire ed il risuscitamento. Ed allora l'uomo potrà finalmente ottenere una reale armonia fra lo sviluppo interiore e quello esteriore. Tutto questo renderà possibile l'avanzamento verso una vita piena, gioiosa e felice.

Principio seguente:

È sufficiente una sola persona che possa far risuscitare e ristabilire il Mondo affinché diventi ormai impossibile distruggerlo (1.8).

Nel campo dell'informazione esiste questo principio: se qualcosa è stato fatto una volta, allora questo qualcosa esiste eternamente nel tempo in cui è stato fatto.

Dunque, se qualcosa è stato fatto una volta, si può ripetere quell'azione in qualsiasi altro momento del tempo basandosi su quel momento passato di tempo. Pertanto, se esiste — per esempio — anche un solo episodio di materializzazione di un qualsiasi oggetto, allora si può eseguire la materializzazione in qualsiasi altro tempo ed allargarla a qualsiasi altro oggetto. La situazione nel caso del risuscitamento è analoga. In linea generale, se qualcosa è stato fatto una volta, questo qualcosa ormai è indistruttibile.

Per la persona singola questo significa che l'idea dell'eternità del Mondo porterà sempre alla realizzazione dell'eterno in tutte le realtà. E se una persona può far risuscitare e ristabilire il Mondo, allora non è possibile distruggere il Mondo, in nessuna situazione.

IL RISUSCITAMENTO E L'ACCERTAMENTO DELL'AVVENUTO RISUSCITAMENTO SONO UN PROCESSO CONTEMPORANEO PER TUTTO IL MONDO (1.9).

Lo svolgimento contemporaneo in tutto il Mondo dell'accertamento del risuscitamento, significa che questo avvenimento comprende tutte le strutture del Mondo in un solo istante, senza trasmissione sequenziale di informazioni da un luogo all'altro: in altre parole, dopo il risuscitamento le informazioni sul risuscitamento vengono subito a trovarsi dappertutto. Abbiamo già incontrato questo fenomeno nel Capitolo I, durante l'esame delle capacità del leone.

LA COSCIENZA DELL'UOMO E I SUOI ORGANI, QUANDO VIENE CORRETTAMENTE COMPRESA LA LORO CORRELAZIONE RECIPROCA, DANNO ORIGINE AL RISUSCITAMENTO. IL RISUSCITAMENTO È UN ATTO DI CREAZIONE (1.10).

Spesso il risuscitamento si presenta suddiviso in due fasi.

Durante la prima fase, quando si sta ancora svolgendo il processo di risuscitamento, colui che viene risuscitato non corrisponde ancora pienamente ad un uomo vivente.

Durante la seconda fase, quando il processo di risuscitamento sta praticamente già terminando, il risuscitato appare già come una comune persona vivente. Tuttavia bisogna notare che questa divisione speculativa in due fasi del processo di risuscitamento è un riflesso della funzione dell'ipofisi a livello delle informazioni

© Грабовой Г.П., 2001

del vivente e a livello delle informazioni del risuscitato. In altre parole, questa divisione convenzionale del risuscitamento in due fasi viene eseguita dall'ipofisi stessa. Perciò è sufficiente semplicemente adattare nel modo giusto la funzione dell'ipofisi, ed il risuscitamento può avvenire anche solo come conseguenza di questo fatto. Inoltre, questo principio dice che per il risuscitamento è necessario semplicemente dare le informazioni giuste ad alcuni propri organi — per esempio, all'ipofisi.

Pertanto un importante elemento del risuscitamento è la conoscenza, da parte della persona, dei modi di entrare in contatto con la propria coscienza in relazione ai suoi organi.

LO SVILUPPO DELLA PERSONA DEVE ESSERE VISTO COME UNO SVILUPPO GLOBALE DI TUTTO IL MONDO ESISTENTE (1.11).

Questo principio richiama il principio (1.4), ma lì si parlava dello sviluppo della coscienza, qui — di quello di tutta la persona.

Quando si sviluppa una persona, si sviluppa tutto il Mondo esistente. Una persona può sviluppare il Mondo e creare dei Mondi mediante il proprio intelletto, la propria coscienza, il proprio spirito: in termini più semplici, mediante un diverso livello del proprio sviluppo. Quando una persona può far risuscitare altre persone e con ciò mostrare che non c'è annientamento e che, in generale, si può semplicemente non morire mai, allora questo significa che il Mondo è diventato stabile. La stabilità del Mondo, la sua essenza eterna è appunto il segno della sua globalità.

Il principio seguente si avvicina ai due precedenti:

IL PRINCIPIO DEL RISUSCITAMENTO È CORRELATO AL PRINCIPIO DELL'ORGANIZZAZIONE DELLA PERSONA, CHE TIENE CONTO DELLO SVILUPPO ONNITEMPORALE DI TUTTO IL MONDO ESTERNO (1.12).

È molto importante per la vita quotidiana il seguente principio:

IL DOLORE, LA TRISTEZZA E LA NOSTALGIA NON SONO IL METODO GIUSTO PER COMPRENDERE IL

MONDO. SOLO LA GIOIA, LA LUCE E L'AMORE SONO IL METODO PER LA COMPRENSIONE DEL MONDO (1.13).

Là dove tutto è eterno, dove non ci sono annientamento e distruzione, dove l'uomo è libero, dove egli si può sviluppare, dove tutto è meraviglioso, là regnano la felicità, la luce e l'amore. Là non c'è più spazio per il dolore, per la tristezza e per le altre emozioni negative: per esse, semplicemente, non è più rimasto spazio, perché tutto è colmo di amore, di luce e di gioia.

E poiché nel futuro non ci saranno più emozioni negative, bisogna riconoscere che la presenza delle emozioni negative oggi blocca lo sviluppo dell'uomo, frena la sua crescita spirituale.

Il dolore, la tristezza, l'invidia, la rabbia e le altre emozioni negative sono elementi del Mondo che vengono dispersi. Cominciano a scomparire con l'inizio dello sviluppo della spiritualità.

Ricordiamo l'affermazione che è stata riportata nell'Introduzione: "... Affinché, radicati e fondati nell'amore, siate in grado di comprendere con tutti i santi quali siano l'ampiezza e la lunghezza, la profondità e l'altezza". Vediamo che da tempo immemorabile era noto che l'amore aveva un ruolo importantissimo nell'acquisizione di più elevati stati di coscienza. E non solo l'amore, ma anche le altre emozioni positive. A loro volta, gli stati più elevati di coscienza aiutano le emozioni positive a diventare più profonde, aiutano tutte le cellule dell'organismo a riempirsi di esse: tutto questo, a sua volta, porta ad una crescita spirituale ancora maggiore, e così via. Questo processo è infinito. E, come già è stato detto, il passaggio a stati di coscienza sempre più elevati è proprio il cammino che conduce a Dio.

LA PERSONALITÀ SI MANTIENE DOPO LA MORTE BIOLOGICA, ANCHE DOPO LA CREMAZIONE. IN QUESTO ULTIMO CASO AD OGNI PARTICELLA DI CENERE CHE RIMANE DOPO LA CREMAZIONE È fissata la struttura della personalità di colui che è stato sottoposto alla cremazione (1.14).

Qui si parla del fatto che i cambiamenti che avvengono nel corpo fisico non hanno un'importanza fondamentale. Non ha

© Грабовой Г.П., 2001

importanza in quale modo il corpo fisico sia stato modificato, in quale modo sia stato scomposto e ridotto ad un insieme di particelle o, addirittura, di microelementi. Tutto questo ha un'importanza secondaria, perché partendo dall'Anima si può sempre formare completamente di nuovo quello stesso corpo. Pertanto questo principio parla della completa possibilità di formare di nuovo la materia fisica sulla base dello spirito, sulla base dell'Anima.

In merito a quanto detto si può richiamare la famosa leggenda sull'uccello Fenice, che rinasceva dalle sue ceneri. Vediamo ora che la rinascita dalle ceneri non è solo un'immagine poetica: è una realtà.

2

Passiamo ai principi del secondo livello.
Il primo principio, qui, è praticamente evidente:

L'UOMO È UNA SOSTANZA ETERNA IN BASE AL PRINCIPIO DELLA SUA CREAZIONE, PERCIÒ IL RISUSCITAMENTO È BASATO SULL'ESPLICITAZIONE DI CIÒ CHE È ETERNO NELL'UOMO (2.1).

Il principio seguente spiega l'importanza dello sviluppo dello spirito:

ESISTE UNA DIPENDENZA RECIPROCA FRA LA STRUTTURA SPIRITUALE E QUELLA FISICA. MEDIANTE LA TRASFORMAZIONE DELLE INFORMAZIONI SULLA STRUTTURA FISICA NELLA SFERA DELLO SPIRITO POSSIAMO TRASFORMARE LO SPIRITO FINO A UN LIVELLO IN CUI ESSO POTRÀ MODIFICARE QUALUNQUE STRUTTURA FISICA, GIUNGENDO FINO ALLA CREAZIONE DI UN CORPO FISICO (2.2).

Innalzando lo spirito fino al livello in cui esso sarà capace non solo di modificare una struttura fisica, ma anche di crearla, e di creare, in particolare, anche un corpo fisico, quale conseguenza otteniamo che l'uomo può non morire mai. Se poi l'uomo è capace egli stesso di non morire, allora è capace anche di risuscitare gli altri.

© Грабовой Г.П., 2001

Il principio seguente è:

IL TEMPO E LO SPAZIO NON LIMITANO LA DURATA DELLA VITA. IL CONCETTO DI DURATA DELLA VITA VIENE FORMATO DAL RAPPORTO CHE LO SPIRITO HA CON LO SPAZIO E CON IL TEMPO (2.3).

Nel paragrafo precedente abbiamo chiarito che cosa siano l'Anima, lo spirito e la coscienza. Adesso proseguiremo il discorso sui termini che stiamo utilizzando, ed io dirò alcune parole sullo spazio e sul tempo.
Lo spazio.

Lo spazio, come il tempo, è una costruzione della coscienza. Lo spazio è la struttura che serve alla realizzazione delle azioni sia dell'Anima, sia dello spirito, sia della coscienza, sia del corpo. Esiste uno spazio dell'Anima, esiste uno spazio dello spirito, esiste uno spazio della coscienza ed esiste uno spazio del corpo.

Lo spazio del corpo è quello spazio in cui il corpo si sposta, cioè è il comune spazio fisico.

Lo spazio dell'Anima è la struttura di organizzazione del Mondo. Il concetto di spazio fisico qui non è già più utilizzabile. Lo spazio dell'Anima è prioritario rispetto agli altri spazi.

Notiamo che lo spazio dell'Anima è un concetto secondario rispetto alla stessa Anima: l'Anima è il fondamento.

L'Anima esiste in uno spazio "assoluto" in cui l'ha creata Dio. Lo spirito esiste invece in uno spazio d'azione, e qui lo spazio è collegato al concetto di coscienza.

Quando una persona pensa a qualcosa, ciò avviene nello spazio del pensiero.

Lo spazio può essere sia individuale, sia comune. Ogni persona ha uno spazio individuale di pensiero, ma quando alcune persone — per esempio, in un cinema — guardano insieme un film, allora lo spazio del pensiero diventa comune.

Il modo in cui la coscienza reagisce a quanto accade ha un significato fondamentale, perché la coscienza può trasformare lo spazio, ed anche lo spazio fisico. È sufficiente che la coscienza emetta un impulso d'azione, e lo spazio si modifica.

Per coloro che vengono risuscitati lo spazio, in un certo

senso, "cresce". Per quelli che vengono fatti risuscitare lo spazio cresce all'interno di ogni cellula, di ogni microelemento, di ogni collegamento informativo, e, crescendo, riempie di sé la struttura informativa del risuscitando. In tal modo, nel caso specifico lo spazio è anche un elemento d'azione.

Io ho elaborato, e, fino ad un certo punto, realizzato delle apparecchiature tecnologiche per la "ri-formazione" degli organi perduti e per il risuscitamento delle persone. In essi lo spazio viene ristretto a un punto tale che il macrolivello diventa microlivello: la coscienza, cioè, percepisce contemporaneamente i microprocessi ed i macroprocessi. Queste apparecchiature tecnologiche permettono di ri-formare completamente tutto l'organismo, di risuscitare una persona: fra l'altro, qui si intende proprio un risuscitamento, in quanto la struttura spirituale della personalità viene identificata completamente. La funzione principale di questi apparecchi, in prospettiva, è la realizzazione di un algoritmo che permetta, per analogia, di sviluppare la coscienza umana fino a farla giungere alla possibilità di ri-formare completamente la materia. Come si vede, in questo caso si può considerare lo spazio come uno strumento di lavoro per la creazione di cicli tecnologici di risuscitamento.

Spesso si possono sentire discorsi su Mondi paralleli e su spazi paralleli. In realtà non esiste nulla di particolarmente "parallelo": semplicemente in una stessa zona dello spazio, addirittura in uno stesso punto, ci può essere tutto. Più precisamente, tutto ciò che è in questo punto, può essere un'esplicitazione della coscienza collettiva.

Uno dei noti ospiti che visita il nostro spazio è lo yeti, "l'uomo delle nevi". Si tratta di una variante dell'essere umano: gli yeti sono coloro che hanno ricevuto una forma modificata quale risultato di certi elementi di trasmutazione., detto in altro modo, grazie a certi stati di trance essi hanno ottenuto un parametro di mutazione e, di conseguenza, sono passati in un altro spazio. In questo modo si sono separati dagli uomini ed il loro sviluppo si è svolto seguendo un altro cammino. Hanno una Terra piatta ed infinita, e da loro fa piuttosto freddo. Alle volte fuoriescono nel nostro spazio ed allora ci si può incontrare con loro, ma, in linea di principio, si tratta già di esseri di un altro Mondo.

Altri noti visitatori della Terra sono gli equipaggi degli UFO (cioè degli "oggetti volanti non identificati"). Gli UFO, in generale, sono oggetti artificiali che provengono da altri pianeti o che sono collegati al problema degli altri spazi: in altre parole, gli oggetti di questo tipo che vengono osservati non vengono necessariamente da altri pianeti, ma possono essere semplicemente il risultato della visualizzazione di altri spazi.

Gli uomini — o, per meglio dire, gli esseri — che pilotano gli UFO sono rappresentanti di altre civiltà ed hanno l'aspetto di "oggetti" simili all'uomo, biologici o di livello più alto.

Gli UFO in sé nella maggior parte dei casi vengono percepiti come dischi sferoidali, anche se, in generale, possono avere una qualsiasi forma: semplicemente, questo è il modo in cui vengono percepiti attraverso la struttura del nostro spazio.

Una questione interessante è quella della dimensionalità dei vari spazi. Per capire meglio quale sia la situazione in questo caso, esaminiamo un caso concreto: la struttura dell'uomo.

È noto che nella coscienza umana si mostrano molti corpi: quello fisico, quello etereo, quello astrale, quello mentale ed altri. La "matrëška" ben nota a tutti, all'interno della quale si trovano altre "matrëški" di dimensioni sempre più piccole, è in realtà un simbolo del modo in cui è strutturato l'uomo. I suoi corpi, elencati sopra, si trovano ciascuno nel proprio spazio.

Lo spazio fisico che viene osservato dalla comune vista fisica, nella sua variante semplificata, è tridimensionale. È proprio così che appare all'uomo nel suo normale stato di coscienza. Ma per un uomo con uno stato di coscienza più elevato lo spazio fisico può essere dotato anche di quattro dimensioni (ricordate l'affermazione dell'Apostolo Paolo riportata nell'Introduzione).

Lo spazio etereo può avere sette dimensioni, quello astrale — nove, mentre la struttura dello spazio mentale è duplice: esso esiste sia in una variante a sei dimensioni, sia in una variante a quattro dimensioni.

Ma voglio mettervi in guardia: non pensate in nessun caso che le dimensionalità che ho riportato prima siano fissate una volta per tutte. Queste dimensionalità hanno queste caratteristiche oggi, ma domani possono averne altre. La vita autentica non sta ferma: essa consiste in uno sviluppo ininterrotto dello spirito, ed è proprio questo ciò che voglio sottolineare in modo particolare. Il perfezionamento spirituale, lo sviluppo spirituale dà la possibilità di vedere la dinamica di questo processo, e questo, a sua volta, aiuta lo sviluppo della struttura spirituale.

© Грабовой Г.П., 2001

Capitolo II. Principi fondamentali del risuscitamento

Per quanto riguarda le dimensionalità, bisogna tenere presente quanto segue. Poiché la struttura spirituale racchiude in sé tutti i fenomeni conosciuti, essa può trasformare una dimensionalità in un'altra. Perciò il concetto della dimensionalità dei vari spazi non è molto importante. Fondamentale è invece il fatto che la struttura spirituale può essere modificata, può essere sviluppata: ed è questa struttura quella che determina tutto il resto.

Il tempo.

Alla domanda circa cosa sia il tempo si può rispondere in vari modi, a seconda del punto di vista da cui si considera tale questione. Esiste anche un approccio secondo il quale il tempo, nel senso in cui viene comunemente inteso, semplicemente non esiste. Ma questo, bisogna dire, è già un approccio da un punto di vista di stati più elevati di coscienza: in questi stati di coscienza la percezione del Mondo è completamente diversa, come è stato detto nell'Introduzione. In questo libro mi limiterò solo ai primi passi nella chiarificazione del problema del tempo.

Si possono esaminare alcuni approcci differenti.

Un principio, in effetti, è stato già ricordato quando è stato esaminato il principio (1.15)., e cioè che il tempo può essere visto come un trasformatore dello spazio. In questo caso ci si può immaginare il tempo come una serie di linee di forza dello spazio lungo le quali si svolgono la trasformazione e lo spostamento. Se si comprende questa struttura del tempo, si può ottenere la comparsa dello spazio desiderato nel momento necessario e nel luogo necessario, e si può ottenere anche la realizzazione dell'evento desiderato.

Dunque la modificazione del tempo produce la trasformazione dello spazio. Ma è possibile anche la variante inversa: attraverso la modificazione dello spazio si può cambiare il tempo. È possibile aspettarsi tutto questo, poiché ambedue le strutture — sia lo spazio, sia il tempo — sono costruzioni della coscienza.

Si può esaminare il problema di come venga percepito il tempo da parte dei trapassati o da parte di coloro che vengono risuscitati. Anche qui si può fissare l'attenzione su aspetti diversi. Nel paragrafo successivo, per esempio, verrà notato che in un primo momento per colui che viene risuscitato il tempo è discreto, mentre per il vivente esso è continuo.

© Грабовой Г.П., 2001

Ma ciò che è più importante nella questione specifica è che per i trapassati e per i risuscitandi il tempo si muove sempre in direzione dei vivi, in direzione dei viventi, e perciò la via di tutti loro è sempre una: solo verso la vita. Si può dire che i trapassati percepiscono il tempo come il flusso di una certa informazione, come il flusso di un fiume che li spinge in direzione della vita. Attualmente rimane assai poco spazio per loro: stanno sempre più stretti e si crea un forte affollamento. Pertanto praticamente già non basta lo spazio per i nuovi trapassati.

Quando avviene il risuscitamento di una persona, anche in questo caso quella particolare spinta verso i viventi si manifesta in modo abbastanza univoco: i risuscitandi hanno la sensazione che la struttura di tutta la realtà si muova sempre sotto di loro, con maggiore o minore velocità, in una sola direzione, ed essa si muove sempre in direzione della vita. In altre parole, la situazione dei trapassati in linea di principio è, secondo la loro percezione soggettiva, assai instabile. Ed esiste un motivo molto serio di tutto questo.

Prima, nell'era pre-nucleare, molti trapassati sceglievano la via della reincarnazione, cioè cercavano il proprio sviluppo attraverso il sistema della reincarnazione. Per cui si allontanavano un po' da questo flusso di tempo, preparavano gli avvenimenti necessari al loro ritorno e solo in seguito entravano in un corpo ormai trasformato, nell'embrione che era nato.

Adesso invece, nell'era nucleare, a causa della minaccia di un possibile annientamento nucleare globale, i trapassati avvertono una notevole instabilità legata a tale situazione, ed un numero sempre maggiore di individui comincia ad orientarsi verso il risuscitamento. Per cui adesso non si allontanano troppo da questo flusso temporale. Pertanto si può dire che il tempo, in effetti, sia la struttura di esistenza di alcuni trapassati e risuscitandi: si può addirittura dire che lo sia per molti (ma non per tutti). Non per tutti, perché quelli più illuminati possono gestire la situazione e liberarsi in modo indipendente. Invece quelli che non conoscono le strutture finiscono in flussi temporali molto forti. Desidero ricordare che questi flussi si muovono sempre in direzione della vita.

Desidero qui sottolineare un altro punto importante. Dopo che è avvenuto il risuscitamento, le informazioni relative al risuscitato danno la possibilità di iniziare a vivere a molte altre

© Грабовой Г.П., 2001

persone del tutto diverse in luoghi totalmente differenti: come risultato di tutto ciò aumenta lo spazio, aumenta la quantità di persone, e questo, a sua volta, porta ad altri risuscitamenti, ed il processo si sviluppa a valanga. Anche un solo risuscitato può riprodurre nello spazio, grazie allo scambio di informazioni, molte nuove persone, ed inoltre non in base alla creazione di informazioni, ma semplicemente in base alla trasmissione di informazioni.

L'Anima del risuscitato, sapendo che si possono far risuscitare i trapassati, offre ad altre persone questa possibilità, la possibilità di risuscitare. Si fa in questo modo. L'Anima del risuscitato crea nello spazio la forma, o, per esprimersi meglio, il profilo della persona (d'altro canto, per molte sue caratteristiche, questo profilo è il profilo dello stesso risuscitato). Un'Anima, una settimana dopo il risuscitamento, può creare due profili di questo tipo; dopo un mese, molti di più. Nell'ambito del profilo si trova già preparata la via, si trovano già preparate le condizioni indispensabili alla vita, ci sono tutti gli avvenimenti che servono. In questo modo, quando il trapassato "entra" in questa forma, in questo profilo, avviene il suo risuscitamento. Inoltre il trapassato, in generale, non entra casualmente in questo profilo. Egli "scannerizza" lo spazio, e, quando trova un profilo di questo genere già pronto, o, per esprimersi in altri termini, una cellula di spazio-tempo già pronta, entra in tale cellula, ed allora avviene il suo risuscitamento.

Desidero far notare che inizialmente un simile profilo si riferisce allo "status" di colui che ha realizzato il risuscitamento. Per esempio: io ho risuscitato una persona, dopo di che il risuscitamento comincia a far sviluppare lo spazio. In linea di massima questo è il mio "status", si tratta delle mie informazioni, ma queste informazioni hanno cominciato a svilupparsi, perché il risuscitato ha dato un nuovo impulso al Mondo, e l'impulso forma nuovo spazio, nuove persone. Come ho già detto molte volte, il risuscitamento è sempre un avvenimento molto positivo per tutti: sia per coloro che vengono risuscitati, sia per coloro che stanno vivendo, poiché questi ottengono uno spazio supplementare e avvenimenti positivi supplementari.

È anche opportuno aggiungere che esiste una legge importantissima, che si racchiude nell'affermazione che SE ESISTE UNA TECNOLOGIA DI RISUSCITAMENTO

MESSA A PUNTO, IL TEMPO DELLA VITA DI PER SÉ SI ALLUNGA SINO ALL'INFINITO. Perciò con il risuscitamento comincia ad ingrandirsi lo spazio ed il tempo della vita diventa infinito.

Vi posso dire come avviene in pratica il riempimento dei profili. Poniamo che io abbia risuscitato una persona. Ed ecco che cammino per strada e, all'improvviso, vedo un profilo, un profilo molto simile a quel risuscitato, ed in questo profilo, spesso sotto i miei occhi, entra qualcuno (per esempio, un trapassato) ed avviene il risuscitamento. Ma colui che è entrato nel profilo non deve per forza essere un trapassato: può essere anche un vivente a cui è capitata una interruzione degli avvenimenti. Costui entra in questo profilo, in questa zona, in questa cellula dello spazio-tempo, e ricomincia a vivere.

Torneremo di nuovo su questo argomento quando analizzeremo il principio (4.3).

Andiamo oltre.

IL PRINCIPIO DELL'IMMORTALITÀ, E, DI CONSEGUENZA, ANCHE IL PRINCIPIO DEL RISTABILIMENTO DOPO UN'EVENTUALE MORTE BIOLOGICA È INCLUSO NELLA PRIMA CAUSA, NELLA PRIMA NATURA DEGLI IMPULSI DELLO SVILUPPO NATURALE DELL'UOMO (2.4).

Lo sviluppo naturale dell'uomo, in linea di principio, si trova in armonia con tutto il Mondo, ed il Mondo è eterno: il fatto stesso che esista il Mondo è un elemento dell'Eternità. Perciò l'immortalità è in linea di principio inclusa nella prima natura degli impulsi dello sviluppo naturale dell'uomo.

UN IMPULSO INDIRIZZATO VERSO IL RISUSCITAMENTO È SEMPRE INDIRIZZATO VERSO LO SVILUPPO INFINITO DI COLUI CHE DEVE ESSERE RISUSCITATO (2.5).

La metodologia del risuscitamento è basata sui reciproci rapporti fra la coscienza di colui che opera il risuscitamento e colui che viene risuscitato, ma non solo, bensì anche con tutti gli avvenimenti a lui collegati. Di conseguenza, si parla di questo: quando avviene il risuscitamento, l'impulso di coscienza di colui che opera il risuscitamento deve essere indirizzato non solo direttamente alla realizzazione dell'atto del risuscitamento, cioè alla creazione — per esempio — di tessuto fisico, ma deve essere esteso anche a tutta la successione degli eventi relativi al risuscitando, deve mostrare tutta la successione di tali eventi. Parlando in genere, ogni impulso è generalmente indirizzato verso tutto un insieme di avvenimenti, ma questo impulso, se è relativo al risuscitamento, ha una natura speciale: è sempre indirizzato allo sviluppo infinito del risuscitando.

Se è necessario ottenere qualche avvenimento non collegato al risuscitamento, l'impulso che viene inviato porta inizialmente alla formazione di un certo avvenimento, dopo il quale si formano altri avvenimenti (che sono delle conseguenze) sulla base dei legami già esistenti.

La situazione è diversa nel caso del risuscitamento. L'impulso indirizzato verso il risuscitamento ha un carattere generalizzato: è sempre indirizzato allo sviluppo infinito del risuscitando in ogni avvenimento.

COLUI CHE VIENE RISUSCITATO VEDE SEMPRE IL PROCESSO DI RISUSCITAMENTO E NE È CONSAPEVOLE, ED INOLTRE PRENDE SEMPRE PARTE AL RISUSCITAMENTO COME PERSONALITÀ CAPACE DI INIZIATIVA (2.6).

Il risuscitamento è sempre un processo piacevole e necessario, in quanto è rivolto in direzione della vita e garantisce ai trapassati una via ottimale di sviluppo.

Di questo processo colui che viene risuscitato ha sempre completa consapevolezza, ed egli ne ha il pieno controllo. Oltre a questo debbo osservare che non c'è nessun caso, nessun esempio di un rifiuto da parte di un trapassato al quale sia stato proposto il risuscitamento. Al contrario, posso dire che i trapassati accettano sempre con gratitudine la proposta del risuscitamento. Il fatto è che molti di loro non padroneggiano la conoscenza grazie alla quale la loro coscienza potrebbe ristabilire il tessuto fisico. Per cui, quando giunge a loro dall'esterno la proposta di risuscitamento, essi la accolgono con gratitudine, e devo dire che questa proposta viene sempre accettata immediatamente da loro.

© Грабовой Г.П., 2001

Parlo di questo affinché sia chiaro che, sul piano morale, si possono sempre tranquillamente operare dei risuscitamenti, ed anche risuscitamenti di qualsiasi quantità di persone: ciò che è fondamentale è dare loro, oltre al risuscitamento, delle condizioni in massimo grado favorevoli per una vita normale.

COLUI CHE VIENE RISUSCITATO SA SEMPRE PERFETTAMENTE CHE, DOPO IL RISUSCITAMENTO, VIVRÀ COME UNA PERSONA COMUNE (2.7).

COLUI CHE È STATO RISUSCITATO RITIENE SEMPRE CHE CHI È VIVO AVRÀ CON LUI UN RAPPORTO DI PARITÀ: NON SENTE DI ESSERE IN QUALCHE MODO SEPARATO DAI VIVENTI, SENTE DI ESSERE UNA PERSONA TANTO NORMALE QUANTO I VIVENTI (2.8).

Si può precisare che colui che viene risuscitato sa sempre che dopo il risuscitamento egli vivrà come una persona normale nel suo normale corpo biologico.

Desidero osservare che colui che viene risuscitato in genere, durante il risuscitamento, si concentra sui momenti fondamentali del processo di risuscitamento in sé: non bada ai dettagli tecnici del risuscitamento. Colui che viene risuscitato si comporta così per comprendere quanto sta avvenendo dal punto di vista della gestione e per poter proprio per questo essere in grado, in seguito, di risuscitare egli stesso altre persone. Ho già detto che alle volte, nell'interesse della salvezza, è necessario un risuscitamento praticamente istantaneo, ed allora spesso semplicemente non c'è tempo per dedicare attenzione ai particolari tecnici: del resto, in linea generale, al primo posto deve sempre stare la comprensione dei principi generali.

Debbo dire che, al livello delle informazioni, per un certo tempo ci sarà una differenza fra chi ha fatto l'esperienza della morte e chi non l'ha fatta. Questa differenza consiste nel fatto che colui che non è mai morto ha una matrice informativa del tutto trasparente, che ha accesso libero a tutte le forme di coscienza e di materia, mentre nella matrice del risuscitato esistono delle strutture legate all'elemento della distruzione della materia. Questo elemento è più viscoso, fa maggiormente da zavorra, e di conseguenza la coscienza del risuscitato ha un certo rallentamento (per esempio, nella velocità di elaborazione delle informazioni): ma in ogni modo il risuscitamento è migliore della reincarnazione — addirittura, migliore in modo essenziale. Questo perché, dopo il risuscitamento, la persona comincia a padroneggiare lo strumento necessario ad avere una vita ininterrotta e non muore più, mentre, nel caso della reincarnazione (anche se bisogna esaminare caso per caso), per la maggioranza delle persone si tratta già di una personalità completamente diversa, spesso legata a parametri fisici differenti.

Ed in generale, come ho detto prima, attualmente la reincarnazione sta già diventando inadeguata. Nell'attuale fase di sviluppo è il risuscitamento che sta diventando il processo naturale.

Colui che non è mai morto riesce sempre ad assimilare i processi di gestione e di risuscitamento assai più rapidamente di chi è stato risuscitato. Questo perché il processo di decomposizione del corpo rappresenta una certa disintegrazione della forma intellettuale, il che porta, come ho appena detto, a una modifica della matrice informativa della personalità; inoltre la decomposizione del corpo rappresenta anche una perdita di tempo, perché chi vive ha la possibilità, durante questo tempo, di far crescere ininterrottamente il proprio potenziale e di far aumentare la concentrazione della propria coscienza.

Il rallentamento nell'avanzamento dovuto alla decomposizione del corpo fisico può essere paragonato alle conseguenze che ha una comune malattia per le lezioni a scuola. Se all'improvviso si rende necessario ricoverare in ospedale un alunno a causa di qualche malattia grave, è chiaro che egli si trova in una posizione di svantaggio rispetto a coloro che possono normalmente proseguire le lezioni.

Tuttavia (e desidero sottolineare in modo particolare questo punto), dopo che è passato un certo tempo (anche se può darsi che sia un tempo abbastanza lungo), il risuscitato, in linea generale, uguaglia completamente colui che non è mai morto. Poiché la vita è incorruttibile, poiché è eterna, dopo qualche tempo per una persona non ha più un'importanza fondamentale se il suo corpo fisico è stato distrutto nel passato oppure no: in linea generale, questo ormai non interessa più a nessuno, se non alla struttura di stabilità del Mondo, alla quale servono persone che non sono mai morte. È proprio per questo che ora la questione dell'immortalità

© Грабовой Г.П., 2001

sta acquistando un'importanza così grande. L'immortalità appare quando diventa nota la tecnologia del risuscitamento.

DOPO IL RISUSCITAMENTO BISOGNA ASSOLUTAMENTE ESEGUIRE UN LAVORO METODICO VOLTO A SPIEGARE AL RISUSCITATO LA SUA NUOVA CONDIZIONE, LEGATA AL FATTO CHE ORA EGLI HA UN CORPO FISICO (2.9).

Come già si è detto, i trapassati accettano consapevolmente la condizione in cui vengono a trovarsi dopo la decomposizione del corpo fisico o dopo la sua cremazione. Accettano questa tappa della loro vita come una fase degli avvenimenti collegati al loro corpo. E quando avviene il processo di risuscitamento e compare per loro un corpo fisico, allora comprendono chiaramente l'indistruttibilità dell'essere umano. Questa è la conoscenza relativa all'indistruttibilità delle persone, all'immortalità, che ognuno possiede nella propria Anima, ma di cui forse non tutti hanno avuto consapevolezza. Dopo il risuscitamento questa conoscenza sull'indistruttibilità diventa comprensibile per i risuscitati solo come atto singolo, mentre colui che non è mai morto possiede queste conoscenze grazie all'ininterrotto flusso della vita. È proprio la conoscenza dell'indistruttibilità della persona che funge da mezzo di riproduzione della vita del suo corpo fisico. Il risuscitato deve accettare la conoscenza relativa all'indistruttibilità esattamente come colui che non è mai morto.

Dopo aver ricuperato il proprio corpo fisico, il risuscitato deve adattarsi alle varie condizioni della vita. A causa di questo è indispensabile svolgere un lavoro metodico con i risuscitati, volto a farli adattare alle norme sociali. In linea generale essi capiscono tutto questo, perché sono normali persone di buon senso, e pertanto, ovviamente, possono dire che risolveranno tutto da soli: nondimeno, bisogna spiegare a parole tutto ciò che è indispensabile. Sì, a livello di logica capiscono tutto questo, ma la parola di un vivente favorisce in modo eccezionale l'adattamento della loro coscienza a ciò che avviene intorno a loro. "In principio era la Parola": colui che vive, colui che non è mai morto, deve dire tutto con le parole.

Se viene eseguito un corretto lavoro metodico, il passaggio del risuscitato dalla condizione dei trapassati alla condizione

© Грабовой Г.П., 2001

Capitolo II. Principi fondamentali del risuscitamento 107

dei viventi viene accelerata in modo sostanziale. L'adattamento può richiedere fino a un mese di tempo, a volte di più; tuttavia succede che questo passaggio avvenga istantaneamente. Qui molto viene determinato dal livello dell'intelletto del risuscitato.

Il livello dell'intelletto del risuscitato dipende dalla quantità di lavoro svolta sia intorno a lui, sia dentro a lui.

Ovviamente, il risuscitato possiede il suo proprio intelletto, tuttavia, durante il risuscitamento, in un certo senso avviene — per così dire — la formazione del suo intelletto, perché gli viene passata una determinata tecnologia da parte del risuscitatore. Pertanto l'intelletto del risuscitato dipende dal lavoro che è stato fatto per farlo risuscitare. Desidero far notare che, dopo questo lavoro, l'intelletto del risuscitato praticamente può anche non cambiare, ma esso dipende, in linea di principio, dalla qualità e dalla quantità di questo lavoro: questo lavoro determina la sua possibilità di rapido adattamento alla vita nella società.

Nel mio sistema ho introdotto il seguente concetto: livello di intellettualità dell'oggetto che si forma. In effetti il risuscitato, da molti punti di vista, è proprio un oggetto che si forma. L'introduzione del concetto di livello di intellettualità dà la possibilità di eseguire una classificazione. A seconda del suo livello di intellettualità, il risuscitato può essere posto in riferimento a una certa categoria di persone, oppure a un'altra. In genere è la stessa categoria a cui apparteneva prima. Pertanto il livello di intellettualità determina quel livello iniziale con cui il risuscitato entra nella vita, già dotato di un corpo fisico.

Se, subito dopo il risuscitamento, il livello di intellettualità del risuscitato è abbastanza elevato, egli ha maggiori possibilità di adattamento rapido, e tale adattamento può realizzarsi — per esempio — in un secondo, in un'ora o in un giorno. Se, invece, il suo livello iniziale non è molto elevato, l'adattamento può richiedere, in media, un mese, ma non più di tre mesi.

Da quanto detto consegue un fatto importante che desidero sottolineare: colui che segue il lavoro di risuscitamento prepara la strada a colui che viene risuscitato.

UNA PERSONA RISUSCITATA CONSERVA PIENAMENTE TUTTE LE CAPACITÀ PROFESSIONALI E DI ALTRO TIPO CHE HA ACQUISTATO PRECEDENTEMENTE DURANTE LA VITA (2.10).

© Грабовой Г П , 2001

Il contenuto dell'affermazione qui enunciata è un fatto ben accertato.

IL CONCETTO DI "SPIRITO" DETERMINA L'AUTENTICITÀ DELLA STRUTTURA DELLA CONOSCENZA (2.11).

L'aspetto spirituale dà sempre (anche nel caso del risuscitamento) la possibilità di gestire la materia e la conoscenza. La struttura della conoscenza diventa autentica quando riconosciamo l'aspetto spirituale e non accentuiamo l'attenzione solo sul risuscitamento nel corpo fisico. Inoltre è di fondamentale importanza il fatto che avvenga la creazione di un corpo fisico che corrisponde alla stessa Anima. In effetti, durante il risuscitamento di una persona avviene il trasferimento a quella persona di conoscenze spirituali sulla base delle quali l'Anima ristabilisce la propria parte fisica. Perciò la struttura della conoscenza diventa autentica quando avviene una compenetrazione fra la struttura spirituale e quella fisica.

UNO DEGLI ASPETTI DEL RISUSCITAMENTO È IL RISTABILIMENTO DELLA COSCIENZA CREATIVA DEI VIVENTI (2.12).

La coscienza creativa, in linea di principio, è insita nell'uomo dal momento dell'inizio della sua vita. Quando un organismo cresce, esso, per un certo tempo, crea sempre intorno a sé, fino a che non finisce nel sistema dei postulati ideologici artificiali, delle forme di pensiero inventate, delle regole psicologiche non veritiere che bloccano lo sviluppo dei suoi legami, e così via. Tutto questo deforma artificialmente il normale sviluppo naturale e porta all'offuscamento della coscienza creativa della persona. Perciò il ristabilimento della coscienza creativa dei viventi è un compito di eccezionale importanza. Uno dei metodi per il raggiungimento di questo scopo è la meditazione, come già si è detto nell'Introduzione. Un metodo universale è la pratica del risuscitamento che realizza l'immortalità.

Dopo il ristabilimento della coscienza creativa della persona, tale persona comincia a capire come è organizzata essa stessa, ed allora può già risuscitare altre persone, trasferendo loro questo impulso.

© Грабовой Г.П., 2001

NEI CONFRONTI DEL PROCESSO DI RISUSCITAMENTO BISOGNA AVERE UN APPROCCIO UGUALE A QUELLO CHE SI HA NEI CONFRONTI DEL PROCESSO DI RIPRODUZIONE DEL FETO (2.13).

Questo principio è formulato dal punto di vista dell'organizzazione della vita del risuscitato. Quando, in base alla legge biologica, da un uomo e una donna si produce un feto, per tale feto viene riservato un posto in cui vivrà e si svilupperà: si presuppone subito che in futuro il feto possederà un documento giuridico, e così via. Bisogna avere un approccio analogo anche nei confronti del processo di risuscitamento, cioè prendere preventivamente in considerazione i vari aspetti organizzativi. Tuttavia, come ho già detto nel primo capitolo, i momenti-chiave del risuscitamento vengono controllati dalle strutture del Mondo in esso nominate.

I TRAPASSATI NON SI FERMANO NEL LORO SVILUPPO. LO SVILUPPO SPIRITUALE DELLA PERSONALITÀ PROSEGUE SEMPRE, IN QUALSIASI CIRCOSTANZA. PER QUESTO, A LIVELLO SPIRITUALE, IL RISUSCITAMENTO VIENE RICONOSCIUTO COME UNA MANIFESTAZIONE DELL'ARMONIA GENERALE DEL MONDO, E PROPRIO PER QUESTO OGNI PERSONA ALL'INTERNO DELLA PROPRIA ANIMA È CONSAPEVOLE DEL RISUSCITAMENTO GENERALE DEI TRAPASSATI (2.14).

Il Mondo è strutturato in modo tale che l'uomo, fin dall'inizio, possiede l'Anima, che è una creazione di Dio, mentre il corpo è la parte fisica dell'Anima. In precedenza il corpo fisico non era visto come elemento di necessità generale, e pertanto la morte biologica rappresentava solo un determinato stato dell'Anima, durante il quale lo sviluppo dell'Anima si svolgeva mentre il corpo fisico era assente.

D'altra parte noi sappiamo che esiste un'interdipendenza fra la struttura spirituale e quella fisica. Di questo parla il principio (2.2). La presenza di un corpo fisico permette uno sviluppo più veloce dell'Anima. Ed ora, nella condizione attuale della minaccia di un annientamento globale che sta sospesa sopra

© Грабовой Г.П., 2001

al Mondo, questo problema, il problema di uno sviluppo più rapido dell'essere umano, acquista una grande attualità.

Nel periodo attuale, nei conflitti fra le persone o fra i Paesi, alle volte si ricorre ad una soluzione del problema basata sulla forza. Spesso la morte biologica dell'avversario viene utilizzata semplicemente per liberarsi dalla necessità di risolvere il problema nella sua essenza. In realtà questo significa un allontanamento dalla soluzione, un allontanamento dall'analisi del problema in linea di principio.

Ora è necessario dare la priorità al corpo fisico, è necessario renderlo indistruttibile. In questo modo diventerà illogico, e addirittura semplicemente privo di senso, lo sviluppo dei mezzi di distruzione.

In effetti, secondo il progetto del Creatore l'essere umano è eterno, e pertanto ora il problema consiste nel manifestare di nuovo in modo più ampio la conoscenza relativa del Creatore e nel restituire alle persone la consapevolezza del livello autentico di Eternità. Tenendo conto di tutto ciò, il risuscitamento si propone come un ritorno alla comprensione dell'eternità del Mondo.

Il risuscitamento viene riconosciuto quale manifestazione dell'armonia generale del Mondo. All'interno della propria Anima ognuno è consapevole del risuscitamento generale, poiché l'Anima è un riflesso di tutto il Mondo e si trova in un legame di reciprocità con tutto il Mondo. Creando un'Anima eterna, Dio ha creato anche la conseguenza eterna di quest'Anima, cioè ha creato un corpo eterno quale parte eterna dell'Anima: questo concetto si può esprimere anche così.

3

Passiamo all'esame dei principi del terzo livello. È importante osservare che, dal punto di vista della gerarchia, questi principi in un certo senso sono situati più in basso dei principi del secondo livello: ma alle volte si possono trovare anche più in alto.

Il lettore può chiedersi perché mai avvenga così, perché mai i principi si sovrappongano, e, in linea generale, perché mai ce ne siano così tanti: in fondo, questi principi sono detti fondamentali. È una domanda seria, e pertanto la esamineremo nei particolari.

© Грабовой Г.П., 2001

Capitolo II. Principi fondamentali del risuscitamento

Immaginiamoci un edificio: per esempio, l'edificio principale dell'Università di Mosca sui "Monti dei Passeri". Per ottenere un'idea completa di esso, bisogna girargli intorno, perché solo allora sarà possibile guardarlo da tutti i lati. Bisogna passare un po' di tempo anche all'interno e guardare l'aula magna, le sale di lezione, le mense, le stanze della "Casa dello Studente", gli appartamenti degli insegnanti. Tuttavia, se una persona possiede un più elevato stato di coscienza, allora — come si è detto nell'Introduzione — questa persona potrà vedere contemporaneamente tutto l'edificio, sia all'interno, sia all'esterno: tutto l'edificio, tutte le stanze in un colpo solo. Ed inoltre, non ha importanza quale sia la quantità complessiva di queste stanze. Ad una persona, invece, che non riesca ancora a percepire la quarta dimensione dello spazio, toccherà camminare molto per studiare tutto l'edificio nella sua interezza.

Si possono scattare delle fotografie, girando attorno all'edificio. Se guardate l'edificio da un lato, e dopo, girando un po' intorno ad esso, guardate da un altro lato, naturalmente quell'angolo dell'edificio che avete appena superato vi risulterà di nuovo invisibile, anche se da un'altra prospettiva, potrete vedere lo stesso effetto nelle fotografie. La sovrapposizione è inevitabile.

La situazione con cui si ha a che fare nel caso dei principi è esattamente la stessa. In realtà esiste un solo Principio, ma alla comune coscienza dello stato di veglia esso appare, per così dire, pluridimensionale, e perciò, come nell'esempio dell'edificio, bisogna osservarlo da diversi lati. Di conseguenza, compaiono molti principi. Esattamente allo stesso modo in cui, per conoscere un edificio attraverso le fotografie, bisogna esaminare molte immagini. Tutto quanto dipende dallo stato di coscienza.

Si può portare un ulteriore esempio. Qualche tempo fa da noi c'era la moda dello yoga — generalmente, dello hatha yoga. Molti iniziavano con entusiasmo gli esercizi, ma, col tempo, il loro entusiasmo diminuiva, perché non vedevano i risultati che speravano. D'altro canto, il risultato è del tutto logico, e la situazione qui si sovrappone all'esempio precedente.

Il fatto è che, in realtà, esiste un solo Yoga, ed esso è stato creato da persone con un più elevato stato di coscienza. Per la comune coscienza dello stato di veglia esso è un oggetto pluridimensionale, e pertanto può essere compreso solo pezzo per pezzo, solo sotto forma di parti diverse, e queste parti

© Грабовой Г.П., 2001

separate dello Yoga, dello Yoga con la lettera maiuscola, sono lo hatha yoga, il raja yoga, il Bhakti yoga, il karma yoga e lo jñana yoga . Ci sono anche altre forme di yoga, ma queste, in prima approssimazione, sono quelle che possono essere considerate le varianti fondamentali.

Lo scopo dello Yoga è l'innalzamento dello stato di coscienza e, di conseguenza, il movimento verso Dio. La stessa parola "yoga" significa "congiunzione", "unione", "unificazione". Di conseguenza, la parola "yoga" indica chiaramente lo scopo: l'unione con il Creatore.

Se si prende in considerazione un solo aspetto dello Yoga, per esempio, lo yoga fisico (hatha yoga), e non vengono aggiunti per lo meno gli elementi fondamentali degli altri aspetti dello yoga, e precisamente il corretto sforzo spirituale (Bhakti yoga), la corretta conoscenza (jñana yoga), i principi dello sviluppo della coscienza (raja yoga) e la comprensione di che cosa sia l'azione corretta e di come vada eseguita (karma yoga) — se questi elementi mancano, allora gli esercizi di hatha yoga si trasformano in semplici esercizi fisici, in semplice ginnastica.

Una situazione analoga esiste praticamente in tutti i campi dell'attività umana. Prendiamo uno dei problemi più importanti: la comprensione del Mondo. Davanti a noi c'è di nuovo un oggetto multidimensionale. Pertanto di nuovo si riescono ad afferrare solo dei suoi aspetti separati, e pertanto abbiamo di nuovo di fronte, come abbiamo appena visto nel caso dello yoga, degli approcci differenti, delle vie differenti: la via della religione nel suo aspetto moderno, la via della scienza, la via dell'arte. Esistono anche altri approcci, ma questi sono quelli che vengono ritenuti fondamentali nella società contemporanea.

Esaminiamo con maggiore attenzione questi diversi approcci: per esempio, esaminiamo la via della scienza. Per farlo, prendiamo come esempio la fisica, una delle scienze fondamentali.

I successi di questa scienza, le sue conquiste sono indubbie. Tuttavia, sotto l'influsso dell'impressione prodotta dai successi raggiunti, questa scienza ha cominciato gradualmente ad essere idealizzata, si è cominciato ad attribuire alla sue affermazioni un carattere assoluto, la parola degli scienziati ha cominciato ad essere considerata come verità in ultima istanza. A causa di questa situazione è indispensabile esaminare in quale modo, in linea generale, venga costruita una scienza.

© Грабовой Г.П., 2001

Capitolo II. Principi fondamentali del risuscitamento

Il fatto è che le persone che non si occupano di scienza a livello professionale molto spesso hanno il concetto che la fisica, per esempio, sia una scienza esatta, che in essa tutto sia soggetto a dimostrazione, e che pertanto si possa fare affidamento sulle affermazioni degli scienziati. In realtà, tuttavia, la situazione è molto più complessa.

I pericoli maggiori si celano nelle proposizioni iniziali sul fondamento delle quali viene costruito tutto l'edificio della scienza. Queste proposizioni non vengono dimostrate: è semplicemente impossibile dimostrarle. Se è possibile dimostrare una proposizione, significa che questa proposizione non è fondamentale. Le proposizioni fondamentali in ogni scienza sono le proposizioni sulle quali, come su un fondamento, viene costruito tutto l'edificio di quella data scienza: si tratta di proposizioni, o leggi, dalle quali si può dedurre tutto il resto. Ma queste proposizioni non vengono dimostrate. Vengono solo enunciate: e questo è tutto.

Come esempio si può esaminare la seconda legge di Newton, di cui tutti hanno sentito parlare fin dai tempi della scuola. È una delle leggi che stanno alla base della meccanica classica. Si presenta come un'equazione che collega tre grandezze: la massa del corpo, la forza che agisce su di esso e l'accelerazione che viene assunta dal corpo sotto l'azione di quella forza.

Esaminiamo in breve tutti e tre questi concetti.

Cominciamo dalla massa. Il problema della massa è una delle questioni irrisolte della fisica moderna. Ed è impossibile risolvere completamente questo problema se non si considera che qualsiasi corpo — della cui massa stiamo parlando — è un prodotto della coscienza collettiva. Sappiamo già tutto questo: tutti i corpi sono creati sulla base della coscienza collettiva, proprio come le leggi, che di conseguenza possono essere cambiate.

Parliamo ora della forza. La forza caratterizza l'interazione dei corpi. La fisica contemporanea "ortodossa" conosce quattro tipi di interazioni fondamentali: quella gravitazionale, quella elettromagnetica ed altri due tipi di interazione collegati alle forze nucleari. Questo è ciò che è noto alla scienza contemporanea. In realtà esistono anche altri tipi di interazione.

Per fare un esempio, esaminiamo un caso della storia recente. Durante la costruzione della diga di Assuan, in Egitto, alcuni monumenti di architettura antica (in particolare, delle statue dei

Faraoni) si sarebbero dovuti venire a trovare sotto l'acqua dopo lo straripamento del Nilo. Erano statue di enorme grandezza ed erano fatte di pietre intere. Ebbene, si constatò che la tecnica moderna non era in grado si spostare in un altro luogo queste statue lasciandole intere, e pertanto fu necessario segarle in pezzi separati. Ci si chiede come abbiano fatto coloro che le hanno costruite. I sacerdoti dell'epoca sapevano come risolvere un problema del genere. Riunivano una quantità sufficiente di persone e indirizzavano nel modo appropriato la coscienza collettiva di coloro che si erano radunati. Il risultato era che il blocco si spostava nel punto giusto.

Nell'equazione di Newton rimane ancora l'accelerazione. Tutti conoscono bene questo concetto: esso spiega quanto tempo serve a un'automobile per raggiungere la velocità necessaria, partendo da ferma. Sia l'accelerazione, sia la velocità sono legate alla misurazione delle distanze e del tempo. La distanza si misura fra due punti dello spazio. Dunque, in fin dei conti i concetti di accelerazione e velocità si riducono ai concetti di spazio e tempo.

Voi ed io sappiamo già che lo spazio e il tempo sono costruzioni della coscienza, e che, di conseguenza, tutto ciò che avviene può essere modificato dalla coscienza.

Debbo dire in cosa consiste il problema in questo caso: per comprendere cosa siano lo spazio e il tempo, bisogna possedere uno stato di coscienza più elevato.

Dunque ne consegue che in una equazione di partenza della meccanica classica ci sono grossi punti oscuri. La situazione è analoga anche negli altri settori della fisica. Pertanto non bisogna aspettarsi che tutte le conclusioni che si traggono dalle equazioni fondamentali siano corrette. E bisogna tenere un atteggiamento di particolare prudenza nei confronti delle affermazioni che fanno gli scienziati circa l'Universo.

Come ho già detto prima, nella realtà non esiste una realtà fisica, cioè non esiste una qualche realtà oggettiva in quanto tale. Ciò che la gente considera essere la realtà oggettiva in realtà è una manifestazione della coscienza collettiva.

La posizione degli scienziati, con la loro fede nell'esistenza di una realtà fisica oggettiva, può essere spiegata col seguente esempio.

Immaginiamoci un uomo che, seduto nella sala di un teatro, guarda uno spettacolo. Mentre guarda, può cominciare ad

© Грабовой Г.П., 2001

emozionarsi per uno dei personaggi, a preoccuparsi; si può addirittura modificare la sua respirazione. Può essere talmente "assorbito" da dimenticare tutto e da cominciare a prendere ciò che avviene sulla scena come realtà. Ma la realtà, invece, è del tutto diversa. Gli attori possono lasciare il palcoscenico, cambiare i propri vestiti e cominciare ad interpretare una rappresentazione teatrale totalmente differente.

Gli scienziati, fin dalla tenera infanzia, guardano un grande spettacolo sulla scena dell'esistenza. E molti si immedesimano a tal punto in esso da cominciare a considerare il Mondo circostante una realtà oggettiva. E fra l'altro, in particolare, è proprio per questo motivo che gli uomini hanno tanti problemi nella vita: essi non capiscono che, in caso di necessità, bisogna semplicemente cambiare lo svolgimento della rappresentazione, oppure sostituire totalmente quella rappresentazione con un'altra. In realtà ogni persona ha le chiavi della felicità nelle proprie mani. Bisogna semplicemente comprendere esattamente la situazione e dire in modo corretto: "Apriti, sesamo!"

Molto spesso ciò che noi consideriamo una favola, cioè qualcosa di inventato, è in realtà un racconto pittoresco relativo a quelle verità che si nascondono dietro il sipario esterno della realtà.

Perciò, quando a mo' d'esempio riporto le parole "Apriti, sesamo!", voglio semplicemente dire che in questa frase viene trasmessa la conoscenza relativa alla gestione della realtà. Ed è proprio questa pratica, la pratica della gestione della realtà, la pratica della gestione degli avvenimenti che attualmente sta all'ordine del giorno e diventa attuale per ciascuno di noi.

Ritornando alla scienza, voglio dire quanto segue. Il problema consiste nel fatto che, per uno scienziato, anche eccezionale, ma con uno stato di coscienza comune, la realtà ha un aspetto del tutto diverso rispetto a quello che si apre davanti a una persona che gode di stati di coscienza più elevati. Desidero far ricordare che la comune coscienza dello stato di veglia vede il Mondo attraverso il prisma dello spazio e tempo a tre dimensioni, ed è proprio questo il modello che utilizza la scienza "ortodossa". Da quanto ho detto sopra risulta evidente quanto questo approccio sia limitato e problematico. È proprio sulla base di questo approccio che sono stati creati i mezzi di distruzione di massa.

Pertanto non c'è da stupirsi se la scienza "ortodossa", e in particolare la fisica, si trovano adesso in una situazione di crisi.

© Грабовой Г.П., 2001

Inoltre la scienza non cerca l'uscita dalla crisi là dove dovrebbe.

Per chiarire la situazione utilizzerò un noto paragone. Immaginate che davanti a voi si trovi un grande albero pieno di rami e con una gran quantità di foglie. Se, all'improvviso, viene una stagione secca, le foglie dell'albero cominciano ad ingiallire, a rinsecchirsi, a raggrinzirsi. Se volete di nuovo vedere verdi e piene di vita le foglie, sarebbe irragionevole e inutile cominciare a stirarle o a intervenire in qualche modo su di esse, cercando di aiutarle. Per risolvere il problema bisogna andare in un luogo del tutto diverso, bisogna fare qualcosa di totalmente differente: bisogna innaffiare le radici dell'albero, e allora tutte le foglioline cominceranno di nuovo a rinverdire e cominceranno di nuovo a vivere con pienezza.

Lo stesso avviene nel caso della scienza. Bisogna andare alle radici. Bisogna innaffiare le radici del proprio organismo, bisogna cambiare la sua condizione, bisogna cambiare lo stato di coscienza. La vostra coscienza individuale deve gestire la realtà, ed è proprio su questo fondamento che bisogna edificare qualsiasi scienza. Il fatto che la scienza si appoggi sulla coscienza personale che gestisce la realtà permette di neutralizzare le tecnologie distruttive e di difendere realmente l'essere umano.

Ripeto ancora una volta che dal livello dello stato di coscienza della persona dipende la sua percezione del Mondo. L'acquisizione di uno stato di coscienza più elevato dà un'altra percezione del Mondo, un'altra comprensione, un'altra conoscenza. Di questo problema parla anche un noto detto: "Una piccola conoscenza allontana da Dio, e una grande conoscenza fa di nuovo tornare a Lui".

***

Desidero richiamare la vostra attenzione su un punto veramente essenziale collegato al principio (1.3). Ricorderò questo principio: LA NOSTRA COSCIENZA PERCEPISCE COME REALTÀ CIÒ CHE ESISTE NELLA NOSTRA COSCIENZA. Sappiamo già che tutto ciò che l'uomo vede intorno a sé, tutto ciò che lo circonda, è costruito sulla base della coscienza collettiva. In relazione a ciò si presenta la seguente domanda: se il livello dello stato di coscienza di una persona fosse assai più elevato del livello della coscienza collettiva, che ripercussione avrebbe su questa persona — per esempio — un'esplosione nucleare?

© Грабовой Г.П., 2001

Capitolo II. Principi fondamentali del risuscitamento

Per rispondere a questa domanda si può riportare il paragone seguente. Immaginatevi di essere fuori città e di camminare in aperta campagna. All'improvviso si avvicina un temporale. Il cielo si copre di nuvole e da queste dei fulmini accecanti cominciano a cadere sulla terra. La caduta di un fulmine su un uomo, come è noto, non gli promette niente di buono. Pertanto la situazione diventa seria.

Tuttavia, se in questo momento voi vi trovate non in aperta campagna, ma a bordo di un aereo che vola alto al di sopra delle nuvole — così che il furibondo temporale si trova giù da qualche parte — attraverso il finestrino della carlinga potete osservare con interesse quello che avviene più in basso.

E tanto più comodo sarebbe osservare il violento temporale dalla cabina di un satellite. Dalla cabina di un satellite si possono vedere anche molti altri fenomeni: per esempio, come si sposta sulla Terra un uragano, spazzando tutto sulla sua strada.

Ebbene, allo stesso modo in cui, dall'altezza a cui si trova un satellite, si può osservare tranquillamente un uragano che spazza tutto, dall'altezza di uno stato di coscienza assai più elevato si può guardare ciò che avviene nella zona della coscienza collettiva.

Pertanto quell'esplosione nucleare non potrà distruggere una persona che ha raggiunto un elevato livello di stato di coscienza, perché questa persona si trova già al di fuori della portata delle consuete tempeste: si è già inserita nel flusso dell'Eternità. Persone di questo genere esistono, e posso dire che fra qualche tempo ce ne saranno molte di più.

Quello che è stato appena detto può essere esposto anche in un'altra lingua. Come già si è detto, ci sono scienziati che credono che il Mondo circostante venga governato da alcune leggi oggettive. Da questo punto di vista il graduale innalzamento del livello dello stato di coscienza di un uomo significa che, nella misura in cui procede questa crescita, cioè nella misura in cui sempre di più quest'uomo supera il livello della coscienza collettiva, egli comincia a soggiacere ad una quantità sempre minore di queste leggi "oggettive".

Un esempio relativamente semplice è la levitazione, cioè il superamento della forza di gravità mediante la coscienza, e, quale conseguenza di questo, il volo del corpo. Desidero far notare che molti semplicemente non si soffermano a riflettere su questo fenomeno. E questo avviene perché, sotto l'influenza della scienza "ortodossa", si è formata nella società contemporanea

© Грабовой Г.П., 2001

la concezione che queste leggi siano un qualcosa di fisso, un qualcosa che è un dato di fatto immutabile.

Tuttavia ciascuno, in un periodo di tempo relativamente breve, può imparare a modificare per sé la legge della gravitazione e in questo modo venire a sapere, sulla base della propria esperienza, che cosa sia la levitazione.

Se poi si cambiasse la coscienza collettiva a questo proposito, ciò porterebbe al cambiamento della legge stessa.

Nella mia pratica volta alla salvezza degli altri, è molto importante non solo l'osservazione e la definizione di certe leggi, di certe situazioni, ma la capacità — sulla base della gestione mediante la coscienza — di modificare le leggi, le situazioni, gli avvenimenti nella direzione necessaria a una certa persona.

Penso che sia necessario esaminare più particolareggiatamente il difetto di principio della scienza "ortodossa" appena riportato, e cioè il fatto che essa si occupa della semplice osservazione di fenomeni e della determinazione delle leggi reperite. Questo suo approccio, ovviamente, si spiega col fatto che esiste la fede nel carattere oggettivo dei fenomeni del Mondo circostante, nella loro indipendenza dall'uomo, e pertanto quale scopo della scienza viene posta la scoperta delle leggi esistenti e la loro descrizione.

Esaminiamo un esempio concreto. Per tradizione, alla fine del mese di dicembre di ogni anno, gli editori di "Science", una delle riviste scientifiche più importanti, scelgono le dieci conquiste scientifiche più significative dell'anno uscente. Vediamo quale sia la conquista "numero uno" fra quelle più significative del 1998. È stato riconosciuto che la più importante scoperta scientifica del 1998 è stata la deduzione che il nostro Universo si espanderà eternamente, e per di più con una velocità sempre crescente.

Qui vediamo un esempio di come gli scienziati, sulla base di esperimenti accuratamente eseguiti, si limitino a constatare un fatto da loro reperito E questo è tutto. E questo viene ritenuto essere una grande conquista scientifica. Invece l'approccio scientifico deve essere diverso in linea di principio.

Nel concreto esempio riportato non è nemmeno importante che cosa abbiano scoperto gli scienziati, se l'Universo si allarghi o si restringa: non è questo il punto. Il punto è che la scienza autentica, cioè la scienza che propongo io, si pone scopi del tutto differenti ed ha un carattere del tutto diverso. E soprattutto ora che si è distesa su tutta l'umanità e su tutto il Mondo la

© Грабовой Г.П., 2001

Capitolo II. Principi fondamentali del risuscitamento

minaccia reale di un completo annientamento, la scienza deve determinare il proprio cammino in armonia con lo scopo di salvare il Mondo dalla catastrofe globale.

Per questo io costruisco la mia scienza sul principio del raggiungimento di un risultato concreto mediante una serie di atti creativi consequenziali, fra l'altro con la realizzazione di un controllo pieno su ciascuno di loro. La mia scienza, che contemporaneamente è anche la scienza della salvezza, è indirizzata al raggiungimento finale della salvezza e contemporaneamente a un cambiamento appropriato della realtà esistente.

Una scienza autentica agisce secondo lo schema seguente. Possedendo la conoscenza della situazione, essa inizialmente cambia la realtà in modo tale da ottenere il risultato della salvezza. In seguito, quando la salvezza è stata raggiunta, opera per garantire la sicurezza. Ed infine, quando la sicurezza è stata garantita, viene programmato l'ulteriore sviluppo di tutti gli avvenimenti nella direzione necessaria alla persona. Questo stesso schema viene adottato anche per il raggiungimento di qualsiasi altro risultato benefico.

Come si vede, nella scienza autentica si esclude totalmente la semplice constatazione dei fatti. Se dei sistemi o delle situazioni esistenti non permettono l'ottenimento del necessario risultato, ciò significa che bisogna cambiare questi sistemi, compreso il sistema delle leggi.

Il criterio fondamentale nella mia scienza è il raggiungimento del risultato necessario per via creativa. L'autenticità del carattere corretto di questa scienza consiste nel fatto che, inizialmente e prima di tutto, viene raggiunto un risultato positivo — per esempio, viene salvata una persona, o viene risuscitata una persona, o viene salvata la società — e solo dopo, prendendo a modello tale risultato positivo, si costruisce la scienza, che mostra come ottenerlo.

Per capire meglio questo importante pensiero, rivolgiamo a qualcosa che ci sia ben noto. Incontriamo una situazione parzialmente analoga, per esempio, nella musica.

Come è noto, esiste la teoria della musica. Tuttavia i capolavori dell'arte musicale non sono stati scritti in base alla teoria della musica: al contrario, la teoria della musica viene creata sulla base dell'analisi dei capolavori musicali scritti da geni. Sulla base dei migliori modelli della pratica viene creata la teoria, che può aiutare i principianti a muovere i primi passi.

© Грабовой Г.П., 2001

Di conseguenza, il punto fondamentale della mia scienza è la pratica, cioè il raggiungimento del risultato necessario. E poiché la caratteristica più importante della vita attuale è il suo sviluppo ininterrotto, io non elaboro nessun sistema rigorosamente statico (come potrebbe essere un sistema di leggi fisse che non mutano), ma elaboro un sistema flessibile e dinamico, la cui base è il risultato necessario.

Se prendiamo l'esempio sopra riportato sulla scoperta dell'espansione sempre più accelerata dell'Universo, viene a porsi una semplice domanda: cosa bisogna fare, concretamente, con questa scoperta? Perché se si accetta semplicemente come un dato di fatto l'espansione sempre più accelerata dell'Universo (come fanno gli scienziati), cioè se si segue un approccio meccanicistico, è evidente che il controllo di ogni tappa di questo processo diminuirà gradualmente sempre di più.

Pertanto io porrei il problema in modo diverso: come spiegare questa situazione, come mostrarla in modo tale che sia possibile raggiungere l'atto della salvezza? Come ricostruire la coscienza, cioè come rendere il meccanismo della percezione, il meccanismo dello sviluppo tale che ogni atto del Mondo esterno sia sotto controllo?

Per rispondere a queste domande è importante la determinazione di una forma iniziale attraverso cui si possano gestire tutti i processi. Si può prendere, per esempio, il mio principio che asserisce che ATTRAVERSO QUALSIASI ELEMENTO DEL MONDO CHE SIA STATO SCELTO SI PUÒ GESTIRE QUALSIASI SUO ELEMENTO, FERMO RESTANDO CHE QUESTO ELEMENTO CHE È STATO SCELTO PUÒ ESSERE CREATO APPOSITAMENTE DALLA VOSTRA COSCIENZA A QUESTO SCOPO. Sulla base di questo principio si possono sempre gestire i processi di tutto l'Universo e, da questo punto di vista, non considerarlo come in espansione o in restringimento, ma considerarlo semplicemente come un sistema che si trova sempre allo stesso stadio, ma che cambia — diciamo— la forma e le conseguenze di questa. Inoltre, se è necessario, bisogna modificare anche alcune leggi, di qualunque tipo siano e in qualsiasi modo siano state stabilite.

Per cui, anche lasciando così com'è l'essenza di questa scoperta, si può interpretare la scoperta in un modo del tutto diverso e ci si può rapportare ad essa in maniera completamente differente. Tutti gli elementi dell'Universo collegati fra loro sono oggetti di

© Грабовой Г.П., 2001

informazione. Ovviamente si può scoprire qualche legame concreto esistente fra di loro, come fa la scienza. Tuttavia, per gestire questo Mondo, non serve osservarlo dall'interno: è sufficiente uscire dalla propria coscienza, entrare nella macrostruttura e poi gestire queste informazioni; l'importante è che esse siano nella zona di gestione, ma questo si può sempre ottenere.

Ebbene, la mia scienza risolve proprio questi problemi: non i problemi di registrazione di questo o quel processo, ma i problemi della gestione di qualsiasi processo del Mondo.

Gli episodi concreti di risuscitamento di persone riportati nel primo capitolo sono esempi convincenti di tale approccio. Nel quarto capitolo esamineremo dei casi di guarigione da diverse malattie gravi. Tutti questi esempi illustrano in modo eloquente la scienza autentica in azione: non si limitano alla semplice constatazione del fatto che un uomo, per esempio, ha lasciato il nostro Mondo, o che questi, a causa di una forma avanzata di cancro o di AIDS è già arrivato alla linea di confine. La scienza autentica, sulla base di una conoscenza autentica del Mondo e con l'aiuto dei principi di gestione, ottiene in primo luogo il risultato necessario, in questo caso la salvezza di quell'uomo: se se ne è già andato dal nostro Mondo, ve lo riporta; se, invece, è malato, essa cambia in modo radicale il carattere di svolgimento dei processi nel suo organismo, cosicché egli riacquista la salute.

Riporterò qui un ulteriore esempio tratto dalla pratica di utilizzo della mia scienza. In questo caso si parla della previsione dei terremoti e della diminuzione della loro forza.

Per la previsione dei terremoti e di altre catastrofi e per la diminuzione dei loro effetti ho utilizzato la formula della realtà complessiva e la teoria della sintesi ondulatoria, da me create sulla base della mia chiaroveggenza. Sulla base di queste due formulazioni teoriche ho elaborato e costruito un apparecchio speciale. Desidero sottolineare in modo particolare quest'aspetto. Il fatto è che io personalmente posso prevedere i terremoti e diminuire la loro forza senza alcun apparecchio: a me personalmente gli apparecchi non servono. Ma visto che si parla di scienza, è indispensabile creare delle apparecchiature tecniche che tutti possano usare.

Perciò adesso parlo delle prove eseguite sull'apparecchio da me creato, che si può produrre in serie. L'essenza del funzionamento dell'apparecchio, e, in conformità con essa, l'essenza degli esperimenti condotti consiste in quanto segue.

© Грабовой Г.П., 2001

In primo luogo l'apparecchio permette di realizzare la previsione dei terremoti. Esso determina la posizione geografica del futuro terremoto e la sua forza. Dopo di che il suddetto apparecchio comincia a far diminuire la forza del futuro terremoto e la fa diminuire fino a che ha ancora le necessarie risorse tecniche per farlo. E solo quando le risorse dell'apparecchio destinate a questo finiscono, solo allora avviene la stabilizzazione della forza del futuro terremoto al livello del quale si è riusciti ad abbassare la sua magnitudine. Ovviamente l'uso di un apparecchio con maggiori risorse dà la possibilità di ottenere un maggiore effetto.

Questa metodologia è stata elaborata sulla base dell'utilizzo di informazioni sugli eventi passati e futuri. Nel complesso sono state utilizzate informazioni su mille terremoti registrati nel passato, e sono state confermate le informazioni relative alla fase di previsione.

Si può riportare qui la maggior parte del testo della lettera del Professor M. A. Šachraman'jan, Direttore dell'Agenzia di Monitoraggio e Previsione delle Emergenze" del Ministero delle Emergenze Russo, al Presidente dell'Accademia delle Scienze Russa, l'accademico Professor O. L. Kuznecov:

"Il Professor Grigori Petrovič Grabovoi, accademico dell'Accademia delle Scienze Russa, utilizzando la formula della realtà complessiva e la teoria della sintesi ondulatoria da lui create per la previsione di terremoti e catastrofi allo scopo di garantire preventivamente la sicurezza, ha tradotto il modulo cristallino della previsione in forma digitale. Quale materiale oggettivo dimostrante che il suddetto modulo permette di realizzare la previsione dei terremoti allo scopo di garantire la sicurezza sono stati utilizzati i dati statistici sui terremoti forniti dalla Spedizione Geofisica Centrale Metodologico-sperimentale del servizio dell'Accademia delle Scienze Russa. I test del modello digitale dell'apparecchio sono stati eseguiti sui terremoti del passato e su quelli del futuro: sui terremoti del passato, con la traduzione dei parametri iniziali del modello prima dell'inizio dei terremoti; sui terremoti del futuro, con l'elaborazione mediante software di una carta elettronica della località e con l'elaborazione dei dati di estrapolazione ottenuti dal monitoraggio della superficie della Terra eseguita a partire dai satelliti. [...] Per quanto riguarda i terremoti effettivamente verificatisi nel passato, sono stati utilizzati i dati relativi a 1.000

© Грабовой Г.П., 2001

terremoti registrati nel periodo che va dal 07 gennaio 1901 a tutto il 04 luglio 1918. [...] Per quanto riguarda i terremoti del futuro, nel luglio del 1999 è stata ottenuta la conferma delle previsioni per tutte le regioni per le quali era stata eseguita l'elaborazione mediante software di una carta elettronica della località. [...] In tutti i casi è stata ottenuta una piena conferma della fase di previsione. Attualmente, per la traduzione dei parametri del modulo cristallino in un modello digitale che abbia la forma di un microprocessore capace di funzionare per un lungo intervallo di tempo senza ulteriori calcoli, è indispensabile eseguire la traduzione in forma digitale delle caratteristiche dell'emissione laser partente da una fonte fisica".

Qui rimane ancora non del tutto chiara la questione di come ci si possa convincere che l'apparecchio proposto diminuisca effettivamente la forza del terremoto, e che senza di esso il terremoto sarebbe stato più distruttivo. In effetti, non facciamo altro che registrare un terremoto della forza che osserviamo, e qui finisce tutto. Il terremoto non sarebbe forse stato uguale anche senza apparecchio?

La risposta a questa domanda era stata ottenuta precedentemente eseguendo una serie di test nucleari sotterranei. Si possono eseguire alcuni test facendo esplodere ogni volta una carica nucleare uguale, sempre nelle stesse condizioni. Nel frattempo l'apparecchio è spento, e viene registrata la magnitudine delle distruzioni che conseguono. Poi l'apparecchio viene acceso e viene eseguita un'altra serie di esplosioni analoghe, mantenendo le condizioni precedenti. Mediante delle misurazioni si determina che cosa e come cambia concretamente in presenza dell'apparecchio acceso. Le misurazioni sono state eseguite ad una distanza di circa 20 km. dall'epicentro dell'esplosione. Il risultato di questi esperimenti è veramente sorprendente: anche in presenza di un solo apparecchio acceso la magnitudine delle distruzioni diminuiva praticamente di due volte. Se si usa un apparecchio più perfetto e più potente si può diminuire di parecchie volte la magnitudine delle distruzioni, e se si usano svariati apparecchi la distruzione può essere completamente evitata.

Dunque l'apparecchio ha superato delle prove molto serie e ha pienamente dimostrato la sua eccezionale efficacia.

Aggiungo che quando io personalmente mi sono unito a questa attività le distruzioni praticamente erano assenti.

© Грабовой Г.П., 2001

Quando si eseguivano degli esperimenti nucleari sotterranei si provvedeva a regolare l'apparecchio a seconda della forma e delle dimensioni del cristallo utilizzato. I grafici ottenuti venivano poi utilizzati come base di calcolo negli esperimenti coi terremoti.

Adesso parliamo dell'utilizzo dell'apparecchio nel caso di terremoti reali. È noto che dall'epicentro del terremoto si diffondono in tutte le direzioni delle onde legate alla deformazione della crosta terrestre. A una certa distanza dall'epicentro si può osservare quale sarà la grandezza di queste deformazioni. È ovvio che la grandezza di queste deformazioni dipende dalla distanza e dalla forza del terremoto nel suo epicentro. L'inizio del terremoto può essere registrato anche con strumenti comuni. Se in qualche luogo è avvenuto un terremoto, si può dire quali debbano essere approssimativamente le deformazioni nel luogo dell'osservazione. Tuttavia, se dopo l'inizio del terremoto è stato messo in funzione l'apparecchio nel luogo dell'osservazione, la grandezza delle deformazioni della crosta terrestre che vengono registrate in questo luogo sarà diminuita di alcune volte: non di una minima percentuale, ma di alcune volte.

Pertanto anche di fronte a terremoti reali il mio apparecchio ha mostrato un'efficacia eccezionale. Ma è importante anche un altro punto. È importante il fatto che questo apparecchio sia stato creato sulla base di una nuova scienza, e che proprio per questo, sia risultato tanto efficace.

Bisogna dire ancora qualche parola sul principio su cui è fondata la previsione. La mia scienza risolve il problema che le viene posto, cioè giunge a far ottenere il risultato necessario, ma al contempo non registra una qualche forma determinata del processo intermedio. Per esempio, se prendiamo in esame la teoria della sintesi ondulatoria, da me elaborata, vediamo che in questa teoria qualsiasi avvenimento viene visto come risultato dell'interazione fra le regioni stazionarie e quelle dinamiche. È proprio dall'interazione fra la fase statica e la fase dinamica della realtà che scaturisce l'avvenimento.

La teoria della sintesi ondulatoria è una conseguenza della mia scoperta del campo informativo che viene creato. Questa scoperta è stata registrata presso la Camera Internazionale di Registrazione nel 1997. L'essenza di questa scoperta consiste nella constatazione che IN QUALUNQUE OGGETTO DI INFORMAZIONE SI PUÒ SEMPRE ENUCLEARE UNA

© Грабовой Г.П., 2001

ZONA DI CREAZIONE DI QUESTO OGGETTO, CHE È PER L'APPUNTO LA FASE STATICA DELLA REALTÀ. QUANDO, INVECE, PERCEPITE L'OGGETTO, ALLORA NASCE LA FASE DINAMICA DELLA REALTÀ, CHE, PER L'APPUNTO, CREA L'INFORMAZIONE.

Da tutto questo consegue che tutto ciò che esiste nel Mondo è stato creato dalla coscienza collettiva, che comprende la coscienza del Creatore. Pertanto, giungendo a conoscere le leggi della coscienza ricevute dal Creatore, si può creare qualsiasi tipo di Mondo e garantire la vita eterna. L'utilizzazione di questa scoperta offre un criterio concreto per il futuro. È su questo che è basata la previsione.

Andiamo oltre. La mia formula della realtà complessiva tiene conto del fatto che ogni personalità è collegata con tutti gli oggetti di informazione. Quando una persona, in base a questa formula, comprende che può avvenire un terremoto, ed al contempo questa persona è orientata a far diminuire le possibili conseguenze di questa catastrofe naturale, allora si produce una diminuzione della forza del terremoto. Questo stesso compito può essere svolto anche da apparecchiature correttamente costruite, basate sulle leggi delle interazioni generali e sul funzionamento della coscienza dell'essere umano. Tali apparecchiature non sono in alcun caso soggette a distruzione.

In questo modo, nella mia scienza qualsiasi oggetto è legato a qualsiasi altro; inoltre tutti i collegamenti esistenti nel Mondo possono essere descritti in modo assolutamente preciso, sulla base della coscienza, utilizzando simboli precisi. Al contempo, ogni elemento (che si tratti, per esempio, di un essere umano, di un sistema biologico, di un sistema generale o addirittura semplicemente di una formula) opera per il raggiungimento di un unico scopo comune — la costruzione di un futuro creativo e privo di pericoli. Ed è per questo che, nella scienza autentica, un meccanismo formale che realizzi questo scopo è contemporaneamente anche uno strumento operativo che influisce sullo stato finale del problema da risolvere.

Tutto questo, inoltre, è riferito all'utilizzazione della mia scienza per l'analisi di qualsiasi avvenimento, non necessariamente collegato alle catastrofi naturali.

L'essenza della mia scienza consiste pertanto nel fatto che ogni suo elemento (compreso un apparecchio formale) deve cambiare il Mondo in maniera tale che il Mondo venga gestito e non causi problemi.

Pertanto, se è stata fatta una scoperta in cui si dichiara che l'Universo si sta espandendo sempre più rapidamente, nella stessa sede, a mio avviso, debbono essere presentate anche delle raccomandazioni su come si possa far sì che l'essere umano sia in grado di controllare questo fenomeno, e come lo si possa utilizzare per il benessere generale.

Per raggiungere questo scopo io proporrei la gestione del fenomeno attraverso la realtà statica del Mondo, che non cambia. Potrebbe sembrare che tutto questo sia limitato al solo piano informativo, ma la lettura or ora riportata dimostra che tutti i piani informativi possono essere tradotti in realtà.

Pertanto si può dire ancora una volta che il confronto fra la mia scienza e quella ortodossa aiuta a comprendere meglio che il criterio del pensiero scientifico deve essere l'orientamento a non constatare semplicemente un fatto che è stato scoperto, ma ad ottenere dei risultati su un piano del tutto diverso, risultati che garantiscano uno sviluppo creativo della società, compreso un pieno controllo di tutte le tappe di questo sviluppo.

Se la scienza autentica fosse esistita quando fu scoperta la radioattività, allora la scoperta della radioattività non avrebbe mai portato alla creazione delle armi nucleari. Disgraziatamente molte scoperte della scienza ortodossa possono essere paragonate ad un genio fatto uscire dalla bottiglia: il controllo del medesimo diventa problematico.

E questo non è sorprendente. Prendendo come esempio la seconda legge di Newton, esaminata precedentemente, si può vedere la causa iniziale di tale situazione. Vengono introdotte la massa del corpo, la sua accelerazione e la forza agente, dopo di che queste tre grandezze vengono collegate in un'equazione unica, ma a che scopo si faccia tutto questo — se per la distruzione o per la creazione — non è assolutamente chiaro: anzi, questo problema non si pone nemmeno. Qui è evidente l'elemento distintivo della totale indeterminatezza dell'aspetto di base, il che, nel complesso, è tipico per la scienza ortodossa.

Qualsiasi scienza è collegata ai concetti di ricerca e di realizzazione dei risultati della ricerca. Una scienza autentica, durante la fase della ricerca, non deve distruggere nulla (ricordiamoci l'esempio del fiore riportato nell'Introduzione), e

© Грабовой Г.П., 2001

Capitolo II. Principi fondamentali del risuscitamento

durante la fase della realizzazione deve garantire il miglioramento di tutti gli aspetti del Mondo.

È per questo che l'essenza della scienza autentica può essere formulata nel modo seguente: l'essenza della scienza consiste nella capacità di studio, nella capacità di gestione e nella capacità di realizzazione senza intromissione nello stato in cui si trova l'oggetto di studio, e alle volte addirittura senza contatto con esso.

È chiaro che, tenendo conto di questa differenza di principio fra le due scienze — quella ortodossa e quella autentica — esse dovranno utilizzare anche un apparato matematico totalmente differente. In effetti è proprio così, e si può dire subito in che cosa consista la differenza di principio dell'apparato della mia scienza.

Qualunque scoperta, in effetti, crea un avvenimento. Avviene, di conseguenza, un mutamento della situazione. A questo cambiamento della situazione devono tener dietro le formule stesse, seguire il cambiamento, perciò le formule devono cambiare.

La mia matematica cambia contemporaneamente al cambiamento della realtà, e allo stesso tempo è essa stessa a cambiare la realtà. È proprio per questo che può garantire la gestione del risultato in qualsiasi fase.

La matematica comune, per essere applicata, presuppone la conoscenza di alcune condizioni di base ed iniziali, e, in generale, l'esistenza di almeno alcune informazioni sull'oggetto che viene esaminato. La mia matematica può agire e portare al risultato necessario addirittura nel caso in cui non sia noto nulla dell'oggetto. Questo permette sempre di salvarsi, anche in quelle situazioni in cui le proprietà di un ambiente aggressivo sono sconosciute.

Il motivo di una tale efficacia della mia matematica consiste nel fatto che essa utilizza il principio operativo dell'azione, cioè esattamente quello che utilizza l'Anima. Sappiamo che è l'Anima che previene, che è l'Anima che salva, che è essa che regola il Mondo. È simile a questo principio anche il principio di azione della matematica autentica.

È una matematica totalmente diversa. È costruita in base alla struttura del Mondo, è una parte del Mondo, e pertanto l'elemento fondamentale in essa è il concetto di azione (fra l'altro, di un'azione che non distrugge, ma di un'azione che crea).

La sorprendente diversità fra la scienza presentata da me e la scienza ortodossa precedente ha una spiegazione. Probabilmente

© Грабовой Г.П., 2001

voi già indovinate di cosa si tratti in questo caso. Consiste tutto nella differenza fra i livelli dello stato di coscienza.

Il carattere della scienza che viene creata da uno scienziato viene determinato, in linea di principio, dal livello del suo stato di coscienza. È per questo che, in realtà, la parola "scienza" di per sé non vuol dire poi molto. Infatti è di importanza fondamentale quale sia il livello dello stato di coscienza della persona che fa questa scienza. Perciò esiste una scienza che corrisponde al comune livello di stato di coscienza, e questa è la scienza ortodossa; c'è poi una scienza che è totalmente diversa, e che corrisponde ad un più elevato livello di stato di coscienza; c'è una scienza che corrisponde ad un livello ancora più elevato dello stato di coscienza; e così via.

Considerando tutto questo, si può dire che la scienza ortodossa che esiste adesso non può neppure essere diversa. È proprio l'unico tipo di scienza che possa corrispondere al consueto stato di coscienza. È appunto per questo che, in precedenza, ho detto che l'uscita dall'attuale crisi della scienza e la chiave per un cambiamento qualitativo del suo carattere sono racchiusi nel cambiamento dello stato di coscienza di coloro che sviluppano questa scienza.

Ciò che ho appena detto sulla scienza, e cioè sulle sue gradazioni e sui suoi livelli, si riferisce anche a qualsiasi altra attività dell'essere umano. Esattamente allo stesso modo è necessario precisare le parole "arte" o "religione" in base a quale sia il livello di stato di coscienza al quale corrisponde un esercizio o un altro delle suddette attività.

***

E adesso passiamo ai principi del risuscitamento. D'altronde, l'analisi appena eseguita della scienza ci aiuterà a comprendere anche tutta una serie di particolari importanti relativi a questi principi. Infatti i principi del risuscitamento sono un esempio di scienza — della scienza autentica.

Prima di tutto desidero dire quanto segue. In genere quando si parla di principi si intende qualcosa di fisso, qualcosa di immutabile. Questo non è casuale: tutti conosciamo l'esempio della scienza ortodossa nota a ciascuno, che si occupa di leggi fisse ed immutabili. L'analisi di queste leggi e l'ottenimento di conseguenze a partire da esse vengono realizzati mediante l'utilizzo di un apparato matematico immutabile, dotato di

Capitolo II. Principi fondamentali del risuscitamento

formule fisse. Fin dall'infanzia si viene abituati all'idea di fissare in questo modo gli enunciati fondamentali, semplicemente sulla base di quella percezione del Mondo che è caratteristica del comune stato di veglia della coscienza.

Tuttavia abbiamo già visto che la scienza autentica non si limita alla semplice constatazione della realtà. Infatti la realtà, come sappiamo dal primo capitolo della presente sezione, è in verità assai mutevole. Per esempio, io posso materializzare degli oggetti e smaterializzarli. Ecco perché la vera scienza, la scienza autentica, utilizza un apparato matematico mutevole. Possono cambiare anche le leggi fondamentali.

In modo analogo, ogni principio del risuscitamento può essere soggetto a modifiche col passar del tempo. Questo corrisponde alla caratteristica fondamentale della vita reale — al suo sviluppo incessante.

Anche qui possiamo rintracciare le altre caratteristiche della scienza autentica che noi abbiamo scoperto. Anche qui i principi che agiscono sono indirizzati al raggiungimento del risultato necessario: fra l'altro, sempre a condizione che sia assente qualsiasi distruzione e che si realizzi un pieno controllo di ogni tappa intermedia.

Desidero farvi notare che la suddivisione dei principi in quattro livelli e la loro conseguente disposizione in quattro gruppi non deve essere intesa in modo statico. L'approccio ad ogni cosa deve essere dinamico, flessibile. La realizzazione di questi principi da parte delle persone, per esempio, può avvenire in tale modo che un principio del quarto gruppo può produrre un risultato maggiore di un principio del primo gruppo. Sembrerebbe che, visto che il principio si riferisce al primo livello, esso dovrebbe dare anche un maggiore risultato. Tuttavia nella realtà può avvenire diversamente: la situazione può risultare più complessa.

Può succedere, per esempio, che una persona abbia letto i principi del quarto gruppo, ma non quelli del primo. Tutti i principi, però, si trovano nel campo informativo, per cui questa persona può percepirli senza avvedersene, e, pertanto, conoscerli in pratica.

Ed anche se formalmente i principi contenuti nella prima suddivisione sono effettivamente più importanti in linea generale, nondimeno, poiché la loro azione su un essere umano è legata a condizioni concrete, ad una situazione concreta, la

© Грабовой Г.П., 2001

loro azione comune e collettiva sull'uomo è più significativa. Bisogna tenere presente che tutti questi principi presi insieme, nella loro globalità, sono un organismo vivente. Ed anche a voi, che siete organismi viventi, capitano nella vita delle situazioni in cui — per esempio — una mano in un determinato momento vi può essere più necessaria della testa. Ma è chiaro che, nonostante questo, nessuno negherà il ruolo svolto dalla testa.

Pertanto, ciò che è più importante qui è la disposizione complessiva dei principi e la loro interazione collettiva con l'essere umano. Questi principi, in realtà, sono un sistema di azioni volte alla soluzione concreta dei problemi della nostra vita.

Il primo principio di questo gruppo dice:

L'ASPIRAZIONE DI DIO E DELL'UOMO ALL'UNIONE NELL'AMBITO DELLA RICREAZIONE E DELLA RIUNIONE PORTA ALLA MATERIALIZZAZIONE ED AL RISUSCITAMENTO (3.1).

Come ho già detto all'inizio di questo capitolo, ora è cominciata una nuova fase nello sviluppo dell'uomo. La via precedente di evoluzione, collegata al rifiuto del corpo fisico, ha già completamente esaurito le sue possibilità. Non corrisponde alle esigenze del giorno d'oggi. L'uomo si è incamminato su una nuova via — la via del non-morire, la via dell'immortalità. E, mentre l'uomo avanza per questa via, comincia a manifestarsi in modo assai più preciso la sua essenza spirituale, il suo fondamento spirituale. Cominciamo a renderci sempre più conto della verità secondo cui l'uomo è stato creato ad immagine e somiglianza di Dio.

Il risuscitamento, la "ri-creazione" dei trapassati e l'aspirazione di questi ultimi (come pure dei viventi) all'unione col Creatore riflettono la Natura autentica dell'uomo.

Il risuscitamento delle persone dimostra che la vita è costruita su un fondamento spirituale meglio di qualsiasi altro fatto.

LA CONCENTRAZIONE DA PARTE DELL'UOMO DELLA SUA PROPRIA COSCIENZA PUÒ PORTARE AD UN CAMBIAMENTO RADICALE DELLE STRUTTURE DEL MONDO (3.2).

© Грабовой Г.П., 2001

Capitolo II. Principi fondamentali del risuscitamento

Questo principio è strettamente legato al principio (1.4). Bisogna solamente notare che qui la parola "concentrazione" viene utilizzata contemporaneamente con due significati.

Un significato di questa parola è ben noto, in particolare a coloro che — per esempio — si sono dedicati a discipline come lo yoga. In alcune discipline spirituali viene spiegato come, mediante la concentrazione della coscienza su un organo del corpo (per portare un esempio), si può cambiare lo stato di questo organo e renderlo sano.

Un altro significato della parola "concentrazione" anch'esso usato in questo caso, consiste in quanto segue. Come ho già detto nella prima parte del presente capitolo, la coscienza è una struttura che permette all'Anima di gestire il corpo; nel senso più ampio di questa parola, la coscienza è la struttura che unisce la materia spirituale e la materia fisica. In questo contesto, la "concentrazione della coscienza" indica un suo reale condensamento.

Si può proporre un'analogia (anche se, in verità, molto approssimata) coi computer, semplicemente per sottolineare l'idea. Ricordiamoci quali macchinari venivano utilizzati per eseguire calcoli all'alba dell'era informatica. I primi calcolatori elettronici occupavano varie stanze, mentre un computer moderno sta sul palmo di una mano, ed inoltre è dotato di una potenza assai più grande.

È chiaro che se un'apparecchiatura, in origine, occupava varie stanze ed ora sta sul palmo di una mano, si può parlare del condensamento nel volume ristretto di questa apparecchiatura di tutte quelle strutture che la rendono un computer.

La situazione della coscienza è analoga: anch'essa, come sappiamo, è una struttura di un certo tipo. Nella misura in cui un uomo lavora su sé stesso, nella misura in cui egli si sviluppa, nella misura in cui cresce spiritualmente, avviene un condensamento sempre maggiore della sua coscienza. Proprio questo è il secondo significato della parola "concentrazione", utilizzato nella formulazione del suddetto principio.

Questo secondo significato della parola "concentrazione" è particolarmente importante. "Concentrazione della coscienza" in questo caso, in effetti, significa aumento della densità d'informazione, aumento della massa d'informazione in una unità di volume. Tale concentrazione della coscienza ha conseguenza di vasta portata. Quando in un certo volume, nel processo di sviluppo di un essere umano, la concentrazione della sua coscienza raggiunge un determinato valore, allora questo volume comincia a sottomettersi all'uomo, comincia a sottomettersi alla sua volontà. In questa situazione cambia la struttura del Mondo: non sarà più il Mondo a determinare la struttura dell'essere umano, ma sarà l'essere umano ad dirigere il movimento.

Appena la concentrazione della coscienza diventerà maggiore della concentrazione della materia (per esempio, della materia di una macchina), allora l'uomo diventerà irraggiungibile e sarà ormai indistruttibile. I pensieri, le parole e le azioni dell'uomo diventeranno l'elemento fondamentale, mentre le macchine, gli edifici, i pianeti, tutti questi oggetti materiali e gli altri diventeranno un elemento secondario. E questo sarà ormai il livello successivo dell'esistenza. È proprio per questo che io diffondo delle conoscenze, delle nuove conoscenze, affinché le persone, dopo che si saranno impadronite di questo nuovo sistema di conoscenze, possano passare alla gestione dei Mondi.

Questo sarà un livello di esistenza del tutto diverso. In tale livello non ci sarà più posto per la putrefazione: vi si svolgeranno processi totalmente diversi. Saranno i processi di rinnovamento dei Mondi, cioè i processi nei quali l'eterno genera l'eterno, nei quali lo stato dell'Eternità viene trasferito nello stato dell'Eternità successiva.

In questo caso viene a formarsi una superconcentrazione della coscienza, che accelera in modo straordinario la velocità dello scambio di informazioni: di conseguenza sorgono strutture del tutto nuove — le strutture di una coscienza superiore, le strutture di una vita superiore. A questo livello, per esempio, il pensiero è già azione e l'azione è già pensiero. Per questo livello, per questa struttura del Mondo, per questi Mondi l'oggetto e l'azione, il fisico e lo spirituale sono un'unità.

È proprio di questa radicale modifica della struttura del Mondo che parla questo principio. E l'essere umano può arrivare ad essa tramite la concentrazione della propria coscienza.

IL CORPO FISICO È SEMPRE UNA PARTE DELL'ANIMA (3.3).

SIA TEORICAMENTE, SIA PRATICAMENTE L'ESSERE UMANO PUÒ ESSERE CONSIDERATO COME UNA STRUTTURA DI COSCIENZA CHE POSSIEDE UN INVOLUCRO CORPOREO (3.4).

© Грабовой Г.П., 2001

Capitolo II. Principi fondamentali del risuscitamento

La formulazione dell'ultimo principio nel modo qui riportato è stata utilizzata nella prima sezione del capitolo precedente, nel punto in cui veniva esaminata la storia del risuscitamento di Rusanov.

Grazie ai racconti di coloro che sono stati personalmente al di là della linea di confine e che sono tornati di nuovo nel nostro Mondo, si possono ottenere informazioni particolareggiate di prima mano su ciò che essi hanno provato nel momento della morte biologica, su quelle che sono state le loro sensazioni, su ciò che hanno provato in seguito e su come percepivano il nostro Mondo da laggiù.

In questo modo, quel mistero chiuso da sette sigilli che era sempre esistito in merito alla morte biologica smette finalmente, grazie al risuscitamento, di essere un grande enigma, e davanti a noi si apre una verità che ci lascia sbalorditi per la sua semplicità. E l'essenza di questa verità, l'essenza della scoperta consiste nel fatto che, ora che è stato strappato il velo da questo grande mistero, si è all'improvviso constatato che la morte — a quanto pare — non è assolutamente necessaria. Addirittura, come abbiamo appurato in precedenza, essa ormai è diventata un ostacolo per il successivo sviluppo dell'essere umano, per cui ora è l'immortalità a trovarsi all'ordine del giorno.

Se parliamo concretamente dell'esperienza di Rusanov, possiamo dire che egli ha fornito una descrizione particolareggiata delle fasi attraverso cui è passata la sua coscienza dopo il suo trapasso. Durante il primo mese ebbe luogo, per così dire, una compressione della coscienza: Rusanov sentiva che la coscienza stava entrando in un unico punto situato da qualche parte nella zona della testa. Egli sentiva in modo assolutamente certo che la sua coscienza si trovava in questo punto.

Nelle prime due o tre settimane Rusanov fece degli sforzi per riportare il proprio organismo al livello della vita consueta, ma poi la sua coscienza passò a rendersi conto della nuova fase della sua condizione, collegata alla putrefazione del corpo. Contemporaneamente la coscienza percepiva in modo chiaro come l'Anima stesse uscendo verso la struttura della luce Divina. Lì avviene la fusione della coscienza e dell'Anima.

Bisogna notare che le fasi attraverso cui passa la coscienza dopo la morte biologica sono del tutto diverse a seconda delle persone. Si tratta di un processo profondamente individuale. Ma

© Грабовой Г.П., 2001

non mi soffermerò qui a descrivere ulteriori particolari, perché già sappiamo che questa via, la via dello sviluppo spirituale con l'utilizzo del rifiuto del corpo fisico, sta già diventando parte del passato e della storia. In effetti, attualmente nessuno cerca di spostarsi in calesse, visto che si può utilizzare un'automobile o un aereo di linea.

In merito ai due principi ora analizzati si possono dire ancora alcune parole relativamente ad una pratica interessante degli antichi maghi. Si possono trovare informazioni su di esse anche al giorno d'oggi, anche se, in generale, tali informazioni si sono conservate nelle favole.

I principi attualmente analizzati dicono che si può costruire un corpo fisico attorno ad un'Anima. Ma non è obbligatorio costruire un corpo umano: si può costruire il corpo di un animale qualsiasi. Proprio questa è la pratica a cui mi riferisco, e di cui erano in possesso gli antichi maghi. Erano capaci di costruire il corpo di un animale, entrarvi e poi tornare indietro. Abbiamo letto di questa pratica durante l'infanzia. Desidero sottolineare, però, che per eseguire questa trasformazione in animale bisogna padroneggiare il modo di elaborare abbastanza rapidamente le informazioni presenti nella struttura dello spirito.

AL LIVELLO DELLA CREAZIONE DI LEGAMI INFORMATIVI, NESSUN OGGETTO SI INTERSECA CON ALCUN ALTRO OGGETTO ESTERNO, NEMMENO CON SÉ STESSO. IL PRINCIPIO DEL RISUSCITAMENTO DELL'ESSERE UMANO, O IL PRINCIPIO DELLA RICREAZIONE DI QUALSIASI OGGETTO, È RACCHIUSO NELL'INTERSECAZIONE FRA L'INFORMAZIONE INIZIALE RELATIVA ALL'OGGETTO CON L'INFORMAZIONE CHE SI STA SVILUPPANDO SU DI ESSO NEL CAMPO DEI LEGAMI CONSEGUENTI CHE SI FORMANO QUANDO VIENE CREATA L'INFORMAZIONE (3.5).

Per penetrare in modo autentico nell'essenza di questo principio è indispensabile la comprensione dei diversi aspetti del Mondo a livello informativo. Penso che l'approccio informativo sarà esaminato in uno dei libri di questa serie: per ora mi limiterò solo ad alcuni chiarimenti.

© Грабовой Г.П., 2001

Il suddetto principio, in effetti, dice che, nella condizione della comune coscienza dello stato di veglia, una persona può seguire un risuscitamento sulla base dell'unione fra il suo stato iniziale di coscienza con lo stato successivo della sua coscienza, che si produrrà nel momento del risuscitamento. Per una persona che si trovi nel consueto stato di coscienza, al livello informativo dello stato iniziale, nessun oggetto — in linea di principio — può intersecarsi con alcun oggetto esterno, e nemmeno con sé stesso. È necessario un passaggio ad un livello più elevato di stato di coscienza affinché diventi possibile l'intersecazione fra l'informazione iniziale sull'oggetto e l'informazione su di esso che si sta sviluppando: è questo che produce il risuscitamento di una persona o, in generale, la "ri-creazione" di un oggetto qualsiasi.

Ricordiamoci l'esempio del fiore esaminato nell'Introduzione. Nel comune stato di coscienza una persona — in linea di principio — non può giungere a percepire l'essenza del fiore, e neppure quella di alcuna altra creatura. Può guardare il fiore tanto quanto vuole, ma non riuscirà a penetrare nel suo mistero, nel mistero della sua esistenza. Tuttavia, in uno stato di coscienza più elevato, questa persona può fondersi col fiore: utilizzando il linguaggio del principio sopra riportato, si può dire che può avvenire una certa "intersecazione" col fiore. Quando la persona si fonde col fiore e diventa indistinguibile da esso, allora si verifica il raggiungimento dell'essenza del fiore ed il mistero si rivela.

La via autentica per comprendere il Mondo consiste appunto nell'elevare il livello dello stato di coscienza: sono proprio gli stati di coscienza più elevati a rappresentare quella chiavetta d'oro che apre le porte del Mondo.

Gli stati di coscienza più elevati porteranno all'eliminazione della distruzione. Bisogna notare che, in un certo stato di coscienza, ogni elemento del Mondo è eterno. Pertanto, quando la maggior parte della coscienza collettiva raggiungerà questo livello, allora la distruzione risulterà impossibile.

IL SISTEMA DELLE VEDUTE SPIRITUALI DI COLUI CHE SI OCCUPA DI RISUSCITAMENTO È IL PRINCIPIO DI ORGANIZZAZIONE DELLA SOCIETÀ NELLE PROSSIME TAPPE DEL SUO SVILUPPO (3.6).

© Грабовой Г.П., 2001

Il principio (2.1) che abbiamo già esaminato dice che il risuscitamento è basato sull'estrinsecazione di quanto c'è di eterno nell'essere umano. Pertanto chi si occupa di risuscitamento ha a che fare con l'Eternità. A causa di questo la società, nelle prossime tappe del suo sviluppo, sarà fondata sui principi dell'Eternità, il che corrisponde ai progetti e alle idee del Creatore. Questi progetti e queste idee del Creatore vengono realizzati concretamente da colui che fa risuscitare.

GLI OGGETTI LONTANI DELLA REALTÀ SONO CIÒ CHE È VICINO PER IL RISUSCITATO E LONTANO PER IL VIVENTE (3.7).

Per cominciare spiegherò l'essenza di questo principio e dopo lo presenterò con un'altra formulazione, in modo che sia possibile capirlo meglio.

In questo principio gli stessi oggetti, gli stessi fatti vengono esaminati da due punti di vista: dal punto di vista del vivente e dal punto di vista del risuscitato. Se un oggetto qualsiasi viene allontanato sempre più da un vivente, aumentando la distanza,, questo oggetto diventerà sempre più remoto per il vivente. Ma di tutti i concetti legati alla distanza, il più remoto è il passaggio dell'uomo al di là della linea di confine, perché, se — per esempio — quando si parla di un aumento della distanza si può sempre parlare di un qualche confine, dopo il trapasso dell'uomo semplicemente smette di esistere qualsiasi confine.

Tuttavia questa distanza, così come viene percepita da un vivente, per un risuscitato è prossima. È proprio di questo che si parla nella formulazione del principio.

Fra l'altro il fatto che ciò che è lontano per un vivente sia vicino per un risuscitato può essere scoperto durante il primo mese dopo il risuscitamento: per esempio, nella struttura delle cellule. Con l'ausilio di un'analisi citologica — cioè di un'analisi delle cellule — si può scoprire che la struttura delle cellule in questo periodo può essere abbastanza diversa: per esempio, dal punto di vista della disposizione degli elementi della cellula in relazione al nucleo. I microelementi della cellula di un risuscitato possono disporsi ad una distanza maggiore dal nucleo, ed anche l'orientamento delle loro strutture è diverso, se paragoniamo queste caratteristiche con le stesse caratteristiche delle cellule delle persone viventi.

© Грабовой Г.П., 2001

Tenendo presente quanto si è detto, si può parafrasare il principio in esame nel modo seguente. Il risuscitato possiede la struttura attraverso cui è passato, la struttura che ha acquisito — per esempio — attraverso il suo trapasso, quale elemento di gestione; tuttavia questo elemento di gestione in realtà non è efficace. Al contrario, per ottenere un'esistenza normale in mezzo ai viventi il risuscitato deve compiere un grande lavoro, in modo da riacquistare le caratteristiche dei viventi e diventare di nuovo, da tutti i punti di vista, uno di loro.

Si può esaminare questo principio anche da un punto di vista leggermente diverso. Dal punto di vista dell'azione e dello sviluppo un risuscitato percepisce la realtà (soprattutto nel primo periodo) in modo tale che l'Eternità gli appare come una struttura in movimento, mentre per un vivente l'Eternità è una struttura assoluta.

È proprio il passaggio attraverso la struttura del trapasso e del ritorno a far sì che il risuscitato percepisca l'Eternità come una struttura dinamica e in movimento. Ed è proprio per questo che sorgono il problema dell'adattamento al Mondo dei viventi e la necessità di attualizzare in modo corretto i vari elementi della percezione, affinché l'Eternità acquisisca un altro carattere e diventi statica ed assoluta.

Quanto è stato appena detto è, in realtà, un'altra formulazione dello stesso principio. Considerata la sua importanza, la si può ripetere ancora una volta in modo più laconico.

Il risuscitato, nel primo periodo successivo al risuscitamento, percepisce l'Eternità come una struttura dinamica. Per adattarsi ai viventi deve tornare alla loro percezione, alla percezione che riflette la realtà assoluta, e precisamente alla percezione secondo cui l'Eternità possiede una struttura statica.

Il fatto che, da questo punto di vista, la concezione della realtà del risuscitato risulti deformata, si spiega considerando che all'atto del risuscitamento egli percepisce solo un elemento del quadro complessivo, cioè la fase del risuscitamento. A causa di ciò, egli vede solo una delle prospettive della statica dell'Eternità, di quella statica che, per coloro che non sono mai morti, è la realtà assoluta, e che per loro riflette il carattere assoluto dell'Eternità.

Questo principio, indica che esiste una differenza essenziale fra i risuscitati e i viventi nel primo periodo dopo il risuscitamento, dice in effetti che è indispensabile aiutarli nel loro adattamento. D'altra parte, il processo di adattamento non si svolge solo sul piano sociale. Nei risuscitati si svolge anche un cambiamento nel raggruppamento delle cellule: la loro struttura cambia alquanto, ed alcuni atomi vanno a spostarsi nella posizione giusta e nella struttura giusta. In conseguenza di questi processi gli elementi di allontanamento dai viventi, di cui ho parlato, vengono a cancellarsi gradualmente e diventano insignificanti per l'ulteriore sviluppo del risuscitato. Pertanto bisogna insegnare al risuscitato degli speciali metodi di concentrazione, in modo che i suddetti processi si svolgano con maggiore successo all'interno dell'organismo.

Adesso si può esprimere anche un'altra formulazione del principio in esame. Il risuscitato ha una struttura di coscienza che si è formata, in particolare, anche in conseguenza del suo trapasso: a causa di questo è necessario un adattamento di questa nuova struttura alla struttura di coscienza dei viventi che non sono mai morti, in modo che, dopo un certo tempo, le loro rispettive strutture di coscienza non si distinguano più veramente l'una dall'altra.

IL RISUSCITATO ASSOLUTIZZA LO SPAZIO E PARTICOLARIZZA IL TEMPO. NEL PERIODO INIZIALE IL TEMPO, PER LUI, È DISCRETO, MENTRE PER UN VIVENTE IL TEMPO È CONTINUO (3.8).

In che senso il risuscitato assolutizza lo spazio? Egli assolutizza lo spazio in quanto struttura sulla base della quale può avvenire tutto, come, per esempio, la disgregazione del suo corpo e la sua ricomposizione.

L'assolutizzazione dello spazio operata dal risuscitato è legata anche all'attaccamento che egli sente per un determinato luogo, argomento che abbiamo esaminato precedentemente.

Il vivente non assolutizza lo spazio perché non è mai stato legato ad un luogo determinato. E poiché non è mai stato legato ad un luogo determinato, poiché non ha mai avuto questo attaccamento, non l'ha potuto nemmeno estendere ad una struttura eterna.

La situazione del risuscitato è diversa. Per un certo periodo egli è stato legato allo spazio in un certo punto, in una certa zona. Questo settore concreto è stato, per lui, la struttura dell'Eternità.

© Грабовой Г.П., 2001

Capitolo II. Principi fondamentali del risuscitamento

Pertanto la fase in cui egli è stato un trapassato assolutizza per lui lo spazio come struttura dell'Eternità, anche se in realtà la situazione non è esattamente questa. In effetti, sappiamo che lo spazio può essere gestito — per esempio, con l'ausilio di un impulso del pensiero — o che addirittura lo si può davvero cambiare, come ho spiegato, attraverso la coscienza collettiva.

In linea generale il risuscitato comprende che lo spazio può essere trasformato: per lui questo è addirittura naturale, per lui questo è semplicemente evidente, perché lui stesso, poco prima, è stato trasformato nello stesso modo. Tuttavia, sia il trapassato, sia il risuscitato nel primo periodo dopo il risuscitamento assolutizzano lo spazio, lo rendono assoluto, cioè attribuiscono identiche proprietà allo spazio per il processo di percezione. Da questo fatto consegue che in pratica, si può far risuscitare una persona in qualunque luogo dello spazio, dovunque vogliate, indipendentemente dal tempo.

Si può notare che questa percezione dello spazio, parlando in termini generali, si mantiene nella coscienza del risuscitato: ma gradualmente egli smette di prestarvi attenzione, ritenendo tutto ciò un fattore insignificante.

Adesso parliamo del tempo. In che senso il risuscitato, nel periodo iniziale dopo il risuscitamento, particolarizza il tempo? Nel periodo iniziale il risuscitato particolarizza il tempo nel senso che, per lui, ogni elemento del Mondo si trova in un tempo differente. Questo si può capire se si esamina come si è svolto il processo di ricomposizione del corpo. Quando si è svolto il risuscitamento, ed il corpo si è ricomposto a livello cellulare, ogni cellula si è ricomposta in un momento differente. La differenza cronologica è stata forse pari solo a piccole frazioni di secondo, ma in ogni modo cellule diverse sono state ristabilite in momenti diversi.

Qui si può vedere la differenza di principio fra il risuscitamento ed il caso in cui una persona nasce nel modo consueto. Anche nel caso di una comune nascita avviene la formazione dell'organismo, ma esso viene organizzato come un'unità, in maniera sincronica: non c'è quella mancanza di sincronismo che si nota nel risuscitamento. Come ho detto, nel caso del risuscitamento alcune cellule si formano più rapidamente, altre più lentamente, e la persona avverte questo fatto. Percepisce questo fatto in modo tale che gli sembra che il tempo scorra in modo diverso per oggetti diversi. Se, per esempio, vede una pianta davanti a sé, può ritenere che per questa pianta il tempo scorra — diciamo — più rapidamente che per un altro oggetto.

Dunque, la "particolarizzazione" del tempo avvertita dal risuscitato dipende dal fatto che, nel periodo iniziale, il tempo per lui scorre in modo diverso nei diversi oggetti e nei diversi processi. Questo porta al fatto che, per il risuscitato, il tempo appare — per così dire — "spezzettato", come se un momento si trovasse qui e un altro là; di conseguenza, per lui inizialmente il tempo è discreto. Il carattere discreto del tempo, dunque, si presenta come uno degli aspetti della sua particolarizzazione.

Questo carattere discreto del tempo, o, in generale, la sua particolarizzazione, è collegato al problema della percezione. Logicamente è comprensibile come il Mondo possa essere percepito in maniera totalmente diversa. La coscienza del risuscitato ha attraversato una tappa in cui esistono punti di vista di qualsiasi tipo, in cui il tempo è sia continuo, sia discreto. Perciò, quando il risuscitato, in un primo momento, vede che il tempo è diverso in fenomeni diversi, in realtà non fa altro che vedere una rappresentazione discreta del Mondo.

Dei corsi speciali possono aiutare il risuscitato a ristabilire abbastanza rapidamente — in un paio di settimane al massimo — la percezione del tempo che esiste nei viventi.

Il carattere discreto del tempo e la sua particolarizzazione si vedono in modo particolarmente chiaro quando il corpo di una persona viene ricomposto a partire dalle sue ceneri. In questo caso il corpo della persona è decomposto in piccole parti, cioè in particelle di cenere, e la cenere può risultare dispersa in un grande spazio; alcune particelle possono venire a trovarsi in condizioni del tutto diverse.

Le particelle di cenere, a loro volta, si decompongono ulteriormente in microelementi. D'altra parte, nelle particelle disperse compare un qualcosa simile a una "coscienza collettiva", che controlla ogni elemento delle ceneri. Ed ogni elemento percepisce un proprio scorrimento del tempo.

In questo caso la persona è, per così dire, "dispersa": in effetti, tutte le sue particelle sono disperse. Tuttavia anche in questa situazione egli comprende benissimo di essere sempre la stessa Anima, sempre la stessa coscienza, sempre la stessa personalità, e che dopo tutti questi fatti avrà luogo il risuscitamento, perché per l'Anima è puramente e semplicemente indispensabile

© Грабовой Г.П., 2001

far risuscitare il corpo, allo scopo di avere delle possibilità aggiuntive per una crescita più rapida.

Pensate a questo paragone: se una persona è malata, non è in forma, non si sente molto bene, perché la malattia è un allontanamento dalla norma. Allo stesso modo anche il trapassato capisce benissimo che, così sparpagliato, egli è lontano dalla norma: perciò cerca di ricreare la norma, cioè il suo stato naturale.

In confronto ad un trapassato, un vivente si trova in una situazione incomparabilmente più vantaggiosa: egli non deve riunire nulla, e può consacrare tutte le sue forze e tutto il suo tempo alle attività necessarie. Inoltre, poiché possiede un corpo fisico, ha delle possibilità supplementari: per esempio, può prendere in mano la cornetta di un telefono e telefonare, mentre un trapassato è privo di questa possibilità. In linea generale bisogna comprendere chiaramente che, al di là della linea di confine, non c'è nulla di nuovo, e che dopo, in ogni caso, si dovranno riunire le parti del corpo: pertanto non è opportuno perdere tempo inutilmente.

Come ho detto, la via della reincarnazione per i trapassati ha già cominciato ad appartenere al passato: ora la via fondamentale è quella del risuscitamento. Inoltre, in ogni caso, il risuscitamento avverrà per tutti i trapassati: attualmente, da questo punto di vista, esistono già delle condizioni più rigorose. C'è anche questa variante di svolgimento degli avvenimenti: quando la quantità dei risuscitati avrà raggiunto una certa grandezza determinata — potremmo dire, una "massa nominale" — allora risusciteranno subito anche tutti gli altri. Questo processo di risuscitamento è già in corso.

Penso che valga la pena di ricordare che la percezione dello spazio e del tempo dipende dal livello dello stato di coscienza, dal livello dello spirito. Se una persona non è illuminata, percepisce lo spazio e il tempo nel momento presente. Se una persona, invece, è passata ad un più elevato livello dello stato di coscienza, può percepire il Mondo mediante la chiaroveggenza. In questo caso questa persona può vedere diversi spazi ed un diverso tempo. In generale può vedere un altro tipo di spazi ed un altro tempo, ed in particolare, per esempio, anche l'assenza di tempo. Pertanto i concetti di spazio e tempo sono individuali per ciascuno e, in questo campo, tutto viene determinato dal livello dello stato di coscienza.

© Грабовой Г.П., 2001

PRINCIPIO DELL'AUTONOMIA DEL FUNZIONAMENTO DELLE INFORMAZIONI IN TEMPI DIVERSI (3.9).

Prima di tutto bisogna dire che qui il termine "autonomia" significa "indipendenza". Questo principio dice che le informazioni relative al passato, al presente e al futuro (o, semplicemente, il passato, il presente e il futuro), quali elementi singoli, sono indipendenti l'uno dall'altro, indipendenti in rapporto all'istantaneo impulso di coscienza di colui che opera il risuscitamento, o anche in rapporto al punto di vista di colui che viene risuscitato.

Esaminiamo più particolareggiatamente in cosa consiste l'essenza del suddetto principio. Quando qualcuno vuole risuscitare una persona e dà un impulso di coscienza per il suo risuscitamento, deve introdurre in modo preciso in questo impulso dei singoli elementi di informazione relativi al passato, al presente e al futuro. Il passato deve essere tenuto in considerazione, il futuro deve essere formato, mentre il presente deve essere indirizzato verso la tecnologia: come eseguire il risuscitamento ora, in questa situazione, che cosa fare concretamente.

I volumi di informazione relativi al passato, al presente e al futuro esistono in modo indipendente: hanno strutture differenti e direttrici differenti. In linea generale, ovviamente, esistono dei legami reciproci fra questi volumi di informazione: tuttavia essi esistono in modo indipendente in tempi differenti. Quando tutti e tre i sistemi indipendenti vengono uniti, allora si realizza — per così dire — un certo principio di unità triforme, ed in questo caso viene all'esistenza un sistema di rapporti reciproci fra il risuscitato, il Mondo esterno ed il Mondo interno. Questa è una delle angolature da cui si può osservare il suddetto principio, il principio dell'autonomia del funzionamento delle informazioni in tempi diversi.

Un'altra angolatura, un altro aspetto di questo principio indica che, all'atto del risuscitamento, ogni elemento d'informazione può possedere un significato autonomo. Ecco come bisogna intendere questo punto. Un uomo, per esempio, esiste nel passato fino al momento del suo trapasso. La fase del trapasso è una zona autonoma, cioè una zona indipendente dalle altre zone. Perciò si può tranquillamente togliere la fase del trapasso. Abbiamo già visto l'applicazione di questo principio

© Грабовой Г.П., 2001

nell'esempio del risuscitamento di Valentin nel primo capitolo, anche se in quella sede questo episodio e questo principio erano descritti utilizzando un linguaggio leggermente differente: lì si parlava del mutamento della forma dell'avvenimento. Tuttavia l'essenza, ovviamente, è la stessa.

In questo modo, il principio dell'autonomia del funzionamento delle informazioni in tempi diversi è basato sul fatto che ogni elemento d'informazione, in corrispondenza con la struttura del Mondo, funziona in modo indipendente: in altre parole, funziona in ogni tempo secondo le sue proprie leggi. L'elemento "tempo", cioè, è un elemento della struttura dell'informazione. Di conseguenza, in questo caso, il tempo viene visto come una forma strutturale dell'informazione.

Fra l'altro, utilizzando un approccio più profondo, si può mostrare come il risuscitato in linea di principio sia altrettanto vivo nel passato quanto nel futuro. E si può mostrare che cosa sia concretamente necessario fare per la realizzazione pratica di questa affermazione.

L'eternità della vita scaturisce dalla coesistenza di tutto il tempo nel momento presente. Allo stesso modo, ma al contrario, dal momento presente si possono ottenere tutto il passato e tutto il futuro, e, quindi, anche la vita eterna.

Dunque, dal punto di vista dell'applicazione del principio in esame al risuscitamento, il risuscitamento può essere realizzato in primo luogo con la semplice eliminazione del punto del trapasso, e in secondo luogo con l'attribuzione all'impulso di coscienza di caratteristiche autonome, cioè con l'attribuzione all'impulso di coscienza di forme concluse per il passato, il presente ed il futuro. Come ho già detto, per il passato si tratta di tenere in considerazione le circostanze concrete che già si sono verificate per una persona concreta; per il presente si tratta di una metodologia che viene utilizzata all'atto del risuscitamento, cioè si tratta di ciò che fa il risuscitatore e di come si sviluppa la reazione di colui che viene risuscitato; ed infine, per il futuro, si tratta della formazione del futuro nella direzione necessaria in base alla concreta situazione affrontata.

LA RELIGIONE AUTENTICA È ORIENTATA A RENDERE POSSIBILE LO SVILUPPO CREATIVO DELL'ANIMA, DEL CORPO E DELLA SOCIETÀ (3.10).

© Грабовой Г.П., 2001

Ora, dopo avere trattato i problemi della scienza, passiamo alla questione della religione.

Proprio all'inizio di questa parte ho già detto che, per una persona con un comune stato di coscienza, la comprensione del Mondo presenta determinate difficoltà. La causa di queste difficoltà consiste nel fatto che l'ottenimento di questa comprensione, per una comune coscienza in stato di veglia, è un problema pluridimensionale: perciò tale coscienza, in linea di principio, non può giungere a una comprensione totale. Poiché la situazione è questa, bisogna comprendere degli aspetti singoli, come si è visto nell'esempio dell'edificio principale dell'Università Statale di Mosca o nell'esempio dello yoga. Sono proprio questi aspetti singoli, questi approcci singoli, queste vie diverse a rappresentare, per esempio, la via della religione, la via della scienza, la via dell'arte.

È chiaro che questa suddivisione in vie singole è artificiale: è una misura che viene adottata per necessità. Bisogna fare così perché, per ora, non è stato ancora raggiunto da tutti contemporaneamente un più elevato stato di coscienza. In un più elevato stato di coscienza questa divisione semplicemente non esiste: a quel livello esiste solo una unità integrale, per cui si comprende che, quanto più elevato è lo stato di coscienza che una persona raggiunge, tanto più diminuiscono le distinzioni fra — per esempio — la scienza e la religione.

Attualmente vengono fatti dei tentativi per creare una maggiore comprensione reciproca fra la scienza e la religione: per esempio, vengono tenute delle conferenze con la partecipazione di rappresentanti della Chiesa e di scienziati, vengono pubblicati gli atti di queste conferenze, ma la base delle differenze d'opinione, in realtà, si nasconde nella diversità dello stato di coscienza. È sufficiente soltanto cominciare ad elevarsi a più alti livelli dello stato di coscienza perché questo problema, il problema della comprensione reciproca, cominci a scomparire da sé, perché — se così ci si può esprimere — la scienza comincerà a diventare più religiosa, e la religione — più scientifica. Una volta giunti esattamente in cima, non restano più differenze.

Tuttavia, quando ora parlerò di religione e di scienza, mi orienterò solo sui più prossimi livelli elevati dello stato di coscienza: pertanto una certa distinzione fra questi due approcci seguiterà ancora ad esistere, ma non sarà più tanto grande.

© Грабовой Г.П., 2001

La parola "religione" possiede radici antiche: deriva da una parola che, per la coscienza, si collega alla parola "realtà". Pertanto la religione è la scienza della realtà. Come vedete, accanto alla parola "religione" già compare la parola "scienza". E si può notare come si siano avvicinate. In effetti, se si volesse definire molto brevemente l'essenza della scienza, si potrebbe dire: la scienza è la gestione della realtà. È chiaro che qui si parla della religione autentica e della scienza autentica che vengono da me proposte.

Dunque, la religione è la scienza della realtà. Pertanto, in primo luogo, voglio parlare delle deformazioni della realtà, dei concetti erronei della realtà che sono collegati alla religione.

La mia religione non ha un rapporto passivo con la vita, né tanto meno si rapporta al falso concetto secondo cui, durante la vita terrena, bisognerebbe soltanto prepararsi a non si sa quale "vita reale". Questo è un concetto del tutto erroneo: ha già causato enormi danni e seguita a privare la vita dei suoi migliori attributi, come pure a sottrarre alla vita il suo autentico significato.

Concetti di questo genere non hanno nulla in comune con ciò di cui ha parlato Gesù Cristo, con ciò che Egli ha insegnato. Cristo parlava per allegorie, e non tutti sono riusciti a capire il senso autentico delle sue parole. Egli invitava a rifiutare non questa vita, non la vita di qui, ma la vita nello stato di coscienza comune, poiché una vita condotta in questo stato non può ancora essere chiamata "vita" nel suo autentico senso Divino. Cristo esortava a risvegliarsi da questo stato, che paragonava al sonno, e ad entrare nel Regno di Dio, nel Regno dei Cieli, nell'Eternità. È del tutto evidente che Gesù Cristo, mediante la sua resurrezione, ha esortato alla vita eterna nel corpo fisico.

Col termine Regno di Dio Cristo intendeva i più elevati stati di coscienza ("Il Regno di Dio è dentro di voi"). Esortando a rifiutare tutto per amore del raggiungimento del Regno di Dio, Cristo, con questo, invitava l'uomo a raggiungere degli stati di coscienza più elevati. Di conseguenza, esortava allo sviluppo dell'uomo, alla realizzazione della sua essenza Divina, il che avrebbe dato all'uomo la possibilità di cominciare finalmente a vivere in modo autentico, di vivere in questo Mondo e in questo corpo fisico, di vivere qui e adesso. Inoltre, in armonia col senso autentico della vita, l'esortazione a vivere qui e adesso indica una gestione cosciente degli avvenimenti di qualsiasi tempo.

L'enorme danno della convinzione che bisogna prepararsi ad una vita migliore consiste anche nel fatto che l'uomo, supponendo erroneamente che la vita autentica comincerà in un imprecisato futuro, e che adesso si stia svolgendo solo la preparazione ad essa, mantenendo una tale opinione sulla vita in questo Mondo, non apprezza il momento presente, non apprezza quell'istante in cui si trova qui, non apprezza quel momento nel quale soltanto è racchiusa la vera vita. "Vivere qui e adesso!": questa è una grande saggezza. Soltanto vivendo con reale consapevolezza ogni momento si può avvertire il gusto della vita, solo in questo caso si può percepire l'autenticità della vita, solo in questo caso ha luogo l'apertura dell'uomo alla vera vita, alla vita reale!

Una delle caratteristiche più importanti della mia religione è il suo indirizzo pratico, il suo orientamento al raggiungimento di un risultato concreto, e precisamente al garantire uno sviluppo creativo dell'Anima, del corpo e della società. Pertanto un seguace della mia religione è contemporaneamente anche una persona pratica che costruisce la propria vita ed aiuta gli altri a costruire la propria vita sulla base di un principio creativo, cioè di quel principio che riflette le vere leggi del Mondo. In tal modo, col suo lavoro, riflette nel modo più completo e realizza nel modo più completo il disegno del Creatore.

Nel fare questo è importante l'interazione fra persone singole e gruppi di persone, per un continuo scambio delle tecnologie di sviluppo creativo.

In ogni società, in genere, esistono delle persone che con i propri sforzi uniti riescono a dirigere lo sviluppo della società: queste persone possono dare forma ad uno sviluppo creativo della società e perfezionare le tecnologie necessarie a questo scopo. Una unione di persone di questo genere può essere definita gruppo dirigente, o gruppo di capi, o centro.

Un punto fondamentale della mia religione consiste nella stretta interazione fra le singole persone ed il gruppo dirigente. Se qualcuno, per esempio, ha trovato una tecnologia utile, questa tecnologia deve subito essere passata al centro e diventare patrimonio di tutti: ciò renderà possibile uno sviluppo più efficace di tutta la società ed il movimento collettivo in avanti.

In tal modo, la religione autentica sottolinea ciò che è comune, ciò che è comune per tutti: per le persone singole, per il gruppo dirigente e per la società nel suo complesso. Ogni azione nel Mondo si rispecchia contemporaneamente in ciascuno e in ciò che è comune per tutti. Inoltre l'azione manifesta contemporaneamente anche la tecnologia creativa.

© Грабовой Г.П., 2001

Capitolo II. Principi fondamentali del risuscitamento

Ho già parlato dell'indirizzo concreto della mia religione. La religione, in quanto scienza della realtà, deve rispecchiare in modo adeguato il Mondo esistente. Essa si deve occupare dei problemi vitali, e in primo luogo, ovviamente, di quelli la cui soluzione non può essere rimandata. Il più serio problema di questo tipo è la minaccia di distruzione globale che oggi esiste.

È per questo che, nella situazione attuale, lo scopo fondamentale della religione è lo sviluppo delle tecnologie rivolte ad evitare la catastrofe globale.

Una tale linea di condotta sarà per l'appunto un rispecchiamento della realtà, poiché tutte le essenze create da Dio sono state create per la vita e lo sviluppo: a maggior ragione le persone, create a immagine e somiglianza di Dio, hanno tutte diritto alla vita e al libero sviluppo. Ecco perché, in presenza della minaccia di una distruzione globale, il primo impulso di ogni essere deve ovviamente essere rivolto al Creatore; inoltre questo impulso deve essere sempre orientato alla realizzazione concreta del diritto alla vita dato dal Creatore, il che, nella pratica, significa che sono indispensabili tutte le azioni possibili indirizzate alla salvezza comune.

Di conseguenza, la mia religione offre sia la pratica che l'azione, sia la fede vera e propria; d'altro canto, nel concetto di "fede" rientra anche il fatto di rivolgersi al Creatore attraverso principi tecnologici concreti, attraverso concrete azioni esterne rivolte al sostegno della vita e al suo sviluppo. Allo stesso tempo esiste anche l'azione rivolta all'interno di sé, verso quelle profondità dove è conservata l'esperienza accumulata e dove si può ricevere un'indicazione concreta da parte del Creatore su come sia necessario agire in modo corretto in ogni situazione concreta.

In questo modo, nella religione autentica avviene un'unificazione dell'azione all'interno di sé e dell'azione all'esterno di sé, e grazie a ciò viene garantito un infinito sviluppo creativo. Poiché, come sappiamo, il Mondo esterno è costruito sulla base della coscienza, e la coscienza è una struttura che unisce ciò che è spirituale e ciò che è fisico: perciò, quando l'azione parte da dentro, proprio dal centro, dalla fonte che si trova proprio all'interno dell'Anima, un'azione di questo genere, per la sua essenza, diventa già un atto Divino.

Si può dire lo stesso anche con altre parole, e cioè che

© Грабовой Г.П., 2001

l'azione esterna deve svolgersi in modo tale che la persona che la esegue, contemporaneamente, sia consapevole di sé stessa, della sua azione e di tutta la situazione.

Adesso sto parlando sempre dello stesso concetto, ma considerato da punti di vista alquanto differenti. Già nell'Introduzione era stato evidenziato che il progresso dell'uomo, il suo sviluppo, erano collegati prima di tutto allo sviluppo della sua coscienza. La religione autentica richiede da parte dell'uomo l'elevazione del suo livello di stato di coscienza, ma è anche essa stessa ad aiutarlo in questo processo. La religione autentica dice che la pratica della consapevolezza di sé e delle proprie azioni è molto efficace per lo sviluppo della coscienza.

Desidero chiarire che cosa intendo quando parlo del raggiungimento della consapevolezza di sé e delle proprie azioni da parte dell'uomo.

Immaginatevi che qualcuno stia seduto a casa propria a scrivere qualcosa, quando all'improvviso gli hanno telefonato e inaspettatamente gli hanno chiesto di andare urgentemente in qualche luogo a causa di un certo avvenimento. Una volta tornata a casa questa persona, desiderando proseguire l'attività interrotta, scopre che la penna non si trova né vicino alla poltrona (dove stava seduto fino al momento della telefonata), né sul tavolino vicino al telefono: questa persona semplicemente non sa dove si trovi la penna, e proprio non riesce a ricordare dove l'abbia messa nella fretta. Tutto ciò significa, per l'appunto, che questa persona ha depositato la penna inconsapevolmente: in quel momento non aveva consapevolezza di sé e delle proprie azioni.

Una situazione simile è ben nota a tutti noi: spesso ci scontriamo con questo fenomeno. L'analisi di questi fatti ci indica che, con l'aiuto di una sempre maggiore consapevolezza di noi stessi e delle nostre azioni, possiamo elevare il livello della nostra coscienza sempre di più: e il movimento verso stati di coscienza sempre più elevati, come sappiamo, è proprio la via che conduce a Dio.

Il Mondo, in pratica, è organizzato quale struttura di una coscienza manifestata, cioè della coscienza della essenza suprema: vale a dire, di Dio.

Dio ha creato il Mondo così come è strutturato Lui. E poiché Dio stesso è eterno, Egli ha creato il Mondo in modo tale che ogni elemento del Mondo fosse eterno. Dio, in questo

© Грабовой Г.П., 2001

modo, realizza la propria idea, che si racchiude nel progetto secondo cui la Sua vita nell'Eternità deve raggiungere l'Eternità negli esseri da Lui creati. Pertanto chi è seguace della mia religione deve sforzarsi di giungere alla vita eterna nel corpo fisico, perché allora egli rispecchierà in sé l'essenza di Dio.

Tuttavia non si deve pensare che una persona debba lavorare solo su di sé. Lo sviluppo delle persone deve essere trasmesso anche a tutti gli altri esseri, per esempio, anche ai leoni di cui si è parlato, in modo che anch'essi possano svilupparsi in sincronia e contemporaneamente verso l'Eternità. Pertanto il compito di ogni credente, di ogni seguace della mia religione consiste nel garantire uno sviluppo infinito a qualsiasi elemento del piano creativo. E quando qui parlo di "qualsiasi elemento" intendo non solo gli animali, gli uccelli, gli insetti, gli abitanti del mare, ma anche gli alberi, i fiori, le erbe, tutte le piante e, in generale, tutti gli oggetti del Mondo: in altri termini, si parla di garantire effettivamente a tutti gli elementi del Mondo un infinito sviluppo e l'immortalità. Desidero ricordare che tutti questi elementi apportano il proprio contributo alla coscienza collettiva comune.

Poiché il Creatore ha posto quali primissimi fondamenti del Mondo la vita eterna e lo sviluppo eterno, risulta di conseguenza evidente che tutto ciò che promuove la distruzione non è un autentico progetto di Dio. In altre parole, bisogna svilupparsi in modo radicalmente diverso: nella società non ci deve essere posto per cose come le armi nucleari. Pertanto è indispensabile trasformare la vita su una base spirituale, ed è per l'appunto la religione autentica, che è la scienza della realtà, ad indicare alla gente la via appropriata.

Per ogni persona il primissimo compito è l'elevazione del proprio livello di stato di coscienza. A questo scopo è molto utile lo sforzo volto a raggiungere la consapevolezza di sé e delle proprie azioni, ed è auspicabile dedicare attenzione ogni giorno a questa pratica. Sono molto importanti anche gli esercizi per ogni giorno del mese che sono riportati nella "Appendice G".

L'essenza della mia religione è racchiusa in un corretto rapporto con tutto ciò che esiste in armonia con il progetto del Creatore stesso. Questo rapporto corretto dà la possibilità di trasformare qualsiasi processo, anche un processo estremamente pericoloso, in un processo utile e creativo.

© Грабовой Г.П., 2001

In relazione a quanto detto, nella mia religione occupa un posto importante la tecnologia, la tecnologia della propria immortalità, la tecnologia del trasferimento delle conoscenze agli altri, la tecnologia della trasformazione dei processi di qualsiasi genere in processi creativi, e, infine, la tecnologia di un pensiero del tutto diverso, di un pensiero rivolto a cercare di mantenere la vita eterna di tutti gli elementi del Mondo ed a promuovere il loro eterno sviluppo.

D'altra parte è importante il fatto che la mia religione abbia effettivamente un fondamento tecnologico nel livello di sviluppo già esistente: sotto molti aspetti, essa ha già così una base solida. Nel quarto capitolo, per esempio, parlerò delle apparecchiature tecnologiche che sono state sviluppate per la messa in opera delle tecnologie volte al risuscitamento delle persone o alla ricostituzione degli organi da loro perduti. Pertanto la mia religione, anche dal punto di vista tecnologico, ha già ora una solida base.

IL RISUSCITAMENTO È LA BASE PIÙ REALE, PIÙ CONCRETA, PIÙ MIRATA E PIÙ EVIDENTE PER LO SVILUPPO SUCCESSIVO, PER LO SVILUPPO DEL PENSIERO DELLE GENERAZIONI A VENIRE (3.11).

Il fatto che il risuscitamento sia la base più reale, più concreta, più mirata e più evidente per lo sviluppo successivo è del tutto palese. Perciò dirò solo alcune parole sul ruolo che svolge il risuscitamento nello sviluppo del pensiero delle generazioni future. Tuttavia bisogna preventivamente spiegare alcuni termini. Si parlerà di ciò che sono l'intelletto, la mente, la conoscenza, il pensiero ed il senso.

Intelletto.

L'intelletto è la struttura che combina le reazioni della coscienza, del corpo, dello spirito e dell'Anima. È il sistema del loro intreccio a livello di percezione, del loro intreccio sul piano informativo o effettivo. La parola "intreccio", che viene qui usata, dà un'idea di quello che sarebbe l'aspetto delle suddette reazioni nel loro complesso se qualcuno le guardasse dall'esterno. D'altro canto bisogna tener presente che la coscienza, il corpo, lo spirito e l'Anima nella percezione esistono a livello della loro azione, dell'azione sulla percezione e dell'azione su colui che percepisce.

© Грабовой Г.П., 2001

In quale caso l'intelletto è armonico? L'intelletto è armonico nel caso in cui l'Anima, lo spirito, il corpo e la coscienza (ed a questo elenco bisogna aggiungere anche i fenomeni della realtà) — quando tutti questi elementi, tutti questi oggetti sono in rapporto armonico fra di loro, allora è armonico. In questo caso, nel caso dell'armonia, si può parlare di intelletto autentico. Lo si può chiamare anche intelletto dello sviluppo, oppure intelletto della personalità.

Se si vuole utilizzare una variante più laconica per la definizione dell'intelletto, si può dire così: l'intelletto è quella struttura della personalità che riconosce i collegamenti all'interno del fenomeno che sta osservando e che contemporaneamente, in maniera gestionale, riconosce il collegamento fra questo fenomeno e tutti i restanti fenomeni del Mondo.

Mente.

La mente è il modo di reagire ad un'informazione, ad un'azione proveniente dall'esterno. Poiché ogni oggetto può avere una reazione ad un'informazione, ad un'azione proveniente dall'esterno, si può estendere il concetto di "mente" a qualsiasi oggetto. Ma noi parleremo della mente dell'uomo. D'altra parte, mi sembra particolarmente interessante l'esame delle caratteristiche della mente durante lo sviluppo.

Durante il risuscitamento, durante il processo di risuscitamento, la mente si forma a partire dal livello cellulare. La formazione della mente avviene, ovviamente, al livello dell'Anima. Nella mente vengono impiantate le informazioni sulla creazione di ogni elemento della cellula, addirittura di ogni microelemento, di ogni atomo, di ogni nucleo e degli elementi dei livelli ancora più profondi.

La mente può servire a fornire una determinata caratterizzazione dell'oggetto. Per esempio, se si prova a pungere una cellula con un ago ed essa, di fronte a questo tentativo, comincia a fare resistenza, si può dire che questa cellula è "intelligente" in confronto a quelle che mettono in atto una resistenza meno efficace o che non fanno alcuna resistenza.

La mente può essere vista come un concetto che unisce l'Anima, lo spirito, la coscienza ed il corpo. Nella mente avvengono il riconoscimento e l'unione degli oggetti secondo la loro modalità di reazione.

© Грабовой Г.П., 2001

È opportuno far notare che il problema del risuscitamento è, in misura significativa, anche un problema della mente. Se la mente di una persona è abbastanza sviluppata, allora il risuscitamento non le sembrerà qualcosa di insolito: essa riterrà naturale questo fenomeno. Lo stesso si può dire dell'immortalità. Se una persona riconosce nell'immortalità una condizione normale, questo fatto significa che la mente di quella persona è assai ben sviluppata: nel caso specifico si può addirittura dire che la sua mente è una riflesso dell'Eternità e del Creatore.

In effetti, precedentemente io ho definito la mente come una struttura che unisce elementi diversi secondo la tecnologia della loro reazione. Adesso a questa definizione aggiungo anche quanto segue: la mente è anche una struttura organizzatrice per il raggiungimento dei propri scopi, e, più in generale, per l'ottenimento di tutto ciò che si voglia. In altre parole, si può considerare la mente come un sistema di ottenimento — per esempio del risuscitamento, o dell'immortalità, o di qualcos'altro ancora.

Conoscenza.

La conoscenza è sia il passaggio dalla coscienza all'Anima e poi dall'Anima alla coscienza, sia il risultato di questo passaggio. Nella coscienza c'è un certo elemento che periodicamente si reca nell'archivio dell'Anima, prende lì delle informazioni e ritorna — diciamo — più illuminato. Come conseguenza di ciò, nella coscienza si accumulano le conoscenze, cioè, in effetti, avviene una trasformazione della struttura della coscienza in seguito al suo contatto con l'Anima. Ebbene, la conoscenza è ciò che si ottiene quale risultato di tale contatto. Pertanto la conoscenza, nella sua essenza, è il contatto della coscienza con l'Anima. Le conoscenze possono essere ottenute, per esempio, attraverso la lettura: tuttavia bisogna tenere presente che ciò che è stato letto, secondo la legge dei legami generali, in realtà già esiste nell'Anima fin da principio. Lo stesso si riferisce a qualunque altro metodo di ottenimento della conoscenza. Desidero far notare che la chiaroveggenza si basa sulla percezione diretta delle conoscenze che sono custodite dentro l'Anima. È l'Anima a guidare la conoscenza. La posizione direttiva appartiene all'Anima.

© Грабовой Г.П., 2001

Dopo l'acquisizione delle conoscenze, si pone il problema della loro realizzazione. Della realizzazione delle conoscenze si occupa l'intelletto.

Quanto è stato detto ora può essere illustrato col seguente esempio. Immaginiamo sia presente un grande serbatoio. Questo serbatoio può essere identificato con l'intelletto. Il serbatoio, cioè l'intelletto, contiene le conoscenze. L'intelletto regola l'uscita delle conoscenze dal serbatoio.

Bisogna notare anche il ruolo specifico che hanno le conoscenze nel risuscitato. All'atto del risuscitamento avviene la formazione delle conoscenze all'interno di colui che deve essere risuscitato; la conoscenza, inoltre, viene formata durante il processo di registrazione di tutto ciò che avviene, cioè la conoscenza compare in seguito ad una certa elaborazione degli eventi che si stanno verificando. Di conseguenza, nel periodo iniziale è proprio la conoscenza — ovvero, ciò che rappresenta il Mondo nella percezione — a diventare per il risuscitato il criterio di sviluppo del Mondo. Questa è una delle caratteristiche che distinguono il risuscitato dai viventi.

Il vivente, nel momento stesso della nascita, si trova subito collegato a tutta la realtà. Il risuscitato, invece, per un certo tempo si è trovato in uno stato diverso, poiché è vissuto senza un corpo fisico formato. Perciò, quando avviene l'aggregazione del suo corpo e quando, quale conseguenza della registrazione dei processi in atto, viene formata la sua conoscenza del Mondo, questa conoscenza viene ad essere un elemento intermedio di collegamento tra la formazione del risuscitato e la realtà esterna: pertanto, nella fase iniziale, è proprio questa conoscenza ad essere per lui il criterio di tutto il Mondo che si sviluppa.

Da tutto ciò si vede come la conoscenza, nel risuscitamento, sia anche un determinato meccanismo. Questa circostanza viene utilizzata nelle apparecchiature tecnologiche da me sviluppate per il risuscitamento delle persone e per il ristabilimento degli organi dei tessuti perduti. L'idea è questa: da una parte emanano dall'apparecchio le informazioni necessarie, dall'altra colui che viene risuscitato le percepisce come realtà. È un meccanismo intermedio a realizzare il collegamento fra queste due parti, cioè il meccanismo della conoscenza: proprio questa, nel caso in questione, è la sua finalità funzionale.

Quando viene utilizzata la chiaroveggenza la velocità del

© Грабовой Г.П., 2001

risuscitamento cresce di parecchie volte, ed il risuscitamento può essere addirittura immediato.

Lo scopo della creazione di apparecchiature tecniche per il risuscitamento delle persone consiste nella creazione di una coscienza collettiva tale da permettere ad ogni persona di eseguire un risuscitamento partendo dalla sua propria base spirituale.

Ovviamente qui entra in gioco anche una serie di considerazioni tecniche concrete: per esempio, il fatto che è meglio trasmettere le informazioni al risuscitando a porzioni, cioè in modo discreto, soprattutto nelle prime ore, in modo che egli possa "ricostituirsi" gradatamente, come salendo gradino dopo gradino. È importante dare le informazioni suddividendole in determinate dosi, poiché sono proprio queste informazioni e queste conoscenze a diventare per il risuscitando il criterio della realtà, ed è proprio attraverso questo criterio che egli interagisce con la realtà.

Il passaggio a quei criteri di realtà di cui fanno uso i viventi avviene, in genere, dopo circa un mese, e, in casi rari, dopo un mese e mezzo o due mesi.

Quando, per il risuscitato, termina questo periodo di passaggio, allora la realtà stessa (e non più le conoscenze) diventa per lui il criterio del Mondo.

Pensiero.

Il pensiero è quell'informazione che funge da anello di congiunzione fra la coscienza, lo spirito ed il corpo; il pensiero inoltre, viene regolato dall'Anima.

È più facile vedere i rapporti reciproci esistenti fra i concetti che figurano qui ricorrendo all'esempio della seguente analogia. Immaginiamoci una cascata. L'acqua si precipita in basso sotto l'azione della forza di gravità. Alla forza di gravità si può far corrispondere lo spirito, all'acqua — la coscienza. Al corpo corrisponde il letto del fiume nel quale scorre l'acqua: il letto del fiume porta in sé l'acqua. E l'Anima corrisponde a ciò che ha creato tutto questo — sia la Terra, sia la forza di gravità, sia l'acqua.

In generale, l'Anima partecipa alla creazione sia direttamente, sia attraverso il pensiero.

Si può dire che il pensiero sia legato a tutta la struttura del Mondo e che rappresenti l'azione concreta dell'uomo in questa struttura complessiva.

© Грабовой Г.П., 2001

Senso.

Il senso è la manifestazione dell'Anima nella dinamica dello spirito, e precisamente nella parte in cui lo spirito è collegato alla coscienza e al corpo. Quando l'Anima regola il corpo, il senso è per l'appunto la struttura sulla quale viene costruito il corpo. Di conseguenza il senso è quella base, quel terreno, su cui viene edificato il corpo. Ed è per questo che si ritiene che il senso provenga dal corpo.

Nell'interazione con la realtà il senso percepisce le informazioni più rapidamente del pensiero.

Sono già passato ad esaminare il problema della essenza della differenza fra il pensiero ed il senso. Il senso reagisce più rapidamente. È proprio per questo che una persona spesso può dire o fare qualcosa, e solo dopo si rende conto che non era il caso di agire così.

Un'altra differenza consiste in quanto segue: quando una persona pensa, è il senso a trovarsi nella fase gestionale, mentre quando una persona avverte una sensazione, nella fase gestionale si trova il pensiero. Qui sto parlando della gestione della realtà. Notiamo che il pensiero ed il senso possono cambiare di posto, possono scambiarsi le loro sfere. Fra l'altro, quando il pensiero — per esempio — lavora sulla gestione, il senso può svilupparsi.

Il pensiero ed il senso possono trovarsi nello stesso spazio, ma, nonostante ciò, in genere non possono trovarsi contemporaneamente nella fase gestionale. Solo alcuni casi speciali costituiscono un'eccezione a questa regola, e precisamente i seguenti: quando nasce e si sviluppa un embrione, o quando si cicatrizza una cellula, o comunque avviene la guarigione da una malattia, o quando avviene il risuscitamento. In questi casi particolari il pensiero ed il senso possono essere uniti e pertanto possono trovarsi contemporaneamente nella stessa fase.

Esiste ancora un'altra importante differenza fra il pensiero ed il senso. Immaginatevi che una persona si imbatta in un certo fenomeno. Ovviamente, in questa persona si formeranno sia pensieri, sia sensazioni relativamente a questo fenomeno. Ma pensieri e sensazioni si formano in modo diverso.

Il pensiero viene formato dalla coscienza sulla base di tutte le informazioni sul Mondo esterno e su quello interno collegate al suddetto fenomeno. Anche la sensazione relativa a questo fenomeno viene formata dalla coscienza, ma diversamente. In questo processo la coscienza percepisce il corpo, passa attraverso il corpo, utilizza le informazioni del corpo, ed è in questa piena interazione col corpo che la coscienza forma la sensazione.

Esistono anche altre differenze più sottili, ma in questo libro non andrò ad analizzare ulteriori particolari.

Adesso parliamo di ciò che è comune al pensiero e al senso.

È comune il fatto che sia le sensazioni, sia i pensieri determinano l'ordine delle azioni nella struttura della coscienza. Si può parlare dell'esistenza di un ordine nei processi della coscienza, perché in essa esistono specifiche leggi di sviluppo, e sono proprio i pensieri e le sensazioni a controllare e determinare quest'ordine.

Per illustrare questo fatto si può osservare — per esempio — il lavoro di un architetto. Se non entriamo nei particolari (come quando, creando un quadro, non si inseriscono con cura i dettagli insignificanti), ma ci immaginiamo solo ciò che è più essenziale a larghi tratti, allora possiamo dire che i pensieri dell'architetto determinano lo schizzo dell'edificio, mentre le sensazioni possono valutare questo schizzo dal punto di vista dell'armonia; inoltre esse possono manifestarsi anche nel desiderio dell'architetto, dopo il completamento del lavoro, di andare a pranzare o a bere un tè.

Pertanto i pensieri e le sensazioni possono assolvere la stessa funzione, cioè determinare l'ordine delle azioni nella struttura della coscienza.

Si può forse riportare un altro interessante esempio di una sfera in cui il pensiero e il senso hanno qualcosa in comune. Si tratta della reazione di un oggetto esterno — per esempio, una pietra o una pianta — ad un essere umano.

Qui devo spiegare che non solo la pianta, ma anche la pietra possiede degli elementi di reazione che corrispondono ai pensieri e alle sensazioni dell'essere umano. Naturalmente, sono di tipo del tutto diverso, ma anche una pietra vive la sua vita; inoltre non bisogna dimenticare che tutti gli esseri apportano il proprio contributo alla coscienza collettiva generale. Ovviamente il contributo di ciascun essere è diverso, ma tale contributo esiste, ed è questo ciò che importa.

Dal punto di vista dell'uomo, che cosa si potrebbe definire pensiero della pietra, e che cosa sensazione? Si può definire

© Грабовой Г.П., 2001

Capitolo II. Principi fondamentali del risuscitamento

"pensiero" della pietra la sua reazione all'ambiente esterno. La sensazione è anch'essa una reazione all'ambiente esterno, ma di tipo diverso: per esempio, può essere una deformazione. Poniamo che qualcosa sia caduto sulla pietra, un oggetto qualsiasi, oppure che — per esempio — dell'acqua abbia cominciato a gocciolarvi sopra: si producono delle deformazioni. Magari sono molto piccole, ma ciò che conta non è la grandezza: ciò che conta è che esistono e che possono essere viste come sensazioni della pietra, come una sua sensazione prodottasi in seguito all'interazione.

Ebbene, accade che se un uomo guarda una pietra, la reazione conseguente della pietra viene indirizzata lungo la linea retta che unisce la pietra con l'uomo, e precisamente in direzione dell'uomo. Questa reazione è spesso contemporaneamente sensazione pensiero della pietra: in questo caso, cioè, la sensazione e il pensiero della pietra sono uniti.

Anche in una pianta, se un uomo la guarda, si produce una unione del pensiero e della sensazione: ma, a differenza di quanto succede nel caso della pietra, la reazione della pianta è indirizzata lungo la perpendicolare alla linea che la collega all'uomo. Se in casa avete una pianta ornamentale, la percezione dei suoi pensieri e delle sue sensazioni vi permetterà di entrare in contatto con essa, e non avrete mai problemi — per esempio — per innaffiarla: la pianta stessa vi dirà se è necessario innaffiarla con l'acqua o se il momento non è ancora arrivato.

A prima vista, a qualcuno le riflessioni sulla reazione di una pietra sotto forma di pensieri e sensazioni possono sembrare astratte. Tuttavia, in realtà non è affatto così. Se esaminiamo il caso in cui i pensieri e le sensazioni di una pietra sono uniti, e se comprendiamo perché questo avvenga, si può capire — in linea generale — come sia strutturato il pensiero dal punto di vista del passaggio della conoscenza da un oggetto ad un altro. Inoltre, poiché la generalizzazione delle caratteristiche, quando esse vengono trasferite ad altre strutture, dà la legge del collegamento, sulla base di questa legge si può addirittura diventare coscienti di tutta la realtà e trasferire le tecnologie dell'eterno sviluppo a qualsiasi oggetto del Mondo.

Immaginatevi di trasferire i pensieri e le sensazioni — per esempio — ad una pietra o ad una pianta. Allora la pietra e la pianta vengono a trovarsi, per uno dei parametri, nello stesso Mondo in cui si trova l'uomo. In questo caso si può venire a sapere tutto di loro, o, più esattamente, tutte le loro funzioni.

© Грабовой Г.П., 2001

Qui si può tracciare un'analogia con la mia matematica, di cui ho già parlato all'inizio di questa parte. Mediante la mia matematica posso ottenere informazioni anche su un oggetto sconosciuto, posso venire a conoscenza di tutte le sue funzioni. Questa è una nuova matematica. I suoi operatori riflettono in sé la struttura del Mondo. È per questo che non è necessario conoscere tutte le caratteristiche dell'oggetto, nemmeno quelle distruttive. L'utilizzo di questa circostanza è particolarmente importante per evitare le catastrofi mediante la strutturazione della propria coscienza nel campo della chiaroveggenza gestionale. In questo campo lo scopo della chiaroveggenza non è di portare alla luce dati negativi, ma di dare una forma quanto più possibile efficace agli avvenimenti positivi. È opportuno utilizzare la chiaroveggenza gestionale anche nei casi in cui i dati sull'accadimento della catastrofe sono stati già definiti. In questa maniera io ho già scongiurato delle catastrofi di carattere globale.

Si può sottolineare anche un altro punto. Quando fra due strutture si forma una caratteristica comune, si può tradurre una delle due strutture nell'altra. Questo significa anche che, eseguendo correttamente un certo lavoro — anche se forse ci si riesce solo dopo un lungo allenamento — si può imparare a tradurre il pensiero in sensazione, e la sensazione in pensiero. Oppure si può imparare a tradurre una realtà in un'altra.

In generale, ognuno sa, in base alla propria esperienza, che un pensiero suscita una determinata sensazione, e che, al contrario, una sensazione può suscitare un pensiero. Una persona nel comune stato di coscienza spesso confonde il pensiero con la sensazione: può prendere l'uno per l'altra. Per esempio, una persona può ritenere, e con tutta sincerità, di amare qualcuno: tuttavia, in realtà, questa persona può semplicemente non sapere cosa sia il vero amore, non provarlo e neppure sospettare che cosa esso sia. Una simile confusione fra pensieri e sensazioni, nella vita, porta a ogni passo a delle incomprensioni, e a volte anche a grosse complicazioni.

Vedete che il discorso sui pensieri e sulle sensazioni apre nuove prospettive alle riflessioni. In relazione a questo ci si può ricordare il motto "Conosci te stesso". Uno dei suoi aspetti è proprio la questione delle sensazioni e dei pensieri. Se si comprende questa questione, si può costruire la propria struttura della conoscenza.

© Грабовой Г.П., 2001

Adesso possiamo tornare all'esame del principio da analizzare. Ho parlato dell'importanza del risuscitamento per il successivo sviluppo, e, in particolare, per lo sviluppo del pensiero delle generazioni future.

Il risuscitamento, come già sappiamo, è sempre un evento benefico. Il risuscitamento su ampia scala porterà a un cambiamento della coscienza collettiva. I bambini, per esempio, impareranno ad utilizzare un altro intelletto, un'altra mente, delle altre conoscenze. I loro pensieri e sensazioni, ed il loro organismo nel suo complesso, si distingueranno per una maggiore armonia. Potranno ottenere delle informazioni con assai maggiore facilità (ricordatevi quello che ho detto nell'Introduzione sulle diverse modalità di ottenimento delle informazioni). Quale conseguenza di tutto ciò un bambino potrà — per esempio — scrivere dei trattati o conoscere a meraviglia tutta la matematica superiore. E per ottenere tutto questo non saranno necessari, da parte sua, degli sforzi titanici o un sovraccarico di lavoro. Semplicemente, egli avrà un altro intelletto, un'altra mente: anche tutto il resto in lui sarà diverso. Egli stesso sarà diverso. Ed aggiungo ancora una volta che il risuscitamento su larga scala porterà, in linea generale, ad una modificazione globale della conoscenza. E non solo della conoscenza.

Le generazioni future dovranno ricevere informazioni ed oggetti materiali a partire dal proprio pensiero, dal proprio spirito. Per questo scompare il problema della limitazione delle risorse del nostro pianeta. Io— per esempio — a livello di diffusione delle tecnologie, eseguo la materializzazione di oggetti, mostrando con questo la possibilità reale di eseguire materializzazioni.

In questo modo, il risuscitamento porta ad un perfezionamento dell'intelletto, della mente, dei pensieri e delle sensazioni dell'uomo, al suo perfezionamento nel complesso ed allo stabilimento di una maggiore armonia della persona con l'Universo.

UN VIVENTE CHE NON SIA MAI MORTO POTRÀ SEMPRE REINTEGRARE UN TRAPASSATO IN UN TEMPO PIÙ SODDISFACENTE ED IN UNA VARIANTE PIÙ APPROPRIATA DI QUANTO NON POSSA FARE UN RISUSCITATO (3.12).

Parliamo prima di tutto del fatto che una persona che non sia mai morta può sempre reintegrare un trapassato in un tempo più soddisfacente. Quando abbiamo analizzato i principi (2.7) e (2.8) abbiamo già visto che, sul piano informativo, colui che non è mai morto ha dei vantaggi sostanziali rispetto a colui che è stato risuscitato.

Se si fa riferimento ai fondamenti della struttura del Mondo, a quel livello da cui tutto proviene, si può dire che il Mondo è organizzato a matrici. Sul piano informativo, ogni essere umano ha la sua matrice informativa. È poiché la condizione autentica della vita è l'assenza di morte, cioè la vita eterna e lo sviluppo continuo, in base alla condizione autentica della vita colui che non è mai morto ha una matrice assolutamente trasparente, del tutto accessibile in rapporto ad ogni forma di coscienza e di materia. È per questo che colui che non è mai morto possiede una maggiore rapidità di elaborazione delle informazioni, e, di conseguenza, può reintegrare il trapassato in un tempo più soddisfacente.

Parliamo adesso della seconda parte del principio, cioè del fatto che colui che non è mai morto può reintegrare il trapassato nella variante più appropriata. In primo luogo, che significa reintegrare il trapassato nella variante più appropriata? Non c'è forse solo una variante?

Certamente esiste una sola variante per il risuscitato, perché il risuscitato è esattamente lo stesso uomo che era prima. Questo è incontrovertibile. Quando dico "nella variante più appropriata" intendo dire "nella variante più appropriata dal punto di vista del piano creativo e organizzativo": in altre parole, colui che non è mai morto reintegra il trapassato in modo tale che al primo posto si trova la priorità della vita, e pertanto viene realizzata la variante più appropriata per tutti.

Si può ricordare che il risuscitato, col tempo, può correggere i propri difetti collegati alla sua pregressa morte biologica, e che li può compensare mediante il suo successivo sviluppo corretto: per quanto riguarda la sua condizione, egli può diventare assolutamente identico a coloro che non sono mai morti.

LA PRATICA DEL RISUSCITAMENTO, CIOÈ LA PRATICA DELLA REINTEGRAZIONE, NON CONTRADDICE NESSUNA RELIGIONE; NESSUNA LEGISLAZIONE E NESSUN INDIRIZZO DEL PIANO CREATIVO (3.13).

© Грабовой Г.П., 2001

Questa proposizione è assolutamente evidente, poiché, come ho già detto più volte, il risuscitamento è sempre un avvenimento positivo per tutti, ed attualmente è — in generale — la base fondamentale della salvezza comune.

IL RISUSCITAMENTO DELLE PERSONE OFFRE LA POSSIBILITÀ DI RISUSCITARE E REINTEGRARE QUALSIASI OGGETTO (3.14).

Richiamiamo alla memoria l'inizio del principio (1.1):

L'AUTENTICA CONDIZIONE DEL MONDO CONSISTE NELLA VITA ETERNA. LA VITA ETERNA GARANTISCE UNA AUTENTICA STABILITÀ DEL MONDO. LA TENDENZA AD UN MONDO STABILE CREA LA VITA ETERNA.

Poiché il Mondo è veramente eterno, qualsiasi oggetto esiste per sempre. Questo fatto viene utilizzato nell'apparecchiatura tecnica da me elaborata per il ristabilimento degli organi perduti. L'idea che sta alla base dell'approccio è la seguente.

Il tempo può essere visto anche come un sistema di schermi paralleli. È evidente, allora, che dietro uno degli schermi l'oggetto esiste. Perciò, dal punto di vista della tecnologia, ristabilire l'oggetto significa solo passare dietro lo schermo appropriato: tutto qui.

In una apparecchiatura reale vengono installati — per esempio — fino a cento schermi paralleli. Possono essere anche molto sottili. Attraverso questi schermi viene fatto passare un impulso di luce con le informazioni relative all'organo che ci interessa. Questo impulso, quando passa attraverso uno schermo — e precisamente attraverso lo schermo appropriato —, passa attraverso le strutture in cui l'organo in questione esisteva ancora, in cui esso era sano. Di conseguenza, l'impulso non fa altro che trasportare le informazioni su questo organo sano nel punto giusto dell'organismo della persona. E l'organo in questione ne risulta reintegrato.

Se si guarda il Mondo in questo contesto, si può dire che in esso non scompare mai nulla, e per questo si può sempre prendere qualcosa da un posto e trasferirlo in un altro: detto altrimenti, si può sempre operare un semplice trasferimento.

© Грабовой Г.П., 2001

È per questo che, non a caso, io prendo quale base non lo spazio-tempo, ma lo spostamento. Se si prende come base lo spazio-tempo, bisogna calcolare le coordinate: è un lavoro superfluo ed inutile. Se, invece, ci si basa sullo spostamento, non bisogna calcolare nulla, non bisogna riflettere sul punto dove compare l'oggetto che ci interessa: lo spostamento indica subito il luogo dove si trova.

Di conseguenza, si può sempre entrare nel tempo che ci serve, prendere quell'oggetto che ci serve, e spostarlo di qua, nel nostro tempo. Mi sono occupato di questi problemi quando avevo circa dodici anni. Inoltre ho scoperto che, quando mi sposto col mio corpo fisico nel passato, io mi trovo pure lì. Ovviamente si può andare in qualunque tempo e in qualunque punto dello spazio attraverso la struttura spirituale, ma ora parlo di uno spostamento fatto proprio nel corpo fisico. Esistono meccanismi per viaggiare nel corpo fisico dovunque si voglia, per cui ci si può venire a trovare a proprio piacimento e all'istante in qualsiasi punto dell'Universo.

Desidero sottolineare un'altra circostanza importante. Il principio (2.2) parla dell'interdipendenza fra la struttura spirituale e quella fisica. Perciò la famosa frase "Spirito sano in corpo sano" può essere letta anche al contrario: "Corpo sano in spirito sano". Vediamo che la seconda espressione è — per così dire — il riflesso della prima. In realtà, qui abbiamo un esempio di lettura riflessa di un testo. Gli antichi Greci, per esempio, leggevano molti testi in modo riflesso, ma questa tecnica è ignota ai contemporanei.

L'espressione "Corpo sano in spirito sano" dice che il corpo si trova nello spirito, e, di conseguenza, nell'Anima: in altre parole, il corpo è una parte della mente.

In precedenza ho esposto l'idea sulla base della quale funziona l'apparecchiatura per la reintegrazione degli organi perduti. Ma le apparecchiature tecniche sono semplicemente un mezzo ausiliario temporaneo, che è utile fino a che non si sia raggiunto il livello appropriato di sviluppo spirituale. Quando questo livello risulta raggiunto, non serve più nessun mezzo ausiliario: per il risuscitamento è ormai sufficiente la sola forza dello spirito. Allora diventa evidente che il risuscitamento significa che l'Anima, lo spirito, la coscienza — in generale, tutto ciò che appartiene all'individualità riflette nel modo più completo e più armonico il

© Грабовой Г.П., 2001

Mondo esistente: e questo completo riflesso è, nella sua essenza, la creazione del Mondo. Il risuscitamento personifica questa verità. Ed è per questo che il risuscitamento delle persone dà veramente la possibilità di far risuscitare e di ristabilire qualsiasi oggetto. Gli oggetti, che esistono sempre nel passato, anche se sono stati distrutti nel presente, possono essere sempre completamente reintegrati. Anche la semplice comprensione autentica di questi principi dà la possibilità di ristabilire qualsiasi oggetto. Inoltre questa reintegrazione può anche essere immediata.

Quale esempio posso riportare un caso occorsomi nella mia pratica. In un aereo si era rovinato il quadro degli strumenti, e, di conseguenza, l'aereo aveva cominciato a cadere. Io ho realmente reintegrato questo quadro nell'aereo che stava cadendo, e la situazione è stata corretta: l'aereo ha ripreso il suo volo normale. Questo fatto è stato confermato dai dati ottenuti dalla decifrazione delle registrazioni della scatola nera di bordo.

4

Passiamo all'ultima parte dei principi fondamentali del risuscitamento.

IL RISUSCITAMENTO È LA GESTIONE DI TUTTO LO SPAZIO ESTERNO (4.1).

Durante il risuscitamento abbiamo a che fare con il seguente interessante fenomeno: tutto lo spazio esterno svolge, in qualche modo, una funzione di pressione. Si può paragonare questa situazione con quella in cui si trova continuamente ciascuno di noi sulla superficie della Terra. Mi riferisco alla pressione dell'atmosfera. L'aria è un ambiente abbastanza rarefatto, e la sua densità è bassa rispetto alla densità dei corpi solidi. Tuttavia, lo spessore della coltre atmosferica è molto grande, e a causa di questo essa preme su ogni centimetro quadrato sulla superficie della Terra con la forza di un chilogrammo. Pertanto ogni centimetro quadrato del nostro corpo viene sottoposto all'azione di una forza pari ad un chilogrammo.

Ecco dunque, all'atto del risuscitamento, si può osservare l'azione di questo principio, che è fisico e, allo stesso tempo, biologico: su ogni elemento che viene rigenerato si esercita una pressione di informazioni, di sistemi informativi, di sistemi biologici, di sistemi fisici. Questa pressione, che compare all'atto del risuscitamento, agisce su ogni cellula, su ogni molecola, su ogni elemento che viene rigenerato.

Qui è necessario far osservare che, quando avviene la rigenerazione di un qualche elemento, per la sua materializzazione bisogna — in effetti — allargare lo spazio, ed anche il tempo: ma soprattutto lo spazio, e più precisamente quello esterno, perché il risuscitamento viene effettuato grazie ad un impulso che procede dall'interno. Si tratta di un impulso interno: è l'impulso dell'Anima.

Da quanto detto consegue che un giusto invio dell'impulso spirituale, cioè dell'impulso creato — per così dire — a un livello interno (cioè al livello dell'Anima), è proprio il meccanismo del risuscitamento. Vediamo di conseguenza che, quando si hanno delle pulsazioni corrette dell'Anima — esprimiamoci così —, il corpo è eterno. Oppure, in altre parole: quando la gestione di tutto lo spazio esterno è corretta, l'essere umano diventa immortale.

Se si esamina in sequenza la rigenerazione degli elementi dell'oggetto che viene ricostituito, si può osservare quanto segue. Ecco, per esempio, che quale risultato di un impulso della coscienza è stata ricostituita una cellula. Adesso bisogna gestire tutto lo spazio esterno in modo tale che questa cellula non scompaia, in modo che essa si mantenga e che venga creata ancora un'altra cellula. Adesso abbiamo già due cellule e lo spazio esterno. Seguitiamo ad aggiungere cellule. Ecco che abbiamo già l'organo e lo spazio esterno; poi una serie di organi; ed ecco che, infine, abbiamo la persona intera e tutto lo spazio esterno. A tutto questo bisogna aggiungere ancora alcune caratteristiche di questo evento: per esempio, in quale luogo, concretamente, deve avvenire il risuscitamento.

L'esame sequenziale del processo di risuscitamento suddiviso per elementi ci ha richiesto un certo tempo, ma, in realtà, questo processo può avvenire molto rapidamente: addirittura, in pratica, può avvenire all'istante.

Il senso del principio che viene esaminato può essere formulato anche così. Lo spazio esterno può essere percepito come un sistema preciso: allora, quando si sviluppa una determinata reazione in rapporto a questo sistema nel processo di risuscitamento, compare il risuscitato, cioè l'oggetto ristabilito. E questa — fra l'altro — è una delle tecnologie del risuscitamento in cui lo spazio viene utilizzato per la rigenerazione dell'oggetto.

© Грабовой Г.П., 2001

Capitolo II. Principi fondamentali del risuscitamento

Vale anche la pena di notare che, durante il risuscitamento, si possono utilizzare due approcci: quello dall'interno e quello dall'esterno. Nel primo approccio colui che opera il risuscitamento guarda lo spazio esterno attraverso colui che viene risuscitato, e — in un certo senso — "preme" sul necessario punto dello spazio. Nel secondo approccio colui che opera il risuscitamento, al contrario, guarda a partire dallo spazio esterno. Il risultato finale, ovviamente, è sempre lo stesso.

Dunque, quando si svolge il processo di risuscitamento, tutti i collegamenti del Mondo vengono messi in azione: cominciano tutti a cambiare, e in corrispondenza a questo fatto bisogna — alla stessa maniera — provvedere alla gestione di tutto lo spazio esterno, affinché avvenga l'atto del risuscitamento.

L'ESSERE UMANO È TUTTO IL MONDO ESTERNO E TUTTO IL MONDO INTERNO CONTEMPORANEAMENTE (4.2).

L'essere umano occupa nel Mondo una posizione del tutto particolare. Ho già parlato di questo. Questa particolarità è legata al fatto che l'essere umano è stato creato ad immagine e somiglianza di Dio.

In precedenza ho parlato dell'aquila, delle sue sorprendenti capacità, del fatto che essa padroneggia il teletrasporto, della sua capacità di creare l'antigravità e di molto altro ancora. Ebbene, se si esaminano il Mondo interno e il Mondo esterno dell'aquila, si giunge alla conclusione che in essa il Mondo interno è realizzato in misura minore di quanto non lo sia quello esterno. In altre parole: nell'aquila le informazioni sul Mondo interno e su quello esterno sono diverse, mentre nell'uomo sono identiche. E si può addirittura dire che, se in un oggetto le informazioni sul Mondo interno e su quello esterno sono contemporaneamente identiche, allora quest'oggetto è un essere umano. Si può aggiungere anche che — come mostra l'analisi dello sviluppo del Mondo — tutti gli oggetti di informazione si sviluppano in direzione dell'essere umano. In generale, tutto il Mondo si sforza di raggiungere l'uomo, la sua forma, i suoi principi di reazione e di sviluppo.

Si possono vedere ovunque manifestazioni di questo fatto. Analizziamo, per esempio, il lavoro degli astronomi. Gli scienziati, armati di telescopi, studiano le stelle, le costellazioni, gli ammassi globulari, le galassie: in breve, tutto ciò che si apre al loro sguardo. Guardiamo le azioni degli scienziati dall'esterno: allora si può addurre il seguente paragone.

Immaginatevi di esservi improvvisamente venuti a trovare all'interno di un organismo umano — per esempio, nei polmoni — e che, dopo esservi guardati intorno, abbiate cominciato a riportare in un registro delle osservazioni tutto ciò che avrete visto dalla vostra posizione. Anche voi potreste registrare i diversi oggetti e i vari ammassi — per esempio, proprio quelli delle cellule. Questa veduta vi si renderebbe percettibile da dentro. Ebbene, gli scienziati non si rendono conto del fatto che, nei telescopi ottici, essi scrutano un grande organismo da dentro. Se potessero guardare questo organismo dall'esterno, da fuori, vedrebbero l'immagine informativa di un essere umano.

Ed ecco che, come una rivelazione, viene una nuova interpretazione dell'espressione già ricordata: "L'essere umano è stato creato ad immagine e somiglianza di Dio". Questa proposizione, come qualunque grande verità, ha molte sfaccettature: è dotata di molti aspetti.

Se ci si avvicinasse agli oggetti dell'Universo osservati dagli astronomi, dal punto di vista che è stato appena espresso, allora si potrebbe addirittura predire come questi oggetti — e lo stesso Universo — si svilupperanno in futuro. Per far questo basta semplicemente conoscere lo sviluppo dell'essere umano qui. Conoscendo lo sviluppo dell'essere umano qui, si può parlare anche del futuro sviluppo dell'Universo. Si può dire — per esempio — quale sarà la dinamica dell'Universo. Posso dire che le immagini statiche si trasformeranno in immagini dinamiche. Non esisterà più il concetto di spazio. Lo spazio verrà attirato dentro la struttura dell'Anima, all'interno della struttura dell'impulso spirituale. Ecco perché avviene che lì, nel senso più immediato, è l'Anima, lo spirito ad essere il fondamento: ed è esso, lo spirito, a formare tutto.

Analogamente a quanto avviene nell'uomo, si può dire, facendo ricorso al principio di similitudine, che attualmente la reciproca formazione della percezione e del Mondo si svolge a livello di atomi, molecole e cellule. In futuro la concentrazione della materia aumenterà, appariranno gli organi (anche se la loro formazione avviene già ora), comparirà il cervello, si modellerà l'interazione fra le diverse parti di questo gigantesco organismo.

© Грабовой Г.П., 2001

Quando io dico che la salvezza del Mondo in un solo luogo è contemporaneamente la salvezza di tutto, è facile comprendere anche quest'affermazione sulla base del principio di similitudine. Se un uomo ha una malattia seria — per esempio, dei reni o del cuore — la sua vita a causa di questo fatto può essere minacciata. Se, però, si migliora il funzionamento di questi organi concreti, se essi vengono resi sani, allora anche quell'uomo nel suo complesso sarà sano. Lo stesso avviene nel caso del Mondo. E bisogna anche tenere presente che tutto è stato creato sulla base dei principi di interazione, intercollegamento e intercondizionamento.

Dunque, attualmente la formazione dell'Universo avviene in linea di massima a livello di atomi, molecole e cellule: tuttavia si notano già i processi della loro concentrazione, e, di conseguenza, si nota anche la formazione di strutture dello stesso tipo degli organi — per esempio, del cuore; in seguito si realizzerà il passaggio ai livelli pulsativi, del tipo delle pulsazioni del cuore. Pertanto, ciò che gli scienziati chiamano allargamento dell'Universo è in realtà solo una fase di una pulsazione di un "cuore" che sta nascendo, nonché dell'allargamento dei "polmoni" ad essa collegato.

Sapendo tutto questo, si possono creare dei sistemi di telescopi nei quali sia possibile vedere lo spazio dall'altra parte, e, di conseguenza, nei quali si possano osservare le stelle, gli ammassi globulari e le galassie da qualsiasi parte — sia da dentro, sia da fuori. Inoltre, sapendo come si sviluppa l'Universo, si possono costruire dei sistemi ottici in grado di vedere la struttura futura dell'oggetto, cioè di vedere l'oggetto come sarà. Si può richiamare alla memoria che in tempi lontani, per scopi simili, si usavano i cristalli: le immagini che comparivano in essi davano le informazioni necessarie (anche se, ovviamente, il metodo più facile è quello di ottenere tali informazioni mediante la chiaroveggenza).

In base a quanto detto si può fare un'osservazione anche sui viaggi nel cosmo. Inoltre ripeto, tutto è collegato con l'immagine dell'uomo, con la sua forma, col funzionamento e l'interattività dei suoi organi. Se sappiamo come si muove il sangue nell'uomo, come funziona il suo cuore, come funziona — in generale — tutto l'organismo umano, allora si possono costruire delle astronavi che si muoveranno al livello naturale di movimento dello spazio. Vorrei dire qualcosa di più particolareggiato su questo argomento.

Ripeto ancora una volta che attualmente ci troviamo a un livello di sviluppo caratterizzato dal fatto che, in generale, percepiamo la struttura molecolare dell'Universo. È proprio così che si possono interpretare i risultati delle osservazioni degli astronomi. Tuttavia, se accettiamo questo punto di vista, possiamo subito dire come bisogna organizzare il volo nello spazio.

Se prendiamo una particella di sangue piccolissima, e che attualmente si trova — per esempio — in una gamba, fra qualche tempo, a causa del movimento del sangue attraverso i vasi, attraverso i canali esistenti nell'organismo, questa particella si troverà già nella regione del cuore. Notate bene: senza nessuno sforzo da parte nostra. Il suo spostamento è avvenuto semplicemente grazie al fatto che si trova all'interno di un organismo vivente. Anche il nostro Universo è un organismo vivente: semplicemente, è molto grande. L'analogia che abbiamo già utilizzato ci dà la possibilità di capire che, in realtà, a una nave spaziale non serve nessun motore. L'unico accorgimento da prendere per la realizzazione di un viaggio nello spazio consiste nel mettere l'astronave nel letto del canale appropriato: questo è tutto. Allora, dopo un po' di tempo, l'astronave verrà a trovarsi da sola nel luogo che ci serve. Inoltre, se ci addentriamo ancora più a fondo in questa problematica, ci apparirà chiaro che la nostra astronave potrebbe anche venire a trovarsi istantaneamente — per fare un esempio — in un'altra galassia. In linea di principio, qualunque essere umano, se ha raggiunto un determinato livello di sviluppo spirituale, può recarsi senza alcuna astronave e a suo piacimento in qualunque punto dell'Universo.

Posso riportare un altro importante esempio di utilizzo della mia scienza, riferito direttamente a questo argomento.

Attualmente ho elaborato una tecnologia per la creazione di astronavi comandate attraverso un sistema ottico. Questo sistema è stato realizzato sulla base di un cristallo. È sufficiente mandare un segnale mentale al cristallo, affinché esso cominci a mettere in moto tutto il meccanismo; inoltre, nell'impulso iniziale, è sufficiente indicare le coordinate della destinazione — il cristallo farà da solo tutto il resto. Sarà il cristallo stesso a determinare il canale appropriato e sarà esso a collocare l'astronave nel punto giusto. Alla base di questo modo di realizzazione dei viaggi spaziali, che è nuovo nei suoi stessi fondamenti, si trova il principio della similitudine, cioè il principio della similitudine fra l'Universo e l'organismo dell'uomo.

© Грабовой Г.П., 2001

Capitolo II. Principi fondamentali del risuscitamento

Come ho detto prima, sulla base di questa similitudine si possono fare delle previsioni sul futuro sviluppo dell'Universo. Tuttavia, affinché le previsioni siano serie, si devono fondare sulla conoscenza di certe leggi: le leggi dello sviluppo. Perciò, se vogliamo capire il corso della futura evoluzione dell'Universo utilizzando il principio della similitudine, non dobbiamo solo conoscere bene la struttura dell'organismo dell'uomo, ma studiare anche la sua psicologia, i modi in cui egli interagisce con gli altri uomini, e capire come — in generale — venga realizzato il collegamento all'interno della società umana. Dopo aver risolto questi problemi si potranno controllare delle zone del Mondo assai più grandi. Dunque, in questo caso il principio è abbastanza semplice.

Il principio della similitudine adesso analizzato può essere esteso allo sviluppo di nuove tecnologie e alla creazione di apparecchi tecnologici fondamentalmente nuovi, simili a quelle astronavi di cui ho appena parlato. È molto importante anche il fatto che questo principio garantisce l'armonia dello sviluppo.

Desidero riportare anche altri esempi, tratti dalla mia esperienza, relativi all'utilizzo del principio della similitudine. Quando viene trasformato un oggetto in un altro, qualunque oggetto deve essere trasformato secondo i principi della strutturazione dell'essere umano. Quando io, per esempio, trasformo una sostanza in un'altra, la forma dell'essere umano può fungere da modello della trasformazione. Quando io, per esempio, comincio a guardare una certa sostanza e comincio a percepire le informazioni che vengono date da essa, indipendentemente dal tipo di conoscenze che esistono su di essa — simboliche o strutturate come formule —, indipendentemente da tutto questo in quella sostanza, in ogni suo elemento, ovunque si vede l'essere umano.

Se guardiamo di nuovo, per esempio, il leone di cui si è parlato prima, vedremo che esso rappresenta la struttura delle forme di pensiero dell'uomo. Se si guarda un'aquila da questo stesso punto di vista, diventerà chiaro che essa rappresenta la struttura degli eventi desiderati dall'uomo. Si può seguitare a proporre esempi all'infinito. Se si approfondisce maggiormente tutta questa problematica, si può scoprire che tutto l'ambiente esterno — esterno rispetto all'essere umano — è costruito secondo le forme della manifestazione dell'uomo. In altre parole, per capire perché gli animali, o gli altri oggetti, o in generale la materia siano stati creati proprio in questo modo —

© Грабовой Г.П., 2001

per capire tutto questo bisogna guardare l'uomo e le sue azioni. Tutto ciò che circonda l'uomo sono le sue azioni correnti e il risultato delle sue azioni precedenti. Da questo fatto consegue che, quando l'uomo porta all'estinzione un certo genere di animali, con questa azione in realtà danneggia sé stesso. Nella comprensione di questa verità è racchiusa l'ecologia autentica.

Sulla base delle conoscenze che io offro si può dire subito che cosa avverrà quale risultato dello sterminio da parte dell'uomo di un certo genere di animali, quale genere evolutivo comparirà in futuro, cioè quale sarà la forma concreta del genere successivo di animali. Si può anche dire a quali modificazioni concrete porterà il modello tecnologico di sviluppo. Sapendo tutto questo, si può mantenere l'equilibrio e si possono creare le forme che sono necessarie.

In futuro l'incrocio fra i generi e le specie, la loro sintesi, non sarà più un problema di principio, a differenza di quanto avviene oggi. E se vorremo creare un genere composto, lo potremo fare. In questo caso la tecnologia è abbastanza semplice: basta conoscere la struttura dell'essere umano.

Pertanto, come vediamo, il motto "Conosci da te stesso!", noto da tempi antichi, ha molti aspetti. La comprensione di questo principio porta ad una comprensione autentica della struttura del Mondo, mentre la sua realizzazione porta ad un'efficace apertura del fiore della vita.

L'ALLUNGAMENTO DEL TEMPO, IL SUO ALLONTANAMENTO O IL SUO AVVICINAMENTO RAPPRESENTA PROPRIO IL RISUSCITAMENTO PER ALCUNI ASPETTI DELLO SPAZIO (4.3).

Nella seconda parte di questo capitolo è stato già detto che il tempo è una costruzione della coscienza. Il tempo viene creato in rapporto allo spazio dai pensieri delle persone. Per le persone con un comune stato di coscienza l'introduzione del tempo è, si può dire, assai utile, addirittura indispensabile. Esso crea loro molte comodità: prendiamo solo come esempio l'orario del movimento dei treni o dei voli degli aerei. L'orario garantisce l'ordine e la sicurezza del movimento. E, in linea generale, il concetto di "tempo" viene usato praticamente in tutte le sfere della vita.

© Грабовой Г.П., 2001

La creazione del concetto di "tempo" significa anche la creazione di informazioni e la creazione di uno spazio nel quale esista il concetto del tempo. Nella formulazione del principio si parla anche dell'allungamento, dell'allontanamento o dell'avvicinamento del tempo per alcuni aspetti dello spazio. Qui si parla di quegli spazi in cui esiste il tempo. Ed inoltre si dice anche che il tempo non è solo collegato allo spazio, ma ne possiede anche le caratteristiche, quali, per esempio, l'allungamento, l'allontanamento o l'avvicinamento.

Quello spazio in cui esiste il concetto di tempo rappresenta la vita per il risuscitato. Il tempo, nella sua relazione con lo spazio, viene creato dai pensieri delle persone, come ho appena detto. È per questo che noi possiamo allungare, allontanare e avvicinare mentalmente il tempo. E poiché per le persone con un comune stato di coscienza molti fenomeni sono legati al tempo, come — per esempio — il concetto di "trapasso", queste persone comprendono che mediante l'allungamento, l'allontanamento o l'avvicinamento del tempo si può effettivamente realizzare un risuscitamento.

Possiamo considerare il problema che ora stiamo analizzando anche da un'angolazione leggermente diversa. In rapporto ai concetti di "vita" e "risuscitamento", l'allungamento del tempo, il suo allontanamento o il suo avvicinamento significano, in realtà, l'introduzione delle forme di pensiero che sono relative al risuscitamento: e l'introduzione di queste forme di pensiero che portano al cambiamento della struttura della realtà.

Adesso chiarirò il termine "forma di pensiero".

Forma di pensiero.

La forma di pensiero è una struttura che viene percepita attraverso la coscienza dell'uomo e che si riferisce a quel volume di informazioni che viene chiamato "pensiero". In effetti, la forma di pensiero è una forma geometrica concreta che contiene il pensiero dell'uomo.

Se si prende lo spazio del pensiero (lo possiamo immaginare o entrarci direttamente dentro), al suo interno, un tavolo — per esempio — possiede una certa configurazione, una sedia — un'altra, ed un uomo — una terza. In altre parole, la forma di pensiero è proprio una forma che, in rapporto al pensiero in essa contenuto, corrisponde ad un determinato oggetto di informazione.

© Грабовой Г.П., 2001

Riassumendo, si può dire in termini quanto mai semplici: la forma di pensiero è una forma del pensiero che contiene una informazione concreta.

Come ho detto, la forma di pensiero viene percepita attraverso la coscienza dell'uomo. Quando nella vita vi imbattete in un oggetto, potete guardarlo da diverse angolature. Se, per esempio, è un aereo, potete guardare — diciamo — la cabina dei piloti, o le ali, o la coda. Lo stesso avviene con la forma di pensiero. Poiché si tratta veramente di un oggetto reale, di una forma reale, quando la coscienza entra in contatto con essa lo può fare da diverse angolature. E come nel caso dell'aereo potete vedere diversi suoi elementi, così anche in questo caso, quando la coscienza entra in contatto con diversi aspetti della forma di pensiero avviene la percezione — per così dire — di pensieri diversi.

Esaminiamo un esempio concreto. Immaginiamo che un uomo sia andato in un negozio per comprarsi una bottiglia d'acqua minerale. Nella corrispondente forma di pensiero è contenuta l'idea di quell'uomo di comprare dell'acqua minerale, ma non solo questo. In essa è contenuta anche la comprensione del luogo in cui quell'uomo andrà e della via che prenderà; per fare tutto questo, magari, egli dovrà anche vestirsi con abiti caldi, se è inverno. Tutto questo e molto altro ancora è contenuto in quest'unica forma di pensiero.

Utilizzando la terminologia scientifica, possiamo dire che in una sola forma di pensiero sono contenuti molti parametri di significato. La scannerizzazione della forma di pensiero tesa ad evidenziare questi parametri, cioè l'elaborazione delle informazioni contenute nella forma di pensiero può avvenire a velocità differenti, a seconda del livello di sviluppo della persona: le differenze in questo campo possono essere molto significative. Una persona con un comune stato di coscienza, in generale, percepisce solo una parte della forma di pensiero. Se, invece, il livello di sviluppo spirituale della persona è abbastanza elevato, allora la percezione della forma di pensiero avviene da tutte le angolature contemporaneamente, cioè interamente, e per di più istantaneamente.

L'esame del concetto di forma di pensiero è importante anche da un punto di vista pratico: mi riferisco alla gestione di sistemi tecnici. Analizziamo questo problema.

Esiste un fatto: le forme di pensiero legate a parametri geometrici si collegano necessariamente ad una manifestazione

© Грабовой Г.П., 2001

Capitolo II. Principi fondamentali del risuscitamento

dell'Anima. Così è fatta la vita. Questa è la situazione reale. Il pensiero è gerarchicamente legato all'Anima: o direttamente (il che, in verità, avviene di rado), o indirettamente attraverso la struttura dell'esperienza accumulata. È per questo che la forma di pensiero viene gestita direttamente dall'Anima. E poiché l'Anima reagisce alla realtà del piano fondamentale, il processo di interscambio fra la forma di pensiero ed il Mondo esterno risulta frenato, o per un po' di tempo manca del tutto.

Dunque, la forma di pensiero viene gestita direttamente dall'Anima, e pertanto l'impulso proveniente dal Mondo esterno non può raggiungerla, non può cambiarla, e, di conseguenza, la gestione effettuata col pensiero è la forma di gestione maggiormente difesa.

A prima vista può sembrare che, nella gestione dei macchinari, i mezzi tecnici siano quelli più stabili, poiché dovrebbero essere più stabili del pensiero. In realtà, però, non è così. In verità, è il pensiero ad essere un sistema più stabile, e perciò la gestione di mezzi tecnici mediante il pensiero o una forma di pensiero è il modo più affidabile di gestione.

Si può comprendere tutto ciò facendo riferimento ad un esempio concreto. Immaginiamo un aereo che voli col pilota automatico inserito. Il contatto del mezzo tecnico (in questo caso del pilota automatico) con l'ambiente esterno si mantiene di continuo, e ciò rappresenta un costante pericolo potenziale. Per esempio, il pilota automatico può essere colpito da un proiettile, oppure esso può essere danneggiato da qualche altra causa. Se si utilizza il pensiero quale sistema di guida, questo sistema, in effetti, potrebbe non avere alcun contatto con l'ambiente esterno. Anche se, ovviamente, il linea di principio esistono contatti fra tutti gli elementi, in questo caso si parla della durata del contatto, cioè del fatto che il contatto realizzato col pensiero può essere istantaneo, mentre il contatto del pilota automatico (sia con l'aereo, sia con l'ambiente esterno) è continuo. Se, invece, il contatto del pensiero che dirige l'aereo con l'aereo stesso è istantaneo, l'ambiente esterno non può modificare questo pensiero. Pertanto l'aereo può volare tranquillamente seguendo la rotta prestabilita, e la seguirà tutta sino alla fine, qualunque avvenimento si verifichi nel frattempo.

Desidero qui sottolineare in modo particolare che nel pensiero si può inserire anche l'elemento della sicurezza riferito a qualsiasi oggetto. La possibilità di fare ciò si basa sul fatto che il pensiero è al riparo dall'ambiente esterno.

© Грабовой Г.П., 2001

Io ho ottenuto un brevetto per un'apparecchiatura che garantisce il trasferimento delle informazioni e della gestione di macchine mediante il pensiero.

Torniamo al problema dell'utilizzo delle forme di pensiero per il risuscitamento. Dopo aver creato la forma di pensiero necessaria, si può ripristinare il corpo in qualunque luogo: addirittura in un luogo dove, per esempio, non esista un ambiente adatto alla vita — un ambiente, diciamo, dove non ci sia aria, ma solo il vuoto. Tuttavia, se la forma di pensiero è stata creata in modo corretto, in questo ambiente al posto del vuoto compariranno l'ossigeno e tutti gli altri elementi necessari, così che la situazione si normalizzi.

Una volta mi chiesero di ripristinare una pianta d'appartamento che era morta da molto tempo. Io creai la necessaria forma di pensiero e la pianta rinacque e diventò verde, anche se lì non c'era acqua e la terra era diventata secca molto tempo prima. Una forma di pensiero corretta modifica l'ambiente esterno nella maniera necessaria.

Come si possono spiegare fenomeni simili? Alla base di questi fenomeni c'è il seguente principio fondamentale:

IL MONDO CONSISTE DI STRUTTURE CHE INTERAGISCONO: PERCIÒ IL CAMBIAMENTO DI UNA STRUTTURA PORTA AL CAMBIAMENTO DI TUTTE LE ALTRE STRUTTURE. LA PERCEZIONE E LA COSCIENZA SONO UNA DELLE STRUTTURE DEL MONDO: DI CONSEGUENZA, MEDIANTE LA MODIFICAZIONE DELLA PERCEZIONE E DELLA COSCIENZA SI PUÒ MODIFICARE IL MONDO.

Ecco perché la realtà reagisce alla forma di pensiero, ecco perché essa "risponde" al suo appello: il nostro compito consiste nel far sì che la risposta della realtà alla forma di pensiero del risuscitamento porti al risuscitamento vero e proprio. In effetti, questo procedimento è simile ad una educazione della realtà. Sì, la realtà è strutturata in modo tale che la si può far allenare, la si può istruire. Ci si può, per esempio, mettere tranquillamente a sedere e cominciare a fare pratica. Lo scopo di questa pratica è il seguente: bisogna far allenare la realtà in modo tale che essa cominci ad assoggettarsi e, come conseguenza, a produrre il risuscitamento. In altre parole: la realtà, in questo caso, viene

© Грабовой Г.П., 2001

vista come un ambiente che può essere gestito e sottoposto ad allenamento.

Queste procedure possono essere viste anche da un'altra angolazione: anche se, ovviamente, si parla sempre della stessa realtà, si utilizzano parole diverse. Per una persona con il comune stato di coscienza posta in uno spazio in cui esiste il concetto di "tempo", esiste il concetto di "vita". Noi introduciamo la parola "risuscitamento" e cominciamo, per così dire, a farla muovere: la allontaniamo, la avviciniamo, la mettiamo in posizioni diverse in rapporto alla "vita". Se ci imbattiamo subito in quella regione dello spazio-tempo in cui il concetto di "vita" coincide con l'elemento della sua eternità, il risuscitamento avviene all'istante.

Nella seconda parte del presente capitolo ho spiegato come avviene il risuscitamento di una persona nel momento in cui questa viene a trovarsi in una cellula speciale dello spazio-tempo. In quel punto ho detto anche che può venire a trovarsi in tale cellula anche una persona che abbia subito una interruzione degli eventi. La persona giunge in questa cellula e ricomincia a vivere. Adesso riporterò un esempio di una variante della interruzione degli eventi.

Sono noti molti casi in cui una persona è scomparsa all'improvviso, spesso sotto gli occhi di tutti. Questa persona proprio adesso era qui, conversava con qualcuno, e all'improvviso è scomparsa, come se fosse stata inghiottita dalla terra. Alle volte, dopo un certo tempo questa persona è comparsa di nuovo, per di più esattamente con lo stesso aspetto, con lo stesso vestito, dimostrando la stessa età, e per tale persona questa scomparsa era passata inosservata: le era sembrato che fosse passato un istante solo, anche se potevano essere passati cento o duecento anni. Questa persona è caduta, per così dire, in una fessura dello spazio-tempo, ed in seguito è tornata in mezzo a noi. Se dal momento della sua scomparsa è passato molto tempo, il vestito di questa persona, la sua parlata, le parole e le espressioni che utilizza suscitano immediatamente in chi le sta intorno l'idea di un'altra epoca.

L'essenza di questo fenomeno consiste nel fatto che, in casi simili, la persona finisce in uno spazio in cui non esiste il concetto di "tempo". Erano anche questi i casi cui mi riferivo quando, esaminando il principio (2.3), parlavo dell'interruzione temporanea degli eventi per una persona.

© Грабовой Г.П., 2001

CIÒ A CUI UN UOMO PENSA, CIÒ CHE EGLI DICE E CIÒ CHE EGLI FA HA IL CARATTERE DELL'ETERNITÀ (4.4).

Analizzando il principio (1.8) ho già detto che nel campo delle informazioni esiste questo principio: se qualcosa è stato fatto una volta, quel qualcosa esiste eternamente nel tempo in cui è stato fatto.

Anche il pensiero fa parte delle azioni. Perciò, se una persona ha pensato a qualcosa, questo pensiero viene registrato nella base dati. Inoltre viene registrato per sempre, perché lì non c'è nulla che sia simile ai virus dei computer che esistono nelle normali reti di computer e che possono distruggere le informazioni che sono conservate in esse. Nella base dati della Rete Cosmica le informazioni vengono conservate in eterno.

Anche il pronunciare parole (cioè fare delle conversazioni) fa parte delle azioni. In generale, questo principio consegue immediatamente dal fatto che l'essere umano è stato creato ad immagine e somiglianza di Dio. Il Signore Iddio è eterno e tutto ciò che Egli fa è eterno: perciò tutto ciò che fa l'uomo porta il carattere dell'eternità. È un principio abbastanza chiaro.

IL PRINCIPIO DI ETERNITÀ GARANTISCE AI TRAPASSATI LA COMPRENSIONE DEL FATTO CHE AVVERRÀ LA LORO REINTEGRAZIONE (4.5).

Il Principio di Eternità dice che, in un sistema eterno di collegamenti, i collegamenti che esistono sono organizzati in modo tale che i trapassati torneranno ad essere vivi. Ma qui è la parte spirituale ad essere più importante: questo è, per sua essenza, un principio spirituale.

Sappiamo già che, in linea di principio, la vita è eterna: questo fatto è inserito nella struttura del Mondo. E poiché nel concetto di "spirito" è incluso, fin dall'inizio, il concetto di "Eternità", chi vive sa e sa sempre — per lo meno a livello di Anima — che non morirà, che vivrà eternamente e che, se padroneggia la tecnologia appropriata, è in grado di far risuscitare gli altri. È per questo che la coscienza dei trapassati e la loro Anima comprendono perfettamente sia per proprio conto, sia mediante il contatto con la coscienza dei viventi, che i trapassati saranno reintegrati.

© Грабовой Г.П., 2001

È per questo che il presente principio, il Principio di Eternità, agisce come un conduttore di luce — una luce che può trasportare l'uomo e farlo sviluppare.

È opportuno far notare che, quando avviene il trapasso di una persona, già nel primo istante dopo il trapasso questo principio diventa evidente per chi è trapassato: i trapassati, allora, non lo percepiscono più solo a livello di Anima, ma in modo del tutto conscio.

Molti fra quelli che hanno sperimentato la morte clinica parlano della calma stupefacente che li circonda quando sono in quello stato, e della luce che compare. Questa calma e questa luce compaiono in seguito al contatto con l'Eternità. È il Creatore che dà a chi ha cercato di uscire dal corpo questo squarcio di comprensione dell'Eternità. Nella luce che compare Dio trasmette le conoscenze relative alla vita eterna. Chi ha sviluppato la struttura della propria coscienza fino alla percezione di queste conoscenze ritorna immediatamente.

Desidero far ricordare che, anche restando nel nostro comune corpo fisico, è possibile ottenere rapidamente la possibilità di sperimentare gli stati sopra descritti ed altri ancora. Per fare questo è necessario elevare il livello dello stato di coscienza. In stati di coscienza più elevati questi principi sono delle verità semplicemente evidenti.

IL MOVIMENTO DEI TRAPASSATI ATTRAVERSO IL LORO PAESE DI VITA, FIABESCO PER I NOSTRI CONCETTI, VIENE IN REALTÀ REALIZZATO ATTRAVERSO LA STRUTTURA DELLA NOSTRA COSCIENZA (4.6).

Come si deve intendere l'affermazione che il movimento dei trapassati attraverso il loro "Paese di vita" viene in realtà realizzato attraverso la struttura della nostra coscienza? In questa affermazione ci sono diversi aspetti. Abbiamo già esaminato uno di questi aspetti analizzando il principio precedente (4.5), e precisamente, abbiamo detto che, anche se il vivente non conosce bene la tecnologia del risuscitamento o addirittura non ne sa nulla, tuttavia nella struttura della sua coscienza è già inserita la conoscenza del fatto che i trapassati verranno reintegrati. Questa conoscenza è già presente nella struttura della coscienza dei viventi. È per questo che, come ho detto, i trapassati possiedono questa conoscenza sia a livello di Anima, sia grazie al contatto con la coscienza dei viventi.

Esiste anche un altro aspetto dell'affermazione che stiamo esaminando. Il movimento dei trapassati viene realizzato attraverso la struttura della nostra coscienza perché nella nostra coscienza esiste ancora il concetto del trapasso e dei trapassati. È la nostra rappresentazione mentale della normalità del trapasso, del suo carattere naturale che gli dà la possibilità di realizzarsi. È solo per il fatto che noi, nella nostra coscienza, ammettiamo l'esistenza dei trapassati, che essi esistono. Quando, nella misura in cui crescerà la comprensione collettiva del fatto che la vita, in realtà, è eterna, che la morte non è necessaria, e che anzi non fa altro che rallentare lo sviluppo spirituale dell'uomo — quando, nella misura in cui crescerà sempre di più da parte dell'uomo la comprensione di queste autentiche realtà della vita, dalla struttura della coscienza umana scompariranno i concetti di "trapasso" e "trapassati", e questa nuova percezione diventerà parte integrante della coscienza collettiva, allora tutti vivranno eternamente, e, semplicemente, non ci sarà più nessun trapassato. In questo modo, è sufficiente capire correttamente il Mondo, e non ci saranno più trapassati: tutti vivranno eternamente.

La parola "movimento", nella formulazione di questo principio, è importante. Non solamente non si parla di quella dinamica che esiste nello stato di morte clinica e di cui danno notizia coloro che, da quello stato, sono tornati indietro nel nostro Mondo. I corridoi che vengono da loro descritti, la comparsa di uno stato di quiete, l'apparizione di una luce — tutto questo avviene veramente ed è, come ho detto, il risultato del contatto con l'Eternità. Ma adesso io parlo di un movimento del tutto diverso, di una dinamica appartenente a un piano del tutto differente.

Sto parlando della formazione di una base di microelementi e di avvenimenti.

Nello stato in cui si vengono a trovare i trapassati, in realtà, non esiste il concetto di "fermata" o di "cessazione dei processi". Dopo che è sopraggiunta la morte biologica inizia subito la raccolta di elementi, una raccolta riferita alla struttura dell'Eternità. Per esempio, inizia un movimento di informazioni, inizia la sistemazione delle strutture vitali, iniziano determinati processi, ed iniziano molti altri movimenti ancora. Questi processi si dirigono verso l'interno dell'uomo,

© Грабовой Г.П., 2001

come deve essere nella logica delle cose, quando viene formata la sua base di microelementi e di avvenimenti.

Pertanto, appena giunge il momento del trapasso e comincia la disgregazione biologica delle cellule, cioè appena comincia la decomposizione del corpo, cominciano immediatamente anche i processi necessari al risuscitamento, ed inizia la raccolta di elementi rivolta verso l'interno dell'uomo.

Tutto questo, a grandi linee, conferma l'assoluta inesistenza del concetto di "morte". Esistono solo la vita ed il suo sviluppo infinito.

Quanto è stato appena detto sulla formazione di una base di microelementi e di avvenimenti che dopo il trapasso dà la possibilità anche a un altro aspetto della maniera in cui si realizza il movimento dei trapassati, attraverso la struttura della nostra coscienza. Mi riferisco a quanto segue. Quando i viventi celebrano il nono e il quarantesimo giorno, o partecipano a qualche rituale o festività — come, per esempio, il Natale — con queste loro azioni offrono un aiuto notevole al trapassato. Infatti la nostra coscienza, come già sappiamo, è strutturata in modo tale che contiene in sé il principio della reintegrazione, cioè del risuscitamento: e poiché durante le celebrazioni sopra ricordate avviene un'interazione particolarmente forte fra le strutture della coscienza dei viventi e quelle della coscienza dei trapassati, la coscienza dei viventi (anche se essi non se ne rendono conto) aiuta i trapassati ad essere reintegrati attivamente. È proprio questo lo scopo fondamentale dei corrispettivi riti e celebrazioni. Tali riti aiutano il risuscitamento dei trapassati, accelerano il processo di raccolta degli elementi e ne facilitano il trasferimento nella struttura interna.

Conoscendo i principi di organizzazione dell'uomo, si può realizzare istantaneamente la sua "formazione". Allo stesso modo, si può bloccare istantaneamente l'insorgere della morte biologica. Nella medicina moderna, per tirare una persona fuori dallo stato di morte clinica, viene utilizzato un impulso ad alta tensione. È come uno scossone di tipo particolare. Tuttavia, poiché si tratta di un metodo meccanico, molto spesso non funziona.

Nell'antica Cina sapevano reintegrare un uomo anche se questi era già in stato di avanzata decomposizione. A questo fine si utilizzava l'agopuntura. Ovviamente, diversi gradi di putrefazione richiedono diversi approcci. Se, per esempio,

© Грабовой Г.П., 2001

dopo che è sopraggiunta la morte biologica non erano passati più di tre giorni, si utilizzavano i punti situati nelle estremità. L'introduzione degli aghi nei punti appropriati portava al risuscitamento. Tuttavia, anche questo è un approccio meccanico, e si basa sull'utilizzo di principi meccanici. Perciò non mi soffermerò su questi metodi: in questo momento, espongo soprattutto dei principi spirituali.

Forse, però, è opportuno menzionare un altro fatto interessante avvenuto nel passato. Nei tempi antichi, in alcuni luoghi, possedevano il segreto della "conservazione" di quelle persone che avevano espresso il proprio consenso. Questo sistema si utilizzava soprattutto per i guerrieri. Quando bisognava trasportare dei guerrieri in località poste a grande distanza, tali guerrieri venivano "archiviati": in altre parole, venivano semplicemente immagazzinati da qualche parte, nello stesso modo in cui, per esempio, si mettono in archivio dei documenti che potranno servire. I guerrieri si essiccavano, ed in questo stato, semplicemente come massa di materia, si potevano conservare indefinitamente. Quando si manifestava la necessità di averli a disposizione, veniva introdotto un ago in ogni guerriero nel punto appropriato, oppure i guerrieri venivano innaffiati con una sostanza speciale, o veniva dato loro il necessario impulso di coscienza: in questo modo, i guerrieri si rianimavano. Di conseguenza si poteva subito ottenere un intero esercito di guerrieri allenati. Analogamente, se ci sono determinate condizioni, si possono riportare alla vita anche alcune mummie.

Torniamo all'esame del principio (4.6). In esso si parla del movimento dei trapassati attraverso il loro "Paese di vita", fiabesco per i nostri concetti. Certo, si potrebbe parlare di movimento non attraverso il "Paese di vita", ma attraverso la "regione di vita". Tuttavia io qui utilizzo appositamente la parola "Paese", e addirittura ricorro all'espressione "Paese fiabesco": in realtà, la parola "fiabesco" ha un significato particolare in questo caso.

Il fatto è che esiste un'interazione fra il Mondo dei trapassati ed il Mondo dei viventi. Non parliamo solo noi viventi: parlano anche loro, i trapassati. Parlano da là. E la fiaba è l'anello di trasmissione. Una fiaba, una narrazione non contiene solo quello che è stato detto da noi, ma anche quello che è stato detto da loro. E quando parlano loro, le loro parole per i viventi si manifestano in immagini fiabesche. Utilizzando la terminologia scientifica, si può dire che la fiaba è un sistema di trasformazione, di trasformazione delle informazioni che da "là" vengono "qua"; queste informazioni, inoltre, ci vengono date già nella nostra lingua.

Molti elementi di una fiaba vengono inseriti per farli comprendere ai bambini. Se un bambino apprende anche solo due o tre belle fiabe, questo fatto semplifica considerevolmente il processo del suo successivo sviluppo. In futuro si svilupperà in modo dinamico.

Ovviamente, oltre alle fiabe si può dare ai bambini una tecnologia del tutto concreta: allora essi potranno diventare eterni quasi subito, fin dall'inizio, e cominceranno a svilupparsi come si deve. È vero che il Mondo esterno può dar loro un orientamento diverso, ma, nonostante ciò, si può dare ai bambini un programma tale, come risultato, si otterrà una trasformazione della società, ed anche molto rapida.

Dunque, al bambino bastano due o tre fiabe per acquistare una forma di sviluppo dinamica. Se ai bambini viene data anche la tecnologia corrispondente, essi possono subito svilupparsi secondo i principi dell'autorigenerazione e della vita eterna. Allora ognuno diventa subito incorporato nella condizione dell'Eternità.

LE MODIFICAZIONI DEL PAESAGGIO GEOGRAFICO CHE SI PRODUCONO IN SEGUITO AI TERREMOTI O ALLA CADUTA DI GRANDI MASSE PIETROSE DURANTE LE VALANGHE PORTANO A DELLE MODIFICAZIONI GENETICHE E STRUTTURALI NELL'UOMO, PERCHÉ L'UOMO REAGISCE A TUTTO LO SPAZIO (4.7).

In primo luogo richiamiamo alla memoria ciò che dice il principio (4.2): L'ESSERE UMANO È TUTTO IL MONDO ESTERNO E TUTTO IL MONDO INTERNO CONTEMPORANEAMENTE. Pertanto il paesaggio geografico, i terremoti che alle volte si producono e, in generale, tutto il Mondo circostante sono, in realtà, manifestazioni della condizione dell'uomo.

Ma perché nella formulazione del principio, sono evidenziate proprio le modificazioni del paesaggio geografico che si producono in seguito ai terremoti, o alla caduta di grandi masse di pietra durante le valanghe? Perché sono proprio questi fenomeni che, in primo luogo, portano a modificazioni genetiche e strutturali nell'uomo, poiché il paesaggio e i grandi

© Грабовой Г.П., 2001

agglomerati pietrosi hanno un periodo di formazione più lungo: pertanto essi sono maggiormente legati con la struttura genetica generale dell'uomo.

Quale importante ruolo svolga il periodo di esistenza si può vedere anche in base all'esempio degli edifici. Un edificio inizia ad influenzare la genetica se è stato costruito — per esempio — più di mille anni fa. In questo caso si può già, in un certo senso, parlare di eternità. Certo, si può dire francamente che questa cifra — mille anni — è indicativa, ma nondimeno essa riflette la situazione esistente: tali edifici già influiscono sulla genetica dell'uomo. Ed esercitano un'influenza particolare sulla sua percezione. Ciò è collegato al fatto che, da quanto più tempo esiste l'edificio, tanto più esso è adattato alla coscienza collettiva. Questo edificio forma una certa condizione. È nota anche l'espressione "attrattiva dell'edificio". Questi edifici, queste strutture o i loro resti esistono ancora oggi, e non è un caso che si rechino a visitarli grandi masse di turisti.

La situazione delle opere d'arte è analoga. Col passar del tempo il loro valore aumenta: lo dimostrano bene le aste.

In merito a quanto detto desidero far notare che lo sviluppo dell'Eternità in buona parte consiste nell'aumento non solo dello status temporale, ma anche di quello spaziale. In altre parole: quante più terre si acquisiscono, quanti più spazi si conquistano, tanto più stabile diventa la struttura. È per questo che l'uomo ha la tendenza all'acquisizione.

Richiamiamo nuovamente alla memoria il principio (4.2): L'ESSERE UMANO È TUTTO IL MONDO ESTERNO E TUTTO IL MONDO INTERNO CONTEMPORANEAMENTE. Questo principio ci indica come dobbiamo comportarci correttamente nella nostra attività esterna. Se, per esempio, costruiamo degli edifici, li dobbiamo costruire in modo che essi tendano all'immagine e somiglianza dell'uomo. Se, per esempio, prendiamo in esame Londra e osserviamo come è disposta, diventerà chiaramente visibile il concetto di testa umana. Mosca tende all'immagine del cuore.

Esistono due approcci nella costruzione secondo l'immagine dell'uomo: sulla base delle zone esterne e di quelle interne. Sono due orientamenti differenti. Le zone esterne sono le zone di maggiore manifestazione della coscienza collettiva. Si trovano al di fuori del corpo fisico dell'uomo. Le zone interne, invece, sono le zone di maggiore manifestazione della coscienza

© Грабовой Г.П., 2001

individuale della personalità. Si trovano all'interno del corpo fisico dell'uomo.

Perché, per esempio, sono esistiti a lungo i divieti religiosi che non consentivano di sottoporre un uomo all'autopsia, che non permettevano di guardare all'interno? Il motivo consiste nel fatto che si stava ancora svolgendo la formazione dei collegamenti informativi fra le zone esterne e le zone interne dell'uomo a immagine e somiglianza di Dio, ed anche nel fatto che si stava altresì svolgendo la formazione della coscienza dell'uomo.

Se leggerete con attenzione gli esercizi che propongo nell'Appendice, vedrete che, in quella sede, propongo una concentrazione rivolta in generale ad oggetti esterni. Ciò è legato al fatto che il sistema interno dell'uomo cambia di frequente, e si modifica in modo sostanziale, mentre gli oggetti esterni sono stabili dal punto di vista della loro continua esistenza nella percezione.

Bisogna ancora chiarire il seguente punto. Quando dico che bisogna costruire gli edifici ad immagine e somiglianza dell'uomo, non si deve in nessun caso intendere questa mia affermazione in senso letterale, come se gli edifici dovessero avere l'aspetto di esseri umani. La questione, in questo caso, è assai più profonda: si parla dei collegamenti e dell'interazione delle forme. Per esempio, bisogna comprendere come una superficie piana sia collegata con la forma dell'uomo, o come una sfera sia collegata con la forma dell'uomo. Quando si possiedono tali conoscenze, si possono costruire strutture del tutto stabili, eterne, anche basandosi sul principio di antigravità. Gli edifici costruiti in questo modo — e, in generale, qualsiasi tipo di struttura — saranno armonici rispetto all'uomo, e, di conseguenza, anche rispetto al Creatore.

Per quanto riguarda il problema della forma, il problema del collegamento tra la forma e le informazioni ed altri problemi relativi a questo punto, essi verranno chiariti in uno dei prossimi libri della presente serie.

© Грабовой Г.П., 2001

RIASSUNTO DEI PRINCIPI FONDAMENTALI DEL RISUSCITAMENTO

1

1.1. L'AUTENTICA CONDIZIONE DEL MONDO CONSISTE NELLA VITA ETERNA. LA VITA ETERNA GARANTISCE UNA AUTENTICA STABILITÀ DEL MONDO. LA TENDENZA AD UN MONDO STABILE CREA LA VITA ETERNA. CHI NON È MAI MORTO RAPPRESENTA IL FONDAMENTO CHE RIPRODUCE TUTTO IL RESTO. DIO RAPPRESENTA TALE FONDAMENTO. DIO È ETERNO: NON È MAI MORTO. DA QUESTO CONSEGUE TUTTO.

1.2. LA VITA ETERNA È IL PRINCIPIO DI SVILUPPO DELLA REALTÀ DIVINA.

1.3. LA NOSTRA COSCIENZA PERCEPISCE COME REALTÀ CIÒ CHE ESISTE NELLA NOSTRA COSCIENZA.

1.4. LA STRUTTURA DEL MONDO SI DEVE SVILUPPARE IN MODO MOLTO INTENSO NELL'AMBITO DELLO SVILUPPO DELLA NOSTRA PROPRIA COSCIENZA.

1.5. IL RISUSCITAMENTO È LA COMPRENSIONE DELLA COSCIENZA AUTENTICA.

1.6. LA VITA SENZA FINE DETERMINA LA NECESSITÀ DELLO SVILUPPO DELL'ANIMA.

1.7. PRINCIPIO DELLA DIVINITÀ: LA TENDENZA ALL'INCORRUTTIBILITÀ DEL CORPO, ALLA VITA ETERNA E ALLO SVILUPPO DELLA COSCIENZA AUTENTICA RAPPRESENTANO LA PRASSI CHE PORTA ALLA FIORITURA PIÙ ELEVATA DELL'ESISTENZA UMANA.

© Грабовой Г.П., 2001

1.8. È SUFFICIENTE UNA SOLA PERSONA CHE POSSA FAR RISUSCITARE E RISTABILIRE IL MONDO AFFINCHÉ DIVENTI ORMAI IMPOSSIBILE DISTRUGGERLO.

1.9. IL RISUSCITAMENTO E L'ACCERTAMENTO DELL'AVVENUTO RISUSCITAMENTO SONO UN PROCESSO CONTEMPORANEO PER TUTTO IL MONDO.

1.10. LA COSCIENZA DELL'UOMO E I SUOI ORGANI, QUANDO VIENE CORRETTAMENTE COMPRESA LA LORO CORRELAZIONE RECIPROCA, DANNO ORIGINE AL RISUSCITAMENTO. IL RISUSCITAMENTO È UN ATTO DI CREAZIONE.

1.11. LO SVILUPPO DELLA PERSONA DEVE ESSERE VISTO COME UNO SVILUPPO GLOBALE DI TUTTO IL MONDO ESISTENTE.

1.12. IL PRINCIPIO DEL RISUSCITAMENTO È CORRELATO AL PRINCIPIO DELL'ORGANIZZAZIONE DELLA PERSONA, CHE TIENE CONTO DELLO SVILUPPO ONNITEMPORALE DI TUTTO IL MONDO ESTERNO.

1.13. IL DOLORE, LA TRISTEZZA E LA NOSTALGIA NON SONO IL METODO GIUSTO PER COMPRENDERE IL MONDO. SOLO LA GIOIA, LA LUCE E L'AMORE SONO IL METODO PER LA COMPRENSIONE DEL MONDO.

1.14. LA PERSONALITÀ SI MANTIENE DOPO LA MORTE BIOLOGICA, ANCHE DOPO LA CREMAZIONE. IN QUESTO ULTIMO CASO AD OGNI PARTICELLA DI CENERE CHE RIMANE DOPO LA CREMAZIONE È FISSATA LA STRUTTURA DELLA PERSONALITÀ DI COLUI CHE È STATO SOTTOPOSTO ALLA CREMAZIONE.

1.15. LO SPAZIO DIPENDE DAL PUNTO IN CUI SI INTERSECANO DIVERSI INTERVALLI TEMPORALI. IN

CONSEGUENZA DI QUESTO FATTO, LE DIMENSIONI DELLA TERRA POSSONO ESSERE AUMENTATE.

2

2.1. L'UOMO È UNA SOSTANZA ETERNA IN BASE AL PRINCIPIO DELLA SUA CREAZIONE, PERCIÒ IL RISUSCITAMENTO È BASATO SULL'ESPLICITAZIONE DI CIÒ CHE È ETERNO NELL'UOMO.

2.2. ESISTE UNA DIPENDENZA RECIPROCA FRA LA STRUTTURA SPIRITUALE E QUELLA FISICA. MEDIANTE LA TRASFORMAZIONE DELLE INFORMAZIONI SULLA STRUTTURA FISICA NELLA SFERA DELLO SPIRITO POSSIAMO TRASFORMARE LO SPIRITO FINO A UN LIVELLO IN CUI ESSO POTRÀ MODIFICARE QUALUNQUE STRUTTURA FISICA, GIUNGENDO FINO ALLA CREAZIONE DI UN CORPO FISICO.

2.3. IL TEMPO E LO SPAZIO NON LIMITANO LA DURATA DELLA VITA. IL CONCETTO DI DURATA DELLA VITA VIENE FORMATO DAL RAPPORTO CHE LO SPIRITO HA CON LO SPAZIO E CON IL TEMPO.

2.4. IL PRINCIPIO DELL'IMMORTALITÀ, E, DI CONSEGUENZA, ANCHE IL PRINCIPIO DEL RISTABILIMENTO DOPO UN'EVENTUALE MORTE BIOLOGICA È INCLUSO NELLA PRIMA CAUSA, NELLA PRIMA NATURA DEGLI IMPULSI DELLO SVILUPPO NATURALE DELL'UOMO.

2.5. UN IMPULSO INDIRIZZATO VERSO IL RISUSCITAMENTO È SEMPRE INDIRIZZATO VERSO LO SVILUPPO INFINITO DI COLUI CHE DEVE ESSERE RISUSCITATO.

2.6. COLUI CHE VIENE RISUSCITATO VEDE SEMPRE IL PROCESSO DI RISUSCITAMENTO E NE È CONSAPEVOLE, ED INOLTRE PRENDE SEMPRE PARTE AL RISUSCITAMENTO COME PERSONALITÀ CAPACE DI INIZIATIVA.

© Грабовой Г.П., 2001

Capitolo II. Principi fondamentali del risuscitamento 187

2.7. COLUI CHE VIENE RISUSCITATO SA SEMPRE PERFETTAMENTE CHE, DOPO IL RISUSCITAMENTO, VIVRÀ COME UNA PERSONA COMUNE.

2.8. COLUI CHE È STATO RISUSCITATO RITIENE SEMPRE CHE CHI È VIVO AVRÀ CON LUI UN RAPPORTO DI PARITÀ: NON SENTE DI ESSERE IN QUALCHE MODO SEPARATO DAI VIVENTI, SENTE DI ESSERE UNA PERSONA TANTO NORMALE QUANTO I VIVENTI.

2.9. DOPO IL RISUSCITAMENTO BISOGNA ASSOLUTAMENTE ESEGUIRE UN LAVORO METODICO VOLTO A SPIEGARE AL RISUSCITATO LA SUA NUOVA CONDIZIONE, LEGATA AL FATTO CHE ORA EGLI HA UN CORPO FISICO.

2.10. UNA PERSONA RISUSCITATA CONSERVA PIENAMENTE TUTTE LE CAPACITÀ PROFESSIONALI E DI ALTRO TIPO CHE HA ACQUISTATO PRECEDENTEMENTE DURANTE LA VITA.

2.11. IL CONCETTO DI "SPIRITO" DETERMINA L'AUTENTICITÀ DELLA STRUTTURA DELLA CONOSCENZA.

2.12. UNO DEGLI ASPETTI DEL RISUSCITAMENTO È IL RISTABILIMENTO DELLA COSCIENZA CREATIVA DEI VIVENTI.

2.13. NEI CONFRONTI DEL PROCESSO DI RISUSCITAMENTO BISOGNA AVERE UN APPROCCIO UGUALE A QUELLO CHE SI HA NEI CONFRONTI DEL PROCESSO DI RIPRODUZIONE DEL FETO.

2.14. I TRAPASSATI NON SI FERMANO NEL LORO SVILUPPO. LO SVILUPPO SPIRITUALE DELLA PERSONALITÀ PROSEGUE SEMPRE, IN QUALSIASI CIRCOSTANZA. PER QUESTO, A LIVELLO SPIRITUALE, IL RISUSCITAMENTO VIENE RICONOSCIUTO COME UNA MANIFESTAZIONE DELL'ARMONIA

© Грабовой Г.П., 2001

GENERALE DEL MONDO, E PROPRIO PER QUESTO OGNI PERSONA ALL'INTERNO DELLA PROPRIA ANIMA È CONSAPEVOLE DEL RISUSCITAMENTO GENERALE DEI TRAPASSATI.

3

3.1. L'ASPIRAZIONE DI DIO E DELL'UOMO ALL'UNIONE NELL'AMBITO DELLA RICREAZIONE E DELLA RIUNIONE PORTA ALLA MATERIALIZZAZIONE ED AL RISUSCITAMENTO.

3.2. LA CONCENTRAZIONE DA PARTE DELL'UOMO DELLA SUA PROPRIA COSCIENZA PUÒ PORTARE AD UN CAMBIAMENTO RADICALE DELLE STRUTTURE DEL MONDO.

3.3. IL CORPO FISICO È SEMPRE UNA PARTE DELL'ANIMA.

3.4. SIA TEORICAMENTE, SIA PRATICAMENTE L'ESSERE UMANO PUÒ ESSERE CONSIDERATO COME UNA STRUTTURA DI COSCIENZA CHE POSSIEDE UN INVOLUCRO CORPOREO.

3.5. AL LIVELLO DELLA CREAZIONE DI LEGAMI INFORMATIVI, NESSUN OGGETTO SI INTERSECA CON ALCUN ALTRO OGGETTO ESTERNO, NEMMENO CON SÉ STESSO. IL PRINCIPIO DEL RISUSCITAMENTO DELL'ESSERE UMANO, O IL PRINCIPIO DELLA RICREAZIONE DI QUALSIASI OGGETTO, È RACCHIUSO NELL'INTERSECAZIONE FRA L'INFORMAZIONE INIZIALE RELATIVA ALL'OGGETTO CON L'INFORMAZIONE CHE SI STA SVILUPPANDO SU DI ESSO NEL CAMPO DEI LEGAMI CONSEGUENTI CHE SI FORMANO QUANDO VIENE CREATA L'INFORMAZIONE.

3.6. IL SISTEMA DELLE VEDUTE SPIRITUALI DI COLUI CHE SI OCCUPA DI RISUSCITAMENTO È IL

© Грабовой Г.П., 2001

PRINCIPIO DI ORGANIZZAZIONE DELLA SOCIETÀ NELLE PROSSIME TAPPE DEL SUO SVILUPPO.

3.7. GLI OGGETTI LONTANI DELLA REALTÀ SONO CIÒ CHE È VICINO PER IL RISUSCITATO E LONTANO PER IL VIVENTE.

3.8. IL RISUSCITATO ASSOLUTIZZA LO SPAZIO E PARTICOLARIZZA IL TEMPO. NEL PERIODO INIZIALE IL TEMPO, PER LUI, È DISCRETO, MENTRE PER UN VIVENTE IL TEMPO È CONTINUO.

3.9. PRINCIPIO DELL'AUTONOMIA DEL FUNZIONAMENTO DELLE INFORMAZIONI IN TEMPI DIVERSI.

3.10. LA RELIGIONE AUTENTICA È ORIENTATA A RENDERE POSSIBILE LO SVILUPPO CREATIVO DELL'ANIMA, DEL CORPO E DELLA SOCIETÀ.

3.11. IL RISUSCITAMENTO È LA BASE PIÙ REALE, PIÙ CONCRETA, PIÙ MIRATA E PIÙ EVIDENTE PER LO SVILUPPO SUCCESSIVO, PER LO SVILUPPO DEL PENSIERO DELLE GENERAZIONI A VENIRE.

3.12. UN VIVENTE CHE NON SIA MAI MORTO POTRÀ SEMPRE REINTEGRARE UN TRAPASSATO IN UN TEMPO PIÙ SODDISFACENTE ED IN UNA VARIANTE PIÙ APPROPRIATA DI QUANTO NON POSSA FARE UN RISUSCITATO.

3.13. LA PRATICA DEL RISUSCITAMENTO, CIOÈ LA PRATICA DELLA REINTEGRAZIONE, NON CONTRADDICE NESSUNA RELIGIONE; NESSUNA LEGISLAZIONE E NESSUN INDIRIZZO DEL PIANO CREATIVO.

3.14. IL RISUSCITAMENTO DELLE PERSONE OFFRE LA POSSIBILITÀ DI RISUSCITARE E REINTEGRARE QUALSIASI OGGETTO.

© Грабовой Г.П., 2001

4

4.1. IL RISUSCITAMENTO È LA GESTIONE DI TUTTO LO SPAZIO ESTERNO.

4.2. L'ESSERE UMANO È TUTTO IL MONDO ESTERNO E TUTTO IL MONDO INTERNO CONTEMPORANEAMENTE.

4.3. L'ALLUNGAMENTO DEL TEMPO, IL SUO ALLONTANAMENTO O IL SUO AVVICINAMENTO RAPPRESENTA PROPRIO IL RISUSCITAMENTO PER ALCUNI ASPETTI DELLO SPAZIO.

4.4. CIÒ A CUI UN UOMO PENSA, CIÒ CHE EGLI DICE E CIÒ CHE EGLI FA HA IL CARATTERE DELL'ETERNITÀ.

4.5. IL PRINCIPIO DI ETERNITÀ GARANTISCE AI TRAPASSATI LA COMPRENSIONE DEL FATTO CHE AVVERRÀ LA LORO REINTEGRAZIONE.

4.6. IL MOVIMENTO DEI TRAPASSATI ATTRAVERSO IL LORO PAESE DI VITA, FIABESCO PER I NOSTRI CONCETTI, VIENE IN REALTÀ REALIZZATO ATTRAVERSO LA STRUTTURA DELLA NOSTRA COSCIENZA.

4.7. LE MODIFICAZIONI DEL PAESAGGIO GEOGRAFICO CHE SI PRODUCONO IN SEGUITO AI TERREMOTI O ALLA CADUTA DI GRANDI MASSE PIETROSE DURANTE LE VALANGHE PORTANO A DELLE MODIFICAZIONI GENETICHE E STRUTTURALI NELL'UOMO, PERCHÉ L'UOMO REAGISCE A TUTTO LO SPAZIO.

© Грабовой Г.П., 2001

CAPITOLO III

METODI PER IL RISUSCITAMENTO DEGLI ESSERI UMANI

CAPITOLO III
METODI PER IL RISUSCITAMENTO DEGLI ESSERI UMANI

I metodi per il risuscitamento degli esseri umani sono basati sulle leggi fondamentali del Mondo. In essi è riflessa la comprensione del ruolo che svolge la coscienza nella nostra vita e di come la si possa utilizzare per il risuscitamento. Un ruolo fondamentale viene svolto anche dalla conoscenza del fatto che la vita è eterna.

I metodi per il risuscitamento degli esseri umani sono basati anche su una profonda comprensione del fatto che si possono dare informazioni sul risuscitamento all'Anima del risuscitando. Quest'operazione può essere effettuata in una quantità incalcolabile di modi. Io ho scelto cinquanta metodi da tutta la varietà dei modi possibili. Questa cifra, d'altra parte, è pari alla quantità dei principi fondamentali del risuscitamento esposti nel capitolo precedente. Se li contate, vedrete che sono appunto cinquanta.

Quando trasmettiamo all'Anima del risuscitando le informazioni sul risuscitamento, ci basiamo in modo significativo sul fatto che la sua Anima comprende i principi ed i metodi del risuscitamento. A livello dell'Anima, ognuno dispone di queste conoscenze. Queste conoscenze si trovano dentro la struttura della coscienza di ogni essere umano. Il fatto che ancora non tutti si siano risvegliati e non siano giunti al loro riconoscimento è un'altra questione: si tratta del problema della crescita spirituale dell'uomo. Nella misura in cui l'uomo si sviluppa spiritualmente, nella misura in cui si eleva il livello del suo stato di coscienza, tutte queste verità gli diverranno sempre più chiare.

Poiché persone diverse si trovano a diversi livelli di sviluppo, nel lavoro pratico con i metodi di risuscitamento proposti bisogna tenere presente quanto segue. In primo luogo è opportuno comprendere che il risuscitamento avviene se si interiorizza correttamente il testo del presente libro. L'interiorizzazione deve essere orientata verso l'individualità di ogni personalità.

Qualcuno può ottenere subito il risultato. Tuttavia, molti avvertiranno la propria impreparazione. Non vi agitate per questo fatto, perché tutto ciò significa solo che dovete lavorare ancora un po' con il libro.

© Грабовой Г.П., 2001

Rileggete attentamente il secondo capitolo — "I principi fondamentali del risuscitamento". Bisogna riflettere accuratamente su questi principi. Dovete cominciare a "sentire" che li capite. Rileggete anche il primo capitolo — "Episodi concreti di risuscitamento di esseri umani". Sono esempi vivi. L'analisi dei casi descritti vi aiuterà a comprendere le fasi caratteristiche che si succedono nel risuscitamento. I fatti riportati contengono già tutte le conoscenze indispensabili sul risuscitamento.

È necessario rileggere anche il quarto capitolo — "I principi del risuscitamento e la vita quotidiana". I problemi che vengono esaminati in quella sede completeranno la vostra comprensione di tutto ciò che è collegato col risuscitamento.

E, infine, bisogna leggere ancora una volta con estrema attenzione il commento al principio (3.10), in cui vengono dati consigli circa il lavoro pratico da eseguire su sé stessi. È molto importante seguire nel modo più consapevole le indicazioni che vengono date in esso.

Allora, col tempo, giungerete sicuramente al successo. Questo libro è stato scritto proprio per farvelo raggiungere. Nella vostra natura questa capacità già esiste. Ciascuno la possiede dalla nascita. Bisogna solo riuscire ad ottenerne l'utilizzazione pratica.

Quando trasmettete all'Anima del risuscitando le informazioni sul risuscitamento e passate al lavoro, anch'egli si unisce attivamente a questo lavoro. Di questo si è parlato nel secondo capitolo. Ricordatevelo, e considerate sempre le circostanze concrete in cui avviene il risuscitamento.

Perché ho proposto una così grande quantità di metodi di risuscitamento, e cioè cinquanta? Il fatto è che siamo tutti molto diversi. Questo è naturale: ognuno di noi ha le sue inclinazioni, i suoi punti di vista, i suoi gusti. Una grande quantità di metodi dà la possibilità a ciascuno di scegliere quello che lo colpisce di più, che gli piace maggiormente, o, molto probabilmente, sarà proprio questo metodo ad essere quello più efficace per lui. Questa può essere la situazione in una fase iniziale. Col tempo potrete utilizzare la maggioranza di questi metodi con uguale successo.

Un'altra ragione per cui ho proposto una così grande quantità di metodi di risuscitamento è la seguente. Questi metodi, a prima vista, sembrano effettivamente molto diversi. Tuttavia, leggendone la descrizione, riflettendo su di essi, gradualmente comincerete ad avvertire che, anche se la loro forma forse è

© Грабовой Г.П., 2001

Capitolo III. Metodi per il risuscitamento degli esseri umani

diversa, l'essenza che soggiace sotto tutti loro è sempre la stessa. Questa essenza è proprio ciò che li unisce e che, propriamente parlando, li rende metodi di risuscitamento. La varietà delle forme di questi metodi vi aiuterà a percepire e capire meglio la profonda essenza unitaria che esiste dietro tutti loro.

La comprensione del materiale esposto è molto importante. L'esecuzione degli esercizi riportati nell'Appendice porta anch'essa a fenomeni di risuscitamento e alla vita eterna, e vi aiuta a raggiungere una maggiore armonia col Mondo circostante. Quando saranno state raggiunte una maggiore comprensione ed una maggiore armonia col Mondo circostante, allora i risuscitamenti cominceranno a verificarsi assai più rapidamente.

I primi metodi vengono spiegati in modo abbastanza particolareggiato. Verso la fine, quando viene analizzato un metodo o un altro, viene esposta solo la sua idea di base.

Accanto al numero di ogni metodo sarà indicata la sua denominazione. L'esposizione del materiale è stata da me organizzata in modo tale che, dopo aver appreso uno qualsiasi dei metodi, la semplice concentrazione sulla sua denominazione sarà già sufficiente a garantire la trasmissione delle conoscenze all'Anima del risuscitando. Ovviamente, però, è meglio eseguire tutto ciò che viene consigliato di fare in quella esposizione.

Passiamo direttamente ai metodi di risuscitamento.

- RISUSCITAMENTO BASATO SUL FUNZIONAMENTO DI SETTORI LONTANI DELLA COSCIENZA.

In primo luogo bisogna chiarire che cosa siano i settori lontani della coscienza. Immaginatevi di riflettere su un problema, sforzandovi di capirlo. Il livello di comprensione di questo problema può variare. Ci può essere una comprensione chiara, o una comprensione non molto chiara, oppure una assolutamente non chiara. Ma, visto che la comprensione si trova nello spazio della coscienza, il livello di comprensione può essere correlato con la normale distanza nello spazio fisico. Si può dire che ciò che capite bene si trova nei settori più vicini della coscienza, mentre ciò che non capite bene si trova in quelli lontani.

© Грабовой Г.П., 2001

Dunque i settori della vostra coscienza collegati a quei problemi che non avete capito, o su cui non vi siete soffermati, pensando che ve ne sareste occupati in futuro, o ai quali semplicemente non date importanza, nell'ambito del presente metodo vengono chiamati settori lontani della coscienza. Ebbene, il risuscitamento può avvenire grazie all'attività di tali settori lontani della coscienza. Questo processo è molto vasto. Ne potete fare uso quando non riuscite ad abbracciare contemporaneamente tutti i processi in atto.

Quando avviene un risuscitamento si producono delle modificazioni nelle microstrutture e nelle macrostrutture, si svolgono dei processi dentro le cellule, si formano degli organi. Esiste una gran quantità di questi svariati processi, perché si sta formando il corpo fisico di un essere umano. Se non riuscite ad abbracciare tutti questi processi, è possibile che non li capiate. Tuttavia il presente metodo utilizza proprio questa incapacità di comprendere. In questo caso, l'incapacità di comprendere è un elemento positivo, perché allora si possono utilizzare i settori lontani della coscienza. Quando utilizzate i settori lontani della coscienza, non vi serve né di conoscere, né di tenere presenti contemporaneamente tutti i collegamenti: non è necessario tenerli nella propria coscienza, non è necessario concentrarsi su di essi, e così via.

E adesso passiamo a vedere come si possano utilizzare praticamente per il risuscitamento i settori lontani della coscienza.

Propongo due varianti di questo metodo.

- La prima variante utilizza un oggetto geometrico mentale, e precisamente una sfera.

Immaginatevi i settori lontani della coscienza sotto forma di una sfera. Disponete questa sfera proprio davanti a voi a una distanza di 25 centimetri dalla superficie del corpo. Il raggio della sfera deve essere di 5 centimetri. Adesso concentratevi sul centro di questa sfera. Concentratevi sull'immagine della persona che volete risuscitare e sull'idea del suo risuscitamento. In questo modo, in effetti, state creando un canale di trasmissione. Questo è un sistema di trasmissione delle informazioni all'Anima della persona che volete risuscitare.

© Грабовой Г.П., 2001

Capitolo III. Metodi per il risuscitamento degli esseri umani

- Nella seconda variante si utilizza la legge che dice:

QUANDO UNA PERSONA REAGISCE AD UNA INFORMAZIONE, L'INFORMAZIONE SI DISPONE NELLA SUA COSCIENZA IN SETTORI PIÙ VICINI O PIÙ LONTANI IN BASE AL GRADO DELLA SUA REAZIONE.

Se la reazione della persona è debole, l'informazione corrispondente si dispone nei settori più lontani della sua coscienza. Nei settori lontani della coscienza di una persona, di conseguenza, si dispongono le informazioni che quella persona non ha sufficientemente compreso, o che non ha compreso affatto, o che non ha compreso semplicemente perché non ha prestato ad esse la dovuta attenzione. Proprio questi settori lontani della coscienza vengono utilizzati nel presente metodo. Il loro utilizzo, come si è detto, offre il vantaggio che non dovete avere un'idea precisa di tutti i collegamenti e di tutti i processi che si svolgono durante il risuscitamento.

Per un utilizzo efficace di questo metodo, è necessario comprenderlo bene. Inoltre, è necessario studiare in modo appropriato i principi fondamentali del risuscitamento. Allora potrete risuscitare gli altri e formare di nuovo qualsiasi oggetto.

Il lavoro effettivo per ottenere il risuscitamento sulla base di questo approccio si svolge nel modo seguente.

Concentratevi sull'immagine di colui che volete far risuscitare. Concepite questa immagine come parte della vostra coscienza: in effetti, essa si trova veramente in qualche parte di essa. Vi trovate ora nello spazio della coscienza. Adesso, in un'altra parte della vostra coscienza, create un riflesso di quest'immagine; poi, in un'altra parte ancora, create un altro riflesso. Seguitate a creare in vari punti della vostra coscienza sempre nuovi riflessi dell'immagine di colui che deve essere risuscitato.

In alcuni "luna park" esiste questa attrazione: in una stanza vengono disposti molti specchi in posizione speciale, in modo tale che, quando una persona entra in questa stanza, vede una quantità infinita di propri riflessi.

Voi dovete fare qualcosa di simile quando utilizzate questo metodo di risuscitamento. In vari settori della vostra coscienza devono comparire sempre nuovi riflessi. E quando nella vostra coscienza saranno presenti moltissimi riflessi dell'immagine del risuscitando, l'immagine trapasserà nella realtà, cioè avrà luogo il risuscitamento.

© Грабовой Г.П., 2001

La trasmissione delle informazioni all'Anima del risuscitando, in questo caso, viene realizzata sia grazie a quel settore della coscienza dove è stata formata l'immagine del risuscitando, sia grazie a quei settori ove sono stati formati i suoi riflessi. Creando in diversi settori della coscienza dei riflessi dell'immagine ed aumentandone progressivamente la quantità, voi coinvolgete nella trasmissione delle informazioni una quantità sempre maggiore di settori della coscienza.

In radiotecnica esiste un'analogia con questo processo: mi riferisco alle antenne. A causa della grande diffusione della televisione, quasi tutti conoscono le antenne. E molti sanno che, se all'improvviso compare qualche irregolarità nell'immagine sullo schermo, fra i motivi di questo fatto ci possono essere dei guasti all'antenna. L'antenna è un importante elemento nella trasmissione e nella ricezione delle informazioni.

Dunque, per la trasmissione e la ricezione dei segnali vengono usate delle apparecchiature speciali chiamate "antenne". Un'unica antenna è un trasmettitore singolo di segnali. Il suo funzionamento è caratterizzato da determinati parametri. Se si prendono molti trasmettitori di questo tipo, grazie ad essi si può creare una rete di antenne. La rete di antenne gode di proprietà che i trasmettitori singoli non possiedono.

Lo stesso avviene nel nostro caso. L'elemento della coscienza che contiene il riflesso dell'immagine e che trasmette le informazioni può essere visto come un trasmettitore singolo. Quando aumentate la quantità dei riflessi, non fate altro che aumentare la quantità dei trasmettitori. Se è presente una grande quantità di elementi, avviene un cambiamento qualitativo nella trasmissione e nella ricezione delle informazioni. Nei settori lontani della coscienza si produce un accumulo di elementi informativi che è sufficiente al risuscitamento.

Abbiamo già analizzato questi problemi nell'Introduzione. Ricordatevi di quello che si diceva in quella sede circa il funzionamento del cervello e l'emissione di raggi laser. L'analogia riportata in quel caso è valida anche in questo.

In riferimento alla trasmissione e alla ricezione di informazioni, torna alla mente la famosa "Bhagavad Gita", appartenente all'epica indiana. Ricordiamo come inizia questo libro. Un re, seduto nei propri appartamenti, chiede a un veggente, seduto vicino a lui, di raccontargli quello che sta avvenendo sul campo

© Грабовой Г.П., 2001

Capitolo III. Metodi per il risuscitamento degli esseri umani

di battaglia mentre essi si trovano nel palazzo. Tutta la "Bhagavad Gita" è il racconto del veggente relativo agli avvenimenti che si svolgono sul campo di battaglia. In questo caso il veggente trasferisce la regione della coscienza corrispondente agli eventi lontani in una regione della coscienza abbastanza vicina da permettere una percezione esatta di questi fatti.

- GESTIONE DEL RISUSCITAMENTO ATTRAVERSO ELEMENTI DEL MONDO VEGETALE.

In questo metodo, relativo alla trasmissione all'Anima del risuscitando delle informazioni necessarie, viene utilizzata una pianta. Si può utilizzare sia un albero, sia un cespuglio, sia dell'erba: in breve, tutto ciò che vi piace. Invece di concentrarsi su tutta una pianta, ci si può addirittura concentrare anche solo su un'unica fogliolina.

Voi percepite questa fogliolina come la struttura del Mondo, come un elemento del Mondo. Poiché nel Mondo tutto è collegato, questa fogliolina è collegata a tutti gli elementi del Mondo, e dunque anche con l'Anima della persona che voi vi accingete a far risuscitare. È chiaro che questi collegamenti hanno determinate caratteristiche.

Il tipo di collegamenti di cui è dotata la fogliolina di una pianta può essere visto esaminando il contorno di questa foglia. Ci si può immaginare la foglia mentalmente, oppure concentrare lo sguardo sulla foglia che viene percepita fisicamente. Il vostro compito è di cogliere nella pianta i collegamenti attraverso i quali avviene la trasmissione delle informazioni all'Anima del risuscitando.

Affinché la trasmissione abbia successo, bisogna tenere presente un particolare tecnico: mi riferisco all'orientamento della pianta.

Siete voi a dare l'orientamento nello spazio con la posizione del vostro corpo, perché siete una persona che agisce in modo attivo. Perciò bisogna collegare mentalmente la posizione della pianta alla posizione del proprio corpo.

Facciamo un esempio concreto: immaginiamo che stiate lavorando con un albero. L'asse dell'albero, cioè la linea che va dalle sue radici alla cima, deve coincidere sempre col vostro asse, cioè con la linea che va dai vostri piedi alla vostra testa. Così, se,

© Грабовой Г.П., 2001

utilizzando questo metodo, lavorate stando in piedi, dato che anche l'albero cresce verticalmente verso l'alto, va tutto bene. Se invece — diciamo — state sdraiati orizzontalmente, allora dovete disporre mentalmente in posizione orizzontale anche l'albero, in modo che nella vostra rappresentazione mentale esso sia disposto — per così dire — parallelamente al vostro corpo.

Facendo questo, l'albero viene usato come canale di trasmissione. Vi dovete concentrare mentalmente su come cresce l'albero, su come all'interno di esso avvenga il movimento della linfa dalle radici alla cima, alle estremità dei rami, ai bordi delle foglie. In questo movimento cha va dalle radici alla corona dovete inserire le informazioni per l'Anima del risuscitando ed invitarlo al risuscitamento. Sappiamo già come si comportano i trapassati in questi casi. Dopo essere stati informati del fatto che noi siamo pronti ad aiutarli, anch'essi cominciano subito attivamente a contribuire all'operazione.

In questo metodo di risuscitamento, in effetti, è possibile utilizzare non solo gli elementi del mondo vegetale. Con il sistema descritto si possono trasmettere informazioni, per esempio, anche attraverso la struttura della pietra, o del cristallo, o delle montagne. Si può utilizzare — diciamo — una montagna che si trova proprio davanti a voi, o delle montagne che si trovano in lontananza. La distanza non ha importanza. Dovete concentrarvi sulle cime delle montagne e trasmettere attraverso di esse le informazioni che volete trasmettere al risuscitando.

- METODO DI SVILUPPO DELL'ANIMA DEL RISUSCITANDO CHE FORMA LA CONOSCENZA RELATIVA AL RISUSCITAMENTO NEL MONDO DEI VIVENTI.

Come dice la stessa denominazione del metodo, il suo scopo è la trasmissione all'Anima del risuscitando delle informazioni che la sua Anima utilizzerà per il ristabilimento del corpo fisico nel Mondo dei viventi.

L'utilizzo pratico di questo metodo può essere convenzionalmente diviso in quattro momenti.

- Concentratevi sull'Anima del risuscitando in modo tale che essa sia illuminata, cioè in modo tale che compaia per essa una chiara luce di conoscenze.

© Грабовой Г.П., 2001

Capitolo III. Metodi per il risuscitamento degli esseri umani 201

- Raccontate mentalmente all'Anima del risuscitando che, nella situazione oggi esistente, in cui la minaccia della distruzione nucleare e della catastrofe ecologica sta sospesa sopra al Mondo, è indispensabile esser capaci di ristabilire il corpo fisico per la salvezza di tutti. Questo ristabilimento del corpo fisico, cioè la sua formazione, avviene sulle base delle conoscenze che vi sono già note. Dovete raccontare tutto questo al risuscitando in modo abbastanza particolareggiato e preciso. Inoltre, nel dialogo con lui bisogna tenere presente la sua individualità. Ricordatevi che egli desidera rimanere una personalità individuale, come era prima. Perciò il dialogo deve essere assolutamente concreto.

- Affinché il risuscitando percepisca meglio le informazioni che gli date, è opportuno che siate in uno stato di calma. Sarà molto utile per l'operazione se, facendo questo, vi renderete conto del fatto che il vostro stato di calma è una fonte di conoscenze per il risuscitando. Si può dire che il vostro stato di calma sia per lui come un faro che gli illumina la strada e che lo aiuta ad orientarsi nell'oceano delle informazioni.

- Dovete determinare dove e in quale luogo esatto deve avvenire il risuscitamento in sé. Bisogna indicare mentalmente questo luogo al risuscitando, affinché egli sappia dove deve risuscitare. È ovvio che il risuscitando, essendo una personalità indipendente, può avere la sua opinione al riguardo. Egli può proporre la sua variante: questo, in linea di principio, non crea nessun problema. Semplicemente, in questo caso, gli dovete indicare un concreto luogo di incontro dove deve venire dopo essere già risuscitato, cioè nel suo corpo fisico.

Quando mostrate mentalmente al risuscitando il luogo dell'incontro, dovete raffigurarvi in modo assai preciso lo spazio, per esempio una via, o una stanza, o un qualche altro luogo dove dovrà svolgersi il vostro incontro. È indispensabile che vediate mentalmente come il risuscitando si avvicina a questo luogo, ed anche il posto da cui egli vi giunge. Dovete avere una chiara visione della situazione per lo meno in un raggio di circa cento metri a partire dal punto d'incontro. Ripeto ancora una volta: dovete raffigurarvi, con precisione e grande chiarezza, come egli riesce a percorrere questi cento metri; dovete assolutamente vedere che sta proprio arrivando, e seguire con estrema attenzione tutto quanto il suo percorso in questa porzione di spazio fino al luogo esatto dell'incontro.

© Грабовой Г.П., 2001

E adesso una piccola aggiunta. Nella prima parte del presente metodo, ed anche prima in questo libro, ho utilizzato il termine "illuminazione". Adesso dirò che cosa significa.

Persona illuminata. Illuminazione.

Una persona illuminata è una persona della quale sia visibile la luce dell'Anima. Questo significa che l'Anima di questa persona possiede la luce delle conoscenze, la luce del futuro, la luce della creatività. Quando si parla di luce, e, conseguentemente, di illuminazione, si intende parlare degli aspetti creativi dell'Anima, cioè del suo orientamento verso la luce.

Pertanto, una persona illuminata è una persona che porta la conoscenza della creatività, la conoscenza dello sviluppo, la conoscenza dell'armonia.

L'illuminazione come processo, invece, è una crescita spirituale, è uno sviluppo spirituale di quella persona che diventa illuminata.

- OTTENIMENTO DELLA CONOSCENZA RELATIVA ALLA TECNOLOGIA DEL RISUSCITAMENTO ATTRAVERSO LA CONCENTRAZIONE DELL'ATTENZIONE SU UNA SUPERFICIE D'ACQUA ILLIMITATA.

Immaginatevi che davanti a voi si stenda l'oceano. Un'illimitata spianata d'acqua che si estende in tutte le direzioni. Senza confini, senza fine. E come è infinito questo oceano, così sono infinite anche le vostre conoscenze sul Mondo, conoscenze che si trovano nella vostra Anima.

Volete far risuscitare una persona concreta? Magnifico. La conoscenza relativa a come fare tutto questo si trova già nella vostra Anima.

Ovviamente sorge il problema di come estrarre, da questo oceano di conoscenze, esattamente quella conoscenza che è necessaria al risuscitamento di quella persona concreta in quel certo momento. Non si può certo esaminare tutta questa infinita quantità di dati, perché quest'operazione potrebbe richiedere moltissimo tempo!

In generale, vi devo dire che il tempo necessario all'esame di un sistema, anche se infinito, è sempre finito. Esiste questa legge. In altre parole, anche se avete un sistema infinito di conoscenze, potete sempre analizzarlo in un periodo di tempo

© Грабовой Г.П., 2001

Capitolo III. Metodi per il risuscitamento degli esseri umani

finito, anche se, ovviamente, sarà necessaria una certa quantità di tempo. Questo dipende in buona parte dal livello di sviluppo della persona. In base al livello di sviluppo della persona, può essere necessario un tempo di alcuni secondi, o di alcune ore, o di alcuni giorni, e così via.

Una particolarità importante del metodo che stiamo attualmente esaminando, consiste nel fatto che esso permette di realizzare il risuscitamento istantaneamente. Pertanto è molto utile in quelle situazioni di vita in cui, per l'appunto, è necessario realizzare istantaneamente il risuscitamento.

Immaginatevi che i piloti che guidano un aereo passeggeri muoiano all'improvviso — per esempio, a causa di un avvelenamento — e che l'aereo sia rimasto senza guida. In una situazione del genere è indispensabile un risuscitamento istantaneo. La salvezza dei piloti, in questo caso, significa la salvezza di molti.

Oppure prendiamo in esame — per esempio — un uomo nelle cui mani si trovi il controllo di una centrale nucleare. È sufficiente richiamare alla memoria la catastrofe di Černobyl' e le sue conseguenze per comprendere tutta l'importanza del lavoro di ogni operatore. Ma se all'improvviso nella centrale si è verificato un guasto, e in quel momento, inaspettatamente, è sopraggiunta la morte biologica dell'operatore, che cosa si può fare? In un caso del genere è necessario farlo risuscitare immediatamente, affinché egli possa ristabilire il normale funzionamento della centrale.

Un altro esempio può essere — diciamo — il trasporto di carichi di materiale nucleare. Possono esistere moltissime situazioni di questo tipo nella vita. È per questo che bisogna padroneggiare un metodo per il risuscitamento istantaneo delle persone.

Torniamo alla descrizione del metodo. Dovete concentrarvi sull'oceano di conoscenze e trovare in esso quel punto in cui il risuscitamento di quella persona avviene istantaneamente e nel luogo giusto.

Tuttavia sorge una domanda: come si può trovare istantaneamente proprio ciò che serve al risuscitamento di una certa persona in un oceano infinito di conoscenze? Tutto il problema consiste nel come trovare istantaneamente questa conoscenza, perché stiamo parlando di risuscitamento istantaneo.

Immaginiamo per un minuto che voi abbiate già questa conoscenza. Allora il problema è subito risolto, perché il Mondo è strutturato in modo tale che le conoscenze che vi servono

© Грабовой Г.П., 2001

per il risuscitamento coincidono già con l'evento stesso del risuscitamento — per di più, nelle condizioni necessarie, in una determinata situazione concreta.

Di conseguenza, tutto si riduce a ottenere le conoscenze sulla tecnologia del risuscitamento. Poiché ora stiamo parlando di risuscitamento istantaneo, è chiaro che non potete cercare questa conoscenza: semplicemente, non avete il tempo di cercarla.

Però sta di fatto che non dovete neppure cercarla. Dovete fare qualcos'altro. Dovete creare una vostra condizione spirituale tale per cui tutta la realtà cominci a cambiare nella direzione che vi serve.

Qui sto dicendo che il centro dell'oceano delle conoscenze siete voi stessi, il vostro spirito, la vostra Anima, e, naturalmente, la vostra ragione, il vostro intelletto, la vostra coscienza e tutto il resto. E poiché voi siete il centro dell'oceano delle conoscenze, tutte queste conoscenze sono vostre. Sulla base di queste conoscenze dovete dare una tale foggia alle informazioni che la realtà, rispondendo alla sollecitazione di tali informazioni, si manifesti attraverso il risuscitamento.

Di conseguenza, è necessario chiarire come si possa plasmare questa reazione della realtà. Il metodo per ottenere questo risultato è il seguente. Dovete vedere voi stessi come un elemento del Mondo, e più precisamente proprio come quell'elemento che organizza il raggiungimento dello scopo che vi siete prefissati: in questo caso, il risuscitamento di una persona. Identificando voi stessi con questo elemento del Mondo, potete vedere in quale modo esatto e fino a che punto debba essere sviluppato il vostro spirito affinché si realizzi il necessario avvenimento.

La condizione dello spirito si riflette nella corrispondente condizione interna. Con lo sviluppo dello spirito aumenta la forza del vostro irraggiamento interiore, l'intensità della sua luce. Qui si parla del fatto che voi, come se aveste la forma di un lampo di luce sui generis, dovete istantaneamente raggiungere quel livello di irraggiamento, quel livello di condizione dello spirito che garantisce la realizzazione istantanea del necessario avvenimento.

Inoltre, mentre fate tutto questo, non dovete cercare nulla, anche se, ovviamente, quel punto nell'oceano, quella conoscenza che è necessaria per quel risuscitamento concreto — quella conoscenza, chiaramente, per voi è indispensabile. È così: ma non la dovete cercare.

© Грабовой Г.П., 2001

Capitolo III. Metodi per il risuscitamento degli esseri umani

È risaputo che le lucciole volano verso il fuoco e vi entrano. È sufficiente accendere una luce nell'oscurità, ed ecco che subito un intero sciame di questi insetti vola attorno ad essa. È la luce che li attira.

Succede così anche nel nostro caso. Voi siete una luce in questo Mondo. Riconoscete questo fatto. Ma riconoscetelo non formalmente, con la mente, ma con tutto il vostro essere. Se lo riconoscerete, all'improvviso scoprirete che non dovete cercare nulla. Verrà tutto a voi da sé.

Dovete far risuscitare quella persona concreta? Benissimo. Trasferitevi con un impulso in uno stato più elevato di spirito, in uno stato più elevato di coscienza, e vedrete che il risuscitamento ha già avuto luogo. Perciò, anche se questo stato più elevato di spirito ancora non è divenuto il vostro stato abituale, anche in queste condizioni, anche se siete riusciti ad elevarvi a tale stato solo per un istante, per quell'istante siete divenuti una luce, una luce intensa — e la conoscenza necessaria sul risuscitamento è giunta da sola fino a voi dall'oceano illimitato, e la realtà ha subito risposto all'appello di questa esplosione di luce con un risuscitamento.

Pertanto, il metodo in questione consiste nel giungere a sé stessi attraverso la concentrazione dell'attenzione sulla sconfinata superficie dell'acqua dell'infinito oceano delle conoscenze, elevando il proprio spirito: e bisogna elevarlo fino al punto in cui il necessario avvenimento prenda forma da solo attorno a voi.

- GESTIONE DEL PENSIERO PER IL RISUSCITAMENTO DELLE PERSONE.

In questo metodo per il risuscitamento delle persone voi dovete dirigere il pensiero: perciò è importante che capiate che il pensiero deve essere assolutamente concreto. In altre parole: dovete estrapolare in modo preciso il pensiero relativo al risuscitamento di una persona concreta (se è una sola) o di alcune persone concrete (se sono più d'una). Questo è il primo punto.

Poi dovete — per così dire — "oggettivizzare" questo pensiero, cioè trasferirlo su qualche oggetto e collegarlo ad esso. Per raggiungere questo scopo, la scelta migliore è quella di dare la preferenza al mignolo della mano destra; in seconda battuta si può utilizzare un oggetto piatto; poi vengono gli oggetti voluminosi.

© Грабовой Г.П., 2001

Per oggettivizzare il pensiero, è necessario concentrarsi sull'oggetto scelto — per esempio, sul mignolo della mano destra — e vedere questo pensiero. Dovete vedere questo pensiero relativo al risuscitamento come un concreto elemento di informazione. Vedere il pensiero, in questo caso, significa che dovete vedere chiaramente quelle persone che volete far risuscitare: le loro immagini devono essere discernibili, vive, a colori. Le dovete esaminare molto attentamente con lo sguardo.

Se tutto questo non vi riesce troppo bene, potete semplicemente concentrarvi su questo pensiero guardando il vostro dito indice, osservandolo con la vostra vista fisica o con quella mentale. La concentrazione, in questo caso, non deve essere inferiore ai cinque secondi. Quale effetto di questa procedura, voi collegate il vostro pensiero sul risuscitamento con un oggetto concreto, cioè lo oggettivizzate. Nel caso in questione, l'oggetto è il mignolo della vostra mano destra.

In seguito si pone il problema della gestione del pensiero oggettivizzato. Per raggiungere questo scopo dovete usare la vostra coscienza. La vostra coscienza, in questo caso, funge da sistema di gestione. Inoltre è importante far sì che la vostra coscienza — o, più esattamente, un elemento della vostra coscienza, una sua parte — circondi questo pensiero da tutti i lati, affinché questo pensiero diventi parte della vostra coscienza, e affinché esso diventi parte della vostra coscienza in un punto concreto: per esempio, nella zona di quell'oggetto su cui vi concentrate.

Si può chiarire questa situazione mediante un'analogia con un uovo di gallina. Possiamo identificare il pensiero oggettivizzato con il giallo dell'uovo, e la parte di coscienza che lo circonda — con l'albume. Il giallo dell'uovo si trova completamente all'interno dell'albume. Analogamente, il pensiero oggettivizzato si trova completamente all'interno di una regione della vostra coscienza.

Il pensiero e la regione della coscienza che lo circonda non sono visibili per l'occhio comune. Allo stesso modo, alla vista fisica non risultano percepibili né il giallo dell'uovo, né l'albume: è visibile solo il rivestimento esterno dell'uovo — il guscio. Nella nostra analogia, quando avviene il risuscitamento, il corpo fisico del risuscitato corrisponde al guscio, cioè all'involucro esterno dell'uovo. Anche questo corpo può essere visto con la vista comune, come il guscio.

© Грабовой Г.П., 2001

Capitolo III. Metodi per il risuscitamento degli esseri umani

Se abbiamo un uovo sano, possiamo vedere la sua struttura interna con l'aiuto di apparecchi speciali. Analogamente, con l'aiuto della chiaroveggenza, possiamo vedere la struttura interna di un uomo, i suoi pensieri. Con l'aiuto della chiaroveggenza, in generale, si può vedere tutto il processo del risuscitamento.

Torniamo alla questione della gestione del pensiero oggettivizzato. L'analogia appena considerata aiuta a comprendere che tutto il processo del risuscitamento può essere diviso in una parte interna, composta da ciò che non è visibile alla vista fisica, e in una parte esterna, composta da ciò che è visibile alla vista fisica. Ebbene, la gestione del pensiero oggettivizzato deve essere fatta in modo tale che il pensiero, in primo luogo, giunga in un punto che è visibile con la vista fisica.

Desidero farvi notare che in questo campo, come in tutti i campi, esistono leggi determinate e concrete. Pertanto la gestione del pensiero, durante il risuscitamento, deve conformarsi ad esse: e queste leggi dicono che dovete portare il vostro pensiero in un concreto punto fisico, e che poi esso ci deve restare.

La situazione, in questo caso, è analoga alla situazione seguente. Voi potete, per esempio, prendere un libro dalla vostra scrivania, portarlo nella stanza accanto e metterlo su un ripiano della libreria. È lì che rimarrà il libro. Lo stesso avviene col pensiero. Bisogna ricordarsi che il pensiero è un oggetto reale.

In questo modo, se si decide che il risuscitamento deve avvenire in un certo luogo ben determinato, è proprio in questo luogo che bisogna collocare il pensiero relativo al risuscitamento di quella persona. Se il risuscitando vuole risorgere in un altro posto, dovete collocare il pensiero relativo al suo risuscitamento nel luogo dove deve avvenire il vostro incontro.

Come si fa, praticamente, a collocare il pensiero nel posto giusto? Questo problema si risolve proprio con l'oggettivizzazione del pensiero. Inoltre, qui bisogna distinguere due casi.

• Voi oggettivizzate il pensiero del risuscitamento su un oggetto a parte — per esempio, su un foglio di carta. Sul foglio di carta vi immaginate le sembianze del risuscitando. Vi concentrate su questa persona, tenendo in testa il pensiero del suo risuscitamento. Dopo di ciò, trasferite mentalmente questo foglio di carta nel luogo in cui deve avvenire il risuscitamento o in cui deve verificarsi il vostro incontro.

• Se per l'oggettivizzazione del pensiero non utilizzate un oggetto a parte, ma un elemento del vostro corpo — per esempio, il mignolo della mano destra —, allora l'immagine dell'elemento del corpo non deve essere spostata. Viene spostata l'immagine di qualsiasi oggetto situato nelle vostre immediate vicinanze. Qui, tuttavia, non si sta dicendo che l'oggetto prescelto debba trovarsi ad una distanza minima da voi. Si può utilizzare qualsiasi oggetto situato presso di voi. Decidete voi. Affidatevi al vostro gusto interiore. Il criterio che utilizzate nella realizzazione di queste azioni è il vostro approccio individuale alla trasmissione dei dati. Quando pensate in modo individuale, quando la trasmissione delle informazioni è arricchita dai tratti della vostra personalità, il risuscitamento avviene più rapidamente.

- METODO DI GESTIONE DELLA COSCIENZA NEL QUALE LA COSCIENZA FORMA IL PENSIERO RELATIVO AL RISUSCITAMENTO.

Su che cosa è fondato questo metodo? Sappiamo che nel Mondo tutto è interconnesso. Viviamo in un Mondo di svariati collegamenti. Per esempio, quando camminate per strada o quando pensate a qualcosa, vi possono venire diversi pensieri nei quali si fissano alcuni collegamenti, in effetti, quando camminate per strada vedete qualcosa: degli edifici, o delle automobili, o degli avvenimenti che stanno accadendo. Voi percepite tutto questo, e potete anche analizzare ciò che vedete. Quando percepite qualcosa, lo percepite grazie all'attività della vostra coscienza. Quando agite in qualche modo, invece, si parla già di un altro livello di coscienza: si parla del livello di sviluppo della coscienza.

Dunque, quando osservate la realtà circostante, essa stimola in voi determinati pensieri. Ebbene, l'essenza di questo metodo di risuscitamento consiste nel far cambiare direzione al corso delle azioni. Per essere più esatti, voi dovete, con l'aiuto della coscienza, formare un pensiero che sia capace di far accadere l'avvenimento che vi occorre — nel caso specifico, il risuscitamento. Mediante la coscienza dovete formare il pensiero del risuscitamento, e questo pensiero deve essere della giusta forma e del giusto contenuto.

Come si fa tutto questo, praticamente, col presente metodo? Esaminate la disposizione degli oggetti che si trovano più vicini a voi. Se lo farete, otterrete un semplice principio: ecco di che si tratta.

© Грабовой Г.П., 2001

Quando esaminate ciò che vi circonda, dovunque vi troviate in quel particolare momento, potete sempre vedere alcuni collegamenti — per esempio, dal punto di vista della disposizione degli oggetti. Un oggetto si trova più vicino a voi, un altro è situato più lontano. Di conseguenza, esiste il concetto di distanza. Certamente una distanza può essere misurata in metri, ma può essere percepita anche a livello di sensazione, o sotto forma di immagine. In questo modo, potete considerare come collegamento un concetto semplice come quello di distanza. Adesso trasformate la distanza in immagine, ed otterrete una persona risuscitata. Questo è il principio.

Dovete trovare quei luoghi in cui potete creare effettivamente il risuscitando sotto forma di immagine: appena egli sarà stato creato in un luogo, lo trasferite più vicino a voi, cioè lo trasportate in quel livello della vostra coscienza che vi risulta più gradito, dove — secondo quanto avvertite — il risuscitando (o il già risuscitato) si sentirà a proprio agio. Allora sarà proprio questo livello di coscienza a formare il vostro pensiero.

Una volta formata tale coscienza, potrete determinare in un secondo momento la forma del pensiero, cioè dopo qualche tempo: per esempio, dopo qualche secondo (ma alle volte anche dopo qualche giorno). Qui è importante far notare che, quando parliamo della formazione del pensiero attraverso la coscienza, bisogna intendere che si parla del fatto che è la coscienza stessa a doversi sviluppare verso la formazione di un pensiero di quella certa qualità. A differenza — diciamo — della concentrazione del pensiero sulla base della coscienza, qui è la coscienza stessa a formare il pensiero, ed è essa stessa che deve trasportare questo pensiero nella struttura appropriata. Quando la vostra coscienza funziona così, voi stessi potete seguire tutto questo processo — per così dire — "dal di fuori".

7. LO SVILUPPO DELLA COSCIENZA FINO AL LIVELLO DI CONOSCENZA DI SÉ STESSO NEI LIMITI DI UN CAMPO DELLA STESSA COSCIENZA

Questo metodo è basato sul fatto che la nostra coscienza è in continuo sviluppo. La coscienza si sviluppa in modo autonomo, e noi dobbiamo soltanto impostarle le caratteristiche desiderate. Una volta raggiunto lo sviluppo infinito della coscienza, acquisiamo la capacità di elaborare l'informazione con una velocità molto elevata, e di produrre qualsiasi azione, incluso far tornare alla vita i defunti. Noi stessi possiamo stabilire i termini della resurrezione. Quindi diventa possibile gestire anche il momento della resurrezione.

Dunque consideriamo la coscienza come un sistema in sviluppo autonomo. È importante però che lo sviluppo della coscienza avvenga in armonia con la nostra personalità: senza cambiare le condizioni sociali o il comportamento abituale, continuando a comunicare con le persone nello stesso modo, dobbiamo ampliare la nostra coscienza fino a farla diventare infinita rispetto alla quantità d'informazione da elaborare per poter effettuare il risuscitamento.

Il concetto d'infinità è relativo in questo caso. L'infinità di un volume d'informazione in rapporto all'altro significa che il primo volume è infinitamente superiore del secondo. Allo stesso tempo questo secondo volume d'informazione, cioè in questo caso tutta l'informazione necessaria per il risuscitamento può essere anch'essa molto grande e addirittura infinita. Eppure come già abbiamo visto, la nostra coscienza è in grado di elaborare in un tempo finito anche un volume d'informazione infinito. E il volume d'informazione, gli insiemi finiti ed infiniti di dati non possono influire in nessun modo sulla velocità d'elaborazione dell'informazione.

Il nostro obiettivo principale è di definire il concetto di "controllo". Quando parlo dell'infinità dello sviluppo della coscienza, intendo che la vostra base spirituale ne è al corrente, lo sa fare, la vostra Anima controlla lo sviluppo e ne è d'accordo. Il nostro scopo è di raggiungere un'armonia interiore, ottenere un consenso della nostra Anima e di noi stessi, perché solo in quel caso la nostra coscienza si svilupperà in modo infinitamente veloce.

Il principio per ottenere questo consenso è molto semplice. Dobbiamo capire che per lo sviluppo normale ci occorre il futuro infinito, il futuro sistematizzato, il futuro sicuro per lo sviluppo. Una volta posto questo obiettivo, bisognerà formulare dei compiti concreti e precisi. Cioè perché il Mondo non sia annientato, perché gli uomini non siano sterminati, bisogna assimilare i metodi del risuscitamento, dimostrare che il corpo è completamente ricostruibile sulla base delle conoscenze dell'Anima, e in qualsiasi punto dello spazio e del tempo. Tutto questo costruirà un fondamento per lo sviluppo infinito della nostra coscienza.

© Грабовой Г.П., 2001

Dato che la nostra coscienza è in grado di tenere sotto controllo qualsiasi processo, incluso il processo infinito dello sviluppo della coscienza stessa, e il controllo a volte prende pochi secondi e addirittura millisecondi o anche meno, questo processo dal punto di vista della forma ha dimensioni finite. In altre parole lo sviluppo infinito in realtà dal punto di vista della coscienza può avere dimensioni finite.

Diventa evidente che il passaggio della nostra coscienza allo stato di sviluppo infinito avviene attraverso la nostra comprensione e accettazione di questo postulato, di questo metodo. Una volta che ci siamo sintonizzati in tal modo, le nostre conoscenze cominceranno a svilupparsi infinitamente. Per includere nel processo del risuscitamento anche la componente temporale, basta inserire il tempo del risuscitamento in forma di pensiero nello sviluppo infinito della nostra coscienza, ed essa si svilupperà in modo che il meccanismo del risuscitamento sarà controllabile nel tempo. Anche se questo controllo non è obbligatorio. Eppure ci offrirà un parametro di controllo in più, permettendo di gestire il tempo della resurrezione e di modificarlo secondo il nostro desiderio e le circostanze.

8. DIVISIONE DELLA COSCIENZA NEI SETTORI INTERIORE ED ESTERIORE E GESTIONE DELLA RESURREZIONE AL CONFINE TRA ESSI.

Il presente metodo consiste nell'utilizzo del principio che ci permette di disporre la nostra coscienza in un certo ordine. Cioè dobbiamo immaginare che la nostra coscienza sia divisa in due parti, interiore ed esteriore.

Consideriamo l'ambiente come parte interiore della nostra coscienza. È quello che vedono i nostri occhi e percepiscono i nostri sensi fisici. Tutto quello che accade nella realtà fisica, per esempio fare shopping o prendere un caffè al bar, i diversi rapporti tra gli oggetti fisici, tutto questo costituisce la parte interiore della nostra coscienza. Invece tutti gli oggetti ed i processi fuori dalla realtà fisica, tra cui ad esempio il pensiero, devono essere considerati parte esteriore della nostra coscienza.

Avverto subito che questa divisione della coscienza tra esteriore ed interiore è convenzionale. Queste parti possono essere invertite, non ha importanza. Fondamentale è la divisione stessa.

© Грабовой Г.П., 2001

Ora, fatta la divisione, dobbiamo cercare i legami tra la parte esteriore ed interiore della coscienza. E proprio la scoperta di questi legami tra la parte esteriore ed interiore della coscienza permette ai defunti di ritornare alla vita.

Il metodo descritto si basa sul principio seguente: quando noi analizziamo la parte esteriore della coscienza, cioè quello che dal nostro punto di vista è situato fuori dalla realtà fisica, entriamo nella struttura fondamentale del Mondo. La struttura fondamentale del Mondo è basata sulla coscienza collettiva, la coscienza di tutti gli uomini, la coscienza del Creatore. Il nostro obiettivo è di agire in modo simile allo sviluppo della coscienza del Creatore, in tal caso la nostra coscienza avrà le caratteristiche giuste. Per questo dobbiamo trovarci sempre nel luogo giusto, sia nella parte interiore o esteriore della coscienza, l'importante è che sia il luogo dove la coscienza abbia le caratteristiche corrette.

Il campo limitrofo tra i processi fisici ed i processi fuori dalla realtà fisica è quello dov'è possibile la creazione. Quando per esempio io materializzo qualche oggetto, spesso addirittura creo la materia contemporaneamente in diversi luoghi del campo limitrofo e allo stesso tempo unisco tutto nello stesso contorno o nello stesso posto. In seguito si materializza l'oggetto, si ricostruisce un organo o risorge l'uomo. Voi potete agire nello stesso modo.

Dunque questo metodo prevede la divisione della struttura della nostra coscienza in esteriore ed interiore e la ricerca del legame tra le due parti. Di conseguenza nel campo limitrofo riusciamo a risuscitare il defunto.

9. CONTROLLO DEL CORPO NEL CORSO DELLA RESURREZIONE.

Questo metodo consiste nel controllo del proprio corpo, grazie al quale possiamo creare attorno a noi uno spazio, nel quale il defunto potrà risorgere. Il nostro corpo stesso deve dargli un esempio. Il defunto che si trova ad una certa distanza da noi deve vedere il nostro corpo, i suoi parametri. Deve vedere con quale facilità ci muoviamo, lavoriamo, risolviamo i problemi quotidiani, e prenderlo come esempio, canone, modello. Ci dobbiamo ricordare che per lui siamo un rappresentante dei vivi.

Per quanto riguarda il corpo del defunto che viene risuscitato o è già risorto, il suo funzionamento deve essere concordato con il funzionamento di un corpo-modello, scelto come esempio. Dato

© Грабовой Г.П., 2001

che in questo caso proprio noi lo facciamo tornare tra i vivi, è ovvio che proprio il nostro corpo diventerà esempio. Il presente metodo consiste nella nostra comprensione di questo fatto. Dunque dobbiamo raggiungere il livello massimo di salute del nostro corpo, perché proprio il nostro livello di salute sarà copiato dal defunto. La trasmissione dell'informazione sulle modalità di formazione del corpo sano avviene tramite sintonizzazione sull'armonia con il Mondo che ci circonda. La regola generale è: più lavoriamo sul risuscitamento, migliore diventa la nostra salute, fino a raggiungere la salute ideale. Gli avvenimenti nella nostra vita e delle persone che ci stanno vicine migliorano.

Quindi il controllo del corpo nel corso del risuscitamento consiste principalmente nel suo sviluppo, nel raggiungimento del livello massimo della sua salute, e allora la ricostruzione del corpo del defunto avrà tempi più brevi.

10. RISUSCITAMENTO GRAZIE ALL'ATTRIBUZIONE DELLE FUNZIONI SPECIALI AD ALCUNE PARTI DEL NOSTRO CORPO.

In questo metodo il risuscitamento diventa possibile grazie all'attribuzione a livello informativo di funzioni speciali ad alcune parti del nostro corpo, in particolare ai mignoli di entrambe le mani.

Dobbiamo considerare tutti e due i mignoli come elementi del Mondo. Possiamo considerare il mignolo della mano destra come elemento del Mondo di livello infinito, mentre il mignolo della mano sinistra sarà il punto finito di tutta l'informazione. Se immaginassimo di unire i mignoli di entrambe le mani, nel punto della loro unione potrebbe avvenire il risuscitamento del defunto. È importante posizionare l'unione immaginaria accanto al proprio corpo fisico e in seguito trasferire il pensiero nel posto della resurrezione desiderato.

11. L'UTILIZZO DELLE CONCENTRAZIONI NUMERICHE.

Questo metodo richiede la concentrazione su una sequenza di numeri, oppure su ogni numero singolo di questa sequenza. Allo stesso tempo dobbiamo indirizzare il nostro pensiero al risuscitamento di una certa persona. Inoltre questo pensiero

© Грабовой Г.П., 2001

può essere concentrato tramite il numero su una pianta, per esempio. L'utilizzo delle piante in questo metodo è una delle varianti, in seguito parleremo anche delle altre possibilità.

Quindi leggendo il numero potremo sempre trasferirlo su una pianta insieme al pensiero del risuscitamento. In altre parole dobbiamo immaginare che il pensiero del risuscitamento si trovi nel numero, e il numero stia nella pianta.

Ora vediamo i numeri concreti che servono per questa concentrazione:

Numeri 1, 2, 3, 4, 8, 1, 4 è la concentrazione numerica sulle piante.

Numeri 8, 2, 7, 5, 4, 3, 2 è la concentrazione sulle pietre e i cristalli.

Numeri 2, 1, 4, 5, 4, 3, 2 è la concentrazione sull'immagine del defunto che vogliamo far risorgere.

Scegliendo di utilizzare per il risuscitamento la concentrazione numerica su una pianta, dobbiamo leggere la relativa sequenza di numeri concentrando lo sguardo su una pianta.

Invece di leggere la sequenza dei numeri si può agire in modo alternativo: bisogna concentrarsi prima contemporaneamente sulla prima e l'ultima cifra della sequenza numerica, dopo sulla seconda e la penultima, in seguito sulla terza e la terzultima e infine sulla cifra centrale. Ogni sequenza contiene sette cifre. Grazie a questa pratica possiamo conseguire il risuscitamento.

La concentrazione numerica sulle pietre e i cristalli avviene in modo simile.

Ora parliamo della concentrazione sull'immagine del defunto. Immaginiamo ad una certa distanza da noi l'immagine della persona che vogliamo fare ritornare alla vita. In mezzo tra noi e l'immagine bisogna posizionare la relativa sequenza numerica. Basta scriverla semplicemente su un foglio di carta e metterlo in mezzo. Durante la concentrazione il nostro contatto con l'immagine del defunto deve seguire la linea retta passando per i numeri. È molto importante ricordare di fissare il pensiero sul risuscitamento della persona nel momento della concentrazione sulle cifre.

Come nelle varianti precedenti possiamo sia seguire tutta la sequenza numerica, che iniziare dalla prima e l'ultima cifra, arrivando poi a quella centrale.

© Грабовой Г.П., 2001

Capitolo III. Metodi per il risuscitamento degli esseri umani 215

12. VISUALIZZAZIONE DELLE SENSAZIONI DEL DEFUNTO CHE DEVE RISORGERE.

In questo metodo bisogna percepire le sensazioni della persona defunta e in base ad esse costruire la sua immagine. Per trasformare le sensazioni nell'immagine bisogna eseguire le operazioni seguenti.

Le sensazioni devono prendere la forma dell'informazione, e per essere più precisi la forma dell'immagine che deve trovarsi alla distanza infinitamente lontana da noi. Quando riusciamo a vedere questa immagine posizionata alla distanza infinita da noi, questo significherà che essa rappresenta effettivamente la sensazione.

Quindi se riusciamo a visualizzare le sensazioni del defunto, la resurrezione avrà luogo.

13. L'UTILIZZO DEI TIPI DI PERCEZIONE ALTERNATIVI.

Questo metodo si basa sulla percezione della realtà come sistema delle conoscenze alternative, convenzionalmente opposte. Ad esempio, se il processo del risuscitamento avviene in un luogo, noi lo trasferiamo immediatamente in un altro posto, il quale può essere chiamato opposto. In pratica, se il luogo del risuscitamento si trova vicino a noi, bisogna trasferirlo ad una grande distanza. E al contrario, se il luogo è lontano, dobbiamo avvicinarlo. Se il risuscitamento accade durante il giorno, bisogna spostarlo nelle ore notturne, e viceversa se avviene di notte, lo trasferiamo nel giorno. In questo modo riusciamo a cambiare la percezione interiore, accelerando il risuscitamento.

Questo metodo in generale si usa per abbreviare i tempi di resurrezione.

14. VISUALIZZAZIONE DEGLI ELEMENTI UNITI DELLA REALTÀ FISICA.

Nella realtà fisica in cui viviamo, incontriamo molti esempi dell'unione degli elementi. Prendiamo come esempio un albero. Possiamo notare i rami che crescono partendo da un altro ramo, e in un certo punto esiste un collegamento tra di essi. È lo stesso principio che utilizzeremo in questo metodo.

© Грабовой Г.П., 2001

Siamo in grado di vedere con i nostri occhi un ramo che cresce da un altro. Lo stesso accade con il risuscitamento: il risuscitamento infatti è la stessa crescita, la crescita di un oggetto fisico dal Mondo esistente. Dobbiamo trasferire la crescita di un ramo dall'altro, questo elemento della realtà fisica, sul risuscitamento, considerando quest'ultima come crescita del defunto da questo Mondo. In altre parole, immaginiamo che un ramo sia il Mondo dei vivi, e l'altro, quello che parte dal primo, sarà il defunto che deve risorgere.

Bisogna concentrarci su quel punto di congiunzione tra due rami. La concentrazione effettuata in questo modo comporta la resurrezione del defunto.

15. TRASFERIMENTO DEGLI EVENTI DELLA REALTÀ NELL'EVENTO DELL'INFORMAZIONE.

Prendiamo come esempio un evento qualsiasi. Immaginiamo di camminare sul ponte. Sopra di noi c'è l'aria, e sotto il ponte si trova la strada o il fiume. Se dovessimo trasferire quest'evento nell'informazione, potremmo utilizzare almeno tre elementi della realtà fisica. In questo caso concreto analizzando la situazione in verticale troviamo per esempio in alto l'aria, poi il ponte e noi che camminiamo, e infine quello che si trova sotto il ponte. Qualsiasi evento può essere tradotto in informazione partendo da tre elementi di quest'evento, come abbiamo appena fatto qui.

Vediamo un altro esempio: immaginiamo di passare davanti ad un albero, o di essere fermi davanti ad un albero. Il primo elemento in questo caso è l'albero, il secondo di nuovo siamo noi e la nostra posizione nello spazio e il terzo è l'ambiente.

Nel trasferire questo evento nell'informazione è essenziale effettuare questa trasformazione nel modo più semplice possibile. Per esempio l'atto fisico può essere trasformato nel pensiero, vediamo come.

Dobbiamo concentrarci sul mignolo della mano destra, poi passare al pollice della stessa mano, dal quale mandiamo l'informazione sul mignolo della mano sinistra, passando poi al pollice sinistro. Trasferendo l'informazione da un dito all'altro, dobbiamo immaginare chiaramente questo passaggio dell'informazione. Tramite questa procedura avviene il passaggio dalla realtà fisica a quella dell'informazione.

© Грабовой Г.П., 2001

Questa procedura è anche un esercizio per la nostra coscienza e la percezione. È in pratica un esercizio per controllare la realtà. Nella vita ad ogni passo abbiamo a che fare con la percezione dell'informazione. Contemplando un paesaggio o guardando la televisione percepiamo quello che vediamo. Però bisogna imparare non solo a percepire l'informazione, ma anche a ottimizzarla, trasmetterla. Dobbiamo apprendere a trasmettere quello che riceviamo.

L'esercizio per la trasmissione dell'informazione descritto sopra ci porterà ad acquisire questa capacità, e ci permetterà di focalizzare il nostro desiderio nella realtà fisica. Occorre sottolineare un dettaglio. Durante la raccolta dell'informazione dobbiamo avere un obiettivo chiaro, in questo caso si tratta del risuscitamento. Dopo aver raccolto l'informazione trasformiamola in modo che possa causare la realizzazione dell'evento desiderato nel Mondo.

Dunque, fissato l'obiettivo del risuscitamento dobbiamo raccogliere dagli eventi della realtà fisica l'informazione e poi trasformarla così che dopo la sua trasmissione al defunto, essa realizzi la sua resurrezione nel Mondo fisico.

16. INSTAURAZIONE DEI LEGAMI TRA DIVERSI ELEMENTI DEL MONDO.

In questo metodo dobbiamo analizzare i legami tra i diversi elementi del Mondo in base alla nostra percezione del Mondo.

Prendiamo un esempio. Immaginiamo di entrare in un negozio per comprare qualche cosa, qualche oggetto. Questo oggetto possiede diversi legami: prima di tutto per l'acquirente è sempre importante sapere dov'è stato creato, chi è il suo produttore. Inoltre l'oggetto ha il prezzo. E finalmente quest'oggetto ora è legato a noi, in quanto l'abbiamo acquistato. Come nell'esempio precedente mi limiterò ad evidenziare tre elementi.

Notiamo che nell'esempio appena analizzato ho disposto l'elenco dei legami nell'ordine cronologico, cioè la sequenza in cui essi si erano stabiliti nel tempo. L'oggetto, infatti, è stato prima creato da qualcuno, poi portato al negozio, dove gli è stato attribuito il prezzo, e infine l'abbiamo visto ed acquistato.

Quindi l'instaurazione dei legami segue una sequenza cronologica nel tempo. Instaurando i rapporti tra gli elementi del Mondo, il nostro obiettivo è di evitare la presenza di qualsiasi loro legame con il tempo. Nella nostra percezione l'elemento del tempo deve essere completamente assente, ci devono essere solo i legami stessi. Se riusciamo ad indirizzare la nostra coscienza in questo modo, saremo in grado di produrre le resurrezioni in condizioni completamente diverse.

17. ATTRIBUZIONE DI UNA FORMA ALL'IMMAGINE DEL DEFUNTO DAL PUNTO DI VISTA DELLA NOSTRA COSCIENZA.

Supponiamo che nella nostra coscienza ci sia l'immagine della persona defunta che desideriamo fare risorgere. Questa immagine può avere diverse forme. Per esempio, possiamo immaginare la persona a tutta altezza o solo una parte di essa.

Per spiegarci meglio prendiamo una fotografia. L'uomo sulla foto può essere ripreso in tutta la sua altezza. Se mettiamo questa fotografia alla base del risuscitamento, conviene assumere proprio questa immagine come forma. Se invece la fotografia scelta rappresenta solo il viso, possiamo prendere come forma il viso, dietro il quale sarà sottintesa tutta la persona. La forma va scelta a seconda del vostro desiderio.

Dunque nella nostra coscienza attribuiamo una forma all'immagine del defunto, tenendo in considerazione i dettagli, come per esempio il vestito con cui vogliamo vederlo risorto. L'attribuzione di una forma con i minimi dettagli al defunto è importante per risparmiargli lo sforzo di pensare alla forma in cui egli dovrebbe apparire, per liberarlo dalla concentrazione eccessiva.

Per trasmettere al defunto l'informazione sulla forma dobbiamo ovviamente stabilire un contatto con lui, il quale è possibile tramite la concentrazione della coscienza sulla sua immagine nella forma scelta.

18. UTILIZZO DELL'AMBIENTE IN QUALITÀ DI ANALIZZATORE DEGLI EVENTI DELLA REALTÀ.

Di solito guardando il Mondo attorno a noi, lo consideriamo dal nostro punto di vista. Il presente metodo consiste nel cambio dell'orientamento della nostra coscienza per potere guardare noi stessi e il Mondo circostante con gli occhi di un qualche oggetto. Possiamo prendere ad esempio un albero, una pietra o l'aria (un

© Грабовой Г.П., 2001

certo suo volume, mettiamo un metro cubo) ed immaginare che cosa rappresentiamo noi e il Mondo dal loro punto di vista.

Scegliamo un nostro atto qualsiasi, per esempio il movimento. Dal punto di vista dell'albero il nostro movimento ha una struttura infinita nella forma finita. Dal punto di vista dalla pietra i nostri movimenti sono bruschi, staccati. Invece dal punto di vista dell'aria, abbiamo legami infiniti, stiamo al centro dell'ambiente infinito che ci circonda. Per sapere come l'albero, la pietra e l'aria o altri oggetti percepiscono il Mondo si può ricorrere alla chiaroveggenza.

Abbiamo visto la diversità con la quale diversi oggetti percepiscono il Mondo. Dato che alla base di tutto c'è la coscienza collettiva, tale ricchezza di percezioni permette di unirle tutte insieme in modo da creare la percezione del defunto e ad abbreviare i tempi di resurrezione. Basta stabilire un contatto telepatico con il defunto ed invitarlo qui.

19. TRASFORMAZIONE DELLA NATURA DEL NUMERO AL FINE DEL RISUSCITAMENTO.

La nostra vita è spesso legata ai numeri, a partire dalla data di nascita. Abitiamo in una casa cha porta il numero, il nostro passaporto, il telefono, l'automobile hanno il numero. I giorni del mese sono numerati... i numeri sono dappertutto.

Che cosa accade nella nostra coscienza quando vediamo una cifra, un numero? In conformità con la sua natura, il numero determina la situazione di un elemento della nostra coscienza nel momento della percezione, perché ad ogni numero corrisponde un certo elemento della nostra coscienza. In questo modo i numeri determinano la nostra percezione. Vedendoli nella nostra coscienza nasce o si attualizza il luogo della loro situazione. In altre parole quando percepiamo un certo numero, lo facciamo con quell'elemento della coscienza, nel quale si trova questo numero.

L'idea del presente metodo di resurrezione consiste nell'invertire il meccanismo del funzionamento della natura del numero, facendo agire non dalla percezione verso il relativo elemento della coscienza, ma dall'elemento della coscienza in direzione della percezione. Cioè dobbiamo estrarre dalla nostra coscienza la data della resurrezione, il luogo, per esempio il numero civico della casa dove deve prodursi la resurrezione.

© Грабовой Г.П., 2001

L'utilizzo dei numeri descritto si chiama la trasformazione della natura del numero.

20. UTILIZZO DEI LEGAMI TRA GLI OGGETTI CIRCOSTANTI PER IL RISUSCITAMENTO.

Siamo circondati da tantissimi oggetti, ciascuno di quali può essere considerato da diversi punti di vista. La moltitudine dei possibili punti di vista è dovuta alla grande quantità di legami che ogni oggetto possiede, come abbiamo visto sopra.

Secondo il presente metodo bisogna considerare diversi oggetti da differenti punti di vista, cercando i legami logici tra di essi e ricordando sempre che il risuscitamento è una forma dello sviluppo di tutti i legami. In questo modo è possibile ottenere la metodologia del risuscitamento e il risuscitamento stesso.

21. INSTAURAZIONE DEI LEGAMI TRA DIVERSI OGGETTI DELL'INFORMAZIONE E ATTUAZIONE DELLA RESURREZIONE TRAMITE LA TRASFORMAZIONE DI QUESTI OGGETTI NEGLI ELEMENTI DELLA PROPRIA COSCIENZA.

Quando noi consideriamo un certo elemento della realtà, ad esempio l'albero, la casa, le stelle e un qualche processo, noi riceviamo questi oggetti nella nostra coscienza. Il nostro scopo però è di riceverli nella nostra coscienza dal punto di vista non della percezione, ma del controllo di essi. Dobbiamo imparare a controllare qualsiasi processo. Si tratta quindi di ottenere l'accesso a livello della coscienza a qualsiasi oggetto dell'informazione.

Per avere questo accesso e di conseguenza anche la possibilità di controllo dobbiamo adottare il seguente procedimento. Dobbiamo trasferirci mentalmente, cioè con la coscienza, lo spirito o fondamentalmente con l'Anima in quel luogo, quell'ambiente, dove intendiamo realizzare il controllo. Sappiamo già che l'Anima è una struttura infinita, di conseguenza la nostra Anima è nel posto dov'è situato il nostro corpo fisico e contemporaneamente lì, dove si trova l'oggetto o si verificano i processi che ci interessano, i quali uniti insieme formano l'ambiente del nostro interesse. La nostra Anima posiziona questo ambiente in quel punto della nostra coscienza, dove realizziamo il controllo dell'ambiente.

© Грабовой Г.П., 2001

Capitolo III. Metodi per il risuscitamento degli esseri umani

È consigliabile cominciare le esercitazioni dagli oggetti più semplici. Prendiamo come esempio una mela, una pera o un pomodoro. Proiettate la mela da fuori, nella vostra coscienza. La proiezione di un oggetto, nel nostro caso di una mela nella propria coscienza significa la trasformazione di questo oggetto nell'elemento della coscienza. Una volta riuscita la proiezione, mangiamo la mela ed osserviamo la reazione del Mondo esterno.

L'osservazione della reazione del Mondo esteriore ci dà la possibilità di scoprire il giusto livello di controllo e di capire quanto è facile gestire il risuscitamento, perché questo processo è in realtà la stessa proiezione, ma questa volta la proiezione della nostra coscienza sulla realtà fisica.

22. UTILIZZO DEL VALORE DISCRETO DEI NUMERI E DEGLI ELEMENTI DISCRETI DEL MONDO PER LA CREAZIONE DELLO SVILUPPO CONTINUO.

Supponiamo di avere un insieme dei numeri interi positivi: 1, 2, 3, 4, 5, 6, 7 e così via fino all'infinità. Se delimitiamo la nostra scelta ai soli numeri interi positivi, questa sequenza contiene tutti i numeri di questo tipo e quindi rappresenta un passaggio continuo da un numero all'altro.

Se invece scegliamo solo tre elementi di questa sequenza, per esempio 1, 10, 20, essi rappresenteranno una serie discontinua di numeri. Non possiede la continuità dato che tra i numeri 1 e 10 ci sono otto elementi mancanti, e tra 10 e 20 mancano nove numeri, mentre i numeri seguenti sono assenti del tutto.

Eppure, usando più volte questi elementi possiamo ottenere grazie all'addizione di un elemento con l'altro tutti i numeri tra 1 e 10, poi quelli tra 10 e 20 e anche i seguenti. Ad esempio, 1 + 1 = 2, 2 + 1 = 3, 10 + 1 = 11. Vediamo che grazie all'addizione sono apparsi i numeri 2, 3 e 11. Tramite l'addizione dei singoli elementi abbiamo trasformato la serie discontinua di numeri in una serie continua di tutti i numeri interi positivi.

Un altro esempio è la costruzione di un ponte. In fondo al fiume vengono conficcate le singole palafitte (discontinuità) che serviranno da piloni per l'intera costruzione continua, il ponte.

Questi esempi dimostrano che l'unione degli elementi discreti del Mondo è un modo per costruire, creare lo sviluppo continuo. Quando i valori discreti dei numeri o gli elementi discontinui del Mondo cominciano ad unirsi, in quel caso avviene la resurrezione.

© Грабовой Г.П., 2001

Per risuscitare abbiamo sempre a disposizione almeno tre elementi discreti: il primo è il sistema di salvezza, il secondo siamo noi stessi e il terzo è l'ambiente.

Nell'esempio dei numeri abbiamo visto che grazie all'unione degli elementi discontinui si può arrivare ad una sequenza continua dei numeri interi positivi. Un processo simile accade nel risuscitamento, basta unire nella nostra coscienza tutti gli elementi insieme.

23. TECNOLOGIA DEL PENSIERO AL POSTO DEL DEFUNTO PER LA SUA RESURREZIONE.

Il defunto che cerchiamo di fare ritornare alla vita possiede a livello profondo, quello dell'Anima, una completa conoscenza del corpo fisico. A questo livello ha anche dei pensieri legati al corpo fisico. Noi dobbiamo indirizzarlo alla presa di coscienza dell'esistenza di questi legami, mostrandogli il nostro esempio.

Dato che siamo uomini vivi con il corpo fisico abbiamo il legame tra il pensiero e il corpo, il quale può servire da modello per il defunto. Dovrà acquisire lo stesso legame. Il nostro compito è di trasmettergli il nostro pensiero, e allora il suo legame tra il pensiero e il corpo fisico diventerà simile al nostro, dando subito una forma al risuscitamento ed accelerandolo.

Quindi la resurrezione avviene grazie alla trasmissione al defunto dei pensieri relativi al corpo fisico. In generale questi pensieri coincideranno con i suoi propri,pensieri e per noi rimarranno nostri.

24. REGISTRAZIONE DEL PENSIERO DEL DEFUNTO NELL'ARIA ALLONTANATA DEL MONDO.

Il metodo consiste nel seguente esempio: analizzando i pensieri del defunto, dobbiamo trasferirli nell'aria infinitamente lontana del Mondo, nel passato o nel futuro infinito e poi controllare come questi pensieri creeranno l'immagine spirituale e fisica del defunto, garantendogli lo sviluppo infinito della persona.

In caso di corretto orientamento sulla distanza infinita questo metodo darà una veloce resurrezione.

© Грабовой Г.П., 2001

Capitolo III. Metodi per il risuscitamento degli esseri umani

25. TRASFORMAZIONE DELL'IMMAGINE DEL MONDO SULLA BASE DI QUALCHE SIMMETRIA.

Analizzando tutto il Mondo, trasferiamolo su un piano o una sfera. Possiamo anche creare una sua immagine in forma di qualche rappresentazione, è importante definire una simmetria, non obbligatoriamente nel senso matematico. La scelta dell'uno o dell'altro tipo di simmetria non ha importanza. Siamo liberi di definire la simmetria in rapporto ad un punto, una linea o un piano, oppure in rapporto ad un pensiero. Dopo aver scelto un elemento in rapporto al quale va definita la simmetria dobbiamo agire nel modo seguente: trasferendo la nostra immagine del Mondo attraverso l'elemento scelto come centro della simmetria, dobbiamo trasmettere le nostre conoscenze al defunto precisamente nel momento di passaggio attraverso questo centro.

Per spiegarmi meglio faccio un esempio concreto. Prendiamo un foglio di carta giacente sul tavolo. Prendendo in considerazione anche soltanto una parte del Mondo, cioè quella facciata del foglio rivolta verso di noi, giriamo il foglio e in quell'attimo precedente al suo posizionamento sul tavolo con l'altra facciata, proprio in quel momento quando lo stiamo girando, dobbiamo trasmettere al defunto le nostre conoscenze del Mondo.

Ricapitoliamo: in base ad una simmetria scelta effettuiamo la trasformazione dell'immagine del Mondo e nel momento della trasformazione immediatamente comunichiamo all'Anima del defunto le nostre conoscenze. In questo caso la resurrezione diventa un risultato della nostra trasformazione del Mondo.

26. CONTROLLO DEL MONDO NEL CAMPO DELLA SUA AUTOCREAZIONE.

Il Mondo è stato creato da Dio a sua immagine e somiglianza.

Quando si chiede come è stato creato il Creatore, la risposta è: Egli si è creato da solo. Invece alla domanda "Che cosa c'era prima della autocreazione di Dio?", la risposta è la seguente: solo la coscienza quotidiana percepisce il Mondo attraverso il prisma del tempo. Negli stati di coscienza più elevati la situazione cambia. Ricordiamo la citazione riportata nell'introduzione, che rende una delle caratteristiche degli stati elevati di coscienza: "E giurava ... che il tempo non esisterà più". Nella realtà Divina il concetto di tempo non esiste.

© Грабовой Г.П., 2001

Nel corso dell'autocreazione il Creatore ha creato tutti gli elementi del Mondo e dell'uomo. Ad ogni animale, pianta, microstruttura e macrouniverso, ed a ogni elemento del Mondo in generale corrisponde l'informazione precisa riguardante il suo legame con l'uomo. Trasmettendo mentalmente al defunto queste conoscenze gli comunichiamo il metodo di autocreazione, lo stesso che ha usato il Creatore.

27. TRASFORMAZIONE DEL MONDO NEL CAMPO DEL SUO SVILUPPO.

Analizzando il Mondo notiamo che contiene moltissimi legami, alcuni dei quali già li conosciamo, l'esistenza degli altri la possiamo immaginare, altri ancora li scopriremo in futuro. Il nostro obiettivo è di trasformare il Mondo nel campo del futuro, nel campo del suo sviluppo. E lo sviluppo del Mondo è proprio la resurrezione, la vita eterna, quindi dobbiamo diffondere questa immagine nel futuro.

In pratica questo significa che dobbiamo desiderarlo inviando un nostro messaggio interiore spirituale, dobbiamo esigerlo dal Mondo, tentando di svilupparlo subito fino a livello infinito. Fatto questo il risuscitamento andrà molto più facilmente e ci saranno più chiari tutti i processi legati alla metodologia del risuscitamento.

28. TRASFORMAZIONE DELL'AMBIENTE NEL CAMPO DEL NOSTRO PENSIERO.

Dal punto di vista dell'informazione la trasformazione dell'ambiente nel campo del pensiero si effettua tramite due o tre impulsi, indirizzati all'assimilazione di questo ambiente. In altri termini l'assimilazione dell'ambiente deve essere accompagnata dalla sua trasformazione nel campo del pensiero.

In pratica questo significa che facendo qualsiasi azione, ad esempio lavorando in ufficio o sbrigando le faccende domestiche dobbiamo osservare tutto il processo nel campo del pensiero. Perché si può agire anche automaticamente senza renderci conto di quello che stiamo facendo. Il nostro compito è infatti di tenere sotto osservazione le nostre azioni, dobbiamo esaminare tutto il processo e noi stessi da fuori. Quando saremo

© Грабовой Г.П., 2001

Capitolo III. Metodi per il risuscitamento degli esseri umani   225

in grado di agire in questo modo e di trasformare l'ambiente nel campo del nostro pensiero sullo sfondo del pensiero del risuscitamento, potremo fare risorgere.

29. CONTROLLO DELLA REALTÀ FISICA INDIRIZZATO ALL'OTTENIMENTO DELLA MATERIA NECESSARIA PER IL RISUSCITAMENTO.

Questo controllo della realtà fisica consiste nell'acquisizione della materia fisica necessaria per la resurrezione del defunto dallo spazio, dall'aria, dall'acqua e dal cibo.

Nella pratica questo controllo avviene così: dobbiamo considerare lo spazio dove deve risorgere il defunto indipendentemente dalla presenza in esso dell'aria, dell'acqua, del cibo o altro. Noi stessi dobbiamo creare tutto questo da capo, creare tramite il controllo del pensiero. Di conseguenza il defunto viene nel campo da noi creato, e vive il periodo di adattamento alla sfera della coscienza collettiva, cioè a tutto il Mondo, dopo di che non sarà più diviso dai viventi neanche nei primi tempi.

30. TRASFORMAZIONE DEL SISTEMA DEL SAPERE IN POSSESSO DEL DEFUNTO NEL SISTEMA DEL SAPERE NECESSARIO PER IL RISUSCITAMENTO E LA VITA SUCCESSIVA.

Il defunto possiede ovviamente il proprio sistema del sapere, ma per la resurrezione dovrà avere le conoscenze specifiche indispensabili per poter risorgere. Certo, egli potrebbe ricorrere ad una certa informazione prima della resurrezione, o proprio nel corso del risuscitamento. Come avevo già menzionato, per poter tornare alla vita avrà bisogno delle conoscenze trasformate. Si tratta del sistema del sapere, il quale gli permetterà di rimanere sempre nello stato di vita, non morire mai e avere la propria metodica e così via.

Dobbiamo aiutarlo a realizzare tale trasformazione del sapere. A questo scopo dovremo concentrarci sulla sua immagine, sulla sua testa e trasmettergli le nostre conoscenze di vita, resurrezione, sviluppo infinito. E questo porterà alla resurrezione.

Bisogna notare che lo stesso principio può essere utilizzato per la ricostruzione della salute. Possiamo estendere la stessa procedura a qualsiasi persona. Oltre alla ricostruzione della salute essa offre all'uomo la comprensione della resurrezione e sviluppa l'ideologia della vita eterna.

31. CONTROLLO DELLA REALTÀ VIVA, DIFFUSO SU TUTTI I SUOI ELEMENTI.

Estendiamo tutto quello che secondo noi appartiene al concetto della vita, su tutti gli elementi della realtà, e in uno di questi elementi si realizzerà la resurrezione. Vediamo come avviene questa diffusione: dobbiamo percepire come la vita cresce e si sviluppa in tutti i sistemi, dappertutto. Quindi noi siamo i portatori della vita, del suo sviluppo, e a causa di questo in uno degli elementi della realtà accade la resurrezione.

Il metodo è il seguente: prendiamo la vita dell'uomo, della farfalla, o della pianta. Sono gli eventi che possiamo osservare attorno a noi. La pianta ad esempio ha dei contatti con la terra, la quale gli fornisce le sostanze nutrienti garantendo la crescita della pianta. È una situazione quotidiana, normale. Com'è possibile invece la vita della pianta dentro una pietra? L'analisi di questa situazione richiede uno sforzo mentale aggiuntivo. Infatti, dobbiamo immaginare come una pianta potrebbe svilupparsi e crescere dentro la pietra. Quando riusciamo ad approfondire questa immaginazione fino a raggiungere il controllo concreto, quando veramente riusciamo con la forza del nostro pensiero a fare crescere una pianta dentro la pietra, saremo in grado di realizzare anche il risuscitamento.

32. CONTROLLO DELLA REALTÀ FISICA DESTINATA ALL'ARMONIZZAZIONE DEI RAPPORTI TRA NOI E IL DEFUNTO, E DOPO LA SUA RESURREZIONE TRA NOI E IL RISORTO.

In che consiste il risuscitamento, di cui parla il titolo di questo metodo? Il defunto ci considera come una persona, che lo sostiene ed aiuta, mentre per l'uomo risorto siamo già una persona che appartiene al suo stesso livello di sviluppo. L'armonizzazione dei rapporti prevede che anche durante il risuscitamento il defunto deve trovarsi allo stesso nostro livello ma egli può pensare di dipendere ancora da noi. Quando lo porteremo alla struttura di controllo completo, in altre parole di completa libertà ed indipendenza, il defunto nonostante abbia

© Грабовой Г.П., 2001

un legame con noi basato sulle conoscenze che gli abbiamo comunicato, sarà molto stabile ed indipendente. Inoltre seguendo questo metodo di resurrezione il defunto sarà in grado di trasmettere agli altri più informazioni.

33. CONTROLLO DEL PENSIERO, DESTINATO ALLA TRASMISSIONE DEI PENSIERI A TUTTI GLI ELEMENTI DELLA REALTÀ, A TUTTO IL MONDO, A TUTTI GLI SPAZI DEL MONDO.

Sviluppando il nostro proprio pensiero in modo che sia presente in tutto il Mondo riusciamo a realizzare il risuscitamento del defunto nel punto dello spazio e del tempo desiderato. Infatti, quando il pensiero è presente in tutto il Mondo, in tutti gli elementi del Mondo, ovviamente si trova anche nel posto dove il risuscitamento è già avvenuto, nel punto desiderato, nel momento scelto. Questo approccio offre la metodologia di quel pensiero che controlla la realtà.

34. RESURREZIONE DEL DEFUNTO GRAZIE AL TRASFERIMENTO DELLA SUA IMMAGINE DAL FUTURO NEL PRESENTE.

Bisogna considerare come elementi della realtà non soltanto quello che accade nel presente, ma anche quello che potrebbe succedere nel futuro. Il futuro contiene la persona che vogliamo far risorgere come già viva. È un elemento della realtà del futuro. La resurrezione avrà luogo quando riusciremo a trasferire in forma di immagine quell'elemento della realtà che contiene il risorto dal futuro nel presente.

35. DIFFUSIONE DELL'IMMAGINE DEL DEFUNTO SU TUTTI GLI ELEMENTI DELL'INFORMAZIONE, TUTTI GLI ELEMENTI DEL MONDO.

Questo metodo consiste nella realizzazione della realtà simile alla vita dell'uomo. Allo stesso modo siamo coscienti della necessità dello sviluppo dell'uomo a immagine e somiglianza Divina. Analizzando l'immagine dell'uomo in tutte le aree del Mondo e spostandola in questo modo alla distanza infinita da noi stessi, contemporaneamente spostiamo ad una distanza infinitamente lontana anche l'immagine della persona che vogliamo fare ritornare tra i viventi. In questo modo noi spostiamo questa immagine nel punto dello spazio e del tempo, dove l'informazione produrrà la resurrezione.

36. ACQUISIZIONE DELLA SALUTE NELLE CONDIZIONI DELLO SVILUPPO DEL MONDO E ACQUISIZIONE DELLA SALUTE PER LO SVILUPPO INFINITO DEL DEFUNTO, DEI VIVENTI E DEL MONDO.

L'acquisizione della salute è basata sul legame dell'Anima con il corpo. Dobbiamo acquisire la salute osservando il funzionamento del corpo in base alle conoscenze dell'Anima. Queste conoscenze possono essere approfondite utilizzando la coscienza. Dunque in questo modo si arriva allo sviluppo infinito.

37. ACQUISIZIONE DELL'INFORMAZIONE ATTRAVERSO IL CANALE DIRETTO DELLA VISIONE.

Dobbiamo guardare con la vista fisica e ricevere l'informazione del risuscitamento attraverso la linea fisica della visione. In seguito bisognerà agire in conformità con l'informazione ricevuta.

38. STABILIMENTO DEL LEGAME TRA GLI ELEMENTI DELL'EVENTO, REMOTI E VICINI.

Dobbiamo sapere stabilire i legami tra gli elementi dell'evento remoti e vicini. In questo modo riusciremo a controllare il risuscitamento.

39. OTTENIMENTO DELLE LINEE DI RELAZIONE TRA GLI EVENTI.

Dobbiamo concentrarci sugli eventi fino ad ottenere la linea di relazione. In queste linee avviene la resurrezione. Vi sarà indicata la strada da seguire e il metodo.

© Грабовой Г.П., 2001

40. TRASFORMAZIONE DELL'INFORMAZIONE IN DIREZIONE DELLA RESURREZIONE.

Se esiste l'informazione della scomparsa della persona, la dobbiamo trasformare in modo che essa con tutte le relative circostanze, dopo la trasformazione cominci a favorire la resurrezione e ci aiuti ad effettuare il risuscitamento.

41. LA REALIZZAZIONE DEI PROGETTI DEL DEFUNTO RIGUARDANTI LA VITA ETERNA.

Nelle condizioni moderne ogni defunto che sta per risorgere aspira alla vita eterna. Noi dobbiamo analizzare i suoi progetti dopo la resurrezione ed aiutare la loro realizzazione. Occorre cominciare a farlo subito. I piani del defunto si possono conoscere tramite la chiaroveggenza. Se cominciamo ad aiutare il defunto nella realizzazione dei suoi progetti subito, la resurrezione prenderà meno tempo.

42. ACQUISIZIONE DELL'ESPERIENZA DI RESURREZIONE AI FINI DELLO SVILUPPO INFINITO.

Desiderando imparare la metodologia della resurrezione dobbiamo mettere da subito alla sua base il principio dello sviluppo infinito. Di conseguenza la prima resurrezione andrà più velocemente.

Praticando il risuscitamento, ovviamente acquisiamo esperienza, come in tutte le esercitazioni. Questa esperienza deve essere tale da permetterci di risuscitare sempre, dappertutto e in qualsiasi condizione.

43. RICONOSCERE I SEGNI DEL DEFUNTO NEGLI ELEMENTI DELLA REALTÀ.

Nei diversi elementi della realtà dobbiamo essere in grado di percepire le sensazioni che accompagnavano o potrebbero aver accompagnato la persona vivente. In base alla percezione di queste sensazioni possiamo vedere se la resurrezione è in corso o è già avvenuta e il nostro compito è solo di ottenere un incontro con la persona risorta. In altre parole, ovunque siamo

© Грабовой Г.П., 2001

dobbiamo percepire la realtà in modo da distinguere tutte le sue sfumature.

44. ACQUISIRE LO STATO DI PENSIERO IN CUI L'IDEA DELLA RESURREZIONE DIVENTI SEMPRE PRESENTE.

Il metodo consiste nel pensare sempre, in qualsiasi circostanza in tal modo che accanto ad altri pensieri sia sempre presente l'idea della resurrezione. La presenza costante del pensiero della resurrezione deve diventare una caratteristica fissa della nostra facoltà mentale.

45. RICONOSCERE IL DEFUNTO NELLE IMMAGINI.

Guardando un albero o qualsiasi altro elemento della realtà dobbiamo riconoscere nella serie delle immagini percepite l'immagine del defunto. Possiamo vederlo a tutta altezza oppure solo il suo viso.

Da bambini molti di noi hanno osservato quadri misteriosi. Sull'immagine erano presenti per esempio un albero, accanto un cespuglio e ci chiedevano di trovarvi un coniglio. A prima vista il coniglio non c'era. Ci mettevamo a scrutare il quadro, a girarlo in tutte le direzioni. Nessun coniglio! Eppure continuando a studiare attentamente il disegno, ad un certo punto riuscivamo a distinguere chiaramente il coniglio! Per esempio era seduto sotto il cespuglio con le orecchie strette alla testa. E ci chiedevamo sorpresi come mai non eravamo riusciti a vederlo prima.

Qualcosa di simile dobbiamo realizzare con l'immagine del defunto nella percezione degli elementi della realtà. L'immagine deve essere tale da poter produrre la resurrezione o portarci alla scoperta del luogo della resurrezione se essa fosse già avvenuta.

46. RACCOLTA DI TUTTA L'INFORMAZIONE ESTERNA AI FINI DELLA RESURREZIONE.

Per poter risuscitare occorre trovare e raccogliere qualsiasi informazione esterna. Anche se è sempre meglio utilizzare solo i propri pensieri e le conoscenze, basate prima di tutto sui principi della resurrezione.

© Грабовой Г.П., 2001

47. RICORSO AL LIVELLO DELLA CONOSCENZA SUPERIORE, AL LIVELLO DI DIO AI FINI DELLA RESURREZIONE.

Questo metodo prevede il ricorso a Dio per la resurrezione.

48. RICORSO A GRIGORI GRABOVOI PER OTTENERE L'INFORMAZIONE SULLA RESURREZIONE O L'AIUTO CONCRETO.

Si può rivolgersi a me, in quanto praticante il risuscitamento e creatore della teoria. È possibile il ricorso nel pensiero per stabilire un contratto telepatico e ricevere l'informazione necessaria. Inoltre si consiglia di consultare anche le altre persone praticanti il risuscitamento.

49. RICONOSCERE I SEGNI DELLA RESURREZIONE DIFFONDENDO LA NOSTRA COSCIENZA SU TUTTO IL FUTURO.

Bisogna diffondere la nostra coscienza su tutto il nostro futuro per conoscere tutto il futuro infinito nello sviluppo infinito del Mondo. Questa acquisizione della conoscenza permette di risuscitare immediatamente.

50. RICONOSCERE I SEGNI DELLA RESURREZIONE DIFFONDENDO LA NOSTRA COSCIENZA SU TUTTA L'INFORMAZIONE DEL PASSATO, DEL PRESENTE E DEL FUTURO.

Dobbiamo diffondere la nostra coscienza su tutta l'informazione del passato, del presente e del futuro in modo che la coscienza percepisca questa informazione nel tempo reale e sia estendibile assolutamente dappertutto, sia nel tempo che nello spazio. In quel caso il risuscitamento prenderà la via che vogliamo noi.

Dopo aver letto tutti i metodi dall'inizio alla fine, collegandoli con i principi di base della resurrezione e con tutto il contenuto del presente libro e cominciando a praticare la resurrezione,

© Грабовой Г.П., 2001

potrete acquisire lo strumento reale per il risuscitamento dei defunti. È applicabile anche alla cura delle malattie, alla ricostruzione di qualsiasi oggetto d'informazione, al controllo degli eventi, però la sua destinazione principale è salvare gli uomini dal pericolo della distruzione. Ci deve accompagnare sempre l'idea chiara di come le nostre azioni sono destinate alla salvaguardia degli uomini dal pericolo della distruzione globale.

© Грабовой Г.П., 2001

CAPITOLO IV

PRINCIPI DEL RISUSCITAMENTO E VITA QUOTIDIANA

CAPITOLO IV
PRINCIPI DEL RISUSCITAMENTO E VITA QUOTIDIANA

In questo capitolo esaminiamo la relazione tra i principi del risuscitamento e la vita quotidiana. Sappiamo già che i principi del risuscitamento sono le leggi dello sviluppo eterno della vita, di conseguenza l'applicazione di questi principi nella vita di tutti i giorni comporta il cambiamento positivo di quest'ultima. Con l'apprendimento di questi principi e la loro introduzione nella pratica quotidiana la vita acquisisce una base solida per lo sviluppo creativo.

Parliamo prima della nuova medicina, la medicina dei millenni futuri. Voglio sottolineare che questa medicina è già entrata in uso, la sua epoca è già arrivata. Il suo obiettivo principale è di evitare la morte, cioè di raggiungere la vita eterna per i viventi. La vita eterna sta diventando realtà dei nostri giorni. Un altro scopo di massima importanza posto dalla nuova medicina è il risuscitamento dei defunti.

La nuova medicina è fondata sulla teoria e la pratica della resurrezione. Proprio la teoria e la pratica della resurrezione definiscono i principi della nuova medicina, e prima di tutto il principio della completa ricostruzione della materia.

Il Mondo può essere considerato come un insieme di eventi basati sulle cause e gli effetti. Il Creatore ha creato il Mondo nello stesso modo in cui ha creato sé stesso, per cui in questo capitolo riteniamo che qualsiasi sviluppo avviene sugli stessi principi che il Creatore ha utilizzato per l'autocreazione. Di conseguenza possiamo affermare che l'espressione "a immagine e somiglianza Divina" significa prima di tutto che ogni elemento creativo del Mondo può autoricrearsi.

È EVIDENTE CHE IL CREATORE SIA UOMO, PERCHÈ L'HA CREATO EGLI STESSO. QUINDI È LA SUA MANIFESTAZIONE MASSIMA E VERAMENTE SALVATRICE, È LA SUA PERSONIFICAZIONE NELL'UOMO E IL CAMMINO IN VESTE DI UOMO, DURANTE IL QUALE EGLI PUÒ TRASMETTERE LE PROPRIE CONOSCENZE ALLA GENTE DA UOMO A UOMO.

© Грабовой Г.П., 2001

Utilizzando l'espressione "a sua immagine e somiglianza" parliamo non della somiglianza esteriore, ma dei legami interiori e della interazione delle forme.

Il principio di somiglianza significa inoltre che il Salvatore ha preso la forma di uomo e sviluppandola ha ricreato tutto il Mondo. La ricreazione del Mondo avviene in modo che l'immagine dell'uomo comporta la creazione di ogni elemento del Mondo, ed ogni elemento contiene il principio di autocreazione. Quindi basandosi sulla forma del corpo fisico umano e del suo pensiero può essere sempre ottenuta l'informazione su qualsiasi avvenimento nel Mondo. Al giorno d'oggi esistono già dispositivi che registrano i pensieri.

Ogni avvenimento può essere trasformato in positivo se impariamo a modificare la forma del pensiero in direzione dei nostri obiettivi e raggiungiamo la strutturazione della coscienza. Sul metodo di strutturazione del pensiero si fonda la mia Dottrina "Della salvezza e dello sviluppo armonioso", ufficialmente riconosciuta nei documenti regolamentari dell'UNESCO. Molti anni di pratica sono serviti per confermare tutti i punti della mia Dottrina, i cui risultati sono esposti nei tre volumi del libro "La pratica del controllo. La via della salvezza."

I concetti principali della mia Dottrina sono facili da apprendere per qualsiasi persona indipendentemente dall'età, di conseguenza i miei allievi subito incominciano a praticare e raggiungono presto i primi risultati nella salvezza e nello sviluppo armonioso.

Quando si comincia a discutere della reale via di salvezza per tutti gli uomini, la risposta è molto semplice: la vera salvezza per tutti gli uomini e per tutti i tempi consiste nella trasmissione del vero sapere dal Creatore, e chiunque riceva questo sapere deve continuare a diffonderlo a quante più persone possibile. Sullo stesso principio è costruita la mia Dottrina "Della salvezza e dello sviluppo armonioso" la quale insegna la tecnologia dell'apprendimento, dell'applicazione pratica delle conoscenze e della loro diffusione. Quando ogni persona seguirà questi principi di sviluppo, verrà garantita la sicurezza del sistema dello sviluppo del Mondo.

Tutto ciò permette di notare che il Mondo ha dimensioni assolutamente concrete ed un sistema ben definito, ogni azione che si effettua nel Mondo è un anello di una catena con la

© Грабовой Г.П., 2001

Capitolo IV. Principi del risuscitamento e vita quotidiana

propria determinata struttura e le coordinate. Se consideriamo il Mondo come uno sviluppo della forma del Creatore, tutti gli avvenimenti del Mondo, sia del passato che del futuro possiedono delle coordinate esatte.

Applicando il quadro del Mondo descritto alla nostra vita pratica, cioè adottando il principio di forma, immagine e somiglianza espanso dal Creatore a tutti i fenomeni naturali, si nota che i principi di risurrezione e i metodi da me proposti possono essere impiegati per la ricostruzione di qualsiasi oggetto di informazione. I principi e i metodi della risurrezione sono sostanzialmente dei principi del controllo della realtà. Analizzando tutti i principi e i metodi da questo punto di vista possiamo vedere che la loro applicazione a qualsiasi processo della realtà per la sua completa ricostruzione comporta anche il controllo del rispettivo elemento della realtà.

Questo quadro del Mondo che testimonia la sua ricostruzione su immagine e somiglianza Divina permette di estendere la tecnologia concreta dell'applicazione dei principi e dei metodi del risuscitamento dei defunti alla cura delle malattie e al controllo degli avvenimenti. Ovviamente il controllo degli avvenimenti è un concetto molto più ampio: la cura delle malattie ne rappresenta un anello naturale e armonioso.

I principi del risuscitamento dei defunti sono le leggi fondamentali del Mondo. Così come ogni giorno applichiamo la forza di gravità in diverse occasioni, anche le leggi fondamentali del Mondo possono essere adottate per la soluzione di diversi problemi.

In seguito illustrerò come i principi fondamentali del risuscitamento e risurrezione possono essere applicati per conoscere il Mondo, controllare gli eventi e curare le malattie. È ovvio che si tratta solo di alcune delle possibili applicazioni. Come qualsiasi legge fondamentale essi sono universalmente applicabili.

L'adozione dei principi del risuscitamento nelle attività quotidiane dell'uomo confermano che il risuscitamento è un processo naturale nella vita degli uomini.

© Грабовой Г.П., 2001

§1. LA NUOVA MEDICINA COME UNA DELLE CONSEGUENZE DEI PRINCIPI DEL RISUSCITAMENTO

In questo capitolo verrà intrapreso un tentativo di dimostrare che la comprensione dei principi del risuscitamento comporta la comprensione dei fondamenti della nuova medicina. Con questo scopo mi rivolgerò di nuovo ai principi del risuscitamento, ripassandoli in breve.

1.1. IL VERO STATUS DEL MONDO NEL CONTESTO DELLA VITA ETERNA. LA VITA ETERNA GARANTISCE LA VERA STABILITÀ DEL MONDO. L'ASPIRAZIONE ALLA STABILITÀ DEL MONDO ASSICURA LA VITA ETERNA.

GLI ETERNI VIVENTI SONO UNA BASE CHE RIPRODUCE TUTTO IL RESTO. LA STESSA BASE È DIO. DIO È ETERNO, EGLI NON MUORE MAI. TUTTO IL RESTO NE È CONSEGUENZA.

La prima parte di questo principio parla dei movimenti reciproci: l'aspirazione alla stabilità del Mondo comporta l'eternità della vita, mentre la vita eterna garantisce l'assoluta stabilità del Mondo. Si tratta del principio di tendenza reciproca e sviluppo interdipendente, dal quale si può trarre la conclusione che ogni elemento del Mondo nella dinamica del suo sviluppo funziona come struttura che consiste di almeno due componenti.

La seconda parte dello stesso principio afferma che Dio è una base che riproduce tutto il resto.

Questo principio può essere applicato allo studio di qualsiasi fenomeno. Contemporaneamente bisogna prendere in considerazione tutto quello che è stato detto all'inizio di questo capitolo. Facciamo l'esempio della ricostruzione di una pianta. La ricostruzione di una pianta a livello di pensiero produce la sua ricostruzione nella realtà fisica.

Oppure prendiamo la ricostruzione degli organi del nostro corpo. Anche qui ricostruendo qualsiasi organo mentalmente riusciamo a ricostruirlo nella realtà fisica. La realtà è controllabile.

© Грабовой Г.П., 2001

Questo fenomeno è stato esaminato nel corso dell'analisi del principio (4.3.) del capitolo 2.

LA VITA ETERNA È UN PRINCIPIO DI SVILUPPO DELLA REALTÀ DIVINA.

Lo sviluppo di tutto il Mondo avviene secondo questo principio. Ciascun elemento del Mondo è creato in tal modo che l'istante sia lo status eterno del suo sviluppo. Di conseguenza ogni oggetto può essere ricreato.

Il controllo degli eventi è altrettanto possibile sulla base del principio dell'eternità dell'evento in un punto. In questo capitolo si parlerà prima di tutto della salute, quindi come evento intendiamo principalmente la cura delle malattie.

Il principio descritto aiuta a ricostruire il sistema sanguigno e cardio-vascolare, e in seguito anche tutto l'organismo. La ricostruzione dell'organismo è legata al concetto dell'eternità d'ogni elemento dello sviluppo.

Un ruolo importante è riservato alla considerazione dello status della realtà Divina, perché essa segue nel suo sviluppo sempre la direzione dell'eternità.

LA NOSTRA COSCIENZA PERCEPISCE QUELLO CHE ESISTE IN ESSA COME REALTÀ.

Da questo principio si può dedurre che ogni elemento della realtà può essere riprodotto dalla nostra coscienza. La sua comprensione permette di controllare qualsiasi realtà, inclusa la propria salute e quella degli altri. Il principio in questione ricostruisce anzitutto il sistema cellulare.

LA STRUTTURA DEL MONDO DEVE SVILUPPARSI MOLTO INTENSAMENTE
NELL'AMBITO DELLO SVILUPPO DELLA NOSTRA COSCIENZA.

Applicando questo principio alla cura delle malattie e al controllo degli eventi scopriamo che tutto il Mondo si riflette nella coscienza e lo sviluppo intenso del Mondo genera il nostro organismo o produce un evento.

© Грабовой Г.П., 2001

Se prendiamo coscienza del fatto che la nascita di ogni elemento del Mondo è un fatto della vita futura, diventa ovvio che la medicina dell'avvenire considererà ogni elemento in passato o in futuro come momento della nuova nascita dell'organismo. Unendo questi elementi discreti della nascita che provengono anche dalla nostra Anima, riusciamo a fare in modo che la nostra coscienza gestisca l'elemento dello sviluppo.

LA RESURREZIONE È LA COMPRENSIONE DELLA COSCIENZA VERA.

Da un lato la ricostruzione dell'oggetto lo aiuta a diventare eterno, e l'oggetto eterno possiede sempre una quantità massima d'informazione e il numero massimo possibile di processi di scambio e di legami. Dall'altro lato la verità è caratterizzata dalla comprensione massima dell'oggetto. Quando parliamo del risuscitamento come della comprensione della vera coscienza, intendiamo che è proprio la capacità di ricostruire qualsiasi oggetto che caratterizza la verità della coscienza.

Dunque la capacità di controllo nasce come una caratteristica spirituale.

LA VITA ETERNA CAUSA LA NECESSITÀ DELLO SVILUPPO DELL'ANIMA.

Da un lato la vita eterna causa la necessità dello sviluppo dell'Anima. Dall'altro lato lo status dell'Anima deve essere considerato primordiale perché è proprio quello che crea la vita eterna. Siamo di nuovo di fronte al principio dell'attrazione reciproca e dello sviluppo interdipendente.

Questo principio permette di effettuare il controllo di una quantità infinita di eventi.

PRINCIPIO DI DIVINITÀ: L'ASPIRAZIONE ALL'IMMORTALITÀ DEL CORPO, ALLA VITA ETERNA E ALLO SVILUPPO DELLA VERA COSCIENZA È LA PRATICA DELLA MASSIMA FIORITURA DELL'ESISTENZA UMANA.

Per poter applicare questo principio al controllo degli eventi

© Грабовой Г.П., 2001

dobbiamo considerare lo status dell'immortalità del corpo come status veridico di qualsiasi evento.

Costruendo l'evento attorno al corpo eterno arriviamo a poter controllare l'evento e conseguiamo la salute completa.

È SUFFICIENTE L'ESISTENZA DI UNA SOLA PERSONA IN GRADO DI RISUSCITARE E RICOSTRUIRE IL MONDO PERCHÈ ESSO DIVENTI INDISTRUTTIBILE.

Secondo questo principio una percezione singola, cioè la percezione di una sola persona permette di costruire il Mondo eterno. La spiegazione è nel fatto che anche se si tratta della percezione di una sola persona, l'Anima dell'uomo è una struttura con un volume infinito che fa parte del Mondo ed è presente in qualsiasi evento, ed addirittura l'Anima dell'uomo è una struttura che organizza il Mondo.

La consapevolezza di tutto questo permette di trasferire il controllo degli eventi sul livello della gestione con il controllo nel tempo. In altre parole, questo principio può essere utilizzato per controllare gli eventi nel momento di tempo desiderato.

LA RESURREZIONE E L'ACCERTAMENTO DELL'EVENTO DELLA RESURREZIONE È UN PROCESSO CONTEMPORANEO PER TUTTO IL MONDO.

Applicando questo principio alla gestione degli eventi personali dobbiamo considerare noi stessi portatori dello status del Mondo, cioè il Mondo è la manifestazione della nostra Anima nella percezione collettiva. Inoltre bisogna prendere in considerazione il fatto della contemporaneità dell'accertamento della resurrezione in tutto il Mondo di cui parla il titolo di questo principio. Tutto ciò dimostra che qualsiasi elemento del Mondo è altrettanto manifestabile quanto lo siamo noi, e di conseguenza è anche controllabile. Grazie al presente principio cominciamo a capire i meccanismi del Mondo e acquisiamo la capacità di gestire la realtà universale.

LA COSCIENZA DELL'UOMO E I SUOI ORGANI SONO IN GRADO DI PRODURRE LA RESURREZIONE A CONDIZIONE DELLA CORRETTA COMPRENSIONE DEL LEGAME TRA DI LORO.

© Грабовой Г.П., 2001

Per capire pienamente il funzionamento di questo principio bisogna prendere in considerazione ancora un principio molto importante, secondo il quale:

L'UOMO È LA BASE DEL MONDO. LA FORMA DELL'UOMO CREA GLI ELEMENTI DEL MONDO E DETERMINA GLI EVENTI.

Per esempio un semplice manichino che ha la forma dell'uomo una volta messo nel vuoto dopo un po' di tempo può creare attorno a se stesso l'ossigeno. E questo accade solo grazie alla sua forma umana.

Il principio descritto in realtà si intreccia strettamente con il principio (4.2) del quale abbiamo già parlato: "L'UOMO È TUTTO IL MONDO ESTERIORE ED INTERIORE CONTEMPORANEAMENTE".

Esaminando gli organi del defunto ci accorgiamo che la loro costruzione è subordinata alla coscienza dell'uomo, è proprio la concezione della forma dell'uomo a creare gli organi del defunto che vogliamo fare tornare alla vita. Tramite la concentrazione sulle diverse nostre forme e il controllo possiamo ottenere una ricostruzione completa dell'organismo.

Quindi questo principio afferma che la forma crea l'organismo. Quando vediamo nel futuro un certo evento, la conoscenza della forma dei suoi partecipanti o anche semplicemente di un oggetto facente parte di questo evento ci offre la possibilità di effettuarne il controllo.

LO SVILUPPO DELL'UOMO DEVE ESSERE CONSIDERATO COME SVILUPPO COMPLESSIVO DI TUTTO IL MONDO ESISTENTE.

La complessità nello sviluppo è anzitutto l'interessamento di tutte le parti del processo, di tutti gli elementi della struttura. Il concetto di contemporaneità svolge qui un ruolo fondamentale: solo il coinvolgimento e la considerazione nello stesso momento di tutti gli elementi del Mondo possono garantire la sua stabilità nel processo di sviluppo continuo.

L'applicazione del presente principio al controllo degli eventi dimostra che quest'ultimo avviene tramite la complessità riflessa nello sviluppo dell'uomo.

© Грабовой Г.П., 2001

IL PRINCIPIO DEL RISUSCITAMENTO È CORRELATO CON IL PRINCIPIO DELL'ORGANIZZAZIONE DELL'UOMO IL QUALE TIENE CONTO DELLO SVILUPPO FUORI DAL TEMPO DI TUTTO IL MONDO ESTERIORE.

L'organizzazione dell'uomo comprende non soltanto la sua forma fisica, ma anche l'organizzazione del suo pensiero e degli atti. Prendere in considerazione lo sviluppo fuori dal tempo di tutto il Mondo esteriore significa vedere anche l'organizzazione di un singolo uomo e di conseguenza anche ogni evento legato a lui. Questo è un principio fondamentale che permette di esercitare il controllo sulla base della comprensione.

LA SOFFERENZA, LA TRISTEZZA E LA NOSTALGIA NON PORTANO ALLA COMPRENSIONE DEL MONDO. SOLO LA GIOIA, LA LUCE E L'AMORE RAPPRESENTANO I MODI DI COMPRENSIONE DEL MONDO.

Qualsiasi evento creativo è un evento costruito in modo creativo. La costruzione creativa degli eventi viene accelerata dall'impulso delle emozioni positive. Proprio per questo in ogni evento creativo sono presenti la gioia, la luce e l'amore come elementi di costruzione della sua struttura. Quindi la gioia, la luce e l'amore rappresentano un modo per comprendere il Mondo.

LA PERSONALITÀ SI CONSERVA DOPO LA MORTE BIOLOGICA, INCLUSI I CASI DI CREMAZIONE (IN QUESTO CASO AD OGNI PARTICELLA DI CENERE RIMANE ASSEGNATA LA STRUTTURA DELLA PERSONALITÀ DEL DEFUNTO).

Questo principio permette di comprendere che ogni singolo elemento dell'evento contiene tutto ciò che è relativo all'intero evento. Quindi qualsiasi evento è ricostruibile anche solo in base ad alcune caratteristiche dei suoi partecipanti, del nome e addirittura senza conoscere il nome, semplicemente tramite la chiaroveggenza.

© Грабовой Г.П., 2001

Nei termini del controllo degli eventi il principio in questione permette di formulare la seguente legge fondamentale: "IL CONTROLLO CREATIVO È SEMPRE POSSIBILE IN QUANTO TUTTO SI PRESTA ALLA RICOSTRUZIONE". Da questa legge segue un'altra legge importante: "IL MONDO PUÒ ESSERE SALVATO IN CASO DI QUALSIASI COMBINAZIONE DEGLI EVENTI". Di conseguenza ogni gestione creativa comporta il risultato desiderato.

LO SPAZIO DIPENDE DAL LUOGO IN CUI SI INTERSECANO DIVERSI INTERVALLI TEMPORALI, DI CONSEGUENZA LE DIMENSIONI DELLA TERRA POSSONO ESSERE INGRANDITE.

Il tempo può considerarsi un elemento che nel corso del proprio sviluppo coesiste con lo spazio. Ciò significa che ogni intervallo temporale è un elemento correlativo o con lo spazio stesso o con qualche oggetto nello spazio. L'osservazione dello spostamento di un oggetto permette d'introdurre le coordinate del tempo. Lo stesso ovviamente vale se lo spostamento riguarda più di un oggetto. Nel caso d'assenza di reale spostamento possiamo introdurre le coordinate del tempo semplicemente in base ad una certa nostra percezione, una determinata reazione. In queste condizioni il tempo si manifesta chiaramente come una costruzione, la cui relazione con lo spazio risulta dipendente dalla nostra coscienza. Possiamo fissare il tempo nella nostra coscienza, ma possiamo anche non farlo, il tempo può essere escluso dalla sfera di percezione.

Dunque se un oggetto si muove sorge la necessità di descrivere in qualche modo questo movimento e con questo scopo s'introduce il concetto del tempo. Se invece gli oggetti sono immobili, il tempo lo fissiamo semplicemente nella nostra coscienza. Però nella realtà queste situazioni possono verificarsi contemporaneamente e gli oggetti possono essere più di uno. Considerando che la coscienza e lo spazio-tempo sono legati tra loro si nota che le intersezioni degli intervalli temporali possono condurre al cambiamento dello spazio. L'incremento del volume risulta legato all'aumento della quantità dell'informazione. Qualsiasi evento diventa gestibile a condizione dell'aumento della quantità dell'informazione.

© Грабовой Г.П., 2001

Il principio in questione può essere spiegato anche diversamente. Supponiamo che sussista il movimento di un oggetto. Anche semplicemente guardandolo possiamo ricevere un impulso nella nostra coscienza, il quale provocherà il movimento di un altro oggetto. In base al principio della trasmissione dell'informazione, il movimento di un oggetto può causare il movimento di un altro. Questo movimento dipende dal nostro desiderio, di conseguenza il nostro livello spirituale permette di aumentare lo spazio. Vorrei ricordare che lo spazio e il tempo sono costruzioni della coscienza.

Per spiegare meglio questo principio abbiamo fatto ricorso ad esempi di movimento concreti, ma possiamo anche farne a meno. Quanto suddetto dimostra che siamo in grado di incrementare l'informazione in misura necessaria per fare realizzare qualsiasi evento.

2.1. L'UOMO È UNA SOSTANZA ETERNA IN BASE AL PRINCIPIO DELLA SUA CREAZIONE. LA RESURREZIONE SI FONDA SUL RICONOSCIMENTO DELL'ETERNO NELL'UOMO.

Il riconoscimento dell'eterno in qualsiasi oggetto dell'informazione comporta la capacità di vedere la struttura di questo oggetto in tutte le sue forme. In questo caso l'oggetto diventa controllabile.

2.2. LA STRUTTURA SPIRITUALE E FISICA SONO INTERCONNESSE. MODIFICANDO L'INFORMAZIONE SULLA STRUTTURA FISICA NEL CAMPO DELLO SPIRITO POSSIAMO CAMBIARE LO SPIRITO FINO AL LIVELLO IN CUI ESSO SARÀ IN GRADO DI MODIFICARE QUALSIASI STRUTTURA FISICA, ED INCLUSO DI CREARE IL CORPO FISICO.

Questo principio ci offre la comprensione del seguente approccio importante al controllo degli eventi. Supponiamo che all'evento che c'interessa partecipi un certo oggetto. Modificando l'informazione nel campo di questo oggetto possiamo modificare esso stesso in modo che cominci ad influire sull'evento. In altre parole l'evento può essere controllato grazie alla modifica della struttura informativa solo nell'oggetto dell'informazione.

© Грабовой Г.П., 2001

2.3. IL TEMPO E LO SPAZIO NON LIMITANO LA LUNGHEZZA DELLA VITA. IL CONCETTO DELLA LUNGHEZZA DELLA VITA SI FORMA IN BASE AL RAPPORTO TRA LO SPIRITO LO SPAZIO E IL TEMPO.

Questo principio ci suggerisce che in realtà qualsiasi oggetto è sempre eterno. Quando guardiamo un oggetto esso esiste sempre. Trasferendo questo stato spirituale sull'elemento dell'evento necessario otteniamo il controllo totale anche dell'evento stesso.

Nel caso specifico possiamo raggiungere la salute assoluta, dato che il nostro atteggiamento nei confronti della salute in questo status dell'Eternità permette di fare diventare eterna anche la nostra salute.

2.4. IL PRINCIPIO DELLA VITA ETERNA E DI CONSEGUENZA ANCHE IL PRINCIPIO DELLA RICOSTRUZIONE DOPO LA POSSIBILE MORTE BIOLOGICA FANNO PARTE DELLA CAUSA E NATURA PRIMARIA DEGLI IMPULSI DELLO SVILUPPO NATURALE DELL'UOMO.

Applicato al controllo della realtà, questo postulato vuole che il principio della ricostruzione dell'oggetto dopo la sua distruzione sia programmato nella base stessa di qualsiasi oggetto. Il controllo di qualsiasi oggetto può essere definito come un evento, nel quale possiamo introdurre diversi elementi di avvenimenti, ad esempio programmare gli eventi in modo da evitare la distruzione del Mondo. L'introduzione degli elementi di avvenimenti avviene nella maniera seguente: dobbiamo introdurre con lo sforzo di volontà o dello spirito il metodo di sviluppo nel principio di ricostruzione, in quel caso nessun elemento dell'avvenimento potrà essere annientato. La struttura armoniosa creata assicura un totale controllo dell'evento, il quale non richiederà neanche un minimo sforzo da parte nostra, e l'evento comincia a svilupparsi in modo indipendente seguendo la direzione più favorevole a noi.

2.5. L'IMPULSO INDIRIZZATO ALLA RESURREZIONE HA SEMPRE COME SCOPO LO SVILUPPO INFINITO DEL DEFUNTO.

© Грабовой Г.П., 2001

Qualsiasi impulso indirizzato alla resurrezione ha sempre come scopo lo sviluppo infinito del defunto. L'impulso riceve questo indirizzo perché viene programmata la completa ricostruzione dell'uomo. Secondo la legge dei legami universali di tutti gli elementi dell'informazione come risultato otteniamo la completa ricostruzione dell'uomo a tutti i livelli.

2.6. IL DEFUNTO È SEMPRE IN GRADO DI OSSERVARE E RENDERSI CONTO DEL PROCESSO DI SVILUPPO E PARTECIPA ALLA RESURREZIONE PRENDENDO L'INIZIATIVA.

Questo principio ci fa intendere che ogni oggetto dell'informazione reagisce sempre ai cambiamenti che avvengono nella nostra coscienza. Quando effettuiamo il controllo dell'informazione o, come nel nostro caso specifico, la ricostruzione dell'oggetto dell'informazione, questo oggetto dell'informazione a livello creativo tende a favorire lo sviluppo armonioso degli eventi. Questo vuol dire che ogni elemento dell'informazione nel momento della sua ricostruzione favorisce sempre il raggiungimento della massima armonia, il che è spiegabile in base al principio sullo sviluppo a immagine e somiglianza Divina descritto all'inizio del capitolo. La somiglianza Divina ci dona allo stesso tempo anche la Sua creatività. Dato che ciascun elemento della realtà contiene armonia, è ovvia l'interazione armoniosa tra gli elementi della realtà e noi. Quindi per controllare gli eventi può essere usato qualsiasi numero di elementi.

2.7. IL DEFUNTO SA SEMPRE CON CERTEZZA CHE DOPO LA RESURREZIONE VIVRÀ COME UOMO NORMALE.

Secondo questo principio ogni evento di cui effettuiamo il controllo, qualsiasi nostro organo, qualsiasi elemento dell'informazione contengono inizialmente l'informazione esatta su come essi devono essere.
Di conseguenza qualsiasi nostra azione, incluso il processo della ricostruzione di un organo umano contiene già un modello: in questo organo è già inserita l'informazione di come

deve essere, quindi dopo la resurrezione esso prenderà la stessa forma posseduta prima della morte.

Anche nel caso della materializzazione spirituale di un oggetto assolutamente nuovo il quale non ha mai avuto somiglianze, questo oggetto sarà armonioso e sviluppato al massimo secondo immagine e somiglianza Divina, cioè seguendo la volontà Divina.

Tutto questo riguarda anche la creazione delle tecnologie e dei sistemi nuovi. Gli esempi apportati qui permettono di capire come Dio sia all'origine della creazione di ogni elemento del Mondo. Lo stesso afferma il principio discusso.

Nel caso che effettuando il controllo di un evento lo estendiamo anche a livello dell'elemento generato da Dio il nostro controllo sarà sempre armonioso.

2.8. L'UOMO RISORTO CREDE SEMPRE DI ESSERE TRATTATO DAI VIVENTI DA PARI E NON SI SENTE IN NESSUN MODO MARGINALE, MA UNA PERSONA NORMALE COME TUTTE LE ALTRE.

Esiste il principio dell'uguaglianza di tutti gli oggetti dell'informazione, secondo il quale OGNI OGGETTO DELL'INFORMAZIONE COESISTE SEMPRE DA PARI CON QUALSIASI ALTRO OGGETTO DELL'INFORMAZIONE. È la legge del Mondo che ci dà la possibilità di controllare qualsiasi evento creandogli lo status di libertà. Per effettuare il controllo spesso è sufficiente creare per l'evento o l'oggetto lo status della libertà che prima non esisteva, e della quale esistenza neanche si sospettava.

Dunque otteniamo la capacità di ricostruire l'organismo nostro o degli altri conferendo agli eventi o agli oggetti lo status della libertà.

Tutto questo ci aiuta a capire che il principio della libertà assoluta di ogni persona è il principio spirituale naturale dello sviluppo.

2.9. DOPO LA RESURREZIONE AVVENUTA BISOGNA LAVORARE CON IL RISORTO SPIEGANDOGLI IL SUO NUOVO STATO LEGATO AL POSSESSO DEL CORPO FISICO.

© Грабовой Г.П., 2001

Capitolo IV. Principi del risuscitamento e vita quotidiana   249

Il presente principio permette di controllare gli eventi in base alle loro conseguenze. È ancora un metodo di controllo della realtà.

Il presente meccanismo si distingue dal precedente. Il metodo discusso sopra permetteva di cambiare subito la situazione iniziale, facendo sì che gli eventi successivi prendessero già la direzione di sviluppo favorevole a noi.

L'approccio di cui parliamo qui è diverso: non dobbiamo cambiare la situazione iniziale, ma cominciamo dalle sue conseguenze. Utilizzando la chiaroveggenza o qualche altro metodo possiamo seguire lo sviluppo dell'evento, scoprendo il suo seguito. Avendo a nostra disposizione acquisiti questi dati possiamo scegliere un momento dal futuro analizzato o, meglio, dallo sviluppo degli eventi che abbiamo previsto. Modificando all'interno del campo dell'informazione il momento scelto, cioè modificando una delle conseguenze della situazione iniziale, riusciamo ad apportare i cambiamenti anche nella situazione primordiale. La nuova situazione iniziale ovviamente comporta un nuovo sviluppo degli eventi, precisamente quello che abbiamo desiderato.

Applicando questo metodo alla cura della nostra salute otteniamo la salute assoluta, il che vale anche alla corretta applicazione di tutti gli altri principi.

2.10. L'UOMO RISORTO MANTIENE PIENAMENTE TUTTE LE CONOSCENZE PROFESSIONALI E ALTRE CAPACITÀ ACQUISITE IN PRECEDENZA NEL CORSO DELLA VITA.

Esiste un principio, secondo il quale: OGNI ELEMENTO DELLA REALTÀ CONSERVA SEMPRE TUTTA L'INFORMAZIONE SU TUTTO. In base a questo principio qualsiasi oggetto ricostruito mantiene sempre l'informazione riguardante in particolare esso stesso. Quindi l'uomo risorto mantiene pienamente tutte le capacità acquisite in precedenza nel corso della vita.

Grazie alla conoscenza di questo principio possiamo tenere sotto controllo qualsiasi oggetto dell'informazione da qualsiasi luogo e in qualsiasi momento. Non ha nessuna importanza che l'oggetto da noi scelto al momento dell'inizio del controllo per esempio si sia trasferito in un altro posto o funzioni in altre condizioni.

2.11. IL CONCETTO DELLO SPIRITO RIVELA LA VERITÀ DELLA STRUTTURA DI CONOSCENZA.

Sappiamo già che lo spirito è l'azione dell'Anima. La verità della struttura della conoscenza per ogni oggetto dell'informazione e prima di tutto per l'uomo è la sua caratteristica contenuta nel suo status. Ne abbiamo già parlato nell'Introduzione a proposito della ricezione dell'informazione dalla Rete Cosmica.

In base a questo principio il controllo può essere veloce e semplice a patto che il nostro stato d'Animo sia pronto a garantire ciò: la reazione dell'oggetto o della situazione devono favorire la massima armonia del Mondo per la nostra coscienza a tutti i livelli. Quindi il controllo in questo caso è un sinonimo della consapevolezza di dover apportare ad ogni evento il proprio elemento spirituale per raggiungere la maggiore armonia. In altre parole dobbiamo raggiungere lo stato spirituale giusto e proprio esso effettuerà il controllo.

Il principio esaminato qui permette di esercitare il controllo tramite la conoscenza, lo stato spirituale al livello superiore massimo.

2.12. UNO DEGLI ASPETTI DEL RISUSCITAMENTO È LA RICOSTRUZIONE DELLA COSCIENZA CREATIVA DEGLI UOMINI VIVENTI.

La ricostruzione della coscienza creativa degli uomini viventi è uno degli obiettivi fondamentali, il quale può essere raggiunto nel modo seguente:

guardando qualsiasi oggetto ed applicando una certa forza di volontà possiamo trasmettergli la nostra creatività. In questo modo effettuiamo il controllo dell'evento ripristinando in esso l'elemento dello sviluppo creativo. Se dovessimo curare la salute o effettuare il controllo di una qualche situazione, relativa ad esempio alle nostra sfera personale o agli affari, prima di tutto bisognerà ricostruire la coscienza creativa dei partecipanti dell'evento, inclusi noi stessi. Nel caso in cui la persona possieda già la coscienza creativa possiamo provocare il suo ulteriore sviluppo. Altrimenti possiamo effettuare il controllo tramite

© Грабовой Г.П., 2001

una qualche azione utile, per esempio realizzando la pulizia ecologica dell'ambiente.

Dunque il principio esaminato permette di produrre il controllo tramite la ricostruzione e lo sviluppo della coscienza creativa o semplicemente un atto creativo.

2.13. IL PROCESSO DI RISURREZIONE DEVE ESSERE CONSIDERATO ALLO STESSO TEMPO COME PROCESSO DELLA RIPRODUZIONE DELL'EMBRIONE.

Qualsiasi processo va affrontato prendendo in considerazione il suo sviluppo successivo. Il nostro principio parla proprio di questo: qualsiasi evento deve essere controllato in modo da garantire con ogni nostra azione lo sviluppo futuro dell'evento nella direzione da noi scelta.

2.14. I DEFUNTI NON SI FERMANO NEL LORO SVILUPPO. LO SVILUPPO SPIRITUALE DELLA PERSONA CONTINUA DAVANTI A QUALSIASI CONDIZIONE, QUINDI A LIVELLO SPIRITUALE LA RESURREZIONE SI PERCEPISCE COME MANIFESTAZIONE DELL'ARMONIA GENERALE DEL MONDO, PER QUESTO TUTTE LE PERSONE IN FONDO SANNO DELLA RESURREZIONE UNIVERSALE DI TUTTI I DEFUNTI.

Ogni elemento della realtà possiede sempre l'informazione sulla possibilità di ricostruzione completa di qualsiasi altro elemento. Applicata all'organismo umano questa regola significa che le possibilità di riserva d'ogni organo sono conservate in qualsiasi altro organo. La costruzione d'ogni cellula prevede una potente riserva per la ricostruzione di ogni elemento dell'altro organismo. Possiamo dire che nella cellula sono concentrati praticamente tutti gli elementi dell'organismo, il che ci dà la possibilità di ricostruire tutto l'organismo grazie ad un solo impulso indirizzato al ricupero di una cellula.

Lo stesso principio si estende a qualsiasi evento: in conformità con la regola delle relazioni generali, ogni elemento dell'evento contiene tutti gli altri elementi. Quindi siamo in grado di ricostruire qualsiasi evento o di controllarlo da qualsiasi punto e tramite qualsiasi elemento.

© Грабовой Г.П., 2001

3.1. L'ASPIRAZIONE DI DIO E DELL'UOMO ALL'UNIONE NEL CAMPO DELLA RICOSTRUZIONE E DELLA RIUNIFICAZIONE PORTANO ALLA MATERIALIZZAZIONE E ALLA RESURREZIONE.

Si può parlare anche dell'aspirazione di Dio e di qualsiasi oggetto d'informazione in generale alla realizzazione dell'idea del Creatore in termini di ricreazione.

Questo principio vuole che l'aspirazione di Dio e dell'uomo all'unione nel campo della ricostruzione e della riunificazione portino alla materializzazione e alla resurrezione. Si tratta della materializzazione non solo di un oggetto, ma anche degli eventi. Questo principio ci permette di tenere sotto controllo qualsiasi evento, anche quelli del futuro che ancora non si sono manifestati nel presente.

3.2. LA CONCENTRAZIONE DELLA COSCIENZA DELL'UOMO PUO' PORTARE AL CAMBIAMENTO RADICALE DELLA STRUTTURA DEL MONDO.

Questo principio destinato al recupero della salute prevede il controllo seguente. Considerando la nostra coscienza come elemento del Mondo dobbiamo posizionarla in uno dei campi del Mondo utili a noi, ad esempio in un organo interiore. L'organo interiore si cambierà a seconda dell'informazione con la quale abbiamo caricato la nostra coscienza. Ponendo a fondamenta della nostra coscienza la salute assoluta potremo recuperare completamente sia la salute nostra, sia di qualsiasi altra persona.

3.3. IL CORPO FISICO FA SEMPRE PARTE DELL'ANIMA.

Per poter recuperare la salute in base a questo principio dobbiamo sempre considerare il nostro corpo come una parte dell'Anima, come sua manifestazione. La ricostruzione dell'organismo nostro e quello degli altri grazie a questo metodo avviene abbastanza facilmente, ma è importante ricordare che il corpo è solo una parte dell'Anima.

Attraverso gli organi interiori, gli organi del pensiero, qualsiasi parte del nostro organismo, noi possiamo ricevere

© Грабовой Г.П., 2001

dalla nostra Anima il sapere e l'informazione. Tutto questo ci può essere trasmesso anche direttamente dal Creatore. Perché l'Anima dell'uomo è stata creata dal Creatore, è il Suo frutto. L'Anima è la luce del Creatore.

Quando saremo in grado di ricevere il sapere direttamente dalla nostra Anima, questo significherà che ci siamo avvicinati a Dio. Ma il sapere ci può essere trasmesso anche immediatamente dal nostro Signore, ed è il sapere diretto. In questo ultimo caso la riunificazione con il Creatore avviene a livello del corpo fisico. Visto che l'Anima al pari con il sapere diretto è originata direttamente da Dio, possiamo ottenere lo status dell'Anima in quel punto dove l'unione con Dio si realizza a livello del corpo fisico. Ciò significa che il corpo fisico fa parte dell'Anima.

Di conseguenza la costituzione d'ogni organo del corpo fisico segue lo stesso principio del funzionamento poliedrico. Quindi possiamo sempre ricostruire qualsiasi organo del nostro corpo e degli altri tramite la concentrazione rispettivamente sugli organi nostri o altrui.

Questo metodo ha un'alternativa: possiamo trasmettere mentalmente questo sapere ad un'altra persona, la quale acquisirà la capacità di curarsi da sola.

3.4. L'UOMO PUÒ ESSERE CONSIDERATO SIA IN TEORIA CHE IN PRATICA COME UNA STRUTTURA DELLA COSCIENZA POSTA NEL CORPO FISICO.

Vediamo come possiamo utilizzare questo principio per tenere sotto controllo gli eventi.

Ogni elemento della realtà è una struttura in grado di provocare azioni nella sfera fisica o in qualche altra sfera della realtà. Che cosa possiamo dire del rapporto tra la coscienza dell'uomo e un oggetto? Il campo della coscienza umana relativa all'oggetto, è il campo delle reazioni di questo oggetto o il campo della sua creazione.

Comunicando direttamente con il Creatore possiamo vedere come viene creato un evento. Ogni evento può essere considerato come manifestazione della Sua volontà. La comprensione delle leggi dello sviluppo del Mondo, la scoperta di come Dio stesso controlla il Mondo ci offrono gli strumenti per esercitare il controllo d'ogni evento.

© Грабовой Г.П., 2001

3.5. A LIVELLO DELLA CREAZIONE DELLE RELAZIONI INFORMATIVE NESSUN OGGETTO S'INTERSECA CON NESSUNO DEGLI OGGETTI ESTERNI NÉ CON SÈ STESSO. IL PRINCIPIO DEL RISUSCITAMENTO DELL'UOMO O IL PRINCIPIO DELLA RICOSTRUZIONE DI QUALSIASI OGGETTO CONSISTE NELL'INTERSEZIONE DELL'INFORMAZIONE INIZIALE SULL'OGGETTO CON LA STESSA INFORMAZIONE IN FASE DI SVILUPPO NEL CAMPO DELLE RELAZIONI DI EFFETTO CHE NASCONO DURANTE LA CREAZIONE DELL'INFORMAZIONE.

Questo principio ci spiega in che cosa consiste l'autonomia, l'indipendenza di ogni elemento del Mondo. Durante il processo della creazione di ciascun elemento del Mondo, ogni azione è autonoma. L'indipendenza, l'autonomia di ogni azione è in realtà la libertà della volontà dell'oggetto informativo.

Se adottiamo questo punto di vista, cioè il principio della libertà della volontà alla considerazione d'ogni evento, la situazione ci apparirà assolutamente trasparente. Scopriremo tutte le relazioni dell'evento, incluso il suo sviluppo futuro. Saremo in grado di conoscere tutte le relazioni, non solo quelle esistenti nel presente, ma anche quelle che avranno persistito nel passato e quelle che si svilupperanno nel futuro. La nostra capacità di scorgere il nascere delle relazioni future determina una concreta tecnologia del controllo dell'evento. In altre parole il presente principio offre la possibilità di controllare l'evento appoggiandosi sulla conoscenza del suo sviluppo successivo.

In applicazione alla salute il nostro principio suggerisce che per ottenere la salute dobbiamo prima stabilire una relazione armoniosa tra l'organismo e tutti gli elementi della realtà circostante. Consapevoli del ruolo che svolgono questi elementi e tenendo in considerazione la loro presenza nei nostri avvenimenti possiamo raggiungere un'ottima salute.

3.6. IL SISTEMA DELLE CONCEZIONI SPIRITUALI DELLA PERSONA CHE GESTISCE LA RESURREZIONE È IL PRINCIPIO DELL'ORGANIZZAZIONE DELLA SOCIETÀ NELLE PROSSIME TAPPE DI SVILUPPO.

© Грабовой Г.П., 2001

Accettando che la società è stata creata in base alla regola di autoriproduzione e funziona secondo il principio dell'autorganizzazione completa, cioè accettando la via di sviluppo percorsa dallo stesso Creatore, adottiamo il principio della Sua creazione universale ed eterna in tutti gli elementi del Mondo e a tutte le tappe dello sviluppo di quest'ultimo. Di conseguenza ciascun momento della creazione e dell'autoriproduzione proporrà questa via di sviluppo.

Quando il nostro sviluppo avviene in modo da garantire al nostro movimento la somiglianza Divina, arriviamo a costruire il Mondo armonioso in cui ciascun elemento possiede le capacità di riserva universale. La capacità di riserva universale consiste nella possibilità per ogni oggetto di creare qualsiasi altro oggetto.

Questa conoscenza permette di capire molti meccanismi dello sviluppo degli eventi, ad esempio ci spiega perché a volte un piccolo oggetto impedisce lo sviluppo dei grandi eventi, oppure perché un piccolo problema può esercitare a lungo un'influenza decisiva su tutti gli avvenimenti, e perché spesso è sufficiente la conoscenza di questo problema per risolvere completamente il problema della nostra salute o della salute degli altri.

Per recuperare la salute bisogna prima di tutto stabilire la causa del suo peggioramento, la causa primaria. Eliminando questa causa e ripristinando lo stato normale si può fare guarire anche tutto l'organismo.

È solo una soluzione, ma ne esiste anche un'altra: il principio in questione applicato al controllo degli eventi dice che tramite qualsiasi elemento del Mondo è possibile ricostruire qualsiasi altro elemento appartenente al Mondo. Quindi se la persona possiede un alto livello spirituale, è in grado di produrre subito qualsiasi cambiamento in modo da recuperare pienamente la salute dell'organismo.

3.7. GLI OGGETTI RAVVICINATI DELLA REALTÀ SONO QUELLI VICINI RISPETTO AL RISORTO E LONTANI DAL VIVENTE.

L'uomo risorto è una persona che possiede diverse strutture della coscienza a causa della sua scomparsa e del suo successivo ritorno. In modo simile qualsiasi oggetto ricostruito ha vissuto diversi stati. Durante la sua ricostruzione nello stato dell'oggetto avvengono cambiamenti paragonabili a quelli che hanno luogo nel momento in cui creiamo un evento desiderato. Questo fatto ci dà la possibilità di tenere sotto controllo gli eventi nel modo seguente.

 Dobbiamo immaginare che l'evento sulla cui formazione stiamo lavorando consista, sia da tratti remoti, sia da quelli vicini in rapporto agli elementi dell'evento.

 La persona che effettua il controllo e crea, lavora sempre con gli elementi remoti, perché essi rappresentano per lui le realtà esterne. Quello invece che è stato già creato può avere il ruolo dell'elemento ravvicinato, visto che partecipa nella creazione dell'elemento successivo, il suo vicino. Immaginiamo ad esempio di ricostruire con la colla un vaso rotto. Dobbiamo ricomporne i singoli pezzetti. Il frammento che abbiamo appena incollato agli altri può essere considerato come un elemento ravvicinato al vaso in confronto agli altri pezzetti ancora da incollare.

 La salute può essere ricostruita seguendo il principio dell'immagine ravvicinata. Dobbiamo indirizzare lo sguardo attraverso il nostro organo se è sano, o l'organo di un'altra persona, oppure immaginare un organo sano, e avvicinare o semplicemente sovrapporlo a quell'organo malato che vogliamo curare. Questo è il concetto del principio dell'immagine ravvicinata che ci permette di recuperare velocemente una salute completa.

3.8. IL RISORTO ASSOLUTIZZA LO SPAZIO E DETTAGLIA IL TEMPO. NELLA FASE INIZIALE, PERCEPISCE IL TEMPO COME DISCONTINUO, MENTRE PER IL VIVENTE IL TEMPO È CONTINUO.

 Il principio qui proposto funziona in base al seguente fatto: qualsiasi evento nella fase iniziale della sua realizzazione è altamente dettagliato, cioè il tempo si presenta come discreto. Successivamente, quando l'evento ha concluso la sua formazione, per gli elementi di questo evento il tempo sarà già continuo.

 Se vogliamo tenere sotto controllo gli eventi nella loro fase iniziale bisogna ricordare che ogni suo elemento può essere percepito indipendentemente dagli altri. Quindi diversi elementi dell'evento che sta incominciando, per molti aspetti non sempre dipendono uno dall'altro. Però con il tempo, nel corso dello sviluppo degli eventi la loro interdipendenza cresce.

© Грабовой Г.П., 2001

Capitolo IV. Principi del risuscitamento e vita quotidiana

Ora vediamo quale applicazione questo principio trova nel campo della salute.

Se la malattia non è ancora cronica, quindi si trova ancora nella fase iniziale, fase della formazione. In questo caso l'organismo può essere ricostruito tramite la cura dei singoli organi malati, tenendo conto delle relazioni che si stanno creando. L'organismo può considerarsi una struttura discreta.

Invece se la malattia è diventata già cronica, cioè il suo stato si è già formato, per poter recuperare la salute dobbiamo esaminare tutte le relazioni che si sono formate. In questo caso l'organismo va considerato come un tutto indissolubile.

3.9. IL PRINCIPIO DELL'AUTONOMIA DEL FUNZIONAMENTO DELL'INFORMAZIONE IN TEMPI DIVERSI.

L'analisi di questo principio proposta nel secondo capitolo ha dimostrato che il tempo ha una struttura autonoma, indipendentemente funzionante. Di conseguenza in tempi diversi, cioè nel passato, nel presente e nel futuro il controllo può appoggiarsi su tempi diversi, la cui differenza può esprimersi ad esempio nella lunghezza dell'impulso di controllo. Dato che nell'organismo i diversi processi sono caratterizzati da tempi diversi, la scelta della lunghezza giusta dell'impulso può giovare alla cura delle malattie. La cura delle altre persone comporta la guarigione del curante. Qui entra in funzione il meccanismo dell'autoricostruzione secondo il quale la persona guarita prima di tutto fa guarire gli altri.

3.10. LA VERA RELIGIONE DEVE FAVORIRE LO SVILUPPO CREATIVO DELL'ANIMA, DEL CORPO E DELLA SOCIETÀ.

Questo principio ci permette di capire un'idea del Creatore molto importante: ogni oggetto dell'informazione deve favorire lo sviluppo creativo di qualsiasi altro, anzi deve sostenere la continua crescita di livello di questo sviluppo creativo. Il Creatore ha posto questo principio a fondamento di ciascun elemento del Mondo.

La misura in cui un elemento dell'informazione favorisce l'aumento di sviluppo creativo di altri oggetti determina la sua propria capacità creativa, il suo livello, il suo status. Ogni oggetto dell'informazione, ogni elemento dell'evento contiene il proprio status interiore, la conoscenza del quale permette di tenere l'evento sotto controllo.

Vorrei sottolineare ancora una volta un principio fondamentale indispensabile per la salute completa: si tratta dell'esistenza della relazione indissolubile tra il corpo umano e la sua Anima. Il distacco del corpo fisico dalla sua base spirituale fa mancare il terreno sotto i piedi. Il corpo fa parte dell'Anima. La comprensione di questo fatto è il fattore determinante nella salute del corpo fisico.

La religione vera aiuta a stabilire una cooperazione armoniosa del corpo umano con l'Anima e dell'uomo con tutta la società, il cui risultato è lo sviluppo creativo di tutti.

3.11. LA RESURREZIONE È LA BASE PIÚ REALE, PRAGMATICA, ADEGUATA E CONVINCENTE PER LO SVILUPPO FUTURO, E IL POTENZIAMENTO DEL PENSIERO DELLE GENERAZIONI DEL FUTURO.

Dal punto di vista del controllo questo principio afferma che il risuscitamento, o nel caso generico la ricostruzione degli oggetti, permette di venire a contatto con la vera essenza del Mondo. L'Eternità, uno dei suoi aspetti, ci dà la possibilità di possedere sempre qualsiasi oggetto, di mantenere sempre un contatto con esso e come conseguenza tenerlo sotto controllo. In realtà si tratta della possibilità di eterno controllo, di eterno sviluppo armonioso e creativo.

L'armonia totale è un'interconnessione infinita nel tempo, l'interazione multilaterale tra tutti gli elementi, che assicura lo sviluppo creativo. Questa armonia crea la salute assoluta.

Il controllo basato su questo principio svolge un ruolo fondamentale nella nuova medicina, dimostrando che la ricostruzione completa è la conseguenza del principio della rigenerazione adeguata e dello sviluppo infinito dell'organismo.

3.12. I VIVENTI CHE NON SONO MAI MORTI, SONO IN GRADO DI RISUSCITARE IL DEFUNTO IN UN TEMPO OTTIMALE E NELLA FORMA MIGLIORE, RISPETTO AL RISULTATO CHE PUÒ RAGGIUNGERE IL RISORTO.

© Грабовой Г.П., 2001

Il controllo del processo della ricostruzione avviene attraverso la comprensione dell'armonia del Mondo, che la persona che pratica il risuscitamento deve riprodurre nella propria coscienza. Ognuno di noi da sempre possiede questa capacità nella propria struttura spirituale.

Tuttavia persistono differenze nella velocità di questo processo, nella rapidità della sua azione: l'uomo che non è mai morto possiede una velocità di controllo superiore a quelli che hanno sperimentato la morte e il successivo ritorno. È ovvio che l'oggetto dell'informazione più armonioso permette di effettuare un controllo più rapido, rispetto all'oggetto che porta le tracce delle distruzioni, il quale deve ancora essere potenziato dal punto di vista dell'armonia.

In applicazione alla salute ciò significa che è più facile ottenere la ricostruzione della salute nostra o altrui tramite un organo sano. Concentrando l'attenzione su un organo sano e estendendo in seguito la coscienza su tutto l'organismo facciamo guarire tutto l'organismo.

3.13. LA PRATICA DEL RISUSCITAMENTO, LA PRATICA DELLA RICOSTRUZIONE NON CONTRADDICE NESSUNA RELIGIONE, NESSUNA LEGGE E NESSUN INDIRIZZO DI TIPO CREATIVO.

Questo principio ci permette di capire che nel corso della ricostruzione, in qualsiasi oggetto vengono depositati gli elementi dello sviluppo creativo. Prendiamo un esempio di oggetto che in precedenza rappresentava un problema per la gente. La ricostruzione di questo oggetto in base all'impulso creativo gli offre l'opportunità di sviluppo per farlo entrare in armonia con l'ambiente. È da sottolineare che qualsiasi processo di ricostruzione completa porta inevitabilmente all'armonizzazione dell'oggetto con l'ambiente.

Per quanto riguarda gli oggetti come sistemi di distruzione, l'armonizzazione in quel caso causa la neutralizzazione di tutte le funzioni distruttive dell'oggetto.

L'annientamento delle funzioni distruttive e lo sviluppo creativo comportano la possibilità d'esercitazione del vero controllo sull'evento.

Il principio in questione propone delle importanti

© Грабовой Г.П., 2001

conclusioni per il rinvigorimento della salute. Nell'esempio del fumatore che desidera abbandonare il suo vizio potrebbe funzionare il seguente approccio: prima bisognerebbe isolare la sigaretta nella propria coscienza e solo dopo smettere di fumare.

Qui sarebbe utile aggiungere un commento di carattere generico. In realtà qualsiasi malattia nella sua prima fase si sviluppa a livello d'informazione, e solo dopo essersi sviluppata e formata abbastanza, si manifesta già a livello fisico, cioè viene scoperta nel corpo.

Quindi la cura del corpo fisico è la cura degli effetti. Sarebbe opportuno iniziare le cure prendendo in considerazione le cause, le quali hanno le proprie radici nei piani sottili dell'esistenza. La guarigione efficace è facilmente raggiungibile in base all'utilizzo attivo della coscienza.

Torniamo ancora una volta ai principi precedenti, e confrontiamoli attentamente. Ad esempio si è detto che "Dobbiamo immaginare un organo sano e avvicinarlo o semplicemente sovrapporlo a quell'organo malato che vogliamo curare".

È l'approccio universale e l'esempio concreto della pratica del controllo.

3.14. LA RESURREZIONE DELLE PERSONE PERMETTE DI RISUSCITARE E DI RICOSTRUIRE QUALSIASI OGGETTO.

La ricostruzione di qualsiasi oggetto permette di creare qualsiasi struttura della realtà e di conseguenza tenere sotto controllo gli eventi. In particolare può essere esercitato il controllo anche della salute.

4.1. LA RESURREZIONE È IL CONTROLLO DI TUTTO LO SPAZIO ESTERNO.

Questo principio permette di controllare gli eventi in modo seguente: dobbiamo trasferire tutto lo spazio all'interno dell'evento e in questo modo otteniamo il controllo.

Come può servire tutto ciò per la ricostruzione della salute? È necessario proiettare tutta l'armonia del Mondo esterno all'interno di noi stessi, ed allora essa comincia a suonare dentro di noi e l'organismo, raggiunta l'armonia, gode di un'ottima salute.

© Грабовой Г.П., 2001

4.2. L'UOMO È IL MONDO INTERNO ED ESTERNO CONTEMPORANEAMENTE.

In applicazione alla salute questo principio significa che la salute è uno stato determinato da molti fattori. La confluenza di tutti questi fattori dona la salute ad ogni organo, ogni cellula.

4.3. PER ALCUNI ASPETTI DELLO SPAZIO L'ESTENSIONE DEL TEMPO, IL SUO ALLONTANAMENTO E L'AVVICINAMENTO PRODUCONO LA RESURREZIONE.

Questo principio spiega un momento di estrema importanza dal punto di vista della salute.

Ogni organo è un oggetto che vive nel tempo. Al suo interno avvengono diversi processi, l'organo vive la sua vita, seguendo il normale corso del tempo, il quale non obbligatoriamente deve coincidere con il corso del tempo nell'organo vicino. Se i processi che si svolgono in diversi organi si differenziano (anche leggermente) con il corso del tempo, questo significa che la nostra salute è ottima.

4.4. TUTTI I PENSIERI, LE PAROLE ED GLI ATTI DELL'UOMO HANNO CARATTERE D'ETERNITÀ.

Seguendo questo principio possiamo affermare che ogni organo è creato in modo da poter funzionare eternamente. Se l'uomo arriverà a capirlo non solo formalmente, non solo con la mente, ma con tutto il suo essere, non avrà mai più nessun problema di salute.

4.5. IL PRINCIPIO DELL'ETERNITÀ PERMETTE AI DEFUNTI DI CAPIRE CHE SARANNO RISORTI.

L'organizzazione della realtà e di ogni suo elemento predispongono l'esistenza dei principi della completa riabilitazione. Di conseguenza ogni vivente possiede la conoscenze della vita eterna. Anche tutti gli oggetti d'informazione hanno sempre questo tipo di sapere in forma completa. Gli oggetti con caratteristiche distruttive, ad esempio, le bombe sono strutture appartenenti a quel piano di coscienza, dove l'elemento creativo ancora non ha conquistato la posizione dominante e determinante. Quindi la nostra coscienza deve isolare la bomba, cioè far sì che essa non esploda. L'isolamento della bomba nella coscienza causerà anche il cambiamento della situazione politica, in seguito al quale la questione della bomba perderà la sua attualità, ponendo le negoziazioni al centro della soluzione delle discordie.

Dunque, il principio di Eternità non distrugge la bomba stessa, ma cambia ad esempio l'organizzazione della società o la struttura dell'avvenimento, e di conseguenza la bomba con il tempo perde le proprie funzioni, che erano alla base della sua costruzione. Lasciata senza uso per un certo periodo di tempo, la bomba dopo un po' non rappresenterà più pericolo a causa della decomposizione dei suoi componenti e di altri processi simili.

Sulla base di questo principio sono formati gli oggetti. Ogni elemento rappresentante un pericolo funziona secondo la regola dell'autodistruzione. Il concetto di eternità dell'oggetto sottintende che gli elementi legati alla distruzione vengono espulsi nella struttura dove non potranno più causare danni a sé stessi e ad altri elementi della realtà.

Il controllo corretto comporta con il tempo l'autotrasformazione degli elementi distruttivi, senza che noi interveniamo nella loro struttura primordiale.

Così il principio di Eternità ricostruisce l'armonia.

4.6. LO SPOSTAMENTO DEI DEFUNTI ALL'INTERNO DEL LORO PAESE DI VITA, DISEGNATO COME FIABESCO DALLA NOSTRA IMMAGINAZIONE, IN REALTÀ AVVIENE ATTRAVERSO LA STRUTTURA DELLA NOSTRA COSCIENZA.

Esaminiamo l'applicazione di questo principio alla salute.

Analizziamo gli elementi della realtà attraverso la struttura della nostra coscienza, cioè poniamoci l'obiettivo di apportare modifiche alla realtà modificando la nostra coscienza. Vedremo sicuramente che tantissime relazioni dipendono dalla struttura della nostra coscienza, da come noi percepiamo la realtà. Comprendendo questo e vedendo le relazioni, saremo in grado di capire anche la malattia, la sua causa e di potere curare noi stessi e gli altri.

© Грабовой Г.П., 2001

4.7. IL CAMBIAMENTO DEL PAESAGGIO GEOGRAFICO CAUSATO DAI TERREMOTI O DALLE VALANGHE COMPORTA CAMBIAMENTI GENETICI E STRUTTURALI DELL'UOMO, PERCHÈ L'UOMO REAGISCE A TUTTO LO SPAZIO.

Qualsiasi cambiamento che avviene nel Mondo, in base alla legge delle relazioni universali causa altri cambiamenti. Qualsiasi movimento dell'organismo, pensiero, cambiamento nella coscienza comporta la reazione di risposta di tutti gli elementi dell'organismo. La conoscenza di questo principio permette di curare qualsiasi malattia.

Abbiamo esaminato ancora una volta i principi del risuscitamento esposti nel capitolo 2, applicandoli questa volta al controllo degli eventi, ed in particolare alla riabilitazione della salute.

Con lo stesso scopo potrebbero essere rivisti in modo simile i metodi di resurrezione descritti nel capitolo 3. Non lo farò, almeno in questo libro, ma consiglio ai miei lettori di riflettere da soli e di provare almeno sull'esempio di alcuni metodi di resurrezione, di dedurre le raccomandazioni per il controllo degli eventi e il recupero della salute. Sarà una pratica utile per la migliore comprensione del materiale proposto nei capitoli 2 e 3.

Pertanto vorrei attirare l'attenzione dei miei lettori al seguente fatto. Dal punto di vista del controllo degli eventi i principi del risuscitamento rispecchiano le leggi del Mondo, mentre i metodi del risuscitamento sono le leggi del Mondo nella loro manifestazione dinamica. Qualsiasi struttura fondamentale contenente l'espressione delle leggi del Mondo, è essa stessa la legge del Mondo dal punto di vista della sua applicazione.

Questo ci permette di fare ancora un passo verso la comprensione dell'organizzazione del Mondo (già menzionato nel capitolo 2). Ora, in base ai principi descritti ed attraverso la loro applicazione possiamo formare la struttura del Mondo, cioè creare le leggi del Mondo che porteranno alla creazione. Possiamo anche creare queste leggi creative, perché i principi che riflettono le leggi del Mondo dopo la loro comprensione da parte di tutti diventano esse stesse leggi fondamentali del Mondo.

© Грабовой Г.П., 2001

§2. I PRINCIPI FONDAMENTALI DELLA NUOVA MEDICINA, LA MEDICINA DEL FUTURO E DEL PRESENTE

1. PER LA NUOVA MEDICINA L'INTERAZIONE DEL CORPO FISICO CON LO SPIRITO E GLI ALTRI CORPI SARA' EQUIPARATA ALLA COOPERAZIONE TRA DIVERSI OGGETTI, EQUIVALENTI A LIVELLO D'INFORMAZIONE.

Il corpo fisico vive in uno spazio e la sua interazione con lo spirito e gli altri corpi produce i cambiamenti sia in se stesso, sia nello spazio esterno. Questa interazione può essere considerata come una interazione tra diversi oggetti d'informazione. Lo sviluppo creativo generale equipara questi oggetti a livello informativo.

Vorrei sottolineare che al concetto della medicina io do un significato più vasto delle semplici cure. A mio parere la medicina deve garantire all'uomo la salute in qualsiasi spazio e tempo continui, in qualsiasi area dello spazio e del tempo. Appare evidente la necessità di riservare un settore speciale della nuova medicina allo studio dei risultati dell'interazione tra diversi oggetti d'informazione: i corpi, gli spazi, gli oggetti spazio-temporali.

2. IL RISULTATO DELLO SVILUPPO DELL'UOMO SARÀ L'EVOLUZIONE DI OGNI CELLULA DEL SUO CORPO FINO AD ACQUISIRE LO STESSO SUO INTELLETTO.

Conosciamo tutti il concetto di Homo Sapiens, l'uomo sapiente, in altre parole l'essere umano intelligente. La nuova medicina sarà caratterizzata dalla presenza non solo del concetto dell'uomo sapiente, ma anche della cellula sapiente. La cellula sarà altrettanto intelligente quanto l'uomo stesso. È un fenomeno assolutamente nuovo, finora sconosciuto.

Grazie all'intelligenza della cellula cambierà anche il meccanismo d'influire sulle circostanze esterne. L'influenza sulle circostanze esterne avverrà non solo attraverso il sistema intercellulare, ma anche extracellulare. Sono le posizioni rispettivamente della medicina intercellulare ed extracellulare.

© Грабовой Г.П., 2001

Capitolo IV. Principi del risuscitamento e vita quotidiana

Di conseguenza il sistema di gerarchia del corpo diventerà più complicato, perché nascerà la possibilità di effettuare il controllo da ogni cellula.

3. L'EVOLUZIONE DEL CORPO UMANO, TRAMITE LA COSCIENZA DELLE SUE CELLULE, LO PORTERÀ A DIVENTARE UN ELEMENTO ATTIVO DELLA COSTRUZIONE DEL MONDO.

Tutto quello che Dio ha creato può subire cambiamenti in sincronia con l'evoluzione del Mondo, e questi cambiamenti sono controllabili. L'evoluzione del corpo umano toccherà anche la coscienza della sua struttura cellulare, la coscienza delle cellule. Il corpo dell'uomo diventerà un elemento attivo della costruzione del Mondo. In parole più semplici, in seguito alla sua evoluzione il corpo diventerà non solo consumatore, ma anche Creatore di se stesso.

È un indirizzo di medicina assolutamente innovativo, che si occuperà delle questioni della ricostruzione dei processi spirituali e materiali, ad esempio intercellulari ed extracellulari. L'evoluzione dello spirito seguirà il principio più complesso. Possiamo dire che il trinomio "lo spirito, il cervello e il corpo" sarà equiparato al trinomio "l'Anima, il cervello e il corpo". Nel secondo capitolo abbiamo parlato della differenza tra lo spirito e l'Anima. Tuttavia con l'evoluzione dell'uomo questa differenza va ad attenuarsi. Nella nuova medicina sarà caratterizzata dall'unione di alcuni elementi, dato che l'atto di creazione sarà allo stesso tempo l'atto della manifestazione immediata di tutte le sue conseguenze.

L'uomo acquisirà lo status di Creatore del Mondo. Potrà creare anche gli elementi assolutamente nuovi, ancora non presenti sulla Terra. Durante le dimostrazioni della materializzazione ho già creato qualche elemento di materia finora sconosciuto, e questi fatti sono registrati nella documentazione ufficiale. Di questi esperimenti parlerò in altri lavori. Il processo della creazione ha diversi lati: ogni oggetto, ad esempio un chiodo può essere creato grazie alle apposite macchine, ma anche tramite la coscienza.

© Грабовой Г.П., 2001

III

1. IL CORPO FISICO, MANTENENDO LA PROPRIA INDIVIDUALITÀ POTRÀ ESSERE PRESENTE OVUNQUE A LIVELLO DELLO SPIRITO E DELL'ANIMA.

Il corpo fisico dovrà mantenere la propria individualità, ma allo stesso tempo deve essere esteso su molti oggetti d'informazione. L'estensione in questo caso significa che il corpo così come anche l'Anima, sarà in grado di effettuare tutte le procedure di controllo della realtà esterna. Questo vuol dire che non solo l'Anima, ma anche il corpo fisico a livello dello spirito e dell'Anima sarà presente ovunque.

Tutti gli oggetti menzionati possiedono un numero infinito di gradi della libertà. Ogni livello di libertà si manifesta in una determinata prospettiva, cioè in un determinato sistema di accesso, in certi elementi della comprensione ecc. Tuttavia tutto ciò esiste solo per le persone in grado di capirlo.

La nuova medicina avrà l'obiettivo d'individuare le caratteristiche degli oggetti d'informazione, le caratteristiche individuali della persona. È un compito speciale, molto importante per la riproduzione delle future generazioni. Il principio d'individualizzazione è la base per la riproduzione delle generazioni di uomini, animali, uccelli, piante e tutti gli esseri che verranno.

I lettori probabilmente noteranno che questo principio potrebbe appartenere al primo livello della nostra classifica. Ho deciso di collocarlo qui perché organizzata in questo modo l'intera costruzione appare di più facile comprensione.

2. LA VITA ETERNA DELL'UOMO SARÀ GARANTITA DALL'IMPOSSIBILITÀ DI CAMBIARE LA VIA DELL'EVOLUZIONE CREATIVA.

Questo principio ha lo scopo di unire il concetto d'evoluzione con il concetto di accesso in qualsiasi struttura spazio-temporale. L'accessibilità alla struttura spazio-temporale comporta anche la possibilità di apportarvi delle modifiche ritenute necessarie. Le modifiche vengono realizzate tramite l'impulso della coscienza e l'impulso dell'Anima. L'influenza

Capitolo IV. Principi del risuscitamento e vita quotidiana

di questo impulso sia sul passato, sia sul futuro potrà essere controllata, ma è particolarmente importante tenere sotto controllo l'impulso sul passato, per evitare che un uomo possa modificare il volume d'informazione già elaborato, lo schema d'evoluzione costruttiva già creata. Si tratta di una sorta di tecnica di sicurezza.

Le conoscenze che vi propongo non causano nessun pericolo, ma stimolano l'evoluzione dell'uomo nella direzione migliore e garantiscono l'osservanza del principio di sicurezza. La loro organizzazione permette l'accesso in qualsiasi struttura spazio-temporale solo a coloro che possiedono il sapere e la capacità di fare. Si tratta del sapere creativo e della capacità creativa. Chi invece non ha le conoscenze necessarie e le capacità non avrà accesso alle strutture spazio-temporali e non potrà cambiare nulla. Questa è la tecnologia speciale alla base del principio di sicurezza.

3. LA RIPRODUZIONE DELLA VITA NON DIPENDERÀ PIÙ DALL'ALIMENTAZIONE.

Grazie alla possibilità di accedere all'informazione si potranno formare le strutture di evoluzione degli organi, e la creazione e lo sviluppo degli organi non dipenderà dall'alimentazione. In altre parole la riproduzione della vita non sarà più legata ad una questione di alimentazione. Questo settore della medicina avrà un legame con la tecnologia della vita eterna, perché l'uomo non avrà più bisogno dell'alimentazione per soddisfare le proprie necessità. Qualsiasi necessità, tranne quelle distruttive ovviamente, verranno soddisfatte per via della creazione, tramite l'evoluzione infinita.

È uno dei passi, uno degli elementi del movimento nella direzione della nuova medicina, nella quale tutto si trasforma verso la creazione, seguendo la volontà dell'Anima. Di conseguenza la persona non dipenderà più dalle circostanze né del Mondo esteriore, né di quello interiore. Sarà raggiunto lo stato ideale della persona, caratterizzato dal controllo completo e dalla realizzazione assoluta.

© Грабовой Г.П., 2001

Capitolo 2.
1. LA STRUTTURA DELLA MATERIA PERMETTE ALLA COSCIENZA DI RICOSTRUIRE LA MATERIA IN QUALSIASI PUNTO.

Questo principio ci fa capire che la nuova medicina conoscerà bene la sintesi della coscienza e della materia ed avrà il risultato pronto per ogni punto. In realtà, le persone che praticano la strutturazione della coscienza seguendo il mio sistema di salvezza, conoscono già oggi le possibilità della sintesi della coscienza con la materia. Il lavoro della coscienza verrà dimostrato a livello dei processi legati al processo della riproduzione del Mondo.

Prendiamo un esempio concreto. Quando noi piantiamo un albero, la nostra coscienza in questo processo di riproduzione della vita funziona in sintonia con il corpo. In base all'obiettivo posto dalla coscienza il nostro scopo realizza il piantamento dell'albero. E l'albero a sua volta elaborando l'ossigeno dà supporto alla vita del corpo.

Questo principio troverà applicazione in tutta l'apparecchiatura, in tutti gli strumenti della nuova medicina, nonché in tutti i suoi metodi analitici. Pertanto l'analisi prenderà in considerazione non soltanto i processi che avvengono nell'organismo, ma anche il rapporto di quest'ultimo con la realtà. È un approccio nuovo, che offre al medico assolutamente nuove possibilità per la cura delle malattie.

2. SE PENSIAMO ALLA REALTÀ COME AD UNA STRUTTURA CHE FORMA LA NOSTRA COSCIENZA, LA COSCIENZA PUÒ CREARE ALL'INTERNO DI QUESTA REALTÀ IL NOSTRO CORPO, IL QUALE A SUA VOLTA FORMA LA SUCCESSIVA NUOVA REALTÀ PER SE STESSO.

Possiamo pensare ad un'altra interpretazione dello stesso principio. La nostra coscienza può formare la realtà in modo tale che ogni passo successivo nella sua formazione porti alla creazione della realtà più favorevole per noi. Dunque, ogni individuo ad ogni nuovo gradino dell'evoluzione diventa sempre più armonioso.

© Грабовой Г.П., 2001

In seguito svaniscono i concetti di vecchiaia, di malattia, di invalidità. La persona raggiunge la fioritura in tutti i campi. Ogni tappa nuova dell'evoluzione porta all'innalzamento del livello stesso di evoluzione.

Quando ogni individuo si sviluppa in questo modo, l'obiettivo della nuova medicina diventa la creazione delle condizioni per la sua evoluzione.

3. LO SVILUPPO DELLA BASE ECONOMICA, POLITICA, SOCIALE ED ECOLOGICA PER LA RINASCITA DELL'UOMO PORTERÀ L'EVOLUZIONE ETERNA ALLA CREAZIONE DELLE COSTRUZIONI ETERNE DEL MONDO, LE QUALI ENTRERANNO A FAR PARTE SIA DELLA SFERA LEGISLATIVA, SIA DELLA SFERA SOCIALE.

Secondo quanto dice il titolo di questo principio l'evoluzione della persona sarà tanto armoniosa, che in ogni suo elemento si svilupperà l'amore universale, favorendo la generazione di nuovi Mondi. Il loro Creatore uomo organizzerà la tappa successiva dell'evoluzione secondo il principio dell'amore universale.

L'uomo in qualità di Creatore si appoggia sul principio dell'amore e allo stesso tempo lo porta all'ulteriore sviluppo. Proprio questo approccio all'evoluzione è stato programmato da Dio. L'amore è il fondamento per la costruzione dei Mondi. Come l'amore immenso del Creatore, invisibile ma sempre presente, è sempre indirizzato verso ciascuno di noi, così ogni nostra azione deve essere sempre piena d'amore, e allora la nostra creazione prenderà esempio da Dio. Di conseguenza la costruzione dell'organismo e la cura di noi stessi e degli altri saranno le manifestazioni dell'amore universale.

4. QUALSIASI PROCESSO DELLA REALTÀ VERRÀ ASSOCIATO ALL'UOMO.

Questo principio è di facile comprensione e può trovare realizzazione nella cura delle malattie, nel comportamento dell'uomo e nel suo sviluppo a patto che siano chiare le relazioni dell'uomo con ogni oggetto dell'informazione. Il principio ci permette di osservare non solo l'interazione degli eventi che

© Грабовой Г.П., 2001

hanno luogo nella vita attuale dell'uomo, ma anche quello che accadrà nel futuro. L'uomo avrà l'opportunità di ricevere delle raccomandazioni riguardanti le sue future azioni, in grado di garantirgli la vita tranquilla e la buona salute.

5. OGNI EVENTO LEGATO A QUALSIASI OGGETTO D'INFORMAZIONE, TRA CUI ANCHE OGNI AVVENIMENTO DELLA VITA DELL'UOMO, È DA CONSIDERARE FAVOREVOLE ALLA RICOSTRUZIONE DELL'ARMONIA NELL'UOMO, CHE HA BISOGNO DI AIUTO.

Nella nuova medicina la cura si baserà non solo sulle medicine o sulle tecnologie speciali, create dall'intelletto appositamente per i bisogni d'ogni singola persona, ma anche sull'evoluzione della coscienza dell'uomo nell'ambito della sua interazione con altre persone. La guarigione giungerà grazie alla comprensione dell'armonia con qualsiasi altro uomo.

Il lato tecnologico di questo principio è il seguente: l'apparecchiatura dovrà migliorare la salute di tutta la gente e allo stesso tempo ricostruire tutti gli oggetti d'informazione, di conseguenza arriverà il miglioramento della salute anche della singola persona.

6. NESSUN TIPO DI TECNOLOGIA E DI DISPOSITIVO TECNOLOGICO DELLA NUOVA MEDICINA IN NESSUNA CIRCOSTANZA LIMITERÀ LA LIBERTÀ DELLE AZIONI E DELLA VOLONTÀ DI OGNI PERSONA.

Infatti a fondamento della nuova medicina sarà posta la libertà delle azioni e della volontà di ogni singola persona. Gli apparecchi per l'analisi della salute verranno progettati in modo da non limitare la libertà del pensiero e la libertà delle azioni di ogni persona, ma al contrario per potenziare l'evoluzione di questa libertà. La libertà assoluta del pensiero è una condizione indiscutibile dello sviluppo creativo della personalità.

Come verranno realizzate queste idee nella pratica? Ci soffermiamo solo sulla strutturazione della coscienza, della quale abbiamo già parlato. La nuova tecnologia vuole incentrare

© Грабовой Г.П., 2001

la cura delle malattie sulla coscienza dell'uomo interessato. In seguito alla strutturazione la coscienza sarà in grado di riprodurre la struttura di qualsiasi medicinale, in altre parole sarà possibile materializzare i farmaci necessari. Le medicine avranno natura totalmente diversa, non saranno più create artificialmente su base chimica. Create dalla coscienza, non potranno causare nessun pericolo, né effetto collaterale, porteranno solo il bene. Permetteranno di ricostruire la salute di qualsiasi organo. Tuttavia sia gli organi nostri, sia quelli degli altri possono essere guariti anche semplicemente tramite la nostra coscienza. La strutturazione della coscienza per il controllo della realtà apre opportunità illimitate.

7. IN FUTURO LE TECNOLOGIE DELLA MEDICINA E I DISPOSITIVI TECNICI SI OCCUPERANNO DELL'ORGANISMO DELL'UOMO SENZA ALCUN LIMITE DI TEMPO.

In futuro l'uomo dimostrerà sempre più desiderio d'essere libero nelle sue azioni ed in particolare nei suoi trasferimenti nello spazio e nel tempo. Questo significa che la medicina del futuro dovrà garantire all'uomo la salute completa in qualsiasi punto dello spazio e del tempo. Ecco perché questo principio parla della necessità d'indirizzare le tecnologie e i dispositivi medici non solo sul presente, ma anche su tutto il passato dell'organismo e sul suo futuro. Le nuove tecnologie prevederanno il trattamento di ogni singolo organismo senza alcun limite di tempo.

8. L'ANALISI DEL MOVIMENTO DELL'UOMO NELLO SPAZIO E NEL TEMPO E L'ANALISI CONTEMPORANEA DEL PENSIERO PERMETTONO DI STRUTTURARE REALMENTE LA COSCIENZA GARANTENDO LA RIABILITAZIONE COMPLETA DELLA SALUTE.

Possiamo osservare ed analizzare il movimento dell'uomo nello spazio e nel tempo, d'altro canto possiamo esaminare il movimento che avviene a livello del pensiero. Unendo gli elementi di questi due movimenti si ottiene una forma concreta

© Грабовой Г.П., 2001

della coscienza, la quale fa capire come deve essere distribuito il pensiero per recuperare la salute assoluta.

9. LA NUOVA MEDICINA NON SOLO ELIMINA QUALSIASI LIMITE D'ETÀ PER LA NASCITA DI UN FIGLIO IN MODO NATURALE, MA PERMETTE ANCHE DI CREARE L'UOMO TRAMITE LA STRUTTURAZIONE DELLA COSCIENZA.

Il continuo perfezionamento della salute e delle funzioni dell'organismo permetterà di togliere qualsiasi limitazione d'età per la procreazione biologica naturale e di eliminare qualsiasi limite temporale per la nascita di bambini. In seguito al continuo sviluppo progressivo salirà sempre di più anche il livello naturale della persona al momento della nascita.

Oltre alla possibilità di riproduzione in modo tradizionale sarà fattibile anche la creazione completa dell'uomo attraverso la strutturazione della coscienza. Questa creazione sarà simile a quella realizzata da Dio. Potere creare l'uomo tramite la strutturazione della coscienza significherà acquisire la piena libertà delle azioni. L'uomo nato in questo modo avrà la salute assoluta e la capacità di percepire e di trasmettere immediatamente qualsiasi informazione. La nuova medicina si porrà l'obiettivo della trasmissione istantanea dell'informazione all'uomo nuovo.

10. L'OBIETTIVO PRINCIPALE DELLA NUOVA MEDICINA È LA VITA ETERNA.

Il movimento della società verso la vita eterna e l'evoluzione infinita deve coinvolgere contemporaneamente tutti i suoi membri, cioè ogni uomo deve prendere questa strada e diventare immortale. La nuova medicina si impegna a diffondere le relative conoscenze e le tecnologie tra tutti i membri della società per dare ad ognuno l'opportunità d'evoluzione in questa direzione.

Si prospetta anche un'altra modalità: la trasmissione immediata di tutti questi dati all'embrione ancora nel momento della sua formazione.

© Грабовой Г.П., 2001

11. CON L'EVOLUZIONE DELLA COSCIENZA UMANA OGNI ELEMENTO DELLA REALTÀ DIVENTERÀ SEMPRE PIÚ FACILMENTE CONTROLLABILE E CORRISPONDENTE AI DESIDERI DELL'UOMO.

Con lo sviluppo dell'uomo ogni elemento della realtà cambierà in direzione della sempre maggiore concordanza con le sue necessità. Di conseguenza gradualmente cambierà il carattere del controllo degli elementi della realtà. Il controllo si fonderà non più sulla forza, ma grazie allo sforzo di volontà. In virtù della diffusione dell'armonia nel Mondo il controllo degli elementi della realtà sarà fattibile perché essi verranno sempre concordati con le azioni previste. Con questo scopo gli elementi riceveranno anticipatamente tutta l'informazione necessaria.

La realtà seguirà l'evoluzione concordata, in conformità con il compito della nuova medicina.

Dunque, secondo questo principio man mano che si sviluppa la coscienza umana, ogni elemento della realtà diventa sempre più controllabile, corrispondente alla volontà dell'uomo. Lo scopo è di far corrispondere ogni elemento della realtà alle aspettative dell'uomo.

Tutti i principi dei due capitoli sono equivalenti, tuttavia i capitoli sono organizzati diversamente. Il primo propone l'accumulo dei principi nei blocchi, nel secondo i principi sono esposti in sequenza. La loro assimilazione dà una diversa strutturazione della coscienza.

Comparandoli mentalmente acquisiamo una struttura di coscienza basata su blocchi e sequenze, cioè discontinuo-ininterrotta, la quale ci permette di effettuare il controllo seguendo le stesse leggi sulle quali è costruito il Mondo.

Nel primo paragrafo del presente capitolo i principi del risuscitamento accompagnati dalla spiegazione della loro applicazione sono esposti in allegato alla descrizione del controllo degli eventi. Nel presente paragrafo si propone l'apprendimento dei principi del controllo degli eventi attraverso l'unione della percezione discontinua e continua. Nello stesso modo si formano tutti gli eventi del Mondo: ciascun evento consiste di elementi di causa/effetto e discontinuo/continuo. Nel nostro caso la causa sono i principi del risuscitamento,

© Грабовой Г.П., 2001

l'effetto è l'applicazione dei principi al controllo degli eventi. La discontinuità è la struttura a blocchi del primo paragrafo, la continuità è la sequenza dei principi nel secondo paragrafo. Il controllo degli eventi basato su questa struttura prende in considerazione la moltitudine di tutte le relazioni del Mondo e garantisce il controllo armonioso e creativo.

§3. LE TESTIMONIANZE CONCRETE DELLA GUARIGIONE DA MALATTIE CONSIDERATE INGUARIBILI

Oggi la medicina ortodossa cerca i rimedi contro le malattie considerate ancora incurabili. A questa categoria delle malattie appartengono in particolare il cancro e l'AIDS nella quarta fase.

L'approccio spirituale esclude l'esistenza di malattie incurabili. Anzi, la comprensione e l'adempimento ai principi esposti in questo libro escludono la possibilità stessa della apparizione di qualsiasi malattia. Saremo sempre in armonia con il Mondo, mentre la malattia è l'interruzione dell'armonia. Il rimedio contro qualsiasi malattia è molto semplice: bisogna ristabilire l'armonia con il Mondo.

Ho già curato con successo molte malattie comunemente considerate ancora inguaribili. Tutti i casi sono accompagnati e testimoniati da documentazione. Una parte è illustrata nei tre volumi del mio libro "La pratica del controllo. La via di salvezza", uscito a Mosca nel 1998 presso la casa editrice "Sopriciastnost'". In questo paragrafo vorrei citare alcuni materiali del terzo volume.

Dalla moltitudine dei casi ne ho scelti quattro: tre casi di guarigione di malati di cancro e uno di AIDS, tutti nella quarta fase. In un caso il paziente si rivolse a me per propria scelta, in un altro è stato spinto dai parenti, nell'altro ancora il paziente non sapeva nulla né della richiesta dei parenti di farlo curare, né della propria diagnosi. Come vedete i casi sono molto diversi tra di loro.

1

Antipova Galina Stepanovna. Diagnosi: carcinoma alla ghiandola mammaria. Citazione dal vol. 3, pp. 713-716. Nel presente libro vedi la documentazione in Allegato C, pp. 503-508.

© Грабовой Г.П., 2001

Galina Antipova venne da me dopo aver fatto i controlli nel dispensario oncologico, dove in base ai risultati delle analisi le fu diagnosticato un carcinoma della ghiandola mammaria. Questa è una forma di tumore praticamente inguaribile. I dati dell'Organizzazione Mondiale della Sanità dimostrano che normalmente al malato di questa forma di tumore rimangono pochi mesi di vita.

La cura della signora Antipova avveniva a distanza. L'esame oncologico effettuato a distanza di alcuni mesi nello stesso dispensario dallo stesso medico stabilirono l'assenza completa del cancro.

Nelle mie cure ricorro ai principi e ai metodi descritti in questo libro. Spiego brevemente l'approccio utilizzato in questo caso.

All'inizio creo tutti gli eventi che seguiranno, dopo di che li unisco con le cellule reali. Indirizzo tutte le cellule alla auto-riproduzione. Indirizzo anche tutti gli eventi all'auto-riproduzione, per concordare le cellule sane e tutto l'organismo con l'esito positivo dei futuri eventi, e il cancro è combattuto, come qualsiasi altra malattia!

Riflettiamo sulla natura della cura. Che cosa significa curare la persona dalla malattia, che doveva condurla alla morte imminente nel giro di pochi mesi? In realtà è la stessa resurrezione, ma anticipata nel tempo.

Ma tralasciamo i casi di malattie gravi. Molte persone se ne vanno per vecchiaia, ma anche la vecchiaia è in fondo una malattia. Quindi anche la cura della malattia chiamata vecchiaia è il risuscitamento. Possiamo dire che la vita eterna è la continua auto-ricreazione, dunque siamo arrivati a formulare un altro principio importante:

LA VITA ETERNA È LA CONTINUA AUTORICREAZIONE.

Questo principio ci dimostra subito la relazione tra la nuova medicina ed i principi del risuscitamento. Infatti l'obiettivo principale della nuova medicina consiste nel garantire la vita eterna, mentre la vita eterna è basata sull'auto-ricreazione. La nuova medicina è una delle conseguenze dei principi del risuscitamento e dell'auto-ricreazione.

Inoltre, questo principio stabilisce un legame profondo tra due concetti importantissimi: il risuscitamento e la vita eterna.

© Грабовой Г.П., 2001

L'influenza stessa di queste parole è estremamente benefica. Registrando queste parole sull'audio-cassetta e ascoltandole più volte si possono distruggere le cellule tumorali. È un fatto provato sperimentalmente. Queste parole producono un effetto potentissimo. Sono le parole chiavi del nostro libro. Esse aprono anche il titolo del libro.

Dopo la guarigione Galina Antipova decise di raccontare alla gente la sua storia. Il suo racconto provocava nelle persone l'impulso di ricostruzione: recuperavano la salute e facevano guarire gli altri, ricostruendo allo stesso tempo anche tutto il Mondo ed illuminandolo di luce più forte. L'influenza benefica di questa guarigione si diffuse su tutti i fenomeni del Mondo. In conseguenza degli eventi positivi la vita di Galina Antipova divenne felice e priva di malattie.

2

Beljakov Michail Gavrilovič. Diagnosi: tumore maligno del tratto ascendente del colon di 4° grado con metastasi ai reni e al fegato. La citazione dal vol. 3, pp. 738-742. Nel presente libro vedi la documentazione in Allegato C, pp. 509-516.

Questo caso è particolarmente interessante in quanto il paziente stesso non era al corrente della diagnosi pericolosa e della richiesta con la quale si rivolsero da me sua figlia Serbina Naděžda Michajlovna e la nipote Serbino Diana Janovna.

Fui contattato il giorno 25 settembre 1996 quando a Michail Beljakov fu diagnosticato il tumore maligno del tratto ascendente del colon di 4° grado con metastasi ai reni e al fegato. Lo stesso giorno effettuai una seduta a distanza.

L'esame a ultrasuoni eseguito il giorno dopo, il 26 settembre dimostrò l'assenza delle metastasi. L'esame successivo del 30 settembre con utilizzo della tomografia al computer confermò l'assenza delle metastasi in tutto l'organismo.

Dopo la mia seduta Diana Serbino, la nipote di Michail, controllò il processo di recupero. Tramite domande corrette e le conversazioni con il nonno riuscì a accelerare il processo di guarigione e in conseguenza il malato si riprese in pochi giorni.

Qui dobbiamo aggiungere però un particolare importante: Diana Serbino dopo aver rivolto a me la richiesta di curare suo nonno, apprese tutta la tecnologia della strutturazione della coscienza secondo il sistema della salvezza e cercò di applicarla

© Грабовой Г.П., 2001

Capitolo IV. Principi del risuscitamento e vita quotidiana

in pratica. Questa circostanza contribuì alla veloce guarigione di Michail e rispecchia i principi della nuova medicina. Qualsiasi persona che partecipa al processo può trasmettere al paziente le conoscenze necessarie aiutandolo in questo modo a recuperare la salute.

Dal punto di vista della medicina ortodossa il malato affetto da tumore del 4° grado sarebbe deceduto a distanza di pochi mesi. Il fatto che la sua vita continua significa che l'impulso del risuscitamento fu trasmesso direttamente nel suo futuro. Inoltre ricevette l'impulso anche nel presente attraverso la conversazione con la nipote, in questo caso in forma indiretta, perché la parola "resurrezione" o simili non si menzionavano. Anche la figlia Nadežda aiutò e sostenne molto la guarigione di Michail.

In questo caso fu raggiunta una rapida guarigione e la buona salute. Bisogna notare che la trasmissione dell'impulso di resurrezione nel futuro, lì dove avrebbe luogo il tragico esito, corregge il futuro e dona la buona salute già nel presente.

Voglio sottolineare ancora una volta l'importanza della diffusione dell'informazione, della trasmissione dell'informazione. È valida la regola seguente: più conoscenze del risuscitamento trasmettiamo agli altri (per esempio, in base al presente libro, ai suoi principi e metodi), più la favorevole struttura degli eventi si crea attorno a noi e più ci avviciniamo alla salute assoluta.

Il nostro caso dimostra che il paziente non obbligatoriamente deve conoscere la diagnosi, anche non sapendo che i suoi parenti si erano rivolti a me per l'aiuto, nonostante questo, egli potè guarire altrettanto velocemente.

3

Busa Vladimir Gheorghievič. Diagnosi: tumore maligno al caput pancreatis con estensione nel duodeno. La citazione dal vol. 3, pp. 747-749. Nel presente libro vedi la documentazione in Allegato C, pp. 517-519.

Vladimir Busa si rivolse a me su insistenza di sua moglie Busa Ljudmila Ivanovna. Questo dettaglio ci fa capire che altre persone possono contribuire nella guarigione del malato, cioè altre persone possono aiutare all'evoluzione degli eventi nella direzione favorevole per il malato e addirittura possono dare una spinta a tale evoluzione.

In questo caso l'impulso di resurrezione, il quale alla fine ha portato alla guarigione, è stato formato in base all'informazione fornitami da Ljudmila Busa.

Sviluppando questo impulso ho ricostruito Vladimir nel futuro tramite un impulso di guarigione nel presente.

Alla fine della sua dichiarazione Vladimir scrive: "Grigori Grabovoi in corso di una seduta mi ha fatto guarire dal tumore maligno al caput pancreatico con estensione nel duodeno riconosciuto dai medici inoperabile".

Effettivamente è così! Una seduta si è rivelata sufficiente per salvare l'uomo da una situazione disperata.

Qui vorrei sottolineare un momento importante. Abbiamo parlato sopra dell'impulso del risuscitamento e dell'impulso della guarigione. Questi due impulsi sono assolutamente identici, e sono completamente uguali all'impulso della ricostruzione di qualsiasi materia in generale. In tutti questi casi si tratta della creazione dello stesso impulso, l'impulso della coscienza, del sapere necessario, simile agli atti di Dio.

Questo approccio è basato sullo spirito. Inoltre in questo capitolo dedicato alla nuova medicina parleremo di un altro approccio alla cura del cancro: il metodo di trattamento basato sui microelementi.

Tuttavia prima ripeterò alcuni concetti generali in applicazione al processo di cura.

La scienza ortodossa parte dal presupposto che la realtà oggettiva fisica esiste. Io attribuisco questa realtà "oggettiva" al campo statico della coscienza. Perché proprio al campo statico? Ci ricordiamo come viene creata questa realtà?

La realtà che noi percepiamo è il prodotto della coscienza collettiva, risultato dell'avvicinamento alla media del grande numero delle visioni del Mondo delle singole coscienze. Ogni coscienza infatti ha delle proprie idee del Mondo. L'idea media ottenuta in questo modo diventa stabile. Come nell'esempio della moneta: gettata molte volte dà la proporzione tra testa e croce pari ad uno. Grazie alla media si ottiene la stabilità. La proporzione diventa una costante.

L'idea media risulta stabile proprio perché l'avvicinamento alla media riguarda una quantità molto vasta delle diverse coscienze. La stabilità dell'idea è la stabilità dell'immagine del

© Грабовой Г.П., 2001

Mondo, inclusa la costanza delle leggi, ad esempio la legge della gravità. Invece qualsiasi costanza può essere considerata come statica.

Tutto questo ci fa capire i limiti del campo di studio della scienza ortodossa. Essa si occupa della parte della percezione relativa alla statica della coscienza, considerandola la realtà oggettiva.

La pratica nel raggiungimento della realtà desiderata (in questo caso si tratta della guarigione dal tumore) dimostra che il desiderio esiste oggettivamente sia a livello della realtà percepita (la presenza della malattia), che a livello della realizzazione del desiderio (la guarigione). Io attribuisco la realizzazione del desiderio all'altra forma della coscienza, quella dinamica.

I fenomeni che possiamo osservare nel Mondo fisico, appartenente alla sfera statica della coscienza, sono solo una parte del grande Mondo dei fenomeni, il quale comprende anche la coscienza dinamica.

Da qui nasce la legge oggettiva sull'influenza della coscienza sulla realtà. Il cambiamento delle forme del pensiero modifica la realtà.

Adesso parliamo dei consigli concreti. Mi limiterò solo del primo caso analizzato in questo capitolo, perché ora vorrei spiegare l'idea del mio metodo e le modalità della sua applicazione pratica.

Dal punto di vista della base microelementare il metodo consiste nell'incrementare la presenza di magnesio (Mg) nel cervello dello 0,5%. Nel corso di questo processo avviene anche la trasformazione dell'energia mentale in cellule sane.

Come si ottiene questa ricetta della guarigione? Modificando la forma del mio pensiero per curare Galina Antipova, l'analisi oggettiva dell'apparecchiatura ha dimostrato l'aumento dello 0,5 % della presenza di magnesio nel suo cervello. Questo dato registrato ha fatto capire che il carcinoma può essere curato grazie all'incremento della presenza di magnesio. Tale tipo di fisioterapia è praticata in qualsiasi ospedale.

Quindi l'analisi del cambiamento della composizione dei microelementi nell'organismo dei pazienti nel momento in cui mando i miei impulsi taumaturgici, permette di elaborare il metodo di cura a base di sostanze. Nel nostro caso il metodo della cura del cancro della ghiandola mammaria consiste

© Грабовой Г.П., 2001

nell'incremento di magnesio dello 0,5% nel cervello del malato.
Passiamo all'esame del quarto caso. Qui si tratta della cura dell'AIDS.

4

Mghebrišvili Gvanza Ramasovna. Diagnosi: AIDS in 4° fase. La citazione dal vol. 3, pp. 705-711. Nel presente libro vedi la documentazione in Allegato C, pp. 520-528.

Prima che Gvanza Mghebrišvili si rivolgesse a me diversi accertamenti medici effettuati durante tre anni e mezzo hanno constatato la presenza dell'AIDS. I nodi linfatici erano gonfi, il corpo era coperto di macchie di diverse misure e colori: nere, verdi, gialle. I metodi tradizionali di cure non erano in grado di fare più niente.

Eseguii la cura a distanza. Mi trovavo a Mosca, mentre la signora Gvanza Mghebrišvili stava in Giorgia. All'inizio cominciarono a sgonfiarsi i linfonodi, dopo di che sparì il sarcoma di Kaposi, pian piano scomparvero tutte le macchie sul corpo e la pelle tornò ad essere assolutamente pulita. I controlli e le analisi mediche mostrarono l'assenza dell'AIDS. Dopo due mesi la paziente era completamente sana.

Vorrei attirare l'attenzione su un fatto interessante. Gvanza Mghebrišvili si rivolse a me ufficialmente tramite la mia rappresentanza a Tbilisi, in Giorgia. Ma ancora prima di ricevere la richiesta ufficiale, percepii a livello telepatico la sua preghiera di aiuto e cominciai a curarla subito, ancora prima che lei presentasse la domanda.

Ho raccontato questo episodio per far capire che ci si può rivolgere a me anche a distanza. Potete chiedermi di risuscitare qualcuno o di aiutarvi a farlo da soli. Potete rivolgervi non solo a me, ma anche alle altre persone che possiedono il dono di risuscitare, dalla natura o per mezzo di apprendimento.

I casi di resurrezione e di cura esaminati testimoniano che la distanza è irrilevante. L'impulso della resurrezione può essere trasmesso ovunque, non è collegato con lo spazio o con il tempo. È naturale perché l'impulso della resurrezione è l'impulso della coscienza, mentre lo spazio e il tempo anch'esse sono costruzioni della coscienza.

Come avevo già accennato la struttura degli impulsi della resurrezione e della guarigione è identica. L'assenza di legame

© Грабовой Г.П., 2001

con lo spazio o con il tempo dimostra che si tratta del sistema universale di controllo, un sistema capace veramente di dare l'eternità al Mondo.

§4. IL SALVATAGGIO DEGLI UOMINI GRAZIE ALLA PREVENZIONE DEGLI INCIDENTI E ALLA PREVISIONE PREVENTIVA DEGLI AVVENIMENTI POLITICI, ECONOMICI E SOCIALI. I CASI CONCRETI

In questo paragrafo sono riportati alcuni esempi di persone salvate grazie alla prevenzione degli incidenti. Verranno utilizzati i materiali dal primo e dal secondo volume del mio libro"La pratica di controllo. La via di salvezza". Gli esempi citati raccontano della prevenzione degli incidenti in diverse condizioni: sotto terra, sulla superficie terrestre e sopra la terra nell'aria e nello spazio.

1

L'esperimento della scoperta sensitiva dei luoghi dell'incidente avvenuto all'interno della miniera, della quantità di feriti e della loro posizione. Materiale dal vol. 2, pp. 284-286. Nel presente libro vedi la documentazione in Allegato C, pp. 533-535.

La commissione composta dagli esperti indipendenti mi fornì solo lo schema di ventilazione della miniera. Non avevo a mia disposizione nessuna pianta della località. Lo schema della ventilazione è un foglio di carta sul quale sono tracciate le linee senza alcun riferimento al territorio.

Inoltre in conformità con le condizioni dell'esperimento i membri della commissione non avevano preparato le domande in anticipo, ma ponevano le domande venute loro in mente nel corso del nostro incontro. Nessuno sapeva in anticipo quali schemi di ventilazione mi sarebbero stati forniti.

Dopo aver ricevuto il compito nel giro di un secondo stabilii correttamente il luogo dell'incendio, la situazione nella galleria dei due feriti e il punto del guasto alla ventilazione.

L'esperimento dimostrò che grazie alle capacità sensoriali si può stabilire immediatamente l'esatta situazione nella miniera basandosi solo sul suo schema. Quindi questo esperimento confermò che ogni oggetto dell'informazione (nel nostro caso lo schema della ventilazione) fornisce l'informazione completa su tutto. L'abbiamo già menzionato parlando dei principi della resurrezione.

L'esempio della diagnosi della miniera è solo uno degli esempi concreti. Diagnosticando qualsiasi impianto in generale si può stabilire il luogo e la causa dell'eventuale incidente, e di conseguenza scongiurarlo salvando la vita della gente. Anche qui si tratta della resurrezione, ed è un buon esempio del controllo degli eventi, in questo caso particolare del cambiamento del futuro in direzione favorevole.

Una situazione simile è stata analizzata nel paragrafo dedicato alla cura delle malattie fatali.

L'impulso della resurrezione in virtù della sua natura spirituale può essere esteso a tutte le situazioni nella vita, ovunque esso dona la salvezza. Il suo status spirituale è proprio a tutti. È lo status dell'unione universale. Dato che questo status caratterizza ognuno di noi, tutti possediamo la capacità di risuscitare e di dare un apporto alla salvezza universale. Queste sono le fondamenta della mia religione, basata sul sapere vero e sul sapere di come crea il Creatore stesso.

2

La prevenzione degli incidenti automobilistici. Il caso descritto da Kusionov Serghej Petrovič.

Materiale dal vol. 2, p. 354 e il retro della pagina. Nel presente libro vedi la documentazione in Allegato C, pp. 536-537.

Ci conoscemmo con Serghej Kusionov il 3 gennaio 1995 a Tashkent in Uzbekistan. In quel periodo lo interessava molto la questione dell'esistenza del futuro univoco e della possibilità della sua modifica. Noi sappiamo già che il futuro ammette cambiamenti. Ognuno di noi dovrebbe sperimentarlo quotidianamente. Ogni persona deve essere artefice della propria fortuna, del proprio futuro felice. Questo libro è destinato a fare felice la gente.

Rispondendo alla domanda di Serghej Kusionov gli dissi che nel corso della nostra conversazione avevo già modificato il suo futuro, ed era vero. Notai un guasto nell'automobile di proprietà del padre di Serghej con la quale egli era arrivato al nostro incontro. Il guasto poteva provocare una tragedia. Per evitarla decisi di fare aggiustare la macchina e di spingere Serghej ad arrivare a questa necessità da solo.

© Грабовой Г.П., 2001

Con questo scopo la mattina successiva nel momento in cui Sreghej doveva uscire con la macchina dal garage, dematerializzai la staffa nel punto di giunto dell'albero del volante con l'albero del riduttore a vite senza fine e dematerializzai in due punti anche le parti del bullone nel punto di giunto.

Serghej avvertì subito di non essere in grado di uscire dal garage sulla strada perché nonostante girasse il volante le ruote non reagivano. Si fermò subito prima di raggiungere la strada. Nell'officina il meccanico aggiustò completamente la macchina e scoprì che il bullone di sicurezza era tagliato contemporaneamente in due piani, il che è tecnicamente quasi impossibile. Eppure lo feci per garantire la sicurezza del futuro di Serghej.

Scelsi questo modo per rispondere alla domanda di Serghej Kusionov perché egli in quel momento da 16 anni ormai studiava i fenomeni paranormali, la parapsicologia e le questioni legate agli UFO. È membro della Commissione di studi dei fenomeni paranormali della Società geografica dell'Accademia delle Scienze Russe, aveva lavorato a New York negli USA per il centro di studi dei fenomeni paranormali e la cura dei traumi anomali.

Per uno specialista nel campo era interessante grazie ad una risposta risolvere alcuni suoi dubbi: la possibilità di cambiamento del futuro (che nel suo caso gli salvò la vita), la pratica del controllo degli eventi a distanza, le modifiche meccaniche nella sua autovettura grazie alle quali fu garantita la sicurezza a lui ed agli altri, la trasmissione a distanza dell'obbligo di occuparsi seriamente della riparazione della macchina con il ricorso alla dematerializzazione di alcuni pezzi.

In seguito Serghej Kusionov raccontò questo caso nella videoregistrazione per l'ONU.

Nel libro sono illustrati anche casi di correzione energetica di alcuni meccanismi e sistemi dell'automobile, il cambiamento dello stato dei materiali e molto altro. Vi sono le testimonianze sia di privati, che di organizzazioni.

3

La prevenzione dell'incidente dell'aereo. Materiale dal vol. 1, pp. 43, 44, 45 e il retro delle pagine 43 e 44. Nel presente libro vedi la documentazione in Allegato C, pp. 538-542.

© Грабовой Г.П., 2001

Si tratta del mio lavoro pratico di prevenzione delle catastrofi aeree. Questo lavoro consisteva in una serie di esperimenti nei quali era testata la capacità sensoriale di diagnosticare i mezzi di volo. Gli organizzatori dell'esperimento avevano posto l'obiettivo di stabilire l'efficacia delle previsioni dei guasti, dello scostamento dalle norme tecniche e del mancato funzionamento dei sistemi. I lavori si svolsero in Uzbekistan in base all'accordo con la Direzione dell'aviazione civile dell'Uzbekistan.

In questo caso la diagnostica degli aerei fu visuale, mi trovavo a distanza di 100-200 metri. Le pagine indicate contengono una lista delle previsioni fatte da me per diversi aerei. Citerò qui l'ultimo esempio: la previsione per l'aereo Ilyushin-62, numero di bordo 86704.

Previdi il guasto nel motore n. 3, in particolare l'alterazione della struttura del materiale nella zona della camera di combustione del motore n. 3. Dopo dieci giorni in quella zona si bruciò l'ugello e il motore fu tolto dall'esercizio in anticipo. Il difetto fu identificato tempestivamente, perché dopo la mia previsione questa zona fu messa sotto controllo rafforzato. Secondo gli esperti se il motore non fosse stato sostituito in tempo, si sarebbe verificata la rottura delle palette dell'ugello durante il volo e il bordo sarebbe stato perforato. In seguito alla depressurizzazione l'aereo sarebbe caduto. La corretta diagnosi permise di scongiurare l'incidente e di salvare vite umane.

La precisione della previsione in questo ed altri casi è pari al 100%.

Solo il primo volume del mio lavoro "La pratica del controllo. La via della salvezza." contiene la descrizione di più di 400 fatti confermati al 100%.

A prima vista potrebbe sembrare che il materiale presentato rappresenti solo singoli casi, nei quali grazie alla diagnosi extrasensoriale fu possibile evitare la morte della gente. In realtà la questione è più profonda e i fatti citati devono essere analizzati da un punto di vista più generico.

La diagnosi e la previsione degli eventi sono gli elementi del controllo. La diagnosi esatta a condizione dalla successiva presa delle misure adeguate permette di garantire la salvezza delle persone. Gli esempi citati dimostrano che dalla nostra vita si possono eliminare degli eventi tragici assolutamente evitabili basandosi sulla scienza, sulla vera scienza. Esempio di tale

© Грабовой Г.П., 2001

scienza sono i principi del risuscitamento, esposti nel presente libro. I principi del risuscitamento consentono di creare la società che seguirà l'evoluzione costruttiva fondata sul vero sapere e sui principi del controllo.

L'esempio successivo è stato preso dal vol. 1, p. 229 e il retro della pagina.

In quel caso mi proposero d'esaminare e d'effettuare la diagnosi extrasensoriale dei due aerei Antonov-12. Secondo il regolamento dell'esperimento la diagnosi doveva essere fatta dalla distanza di 20-25 metri e nell'intervallo del tempo non superiore a 2-3 secondi.

Evidenziai la corrosione nella zona della 62a intelaiatura di un aereo e un'incrinatura sui piani delle parti destra e sinistra di un'ala. Dopo qualche giorno l'esame strumentale confermò la diagnosi del guasto, invisibile ad occhio nudo. Fu dimostrata anche la possibilità di vedere la struttura interiore dei materiali.

La previsione permise di stabilire i difetti tecnici che nel futuro avrebbero portato alla catastrofe. L'eliminazione dei difetti salvò le vite umane. Ancora una volta fu confermata la fattibilità del controllo degli eventi grazie all'evidenziazione e l'eliminazione dei guasti tecnici. Nel primo volume del mio libro sono riportate le prove pratiche delle diagnosi degli aerei in base agli schemi e al numero di bordo, effettuate a diverse distanze dall'apparecchio e confermate con assoluta esattezza.

Il terzo esempio è stato preso dal vol. 1, pp. 234-235.

Qui si tratta dei voli di collaudo dell'aereo Tupolev-144, eseguiti dal noto pilota Veremej Boris Ivanovič. Veremej Inna Andreevna, la moglie di Boris scoprì grazie ad una trasmissione televisiva la mia capacità di diagnosticare lo stato degli aerei e si rivolse a me con la richiesta di effettuare una diagnosi dello stato tecnico dell'aereo, che doveva essere collaudato da suo marito.

Eseguii la sua richiesta. Registrai sulla cassetta i risultati della diagnosi accompagnati dall'elenco dei possibili difetti e dalle raccomandazioni per i piloti, ed Inna Veremej subito consegnò la cassetta al marito.

Le mie previsioni si confermarono completamente. Di particolare importanza si rivelarono i dati relativi al funzionamento dell'indicatore dell'angolatura del beccheggio (lo strumento che indica l'angolo di inclinazione dell'aereo). Era essenziale che i dati misurati dal rivelatore corrispondessero alla reale inclinazione dell'aereo. Le mie informazioni aiutarono a salvare l'aereo e la vita dell'equipaggio. In assenza di questi dati nel momento dell'atterraggio l'aereo avrebbe urtato la terra con la coda e si sarebbe distrutto. Consigliai anche di aumentare la velocità in rapporto alla velocità calcolata.

Dovrei sottolineare il grande talento di Boris Veremej, noto in tutto il mondo. La sua grande esperienza pratica unita con l'informazione ricevuta da me creò un sistema di contatto più potente e stabile tra l'uomo e la macchina. Tale sistema possiede capacità di gran lunga superiori nel salvataggio e la correzione del funzionamento delle macchine collaudate.

L'esperienza acquisita sulla pratica, la maestria, l'intuito dell'uomo indicano il suo avvicinarsi al controllo degli eventi. Tramite il presente libro vorrei creare la base scientifica per questo processo.

4

La prevenzione degli incidenti e la diagnosi delle navi spaziali.

Le previsioni di cui parleremo qui sono state effettuate su ordine del Centro del Controllo dei Voli Spaziali Russo. Il materiale di tutti questi casi dal vol. 1, pp. 29, 240, 241.

Nel primo caso fui incaricato di fare una previsione dell'aggancio della stazione orbitale "Mir" (Federazione Russa) con la nave spaziale "Atlantis" (USA). L'aggancio era previsto per il 27 settembre 1997, il compito mi fu trasmesso il giorno 26 settembre.

Appena ricevuto il compito diedi subito la risposta, descrivendo quello che sarebbe successo: l'aggancio sarebbe avvenuto, ma prima si sarebbe verificata l'inclinazione dall'asse. La previsione si confermò.

Contemporaneamente al primo mi assegnarono anche un altro compito: valutare il funzionamento del computer di bordo della nave spaziale "Mir".

Risposi prontamente che il computer avrebbe funzionato solo cinque giorni. La mia previsione si realizzò. Il computer continuò a funzionare per altri cinque giorni e poi dovettero sostituirlo.

Tre giorni più tardi, il 29 settembre mi fu chiesto di

© Грабовой Г.П., 2001

controllare a distanza il motore della nave spaziale "Atlantis". Diedi la previsione dopo pochi secondi: comunicai il cambiamento dei parametri del suo motore inferiore. È una caratteristica importante, dato che può provocare irregolarità nell'accelerazione della nave, l'alterazione della traiettoria e anche un eventuale scontro. La mia diagnosi si confermò. Nel caso delle navi spaziali qualsiasi informazione di carattere pronostico è particolarmente importante in quanto permette d'impedire gli incidenti.

Ricevetti i primi due compiti quando mi trovavo al Centro di Controllo dei Voli Spaziali, invece la terza richiesta mi fu comunicata al telefonino mentre camminavo per strada.

Vorrei attirare l'attenzione del lettore sulle condizioni in cui fui costretto a eseguire quest'ultimo ordine. La via sulla quale mi trovavo in quel momento è sempre molto affollata di giorno. Camminando per strada, circondato dalla folla ricevetti il compito e nonostante le condizioni dopo qualche secondo diedi la diagnosi assolutamente corretta.

Mi sono soffermato su queste circostanze per sottolineare un momento fondamentale. La maestria in qualsiasi mestiere è da considerarsi alta solo se la persona è capace di adempiere il compito in qualunque circostanza. Ed è la condizione basilare per la resurrezione. Dobbiamo essere in grado di risuscitare senza alcun vincolo, ovunque ci troviamo e qualunque cosa stiamo facendo.

È da notare anche la precisione delle mie previsioni: secondo i dati degli esperti indipendenti le mie prognosi e diagnosi si confermano nel 100% dei casi. Abbiamo a che fare con la scienza esatta, basata sulla coscienza.

Avevo già accennato che tutti i fatti esposti non sono una serie di felici coincidenze. Al contrario, i fatti sono tantissimi e la precisione delle diagnosi è pari al 100%. Quindi tutti questi fatti testimoniano che la mia è una scienza nuova, scienza di livello superiore. Proprio questo tipo di scienza deve occuparsi della salvezza della gente e garantirla a prescindere dalle circostanze.

Che significato ha per esempio la mia indicazione sulle crepe nell'ala dell'aereo? Che cosa essa comporta? In base all'informazione da me fornita il difetto si corregge e il nuovo materiale garantisce lo sviluppo favorevole degli eventi. La diagnosi esatta trasforma il corso degli avvenimenti. Tutti

© Грабовой Г.П., 2001

i materiali citati sono la dimostrazione di questo principio. Analizzandoli da questo punto di vista notiamo il movimento interno nei protocolli, il movimento nella direzione favorevole.

Dunque abbiamo davanti a noi non semplicemente la scienza esatta, ma la scienza che determina lo sviluppo nella direzione costruttiva.

L'evento finale desiderato delinea le azioni che porteranno alla sua realizzazione. La diagnosi delle macchine in questo caso e la previsione degli eventuali scostamenti dalla norma forniscono l'informazione per effettuare il controllo degli eventi e il loro orientamento nella direzione preferita. Tale controllo permette di raggiungere il risultato e il futuro desiderato. Ne segue la conclusione che la nostra coscienza permette di tenere sotto controllo ogni evento, a qualsiasi distanza dall'oggetto.

Lo stesso programma d'azione è adottato nella mia matematica, della quale abbiamo già parlato. Ogni simbolo in essa effettua il controllo, garantisce il movimento verso il risultato necessario, perché all'inizio viene esaminato il futuro desiderato, cioè la soluzione da ottenere. Dobbiamo congiungere questa soluzione con la base di operatori. L'operatore in forma del relativo simbolo è già presente nella mia soluzione e perciò controlla sempre lo sviluppo del movimento nella direzione della soluzione desiderata. Quindi qualsiasi scostamento è impossibile, perché il movimento verso la soluzione è controllabile.

Lo stesso principio deve essere adattato da tutte le scienze. È indispensabile orientare in modo simile il carattere tradizionale della scienza ortodossa.

Possono essere esaminati sotto lo stesso aspetto anche gli incidenti causati per esempio dagli uccelli finiti nel motore dell'aereo. Dal punto di vista della scienza che si occupa della sfera statica della coscienza collettiva tali eventi rappresentano la casualità. La scienza di livello superiore consente di pronosticare un evento del genere, in base alla chiaroveggenza di molti processi.

Ci sono due approcci possibili in questa situazione. Il primo include il solito calcolo, come avviene in tutte le altre scienze che sono in grado di farlo. Nell'altro metodo i calcoli non sono indispensabili, si può ottenere subito il risultato, semplicemente vedendo la soluzione finale. Di solito è l'approccio che scelgo io.

© Грабовой Г.П., 2001

Tutti noi conosciamo questi due metodi dal banco della scuola. Per esempio, quando dobbiamo trovare la soluzione di un problema matematico possiamo leggere attentamente i dati, analizzarli, cercare la strada verso la soluzione, e nel caso d'aver trovato la strada corretta fare i calcoli necessari ed ottenere la soluzione.

È possibile anche la soluzione alternativa: basta aprire il libro degli esercizi nel punto giusto e vedere la soluzione. La mia Dottrina registrata tra i documenti statutari dell'UNESCO contiene un capitolo dedicato all'istruzione, che parla di come deve essere organizzata sia l'istruzione elementare sia quella superiore, o meglio come deve essere la struttura di qualsiasi istruzione, quali principi deve avere alla sua base. In futuro prevedo di raccontare anche della mia esperienza personale nel campo dell'insegnamento.

Ora, attraverso l'esempio della soluzione dei problemi matematici intendo mostrare l'esistenza della possibilità alternativa. Se ci interessa il risultato finale, possiamo semplicemente aprire la pagina del libro che contiene le soluzioni e consultare la soluzione giusta. In realtà sto parlando di un altro libro: dobbiamo avere sempre aperto davanti a noi il Libro dell'Universo.

Torniamo alla diagnosi dei sistemi tecnici. Abbiamo visto che grazie alla diagnosi e alla previsione degli eventi è possibile salvare la gente, ed in alcuni casi anche farla tornare alla vita. La capacità di diagnosticare e di pronosticare si acquisisce tramite la corretta strutturazione della coscienza. Quindi la strutturazione della coscienza permette di risuscitare la gente anche solo sviluppando la capacità di gestire correttamente i sistemi tecnici. In questo caso si tratta della strutturazione della coscienza che lega la capacità di risuscitare a quella di prevenire le catastrofi tecnologiche, ed è la testimonianza che il sistema della salvezza unifica i metodi della strutturazione della coscienza. Ogni metodo appreso può essere applicato in situazioni assolutamente diverse.

Dunque uno dei passi è l'abilità di diagnosticare gli apparecchi tecnici, partendo dalla quale iniziamo a risuscitare. Più avanti, imparando a vedere più a fondo il funzionamento degli oggetti tecnici saremo in grado di vedere come deve funzionare l'Anima dell'uomo, per farlo risorgere attraverso il meccanismo della sua propria Anima.

© Грабовой Г.П., 2001

***

Ora parliamo della metodologia della prevenzione. L'elemento della salvezza è contenuto in questa previsione sia sotto forma di informazione d'avvertimento, sia come possibilità immediata di intraprendere i concreti provvedimenti preventivi.

La previsione nella sfera politica, economica e sociale è legata alle attività di moltissime persone, organizzazioni, società ed altre strutture, da cui nasce la sua particolarità. Ad esempio, l'indicazione del nome o della data precisa nella previsione politica può causare lo spostamento dell'informazione. Tuttavia nel caso di tale necessità basta indicare le date concrete e le circostanze che permetteranno di stabilire le previsioni di persone. Ne è testimonianza la mia previsione dell'esito delle elezioni presidenziali in Russia nel 2000.

Spesso la diagnosi politica, economica e sociale richiede la trasformazione dell'informazione nella direzione favorevole per tutti. È di prima importanza in questo caso l'informazione sul futuro contenuta nella coscienza collettiva della gente.

Se l'informazione è negativa occorre liquidarla nel momento della realizzazione della previsione. Ad esempio era prevista la possibile fine del mondo nell'agosto del 1999. Preparando a luglio del 1999 la previsione degli eventi futuri trasformai l'informazione dell'eventuale fine del mondo nell'informazione dell'assenza di catastrofi globali e dello sviluppo armonioso e favorevole. "La fine del mondo è cancellata", fu il titolo dell'articolo sulla mia diagnosi.

Ritengo che ogni previsione in sostanza deve rappresentare un atto di controllo, che forma l'evoluzione costruttiva degli eventi.

Gli esempi di tali previsioni sono riportati nei tre volumi del mio libro.

§5. I FENOMENI DI MATERIALIZZAZIONE E DEMATERIALIZZAZIONE. FATTI CONCRETI

Nel paragrafo precedente è stato già citato un esempio di dematerializzazione. Adesso vediamo una serie di casi di materializzazione e dematerializzazione entrando nel dettaglio, anche se in realtà questi fenomeni sono discussi nel corso di tutto il libro. Che cos'è la resurrezione? È uno degli esempi più lampanti della materializzazione.

Dal punto di vista del corpo fisico, della sua presenza o dell'assenza i defunti possono essere considerati come persone che hanno subito il processo di dematerializzazione. La materializzazione, il processo contrario consente di farle ritornare indietro.

Il corpo fisico dell'uomo è materializzato dall'Anima, come del resto avviene con tutti gli altri oggetti: la nostra Anima è in grado di creare un oggetto.

Ripetiamo il principio (2.1): L'UOMO È UNA SOSTANZA ETERNA IN BASE AL PRINCIPIO DELLA SUA CREAZIONE. LA RESURREZIONE SI FONDA SUL RICONOSCERE L'ETERNO NELL'UOMO. Proprio l'informazione sull'eternità di ogni oggetto offre la possibilità di materializzarlo.

Citiamo alcuni esempi reali di materializzazione e dematerializzazione. Iniziamo dal caso di Gluško Svetlana Pavlovna, il corrispondente del giornale "Megapolis-Continent" (vol. 2, p. 426).

Svetlana nutriva da tempo l'interesse verso il fenomeno di materializzazione, per questo durante la nostra conversazione del 22 settembre 1994 mi propose di realizzare una materializzazione di qualche oggetto dentro la sua casa. Inoltre quella proposta era legata alla sua intenzione di scrivere un articolo su questo argomento nel quale si intendeva citare un esempio reale.

Non ero mai stato a casa di Svetlana e non conoscevo neanche l'indirizzo, che non mi era stato fornito appositamente per la purezza dell'esperimento.

Eseguii la richiesta di Svetlana: dopo otto giorni all'ingresso della sua casa la signora trovò due oggetti che non erano presenti prima. Nel periodo dell'esperimento nessun estraneo era entrato nell'appartamento. L'evento di materializzazione era evidente. La natura degli oggetti in questione era tale da escludere la possibilità della loro creazione con metodi fisici.

Ai fini della riuscita degli esperimenti di questo tipo occorre assicurare la seguente condizione: l'uomo dovrebbe sapere in anticipo che avverrà la materializzazione e chi sarà il suo autore. È indispensabile per evitare gli eventuali stress. Ne abbiamo parlato nel primo capitolo: la persona informata della materializzazione prevista non subirà il cambiamento delle cellule nel momento della percezione del risultato della materializzazione.

Il secondo caso è la materializzazione della chiave, raccontato dalla signora Babaeva Tatjana Pavlovna (vol. 2, p. 437).

Tatjana alloggiava nello stesso albergo dove abitavo io. Un giorno le capitò di perdere la chiave della sua stanza. Controllò tutta la borsa, ma non trovò la chiave. Per sicurezza Tatjana svuotò la borsa completamente per poterla esaminare meglio. Le ricerche non portarono a nessun risultato. Decise di rivolgersi alla reception quando intervenni io. Mi trovavo in quel momento nella hall dell'albergo e potevo osservare tutta la scena.

Decisi di aiutare Tatjana e materializzai la chiave all'interno della sua borsetta. Le consigliai di riprovare a cercare la chiave. Seguendo il mio consiglio aprì la borsetta e fu sorpresa di trovare lì la chiave. Tatjana capì che il responsabile della materializzazione ero io.

La perdita delle chiavi è un fatto di storia ricorrente. Difficilmente si troverà una persona che non si sia mai scontrata con questo problema. Tuttavia negli esempi citati sotto la materializzazione e la dematerializzazione facevano parte dell'esperimento.

I primi due casi sono testimoniati da Livado Ekaterina Ivanovna (vol. 2, pp. 462 e 460). Il primo è l'esperimento della dematerializzazione di una chiave, il secondo è la sua materializzazione.

Per l'esperimento fu scelta una chiave del peso di 10 g. Nel momento della dematerializzazione mi trovavo a distanza di 10 m. Il processo di dematerializzazione durò 20 min.

Dopo che fu registrata la dematerializzazione avvenuta, cominciai la materializzazione della chiave. Durante questo processo la distanza tra me e la chiave era di 3 m. La materializzazione si produsse dopo 5 min.

Questo esperimento è di grande importanza. La scelta della chiave o qualsiasi altro oggetto è irrilevante. La prova ha un significato fondamentale per l'elaborazione della visione corretta del Mondo.

© Грабовой Г.П., 2001

La sperimentazione dimostrò che la materializzazione della chiave richiede meno tempo della dematerializzazione, di quattro volte circa. Quindi anche il processo della resurrezione può durare circa quattro volte meno del passaggio dalla morte clinica alla morte biologica. Tuttavia bisogna considerare che si tratta del punto di vista dei livelli superiori prossimi della coscienza in rapporto alla coscienza normale. Nel caso dei livelli molto alti di sviluppo spirituale, la resurrezione può avvenire immediatamente.

Altri due esempi sono raccontati nella dichiarazione di Lavruškina Nadežda Borisovna (vol. 2, pp. 464-467).

Questa volta fu effettuata la dematerializzazione non completa, ma parziale della chiave, seguita dalla sua materializzazione. La chiave di peso di 10 g era collocata a distanza di 50 cm, senza che avvenisse alcun contatto fisico tra me e la chiave. La durata dell'esperimento era di 5 min.

Nel corso della sperimentazione furono scattate quattro fotografie.

La prima immagine rappresenta la chiave utilizzata per la prova. La seconda immagine testimonia il risultato: si nota che la parte della chiave che collega la testa con la base della chiave è praticamente invisibile (dematerializzazione parziale, dematerializzazione delle singoli parti dell'oggetto).

Dunque sulla seconda fotografia il collegamento tra le due parti è assente, è dematerializzato. Una parte della chiave è presente, mentre l'altra non c'è più. Sorge la domanda: dov'è l'informazione di tutta la chiave, della sua forma? È ovunque, sia nelle parti rimanenti della chiave, che nello spazio vuoto tra di loro e accanto alla sagoma completa della chiave.

La quarta immagine dimostra il risultato del primo passo verso la dematerializzazione completa. La chiave sparisce, ma l'informazione a suo riguardo resta, dileguandosi essa continua ad essere presente, conservando l'immagine dell'oggetto e offrendo la possibilità di ricostruirlo in qualsiasi momento.

Tutto quello che è stato detto a proposito della chiave può essere trasferito anche sulla dematerializzazione del corpo fisico dell'uomo. Il corpo è in grado di dematerializzarsi e di scomparire, ma nell'Anima dell'uomo ne rimane sempre l'informazione. Di conseguenza è possibile ricostruire completamente il corpo fisico del defunto in qualsiasi momento.

© Грабовой Г.П., 2001

La stessa affermazione può essere estesa su qualsiasi oggetto. Sostanzialmente nessun oggetto è morto, nessun oggetto è privo degli elementi della coscienza. Tutti i corpi sono creati in base alla coscienza collettiva, quindi ciascun oggetto contiene gli elementi della coscienza. Perciò possiamo stabilire un contatto con qualsiasi oggetto, per esempio accordando la sua dematerializzazione, cioè convincendolo a subire questo processo. Eppure una volta avvenuta la dematerializzazione, l'oggetto, ovvero la sostanza che era alla sua base mantiene l'informazione sulla sua forma precedente. La materializzazione consiste invece nel rammentare alla materia la sua forma del passato.

Passiamo alla dichiarazione di Salnikova Svetlana Pavlovna (vol. 2, p. 458). Svetlana stava lavorando ad un libro che raccontava di me. Nel corso del lavoro si accorse della mancanza di un documento sul mio incontro con il guaritore filippino Yuko Labo. Nonostante ciò Svetlana mi consegnò il materiale pronto. Non appena presi in mano la bozza capii che mancava quel documento e lo materializzai immediatamente sulla scrivania di Svetlana. La qualità del documento materializzato era molto migliore della copia: lo dimostrava la nitidezza delle lettere, la qualità dei caratteri ed alcuni altri dettagli. Dal punto di vista del principio della possibilità di ricostruibilità completa della materia quest'esempio testimonia che qualsiasi oggetto può essere ricostruito nella forma ottimale. Le persone risorte, la causa della scomparsa delle quali era stata la malattia, vantano un'ottima salute.

Un altro caso è descritto nell'attestazione della copia Babaev Viktor Baghirovič e Tatjana Pavlovna (vol. 2, p. 439).

I coniugi Babaev erano insieme a me in viaggio di lavoro in India. Al controllo passaporti nell'aeroporto di Taškent si scoprì la mancanza nel mio passaporto di un timbro che autorizzava l'uscita dal paese. L'assenza di questo timbro lasciò molto sorpresa la guardia di frontiera, ma ancora di più erano sorpresi i signori Babaev quando videro apparire davanti ai propri occhi questo timbro nel mio passaporto e i problemi burocratici si risolsero.

Lo feci per dimostrare che le capacità sensitive permettono di cancellare il timbro dai documenti ufficiali, e non solo il timbro, ma qualsiasi segno o frammento di testo.

© Грабовой Г.П., 2001

Vorrei sottolineare l'aspetto etico legato a questi fenomeni. La loro dimostrazione non deve a nessuna condizione toccare gli interessi di nessuno. Il caso della dematerializzazione del timbro nel mio passaporto ne è un esempio. In base a questo principio, se l'uomo risorto lo desidera, le attestazioni della sua morte possono sparire.

Babaeva Tatjana Pavlovna racconta di un altro avvenimento interessante accaduto in India (vol. 2, p. 430).

Le era capitato di smarrire il biglietto aereo. Tutte le ricerche non portarono a nessun risultato. Decisi di aiutarla e le consigliai di controllare la sua borsa della spesa in cui avevo appena materializzato il biglietto.

Precedentemente Tatjana Pavlovna aveva controllato bene tutto, inclusa la borsa della spesa. Però seguendo la mia raccomandazione aprì ancora una volta la borsa e trovò nel suo fondo il biglietto piegato e leggermente sporco della mela che gli stava accanto.

Materializzai il biglietto volutamente nella forma in cui la sua scoperta non avrebbe causato stress a Tatjana. Infatti, trovando il biglietto in fondo alla borsa piegato e sporco di mela la signora si tranquillizzò: la scoperta testimoniava che il biglietto era sempre stato lì. Solo in un secondo momento quando si ricordò d'aver controllato bene la borsa Tatjana capì che si trattava della materializzazione. Ma in quella fase aveva già riacquistato la serenità e la comprensione della vera situazione avvenne nel momento giusto.

Sperimentando la materializzazione bisogna sempre prendere in considerazione la sensibilità della persona. È importante che la scoperta di un nuovo fenomeno non produca agitazione inutile. La materializzazione deve essere praticata solo nelle situazioni di reale necessità, come nel caso del biglietto aereo. Seguendo lo stesso principio possono essere ricostruiti i passaporti delle persone risorte per evitare scocciature burocratiche.

Ancora un caso di smarrimento del biglietto aereo e del suo trasferimento telepatico è descritto nella dichiarazione di Balakireva Elena Damirovna (vol. 2, p. 419).

Elena, abitante di Taškent, tornando da Mosca smarrì il proprio biglietto aereo con validità annuale. Si rivolse a me chiedendomi di aiutarla.

Localizzando il biglietto scoprì che era danneggiato. Quindi dovetti prima ricostruirlo, cioè effettuare la sua parziale materializzazione, e dopo lo trasferii telepaticamente a Elena. La proprietaria trovò il biglietto in un posto dove prima non l'aveva visto.

Nello stesso modo possiamo agire risuscitando le persone defunte. Nel caso il tessuto non sia ancora completamente decomposto, non occorre ricostruirlo da capo. Basta costruire le parti mancanti per recuperare tutto l'organismo. Dunque anche la resurrezione può avvenire in forma di parziale materializzazione.

Le due dichiarazioni seguenti testimoniano i casi della dematerializzazione di un articolo.

Gusarova Galina Alexeevna (vol. 2, p. 454) e Zvetkova Anna Michailovna (vol. 2, p. 455) entrambe parteciparono nell'esperimento al quale era presente anche la figlia di Anna Michailovna.

La copia dell'articolo di cui stiamo parlando era stampata su dieci fogli e si trovava nel comodino a casa di Anna.

Effettuai la dematerializzazione dell'articolo e tutti i dieci fogli sparirono dal comodino senza lasciare tracce.

Dovrei ricordare ai miei lettori che una volta creata l'informazione essa continua ad esistere sempre e dappertutto. Se l'articolo è stato scritto, la relativa informazione vive a prescindere dal fatto che l'articolo sia dematerializzato o meno, e dall'esistenza della sua base materiale. In modo simile un libro creato dall'uomo esiste sempre.

La persona risorta trasmette sempre l'informazione della propria resurrezione. Questa informazione è accessibile sempre e dappertutto. La pubblicazione della notizia di un solo caso di guarigione dal cancro in fase terminale o di resurrezione fa diventare questo processo naturale per tutti i tempi, eterno.

Nella sua testimonianza Čutkova Tatjana Ivanovna (vol. 2, p. 471) racconta della possibilità di riprodurre il suono vivo della propria voce a qualsiasi distanza.

Tatjana rivolse a me la richiesta di curare suo nipote. M'impegnai ad eseguire una seduta a distanza. La figlia di Tatjana, Natalia andò a trovare il figlio in ospedale all'inizio della seduta. Agitata in attesa del mio intervento Natalia guardava l'orologio e non conoscendo il mio nome chiedeva a se stessa: "Chissà come si chiama?" Per rassicurare la donna decisi di

© Грабовой Г.П., 2001

rispondere alla sua domanda. Nella dichiarazione è sottolineato che Natalia sentì chiaramente la mia voce: "Mi chiamo Grigori. Sto lavorando per aiutare suo figlio. Non abbia paura, l'aiuterò." Natalia mi ringraziò con tutto il cuore. Sentì proprio il suono fisico delle mie parole nonostante la mia assenza.

Questo caso offre l'esempio di un altro tipo di materializzazione, quella delle oscillazioni sonore. La voce della persona è riprodotta senza alcuna alterazione, come se il parlante si trovasse vicino. Come qualsiasi fenomeno della materializzazione, è ancora un esempio del potenziale controllo della realtà fisica.

Šelekov Vadim Vladimirovič descrive nella sua dichiarazione (vol. 2, p. 424) la propria sorpresa nel trovarmi durante il nostro incontro nell'automobile con le porte chiuse.

Si poteva trattare non solo della macchina, ma di qualsiasi altro luogo, qualunque pianeta, galassia, parte del mondo. In questa situazione è stato adoperato il principio del controllo dello spazio. A seconda del nostro desiderio ci possiamo trasferire in qualsiasi punto del tempo e dello spazio, e addirittura creare lì le condizioni per la vita.

Dunque stiamo parlando di una scienza importante e seria, della vera scienza. Allargando l'ambiente ci possiamo trasferire in qualsiasi punto dello spazio e dell'universo, riempiendolo in seguito di ossigeno e d'altri elementi indispensabili per la vita. La coscienza è la base per la creazione dei Mondi e per il reale trasferimento in essi.

Anche la previsione del futuro può essere attribuita alla categoria dei fenomeni di materializzazione, ossia della materializzazione dell'informazione del futuro nel presente.

Le dichiarazioni del dottore delle scienze chimiche, professore di Soros, titolare della cattedra di chimica dei composti naturali e altomolecolari dell'Università Statale di Rostov, Oleknovič Lev Petrovič e il candidato in scienze chimiche, il docente di Soros della stessa cattedra, il titolare del laboratorio dei carboidrati dell'Istituto di ricerche scientifiche FOX RGU Kornilov Valerij Ivanovič (vol. 2, pp. 383 e 385).

I due scienziati mi proposero un compito difficile: stabilire lo stato intermedio preferenziale di un processo chimico. Questo problema prevede due vie alternative di soluzione: la soluzione basata sul complesso calcolo quantistico-meccanico o la via sperimentale con utilizzo dei metodi della risonanza magnetica nucleare. Quando ricevetti il compito mi trovavo nel mio ufficio a Mosca. Diedi immediatamente la risposta e preparai la conclusione scritta con la spiegazione della struttura preferibile. Inoltre indicai la possibilità di una terza struttura nel campo magnetico, non presa in considerazione dagli autori stessi. Non fu comunicato che le ricerche del processo si svolgessero proprio nel campo magnetico. Percepii subito che si trattava del campo magnetico e che questo campo poteva influire sul carattere dello stato intermedio. La mia previsione si confermò completamente.

La seconda domanda posta dai due scienziati riguardava un altro processo chimico: dovevo stabilire l'ordine della quantità di migrazioni per il gruppo acetile in questo processo. Anche in questo caso la mia risposta scritta fu immediata: secondo me il numero era pari a 20-30 migrazioni al secondo. Il risultato ebbe la conferma negli esperimenti successivi.

Le attestazioni del candidato in scienze chimiche, il docente della cattedra della chimica dei composti naturali e altomolecolari dell'Università Statale di Rostov Kurbatov Serghej Vasiljevič e del candidato in scienze chimiche, il candidato in scienze chimiche, il docente di Soros della stessa cattedra, il titolare del laboratorio dei carboidrati dell'Istituto di ricerche scientifiche FOX RGU Kornilov Valerij Ivanovič (vol. 2, pp. 384 e 386).

Il primo compito richiedeva di stabilire la quantità di migrazioni dello stesso gruppo, ma in un'altra reazione. La mia risposta istantanea fu: 106 al secondo (ossia un milione al secondo). Fu accertata l'esattezza della mia previsione.

È da notare l'impossibilità di indovinare questo numero, lo stesso vale per il caso precedente. La quantità delle migrazioni nei composti di questo tipo può oscillare in limiti molto ampi: dalle 10-6 alle 106 al secondo. Tali limiti sono dei numeri che differiscono tra loro di 1012 volte. È ovvio che in presenza di uno spettro così vasto di possibilità questo numero non può assolutamente essere indovinato. Bisogna conoscere la soluzione.

La seconda parte del compito prevedeva la valutazione della velocità di trasformazione di una sostanza in un'altra. Entrambe le sostanze sono indicate nel testo della dichiarazione. Risposi subito che nelle condizioni previste le trasformazioni sarebbero

© Грабовой Г.П., 2001

state cinque al secondo. Sia i calcoli, sia gli esperimenti confermarono la correttezza della mia risposta. È importante notare che al momento della mia conclusione gli esperimenti ed i calcoli che l'avrebbero confermata ancora non erano eseguiti.

Osserviamo qui la capacità di dare la risposta a qualsiasi domanda immediatamente, tale capacità e manifestazione, l'avevo già da bambino. La sfruttai ampiamente durante la mia carriera scolastica ed universitaria. Ad esempio, all'università scrivevo le soluzioni esatte a qualsiasi problema senza eseguire i calcoli. Ne è testimonianza la dichiarazione del mio compagno di università Rumjanzev Konstantin Alexandrovič (vol. 2, pp. 372-373), nella quale sono citati gli esempi della chiaroveggenza dell'anno accademico 1982-1983. In quel periodo cominciai a presentarmi alle lezioni a qualsiasi ora, spesso alla fine delle prove. Di solito, non avevo tempo neanche per copiare dalla lavagna le condizioni del problema. Facevo in tempo solo a scrivere grazie alla chiaroveggenza le soluzioni dei compiti. L'università teneva un atteggiamento democratico nei confronti degli studenti non frequentanti, all'esame contava la conoscenza della materia. Ma il fenomeno delle soluzioni esatte senza il calcolo cominciò ad attirare l'attenzione dei professori. All'inizio alcuni di loro mi invitarono ad una conversazione, dopo il tutore del gruppo prese l'abitudine di parlare delle mie capacità apertamente davanti a tutto il corso. Di conseguenza per non attirare l'attenzione dovetti come si usava a scuola, esporre le azioni intermedie prima di dare la soluzione finale. Dopo essermi laureato cominciai a lavorare nel campo della mia specializzazione, e nel mio lavoro pratico ottenevo le soluzioni esatte tramite la chiaroveggenza, con tutto il diritto dello specialista laureato. Anche i miei lettori dopo avere studiato il presente libro possono farvi riferimento come ad un corso didattico ufficiale. Il Ministero Russo dell'Istruzione Pubblica approvò il mio programma di tecnologie d'autore autorizzandolo come corso di laurea specialistica.

La chiaroveggenza offre la soluzione sostanzialmente a qualsiasi problema, in quanto Dio l'ha voluto creando il Mondo. Il Mondo è organizzato in modo da permetterci di raggiungere qualsiasi nostro obiettivo nello spazio-tempo infinito, rappresentando l'ideale dello sviluppo dell'uomo e della società. Se noi decidiamo di risuscitare un defunto, esiste già la soluzione per farlo, basta scoprirla e siamo in grado di risuscitare.

Il lettore potrà chiedermi perché decisi di affrontare la questione delle soluzioni pronte in questo capitolo? Perché l'ottenimento delle soluzioni può essere considerato come un fenomeno di materializzazione. Infatti, spesso la ricerca della soluzione di un problema senza fare ricorso alla chiaroveggenza può richiedere moltissimo tempo. A volte addirittura possono passare anni e la soluzione sarà trovata solo nel futuro. Conoscere la risposta nel presente è la stessa materializzazione del futuro. Ricevetti grazie alla chiaroveggenza dall'informazione del futuro molti dei principi del risuscitamento descritti nel presente libro. Materializzati nel presente essi permettono di effettuare il risuscitamento a livello fisico.

Inoltre occorre sottolineare un altro aspetto importante legato ai fenomeni esaminati. La precisione delle previsioni riguardo alla migrazione del gruppo acetile parla a favore della prevedibilità dei processi anche a livello molecolare. Riesco a vedere direttamente il corso della reazione chimica, l'interazione delle singole microparticelle tra di loro. Le molecole, gli atomi, gli elettroni ed altri oggetti appartenenti al microlivello sono visibili, anche se non alla vista fisica.

Passiamo alla dichiarazione di Jakovleva Olga Nikolaevna (vol. 2, pp. 456-457) nella quale l'autrice racconta come grazie all'intervento sensitivo cambiai il contenuto di una cassetta audio. La cassetta conteneva la registrazione di una conversazione della proprietaria con me. Tramite il metodo sensitivo eliminai tutti i rumori esterni che erano presenti nella cassetta e aggiunsi sulla cassetta un testo aggiuntivo pronunciato dalla mia voce. In seguito fu effettuata la comparazione della registrazione con quella iniziale e si stabilì che su entrambe è presente la stessa voce – la mia.

Questa testimonianza conferma che l'intervento sensitivo permette di materializzare i suoni nell'audioregistrazione. Generalizzando possiamo sostenere che attraverso la strutturazione della coscienza è possibile creare le forme sonore necessarie su supporti fisici.

La materializzazione delle forme sonore trova l'applicazione nella resurrezione. Ad esempio la creazione dell'effetto di vento in arrivo favorisce la più rapida ambientazione della persona risorta.

© Грабовой Г.П., 2001

Nella sua seconda testimonianza Olga Nikolaevna parla dell'esperimento nel corso del quale cancellai in modo molto particolare una parte della registrazione della cassetta audio. La registrazione consisteva di tre parti sequenziali. Grazie al ricorso alle mie capacità sensoriali eliminai la parte centrale della registrazione in modo da far seguire la terza parte immediatamente dopo la prima, senza alcuna pausa. Sul nastro non era rimasto nessuno spazio vuoto e al punto di passaggio dal primo frammento al terzo non si ravvisava nessun rumore estraneo.

È da sottolineare che le caratteristiche fisiche del nastro magnetico rimasero invariate e la sua lunghezza non fu alterata. Il nastro con la stessa lunghezza e la velocità di rotazione invariata risultò contenere meno informazione. Il frammento cancellato era abbastanza lungo e la perdita di informazione fu significativa.

L'esperimento descritto dimostra la nostra libera gestione dell'informazione. Siamo in grado di tenere sempre sotto controllo le condizioni e i parametri fisici. Di conseguenza grazie alla coscienza possiamo anche aumentare le dimensioni della Terra per accogliere tutti i risorti.

Ladycenko Konstantin Vladimirovič racconta (vol. 2, p. 469) di avere assistito alla mia esecuzione della dematerializzazione di un floppy-disk. Il disco conteneva 1,44 Mb d'informazione e la sua situazione non mi era nota.

Vediamo che nel caso dell'esigenza di eliminare qualsiasi informazione non favorevole dal punto di vista costruttivo si può ricorrere al fenomeno della dematerializzazione, senza causare danni a nessuno. Sarebbe opportuno includere questo fenomeno nel sistema di controllo.

Il metodo sopraindicato trova applicazione a tutti i fenomeni del Mondo, ad esempio il principio della dematerializzazione è da cimentare subito nella base della creazione delle macchine assolutamente inedite. Si tratta di automobili di nuova generazione, di cui sono l'autore. La loro particolarità sta nel fatto che non potranno mai uccidere l'uomo. Nel momento in cui si verificherà un pericolo per la vita dell'uomo, la macchina si dematerializzerà o si trasporterà per via telepatica nel luogo di sosta più vicino.

La dichiarazione di Valitov Rafik Tafikovič (vol. 2, p.

293-294) parla della seguente dimostrazione delle possibilità sensitive. Mi proposero di diagnosticare la presenza di virus in venti floppy-disk, ovviamente senza fare uso dei computer o degli altri software speciali in grado di riconoscere i virus. Dovetti stabilire la presenza del virus solo in base all'aspetto visuale dei dischi, ossia "a occhio". Riconobbi esattamente quei cinque floppy che erano infetti.

In seguito il compito prescriveva di eliminare questi virus sempre tramite vie sensitive. Di solito se il floppy contiene il virus, copiando il file sul computer, il virus si conserva trasmettendosi al PC. Copiando il file dal floppy al computer eliminai il virus e il PC non fu infettato. Il controllo della memoria del computer tramite l'apposito programma antivirus confermò l'assenza dei virus.

Inoltre ridussi la dimensione del file di 10 volte nel momento del suo trasferimento sul PC.

La sperimentazione dell'eliminazione del virus testimonia la capacità dell'intervento sensitivo di causare i cambiamenti del flusso informativo, modificandolo a seconda della nostra volontà.

Quando pensiamo ad un oggetto, creiamo a livello mentale una sua immagine. Davanti al nostro sguardo mentale sorge un determinato "quadro", ed ogni elemento della realtà produce un suo quadro particolare. Il virus è caratterizzato da un concreto sfondo di colori. L'influenza esercitata su questo sfondo, la modifica dello spettro cromatico, il suo livellamento favorisce la pulizia del file.

Quando vediamo mentalmente una persona che vogliamo fare risorgere, in quell'istante avviene già la sua resurrezione a livello della realtà corrispondente al pensiero. Basta trasferire l'uomo risorto nella realtà fisica e sarà già tra noi!

Il corso della vita normale prevede la vita eterna, la morte non deve esistere in assoluto. Con il riferimento all'ultimo caso esposto possiamo affermare che il compito del risuscitamento è paragonabile alla pulizia della realtà dal virus, rappresentato dalla morte biologica.

Nel caso del floppy disk fu eliminato il virus nel momento del trasferimento del file sul disco rigido. Il risultato fu il software pulito. Nello stesso modo pulendo la realtà dal virus della morte, facciamo acquistare alla realtà le sue caratteristiche di normalità.

© Грабовой Г.П., 2001

Capitolo IV. Principi del risuscitamento e vita quotidiana

Nella sua dichiarazione Babaeva Tatjana Pavlovna (vol. 2, p. 434) racconta d'aver osservato assieme al marito più di una volta come io, senza toccare il tasto dell'ascensore, lo facevo salire, scendere e fermarsi al piano desiderato. Feci queste dimostrazioni in aprile del 1994 nell'albergo in cui eravamo alloggiati tutti insieme durante la nostra permanenza a Delhi (India).

In tutti questi casi non toccando il tasto chiudevo il circuito elettrico per via sensitiva e mettevo in moto l'ascensore.

A questo proposito vediamo ancora un esempio di chiusura del circuito elettrico.

Nel paragrafo precedente abbiamo citato la testimonianza dello specialista nel campo della ricerca dei fenomeni paranormali Kusionov Serghej Petrovič (vol. 2, p. 354 e il retro). Oltre allo scongiuramento dell'incidente stradale Serghej parla di altri casi della mia influenza sensitiva. Una volta nonostante il proprietario avesse tolto le valvole in casa sua, io feci accendere la luce e far funzionare il fax. Il mio scopo era di dare la possibilità a Serghej in quanto ricercatore serio di osservare con i propri occhi il lavoro della coscienza.

Togliere le valvole significa interrompere il circuito elettrico. Dimostrai di essere in grado di chiuderlo nonostante la distanza. In questo caso non si trattava di materializzazione, ma di un altro fenomeno: nella mia coscienza simulai un modello del tratto mancante del conduttore. Come lo faccio? Deposito nel punto utile l'informazione della necessità di presenza del circuito continuo. L'immagine creata nella coscienza assume la funzione del conduttore. Dunque questo esperimento conferma ancora una volta la tesi secondo la quale la coscienza può svolgere qualsiasi funzione.

Inoltre abbiamo avuto la testimonianza della possibilità di elaborare le tecnologie indispensabili per l'evoluzione eterna in base ai principi di funzionamento della coscienza, senza alcune risorse. Le tecnologie di questo tipo garantiscono assoluta sicurezza. Per esempio, simulando grazie alla mia coscienza il tratto mancante del conduttore elettrico, creai la corrente con il vantaggio che essa non poteva produrre la scossa nel tratto assente. Quindi tramite la coscienza o i sistemi ottici a livello tecnico possono essere costruiti dispositivi sicuri ed invisibili con la vista normale semplicemente nell'ambiente.

I casi di materializzazione descritti sopra prevedono che l'immagine creata nella coscienza si trasformi nell'immagine fisica. Questa è l'essenza del processo della materializzazione.

Il procedimento del risuscitamento è simile: creando inizialmente l'immagine della persona defunta nella coscienza, lo trasformiamo nell'immagine fisica, nel corpo che vivrà nello spazio tridimensionale. È un processo naturale, che conferma il fondamento spirituale della vita.

Occorre capire che l'uomo fu creato per la vita eterna e la morte non deve esistere del tutto e allora la vita e la realtà fisica davvero acquisiranno l'eternità. L'immagine nella coscienza determina e plasma l'immagine fisica. Proprio in questo modo viene creata la realtà fisica e proprio così riusciamo a dare origine alla vita eterna davvero felice.

§6. L'UTILIZZO DEI DISPOSITIVI TECNICI AI FINI DEL RISUSCITAMENTO DEI DEFUNTI E DELLA RICOSTRUZIONE DEGLI ORGANI MANCANTI

Dobbiamo sottolineare subito che tutti i dispositivi tecnici sono solo degli strumenti ausiliari. Sono destinati ad uso delle persone che ancora non hanno completato la strutturazione della coscienza nel campo della ricostituzione della salute, in quello della ricostruzione degli organi e del risuscitamento. In sostanza questi dispositivi hanno il compito di aiutare le persone nell'apprendimento della tecnologia della strutturazione della coscienza, la tecnologia dell'evoluzione dell'Anima, dello spirito e delle idee creative nella realtà del Mondo eterno. Essendo ausiliari essi devono stimolare lo sviluppo delle capacità già in possesso dell'uomo.

Abbiamo già accennato che l'uomo possiede dalla nascita di tutto il sapere della vita eterna, della ricostituzione degli organi, della cura di qualsiasi tipologia di malattia. Tuttavia non tutto ancora si è risvegliato in lui per prenderne coscienza e poter comunicare liberamente con la propria Anima.

Il contatto con l'Anima deve essere diretto, perché essa fu creata da Dio e non può essere completata con nessun dispositivo tecnico.

© Грабовой Г.П., 2001

Gli apparecchi tecnici possono essere adoperati solo in caso di lavoro non con l'Anima, ma con la coscienza. In questo caso le macchine integrano quelle strutture del sapere dell'Anima, che non sono state ancora trasferite nella coscienza. In altre parole, per le persone che non hanno ancora effettuato la strutturazione della coscienza i dispositivi integrano le strutture della coscienza, lavorando in coesione con la coscienza umana.

Elaborai già una serie di tali dispositivi veramente funzionanti e basati sulla mia scoperta fondamentale, quest'ultima esposta nella tesi di dottorato in scienze fisiche e matematiche.

L'essenza della scoperta è la seguente. Tutti i fenomeni della realtà vengono compresi attraverso la percezione. La percezione invece ha diversi canali, ad esempio la vista, i sensi, il pensiero. Quando fissiamo nella coscienza il fenomeno percepito, siamo in grado sempre di vederne una certa immagine luminosa. Questa immagine è visibile grazie alla vista spirituale, e può essere subito proiettata nella coscienza. Scientificamente parlando, l'uomo possiede un sistema di trasformazione in grado di tradurre la sua percezione in immagine luminosa.

Proprio questo sistema di trasformazione, ossia il sistema ottico trova applicazione nella resurrezione. In questo processo di controllo del Mondo l'immagine dell'uomo defunto è da considerare come un segnale ottico. Tale segnale nello spazio spirituale (l'immagine del defunto) corrisponde alla percezione della stessa persona nel Mondo fisico normale. Da questo punto di vista il risuscitamento è un processo di trasformazione del segnale ottico dallo spazio spirituale in quello fisico tridimensionale.

I sistemi ottici simili possono essere creati anche grazie alla tecnologia. Nel presente capitolo stiamo parlando dei dispositivi tecnici proprio di questo tipo: integranti le capacità umane nel campo del controllo. Dunque tutte le macchine devono funzionare solo secondo il principio dell'integrazione.

Un esempio di tale strumento ausiliario è il software basato sulla mia invenzione: il modello di archiviazione dell'informazione in qualsiasi punto dello spazio e del tempo.

La materia può essere riprodotta in ogni punto dello spazio e del tempo in base all'informazione archiviata in quel punto. Si sceglie questo punto in qualsiasi sostanza, nell'aria o nel vuoto, cioè la scelta del luogo non ha alcuna importanza.

© Грабовой Г.П., 2001

Il metodo è il seguente. Diciamo che lo spazio è una struttura del tempo proiettata nella percezione. Il tempo invece è funzione dello spazio. La riproduzione della materia va considerata come conseguenza della reazione del tempo sul cambiamento dello spazio. In questo caso possono essere calcolati i punti di contatto dello spazio con il tempo. Proprio in questi punti avviene l'archiviazione dell'informazione.

La conoscenza dei punti di archiviazione dell'informazione permette di creare i sistemi tecnologici con la base computeristica in grado di archiviare l'informazione necessaria in qualsiasi punto dello spazio e del tempo. Di conseguenza diventa fattibile la creazione di una forma di intelletto, paragonabile alla macchina sapiente (machina sapiens – la macchina intelligente, in analogia con homo sapiens).

L'informazione del passato archiviata rappresenta la costruzione statica di questa macchina, mentre l'archiviazione del futuro è la sua costruzione dinamica. Il campo del presente permette di effettuare il controllo della macchina intelligente. In questo modo si crea la forma dell'intelletto desiderato che controlla la macchina e la gestisce in base alla coscienza dell'uomo.

La forma di intelletto descritta non distruggerà il suo creatore o altri oggetti, dato che nel presente, essa agisce solo in forma di funzioni di controllo creativo. È un esempio di macchina sapiente sicura per l'uomo, gli animali e gli altri oggetti d'informazione.

La particolarità di questa invenzione è nel fatto che l'informazione può essere archiviata non solo sui dischetti o altri supporti d'informazione moderni, ma anche nel vuoto. Io lo faccio tramite i singoli impulsi dell'apposito dispositivo collegato con il computer normale.

Diventa possibile archiviare l'informazione anche nell'aria tramite l'impulso riflesso dal dischetto, o in qualsiasi sostanza attraverso la scrittura continua.

L'informazione archiviata secondo questo procedimento può essere collocata a livello fisico in uno spazio delle dimensioni della testa di un fiammifero (con diametro che non supera i 3 mm).

Questo metodo d'archiviazione dell'informazione apre le porte verso un tipo di computer assolutamente inedito, il quale

© Грабовой Г.П., 2001

troverà applicazione nella creazione della forma di intelletto desiderata nel vuoto, nell'aria o in qualsiasi sostanza.

Altrettanto realizzabile è la creazione del dispositivo per la lettura dell'informazione archiviata. Quindi a nostra disposizione avremo una macchina sapiente che occupa poco spazio e rappresenta una forma di intelletto controllabile. A seconda del nostro desiderio può essere programmata per la creazione di una sostanza, dello spazio o del tempo.

La creazione delle nuove generazioni di computer ha nelle sue basi anche un altro mio metodo (il certificato d'autore-licenza "La tecnologia computerizzata di controllo a distanza"). Ho elaborato la tecnologia della traduzione dell'informazione relativa a qualsiasi evento in forma geometrica. L'apposito programma per computer all'inizio traduce l'evento nella rispettiva forma geometrica, in seguito la forma iniziale si traduce in un'altra: quella che corrisponde all'evoluzione dell'evento nella direzione desiderata. In questo modo avviene il controllo degli eventi.

In alcuni casi può essere fatto ricorso al computer per creare una forma di intelletto nel punto scelto. L'intelletto nella forma stabilita nasce nel punto desiderato in seguito all'azione dei singoli impulsi di controllo provenienti dal dispositivo ausiliario e diretti al computer.

Furono creati diversi dispositivi di questo tipo perfettamente funzionanti. La cooperazione dello spazio con il tempo nel loro meccanismo permette di creare sostanze nuove. Si tratta ancora di un principio ufficialmente registrato, frutto della mia scoperta (il certificato d'autore-licenza "Il tempo è una forma dello spazio").

Il documento citato testimonia che le mie tecnologie digitali trasformano il tempo in qualsiasi sostanza, offrendo delle possibilità assolutamente nuove per la creazione delle sostanze. Inoltre le tecnologie innovative sono applicabili al controllo della materia, alla ricostruzione dei tessuti dell'organismo, alla creazione quasi immediata delle nuove forme di materia, alla costruzione degli edifici, all'elaborazione dei meccanismi e delle macchine, al controllo di quest'ultime e a molti altri compiti.

Queste e altre tecnologie di mia invenzione faranno dimenticare per sempre le crisi energetiche e qualsiasi problema legato all'energia. L'energia è estraibile ad esempio dal tempo

© Грабовой Г.П., 2001

degli eventi passati, ed è una fonte illimitata.

Probabilmente il lettore chiederà come mai l'informazione può essere archiviata non sui supporti tradizionali, come ad esempio i floppy disk, ma addirittura nel vuoto, senza alcun supporto.

Dobbiamo ricordare ancora una volta che lo spazio e il tempo sono delle costruzioni della coscienza, quindi l'informazione può essere depositata in qualsiasi punto dello spazio e del tempo, incluso il vuoto. Anche il vuoto, cioè lo spazio vuoto è una costruzione della coscienza. Alcuni scienziati, infatti, nonostante da un lato parlino dell'assenza della materia nel vuoto, dall'altro si vedono costretti a riconoscere che tutto può essere creato dal vuoto. Per giustificare in qualche modo questa posizione si decise di definire il vuoto fisico. Spesso l'invenzione di nuovi nomi non è altro che un tentativo di evitare la soluzione del problema. E la soluzione non sarà mai trovata se si continua a sostenere la non-dipendenza della realtà fisica oggettiva dalla coscienza. Eppure sappiamo che tale realtà semplicemente non esiste.

Il vuoto è lo spazio vuoto, costruito dalla coscienza, come tutto il resto. Come qualsiasi costruzione della coscienza, il vuoto è in grado di generare tutto. Tutti i corpi sono creati in base alla coscienza.

Dunque non sorprende il fatto che in qualsiasi punto, incluso il vuoto può essere archiviata qualsiasi informazione, e di conseguenza creata la forma di intelletto necessaria.

Partendo dalle invenzioni testé citate elaborai un particolare programma: è un semplice software ma funziona secondo il principio sensitivo. Integrando l'informazione di controllo il software permette di creare, ossia generare il tessuto. Di conseguenza vengono ricostruite ad esempio le cellule distrutte.

Il tessuto generato a seguito della ricostituzione degli organi o del corpo fisico in generale è obbligatoriamente legato all'Anima dell'uomo. Bisogna tenere in considerazione che una delle manifestazioni dell'Anima è l'informazione altamente concentrata. Grazie al coordinamento dell'informazione avviene l'unione del tessuto creato con l'Anima.

Visto che l'Anima è una struttura con volume infinito e si manifesta in forma dell'informazione altamente concentrata, possiamo parlare dell'archiviazione dell'informazione in

© Грабовой Г.П., 2001

tutti i punti dello spazio e del tempo. Quindi il concetto dell'archiviazione dell'informazione è uno dei principi fondamentali del Mondo, e la sua applicazione di cui si è parlato è assolutamente naturale.

Altrettanto naturale risulta la possibilità di creare in qualsiasi punto dello spazio-tempo una forma di intelletto che si occuperà della permanente ricostruzione dell'uomo, non solo ricostituendo gli organi o risuscitandolo, ma anche mantenendo un livello stabile della sua salute.

Come abbiamo già detto, il funzionamento dei dispositivi tecnici prende come base il principio dell'integrazione: i dispositivi lavoreranno in questa direzione nel caso in cui la coscienza dell'uomo è impegnata con qualche altro compito o non è ancora strutturata adeguatamente. Tutti i miei dispositivi funzionano come supplemento.

La resurrezione e la ricostituzione degli organi con l'utilizzo di macchine pone con particolare attualità la questione dell'identità. L'uomo risorto, infatti deve essere uguale a com'era prima, deve tornare ad essere egli stesso. Lo stesso vale per i suoi organi e il tessuto fisico. Generalmente l'oggetto ricostruito deve rivelarsi identico nella realtà fisica.

Il problema trova soluzione grazie alla mia invenzione (il certificato d'autore-la licenza "I sistemi riproduttivi di sviluppo autonomo che riflettono gli aspetti interni ed esterni della molteplicità delle sfere creative").

Ecco di che si tratta: scoprii l'identità assoluta di qualunque oggetto d'informazione e la sfera creativa dell'informazione. Questa equivalenza permette di ottenere l'uguaglianza degli oggetti ricostruiti ai loro originali. La scoperta del campo creativo dell'Anima fu possibile grazie alle mie conoscenze sull'Anima. L'identità totale raggiunta nella resurrezione si confermò nel corso degli esperimenti. I protocolli delle sperimentazioni sono autenticati dall'ONU.

Le tecnologie proposte offrono la possibilità di utilizzare la sfera creativa dell'informazione senza causare la sua distruzione. Inoltre dimostrai che essa può svilupparsi autonomamente.

Una serie di metodi insegnano a scoprire tali sfere creative dell'informazione. La loro idea è semplice: gli oggetti dell'informazione del passato conosciuti ci forniscono la forma della sfera. Sulla superficie interiore di questa sfera

© Грабовой Г.П., 2001

in conformità con il principio delle relazioni universali si riflettono gli oggetti del presente. Selezioniamo ora l'oggetto da ricostruire e siccome conosciamo il suo passato, troviamo il riflesso del nostro oggetto sulla superficie interna della sfera, che sarà proprio la sfera della sua creazione. In questo modo l'oggetto si ricostruisce completamente.

Le mie tecnologie, in base delle quali è posto proprio questo procedimento, ricostruiscono l'uomo, i singoli organi e le cellule. Il funzionamento dei dispositivi tecnici invece si appoggia sugli appositi software e sistemi ottici.

Le invenzioni citate sopra sono descritte dettagliatamente nel mio libro "Le strutture applicate della sfera creativa dell'informazione". I principi esposti in questo lavoro diedero spunto ad un'altra invenzione, registrata con il certificato/licenza n. 2148845 sotto il titolo "Il metodo della prevenzione delle catastrofi e il meccanismo per la sua realizzazione".

Questo dispositivo è stato già menzionato a proposito dello scongiuramento dei terremoti. Ma il terremoto è solo un tipo di catastrofe, la cui varietà è infinita. Anche il tumore maligno o l'AIDS sono da considerare delle catastrofi, ma catastrofi dell'organismo dell'uomo. Le malattie più leggere invece sono catastrofi di livello inferiore.

Dato che il dispositivo in questione fu creato in base alla scienza vera, il suo funzionamento è universale, ed esso trova applicazione anche nella prevenzione e nell'eliminazione delle catastrofi dell'organismo, cioè nella cura medica, nonché nella resurrezione.

Ricapitoliamo il principio di funzionamento di questo apparecchio. All'inizio si diminuisce la forza della catastrofe che si sta avvicinando. Se le risorse tecniche sono sufficienti, il pericolo viene semplicemente liquidato, se invece per lo scongiuramento completo della catastrofe le risorse risultano scarse, il dispositivo riduce al minimo il pericolo imminente, dopo di che fornisce l'informazione sul luogo e momento atteso della catastrofe. In quest'ultimo caso la concentrazione sui cristalli del pensiero sulla prevenzione della catastrofe o sulla guarigione aiuta a potenziare le risorse proprie del dispositivo.

Sullo stesso principio si appoggia il funzionamento del dispositivo destinato a resuscitare e recuperare la salute. Si tratta di un sistema ottico basato sui cristalli. Se l'organismo dell'uomo

© Грабовой Г.П., 2001

Capitolo IV. Principi del risuscitamento e vita quotidiana

riscontra dei problemi, per recuperare la salute è sufficiente posizionare l'apparecchio vicino al malato o indirizzare verso di lui la superficie ricettiva del dispositivo.

Qualora il dispositivo fosse rivolto verso l'organo colpito dalla malattia o verso la sua lastra radiografica, avrà luogo la ricostituzione immediata dell'organo.

Indirizzando il modulo cristallino alla fotografia del defunto si ottiene la sua resurrezione.

Posizionando il modulo nella direzione del programma di qualche evento si possono ottimizzare tutti gli avvenimenti legati ad esso.

Ebbene il nostro dispositivo possiede la capacità universale di ripristino dello stato normale. Ma come avviene la valutazione della norma, alla quale deve essere avvicinato ad esempio lo stato dell'organismo? L'apparecchio legge nello spazio l'informazione sulla norma che corrisponde all'armonia, ossia quella norma, stabilita dal Creatore in questa fase di evoluzione. L'informazione sulla norma è presente in ogni punto dello spazio.

Insisto nel ripetere che gli apparecchi gestiti dalla coscienza umana sono già in azione. Lo stesso principio sarà rispettato nella progettazione dei dispositivi del futuro.

Anche il meccanismo dell'apparecchiatura per la trasmissione dell'informazione è simile. Uno di tali apparecchi, di cui sono l'autore, ha già superato con successo tutti i collaudi e ha ricevuto il brevetto n. 2163419 e il titolo "Sistema di trasmissione dell'informazione".

Diamo dei cenni sul suo funzionamento. Dobbiamo pronunciare nel pensiero una frase, contenente un messaggio da trasmettere. Se la nostra coscienza è già strutturata, ovviamente siamo in grado di trasmetterlo per via telepatica senza fare ricorso ad alcun meccanismo. Posto che invece non abbiamo assimilato ancora tali metodi, ci aiuteranno le macchine speciali.

L'apparecchio trasmittente, fondato sui principi sopra descritti, farà arrivare al destinatario il nostro pensiero. Dalla parte del ricevente, un altro dispositivo, questa volta a cristalli, trasforma il nostro pensiero in parole o in immagini, a seconda del nostro desiderio. È praticamente un nuovo tipo di comunicazione costruito senza l'uso delle onde elettromagnetiche. In un articolo pubblicato sui giornali, questa mia invenzione fu chiamata telepatotrono. Utilizzando le emissioni

© Грабовой Г.П., 2001

laser per la diffusione dell'informazione video ed audio, al posto dell'operatore si possono trasmettere in questo modo anche segnali televisivi e radiofonici, fare lo scambio dei dati digitali ecc. Ho creato una tecnologia che permette di unire le caratteristiche dei moduli a cristalli normalizzanti e trasmittenti. Grazie a questa tecnologia può essere costruito un minisistema a base di cristalli, utilizzabile con la semplice applicazione nel cinturino dell'orologio, che avrà la funzione di ripristinare la salute dell'uomo e, in aggiunta, di trasmettere i dati del suo stato generale sul sistema a cristalli centrale. Nel caso che i dati ricevuti dal sistema centrale confermino la necessità di migliorare lo stato dell'organismo, intervengono i grandi cristalli centrali e ristabiliscono la salute dell'uomo. Le tecnologie di ricostruzione di questo tipo possono essere estese su qualsiasi oggetto d'informazione.

La trasmissione dell'informazione è immediata. La distanza di trasmissione è irrilevante. Possiamo mandare i dati in qualsiasi punto dello spazio, in qualunque Galassia, e non esistono campi con interferenze. Inoltre, il segnale inviato mentalmente sarà sempre individuale, visto che fu trasmesso da una persona concreta. L'individualità del pensiero e quindi anche del segnale rimane sempre invariabile, in virtù dell'insieme delle caratteristiche. Di conseguenza questi sistemi di connessione sono ottimali dal punto di vista dell'assenza delle interferenze, oltre ad essere completamente controllabili. Anche i dispositivi creati per la ricostituzione di organi e il risuscitamento vantano una controllabilità totale.

§7. LA CURA DI QUALSIASI MALATTIA GRAZIE ALLE SEQUENZE NUMERICHE

Abbiamo già incontrato le sequenze numeriche nel nostro libro. Il metodo numero 11 di resurrezione dei defunti esposto nel capitolo 3 faceva ricorso alla sequenza di sette cifre. Le sequenze variavano a seconda del tipo di concentrazione.

Il fatto che si possa fare resuscitare gli uomini grazie a determinate sequenze numeriche suggerisce anche la possibilità di curare qualsiasi malattia. Infatti il risuscitamento potrebbe essere considerata come una cura di una malattia molto grave, le altre in confronto sono più semplici. Un metodo così semplice

© Грабовой Г.П., 2001

in pratica si rivela molto efficace.

Dato che uno dei suoi vantaggi è proprio la semplicità, lo scelsi come base per il mio libro-manuale per la cura di qualsiasi malattia. Il libro intitolato "La ricostituzione dell'organismo umano tramite la concentrazione sui numeri" conta più di cento pagine e mille nominativi di malattie, riportando per ogni malattia la rispettiva sequenza di sette, otto o nove numeri. Concentrandoci su una determinata catena numerica possiamo guarire dalla relativa malattia.

Mi chiederanno: come mai una procedura così semplice come la concentrazione sulla sequenza di numeri si rivela talmente efficace per la cura delle infermità? Dov'è il trucco?

Ogni disturbo è una deviazione dalla norma nel funzionamento delle singole cellule, degli organi o di tutto l'organismo in generale. La guarigione significa il ritorno alla normalità. Le sequenze numeriche proposte sono proprio il ritorno alla norma. La concentrazione su una determinata catena numerica comporta la sintonizzazione dell'organismo sullo stato normale, e produce la guarigione.

Per spiegare meglio il concetto di questo tipo di cura dobbiamo accennare alla struttura vibrante dei numeri.

Tutta la nostra vita è regolata dal ritmo. I pianeti sono in rotazione periodica attorno al Sole. Di conseguenza sulla Terra c'è l'alternanza periodica dell'inverno e dell'estate. La Terra ruotando attorno al proprio asse è sottoposta all'alternanza del giorno e della notte.

Lo stesso ritmo lo osserviamo a livello di microelementi: gli elettroni nell'atomo si muovono regolarmente attorno al nucleo.

Possiamo sentire il battito regolare del nostro cuore. Ogni cellula del nostro organismo possiede un certo ritmo, mentre il ritmo di un insieme di cellule è già diverso. La moltitudine delle cellule, a livello di un organo ha il ritmo proprio. Esiste anche il ritmo a livello dei legami tra gli organi.

In questo senso l'organismo assomiglia ad un'orchestra. L'orchestra non può stonare nell'esecuzione di un'opera musicale, e neanche l'organismo. Il suo suono deve essere armonioso. Se un organo o una relazione nel suo lavoro devia dalla norma, cioè inizia a stonare, è un sintomo di una malattia. In quel momento noi come direttori di un'orchestra dobbiamo alzare la nostra bacchetta e ripristinare il suono armonioso.

© Грабовой Г.П., 2001

Il ritmo si scopre anche lì, dove a prima vista non esiste. Guardando l'arcobaleno che a volte appare nel cielo dopo la pioggia distinguiamo i suoi colori magnifici, vividi e freschi. Ma che cosa sono questi colori dal punto di vista della scienza? Percepiamo i colori grazie all'effetto dell'onda elettromagnetica di una certa frequenza. La frequenza di oscillazioni nella parte viola dello spettro visibile è circa due volte superiore alla frequenza delle oscillazioni nel campo rosso. Quindi dietro la differenza della percezione dei colori sta la diversa frequenza delle vibrazioni.

Nella percezione dei numeri, come in quella dei colori, non sembra subito evidente che anche i numeri hanno una struttura di vibrazione. Abbiamo stabilito che anche ad ogni numero corrisponde una determinata frequenza di oscillazioni. Lo stesso caratterizza i numeri. Dietro ogni numero e ogni sequenza di numeri sta la relativa struttura di vibrazione.

Ogni sequenza di numeri può essere considerata come una combinazione dei numeri. Tornando ai colori dello spettro ci ricordiamo che la scienza e l'ingegneria hanno una grande esperienza nell'utilizzo di queste combinazioni. Basta prendere l'esempio del televisore a colori: i diversi bei colori che ci appaiono sullo schermo, in realtà sono il risultato del mescolamento di soli tre colori, rosso, giallo e blu. Si sceglie la brillantezza necessaria di ogni colore, a seconda dell'immagine da raggiungere.

Il suono dell'intera orchestra è diverso dal singolo strumento. Ogni composizione dei colori dello spettro dà un effetto diverso. Lo stesso avviene nel caso dei numeri.

La scelta sfortunata delle cifre nel numero di bordo di un aereo è in grado di causare vibrazioni indesiderate. Al contrario, la sequenza fortunata ossia corretta di numeri favorisce lo sviluppo vantaggioso degli eventi, stabilisce l'armonia. Questo metodo di cura si basa su questa caratteristica delle combinazioni corrette di numeri.

Come abbiamo già detto, in qualsiasi malattia la sequenza corretta di numeri produce la guarigione, ossia ristabilisce lo stato normale d'organismo. Ora, dopo aver scoperto che dietro ogni numero e ogni sequenza di numeri c'è una struttura di vibrazione, possiamo descrivere diversamente il processo di guarigione con l'applicazione di questo metodo. La sequenza di cifre scelta correttamente comporta il recupero della salute normale, perché a causa della sua struttura di vibrazione questa stessa sequenza è

© Грабовой Г.П., 2001

la norma. È il suono desiderato, suono esatto. Concentrarsi su questa sequenza di cifre significa accordarsi, come si accordano gli strumenti musicali seguendo il suono del diapason.

Parliamo adesso del mio libro-manuale. È composto da 27 capitoli, ciascuno dei quali affronta una determinata serie di malattie. I primi 25 capitoli coprono praticamente tutte le malattie conosciute. Il capitolo 26 propone le concentrazioni per la cura delle malattie e disturbi non conosciuti.

Il titolo di ogni capitolo è seguito da una sequenza numerica con potere taumaturgico, relativa a tutte le patologie contenute nel capitolo. Questa sequenza numerica può essere utilizzata in qualsiasi caso, soprattutto se non si conosce la diagnosi esatta, ma la tipologia della malattia permette di ascriverla a questa sezione. Se invece è stabilita la diagnosi precisa, conviene adoperare la sequenza numerica indicata subito dopo la malattia concreta. In più possiamo completare la cura utilizzando, come abbiamo già detto, anche la sequenza generale relativa all'intero capitolo. Il materiale nel libro è ordinato in modo che il nome di ogni infermità è seguito dalla sequenza numerica in grado di curarla.

Per darne qualche esempio, citiamo l'inizio del primo capitolo.

CAPITOLO 1. I PRINCIPI DI CURA DEGLI STATI CRITICI – 1258912.

L'INSUFFICIENZA RESPIRATORIA ACUTA – 1257814 – è una condizione caratterizzata da un'alterazione della ventilazione alveolare e/o da una difficoltà dello scambio gassoso a livello polmonare; è una condizione contrassegnata da: riduzione dei livelli di pO2 del sangue arterioso (paO2) al di sotto di 50 mm Hg nell'aspirazione dell'aria atmosferica; aumento dei livelli di pCO2 del sangue arterioso (paCO2) sopra 50 mm Hg; tachicardia e dispnea; riduzione di pH (7,35).

L'INSUFFICIENZA CARDIACO-VASCOLARE ACUTA – 1895678 – è uno stato fisiopatologico nel quale il cuore non riesce a pompare il sangue in quantità adeguata alle richieste metaboliche dei tessuti oppure può farlo solo con "pressioni di riempimento" sanguigno elevate.

L'ARRESTO CARDIACO (la morte clinica) – 8915678 – lo stato transitorio tra la vita e la morte: non è ancora la morte, ma non è più la vita. Inizia dal momento della cessione dell'attività del sistema nervoso, l'arresto del circolo sanguigno e della respirazione.

© Грабовой Г.П., 2001

LO SHOCK TRAUMATICO, GLI STATI DI SHOCK O SIMILI – 1895132 – è uno stato causato dal trauma, accompagnato dalla compromissione delle capacità funzionali di organi vitali, prima di tutto la circolazione sanguigna e la respirazione.

Citerò in seguito solo i titoli dei capitoli successivi accompagnati dalle sequenze numeriche con le proprietà taumaturgiche.

CAPITOLO 2. MALATTIE ONCOLOGICHE – 8214351.

CAPITOLO 3. SEPSIS – 58143212.

CAPITOLO 4. COAGULAZIONE INTRAVASCOLARE DISSEMINATA, CID – 5148142.

CAPITOLO 5. MALATTIE DEGLI ORGANI DELLA CIRCOLAZIONE SANGUIGNA – 1289435.

CAPITOLO 6. MALATTIE REUMATICHE – 8148888.

CAPITOLO 7. MALATTIE RESPIRATORIE – 5823214.

CAPITOLO 8. DISTURBI DELL'APPARATO DIGESTIVO – 5321482.

CAPITOLO 9. MALATTIE RENALI E DEGLI ORGANI URINARI – 8941254.

CAPITOLO 10. MALATTIE DEL SANGUE – 1843214.

CAPITOLO 11. MALATTIE ENDOCRINE E METABOLICHE – 1823451.

CAPITOLO 12. MALATTIE PROFESSIONALI – 4185481.

CAPITOLO 13. INTOSSICAZIONI ACUTE – 4185412.

CAPITOLO 14. MALATTIE INFETTIVE – 5421427.

CAPITOLO 15. MALATTIE DELLA CARENZA VITAMINICA – 1234895.

CAPITOLO 16. MALATTIE INFANTILI – 18543218.

CAPITOLO 17. OSTETRICIA E GINECOLOGIA – 1489145.

CAPITOLO 18. MALATTIE NEVROTICHE – 148543293.

CAPITOLO 19. MALATTIE PSICHIATRICHE – 8345444.

CAPITOLO 20. DISTURBI SESSUALI – 1456891.

CAPITOLO 21. MALATTIE CUTANEE E MALATTIE SESSUALMENTE TRASMESSE – 18584321.

CAPITOLO 22. MALATTIE CHIRURGICHE – 18574321.

CAPITOLO 23. MALATTIE

© Грабовой Г.П., 2001

OTORINOLARINGOIATRICHE – 1851432.
CAPITOLO 24. MALATTIE OFTALMOLOGICHE – 1891014.
CAPITOLO 25. MALATTIE ODONTOIATRICHE E DEL CAVO ORALE – 1488514.
....
CAPITOLO 27. VALORI NORMALI DELLE ANALISI DI LABORATORIO – 1489999.

A volte per un disturbo risulta difficile stabilire non solo la diagnosi, ma anche la tipologia della malattia, ossia decidere la sua attribuzione ad uno dei capitoli. Per questi casi è stato aggiunto un apposito capitolo 26: MALATTIE E DISTURBI SCONOSCIUTI – 1884321.

L'idea del metodo è la seguente. Il corpo umano si considera diviso in sette parti. Li citiamo mettendo accanto ad ogni parte la rispettiva catena numerica, in grado di curarla:
- La testa – 1819999.
- Il collo – 18548321.
- Il braccio destro – 1854322.
- Il braccio sinistro – 4851384.
- Il tronco – 5185213.
- La gamba destra – 4812531.
- La gamba sinistra – 485148291.

Ora vediamo come utilizzare questi dati. Se la persona soffre dal mal di testa, può curarsi tramite la sequenza, legata alla testa. Nel caso del disturbo esteso a due o più parti del corpo, bisogna tentare la concentrazione sulle catene relative a queste aree.

Dovrei dire alcune parole sulle sequenze numeriche di lunghezza diversa. Mettiamo a confronto le sequenze composte di 7, 8 e 9 cifre.

La sequenza di 9 cifre di solito garantisce la guarigione da una o due determinate malattie.

La catena composta di 8 cifre cura mediamente cinque malattie.

La sequenza formata da 7 numeri è in grado di affrontare più di dieci diversi disturbi. Quindi la serie di 7 cifre possiede capacità superiori, il campo della sua applicazione è parecchio più vasto, ed è questo il motivo per cui utilizzai principalmente tali sequenze nel mio libro-manuale.

L'applicazione pratica è stata già descritta nel Capitolo III, a proposito dell'undicesimo metodo di resurrezione dei defunti. La sequenza può essere percorsa dall'inizio fino alla fine, o partendo dalla prima e l'ultima cifra si può arrivare alle centrali.

Il lavoro con le sequenze numeriche ammette anche altre variazioni: per esempio, passando da una cifra all'altra possiamo concentrarci su ognuna lo stesso periodo di tempo, ma anche soffermarci di più su alcune, di meno su altre. Si può cambiare il tempo di concentrazione per ogni numero.

Qui dobbiamo ritornare per un attimo al paragone con la televisione a colori. Come abbiamo già detto, l'immagine a colori è il risultato di combinazione di tre elementi cromatici: rosso, giallo e blu. Il colore finale cambia a seconda dell'intensità di questi tre componenti.

Modificando la durata di concentrazione su ciascun numero cambiamo l'intensità della sua azione. Quindi il cambiamento della lunghezza di concentrazione sulle singole cifre della serie produce una sua sfumatura diversa e anche un effetto distinto. Nel lavoro pratico bisogna contare sulla propria intuizione, anche se l'effetto di guarigione è assicurato a prescindere dalla durata delle concentrazioni.

È importante prestare attenzione al seguente aspetto. Durante la concentrazione sui numeri dobbiamo allo stesso tempo prendere coscienza di noi stessi, percepire il nostro organismo, vederlo da dentro, immaginarlo assolutamente sano. È essenziale per il recupero veloce del benessere completo.

Questo metodo aiuta a curare anche altre persone.

Il principio fondamentale di tutto il libro consiste nel fatto che grazie alle dieci cifre 0, 1, 2, 3, 4, 5, 6, 7, 8, 9 siamo in grado di curare qualsiasi malattia e in seguito di mantenere la salute.

Allo scopo di ricostituire la salute spesso vengono usate le disposizioni ricostruenti, ossia determinati testi, composti da alcune frasi. Le disposizioni costruite correttamente producono un effetto maggiore. Nella sua forma il nostro sistema assomiglia al metodo delle disposizioni. Nel caso delle disposizioni si utilizza una sequenza di parole, mentre nel metodo di cui stiamo parlando si ricorre a una serie di numeri.

Anche la parola è un simbolo. Infatti, prendendo un oggetto qualsiasi, ad esempio il tavolo, vediamo con chiarezza che ogni popolo definisce lo stesso oggetto con parole assolutamente diverse. Tuttavia nonostante la parola sia solo un simbolo, è ovvia la forza da essa posseduta. Ne è spiegazione la struttura di vibrazioni spirituali-energetiche nascosta dietro ogni parola.

© Грабовой Г.П., 2001

Capitolo IV. Principi del risuscitamento e vita quotidiana

Torniamo ai numeri. Passando a livello fondamentale, possiamo affermare che anche dietro ogni cifra, come dietro ogni parola sta la struttura di vibrazioni spirituali-energetiche, ed è proprio essa a garantire la sua efficacia.

Questo approccio dà una base per l'analisi di diversi fenomeni che incontriamo nella nostra vita. Prendiamo l'esempio della musica: la struttura di vibrazioni spirituali-energetiche è in ogni suono. Ecco il motivo dell'effetto straordinario che la musica produce sugli ascoltatori.

Se esistono sequenze numeriche con le proprietà taumaturgiche, sembra evidente la presenza anche di altre sequenze in grado di risolvere altri problemi umani. Ed è vero!

Ad ogni passo incontriamo la necessità di prendere delle decisioni. Per esempio, accettare una proposta di lavoro o no? Sarà davvero questo posto in grado di farci crescere professionalmente? È favorevole la situazione verificatasi in questo momento nella nostra azienda o meno? Sarà giusta la soluzione che abbiamo scelto per risolvere un problema? Ci conviene il partner di affari apparso all'orizzonte? Coincide il nostro desiderio con la nostra reale necessità o no? E così via, fino all'infinito. Per qualsiasi tipo di situazione esiste una sequenza numerica capace di darci la risposta e risolvere il problema.

Inoltre le serie di numeri svolgono il compito di strutturare la coscienza per offrirci il controllo degli eventi, anche in questo è la loro utilità. Le sequenze numeriche ci rendono pronti ad affrontare qualsiasi obiettivo e ad orientarci meglio nel Mondo.

Nell'allegato sono proposte per ogni giorno del mese due sequenze numeriche, una di sette cifre, l'altra di nove. Si propone di concentrarsi prima su una e poi sull'altra, ma è possibile anche lavorare con una sequenza alla volta.

Queste catene di numeri come quelle proposte per la cura delle malattie, sono legate all'esercitazione del controllo originato nella sfera spirituale. Di conseguenza il lavoro con esse favorisce l'evoluzione dello spirito.

Si consiglia di esercitarsi anche in base ad altri due esercizi indicati nell'Allegato, i quali contribuiranno allo sviluppo della persona e all'instaurazione dell'armonia con la pulsazione dell'Universo.

© Грабовой Г.П., 2001

§8. I METODI PER LA CREAZIONE DI QUALSIASI MATERIA SULLA BASE DELLA NOSTRA COSCIENZA.

Conosciamo già abbastanza bene questo tema, la creazione della materia. Ce ne occupiamo nel corso di tutto il libro.

Qui propongo ai miei lettori i metodi per la strutturazione della coscienza che danno la possibilità di creare qualsiasi materia dalla propria coscienza. Apprendendo i miei metodi si arriva a capire come agì il Creatore stesso per dare origine alla materia. Questa metodologia segue la tecnologia dell'evoluzione ideata da Dio.

I metodi riportati sotto spiegano la vita d'ogni elemento della realtà e la loro interazione con altri elementi, permettendo di costruire la materia e di effettuare il reale controllo di questo processo.

Capire l'interazione degli elementi ha un significato enorme. Posso dire che nel caso del risuscitamento dei defunti la normalizzazione di un solo parametro dal punto di vista del microelemento dell'uomo può farlo ritornare tra i viventi.

I metodi descritti nel presente libro sono fondamentali. Se riusciamo a costruire correttamente un elemento di microlivello, una sola cellula, possiamo essere sicuri di essere in grado di fare risorgere tutto l'uomo. Questa esperienza ci dà le conoscenze della realizzazione della vita eterna.

I seguenti metodi sono da considerare come metodi per la costruzione di qualsiasi materia in base alla nostra coscienza.

1. LA COSTRUZIONE DI MICROMATERIA

Per costruire la micromateria dobbiamo stanziare nella nostra coscienza un settore remoto. Abbiamo già incontrato questo concetto all'inizio del terzo capitolo. Dobbiamo avere un'idea precisa di che cosa rappresenta per noi il settore remoto della coscienza.

Dobbiamo concentrarci su questo settore, selezionarlo per noi stessi, e questo settore remoto diventerà la micromateria, alla quale sono legati tutti gli altri elementi della realtà. Dipende da noi stessi che cosa sarà per noi la micromateria: potrebbe essere una molecola, cioè la particella minore della sostanza, o anche un elemento del livello più profondo, ossia una struttura che crea la materia. Questa struttura del livello profondo prevede la presenza di una base, sulla quale viene costruita la materia.

Dunque, il primo metodo consiste nella selezione di una parte della coscienza e la definizione di essa Micromateria, microelemento. La quantità di tali zone e di conseguenza anche di microelementi può essere illimitata, la decidiamo noi.

2. LA CREAZIONE DI MACROELEMENTI DAI MICROELEMENTI.

Il primo metodo ha a che fare con una serie di microelementi, in sostanza sono dei settori selezionati della nostra coscienza. Mettendoli in moto nella nostra coscienza cominciano a designarsi determinati simboli, certe immagini. Le immagini a loro volta, anch'esse si mettono in moto ed inizia a designarsi la loro unione. Il processo continua ed ecco che abbiamo già un certo oggetto, ad esempio l'unione di molecole.

Seguendo questo procedimento riusciamo a creare il tessuto e ricostruire gli organi, risuscitare i defunti, curare le malattie, materializzare qualsiasi oggetto. Per questo ovviamente dobbiamo sapere indirizzare il processo creativo descritto. Il metodo permette di costruire qualsiasi realtà, sia fisica che spirituale, basta considerarla un macromondo.

In questo metodo passiamo dalla micromateria alla macromateria.

Ripetiamo ancora una volta l'idea principale dei due metodi.

Il primo metodo prevede la selezione di alcuni settori di coscienza remoti, allontanati al massimo. Gli attribuiamo il ruolo di microelementi, ossia li nominiamo microelementi. A patto di una corretta comprensione dei legami normali, possiamo costruire l'intero oggetto.

Il secondo metodo consiste nell'osservazione del movimento di microelementi. Non ha importanza se il movimento è caotico o sistematico. È importante che il risultato di questo movimento sia la coesione di microelementi, con la successiva creazione di macromateria.

Nel primo metodo dobbiamo attribuire, mentre nel secondo ottenere.

© Грабовой Г.П., 2001

3. LA COSTRUZIONE DELLA REALTÀ GRAZIE AL PENSIERO.

Questo metodo è la conseguenza dei primi due. Dobbiamo prendere la micromateria selezionata e la macromateria costruita nella nostra coscienza ed unirle in un istante, con la massima velocità. L'area costruita è il settore del pensiero selezionato e rappresenta una specie di piattaforma, appoggiandosi sul quale il nostro pensiero costruisce qualsiasi materia. Si tratta della costruzione di materia dal punto di vista delle fondamenta.

Tuttavia esiste anche un procedimento alternativo dello stesso metodo, nel quale non è necessario selezionare le microsfere e costruire con queste le macrosfere. Possiamo creare la sostanza semplicemente in base alla coscienza. Basta il pensiero. In questo caso il nostro compito è di selezionare una componente del pensiero che dirige e crea la realtà.

Siamo in grado di costruire in questo modo un tavolo, un computer, una pianta, un uomo, qualsiasi cosa.

4. LA COSTRUZIONE DI ELEMENTI DELLA REALTÀ ESTERNA GRAZIE AL LORO RIFLESSO SULL'ELEMENTO INTERIORE DELLA NOSTRA COSCIENZA.

Dobbiamo fissare un elemento interiore della nostra coscienza ed osservare come ci si avvicina, ovvero come si avvicina a questo elemento della nostra coscienza l'immagine della realtà esterna. Nel momento di passaggio del confine dell'elemento della percezione fissiamo quell'oggetto che vogliamo ottenere. In altre parole, noi introduciamo il nostro desiderio nell'elemento della percezione, cosicché costruiamo l'oggetto desiderato nel luogo in cui si trova la nostra percezione. La percezione in quel momento è situata nell'area di controllo.

Dunque in questo metodo l'area di controllo è collocata nella zona che noi abbiamo selezionato e nella quale si trova anche la nostra percezione e dove si realizza la realtà fisica o spirituale desiderata.

5. LA COSTRUZIONE DEL CONTENUTO INTERIORE DI TUTTE LE IMMAGINI DELLA REALTÀ ESTERIORE.

Gli oggetti possono essere percepiti tramite la vista fisica.

© Грабовой Г.П., 2001

Per esempio, guardando il computer vediamo il suo aspetto esteriore. Possiamo percepire lo stesso computer anche a livello mentale. È una percezione diversa. Il nostro compito in questo approccio è di utilizzare il terzo approccio. Dobbiamo costruire mentalmente il contenuto interiore dell'oggetto, nel nostro caso del computer, in modo che la nostra costruzione rifletta il procedimento con il quale Dio l'ha creato.

Il Creatore è presente nella creazione d'ogni elemento della realtà, inclusa la creazione di ciascun elemento del computer. Agire in modo simile al Creatore significa in questo caso rendersi conto della struttura del computer, vedere al suo interno i legami interiori, unirli in un microsistema, prendendo coscienza di come ad esempio sono legate le molecole tra loro.

Se riusciamo a concepire immediatamente tutti i sistemi di legami, la loro interazione, questi legami ci spiegheranno la costruzione dell'apparecchio e ci daranno il sapere per costruirlo da soli. Se il computer invece esiste già, saremo in grado di ripararlo nel caso di guasto. Non siamo tenuti affatto a conoscere la struttura degli elementi fisici di cui è composto. È sufficiente conoscere i legami tra gli elementi d'informazione alla base dell'oggetto, nel nostro esempio del computer. Ci basta questo sapere, il sapere dei legami per poter ripristinare il funzionamento dell'oggetto.

6. IL CONTROLLO DISCONTINUO TRAMITE IL PENSIERO CONTINUO.

Questo metodo ci indica di selezionare qualsiasi oggetto e di immaginare le parti di cui è composto. L'esclusione è l'uomo, il quale deve essere immaginato sempre per intero, la sua immagine deve rimanere sempre integra. Altri oggetti invece possono essere mentalmente divisi in parti. Prendiamo l'esempio di un cucchiaio. Per questione di semplicità dividiamolo nel nostro immaginario solo in tre parti.

Immaginiamo il cucchiaio composto di tre pezzi (la discontinuità!). Stiamo utilizzando gli elementi dell'oggetto selezionato per creare un'immagine desiderata. Le tre parti del cucchiaio sono tre elementi della realtà. Sono gli oggetti materiali. In questo metodo iniziamo subito dalla materia. Ognuno di questi elementi della materia possiede già una determinata forma. L'oggetto che dovremo costruire ha una forma diversa, anch'esso è materiale, ma con la forma diversa. Quindi basta soltanto modificare la forma. La modifica della forma a livello d'informazione permette di trasformare un oggetto in un altro senza cambiarlo. L'elemento continuo di collegamento è la trasformazione di una forma in un'altra.

La continuità del pensiero in questo caso significa la presenza di un pensiero, il quale si sviluppa seguendo le stesse leggi che sono state usate da Dio per costruire gli oggetti materiali. Apprendendo questo pensiero acquisiamo la capacità di creare da qualsiasi oggetto un elemento della realtà, lasciando intatto l'oggetto primario.

7. LA COSTRUZIONE DELLO SPAZIO, CONTENENTE L'ELEMENTO VETTORIALE DEL TEMPO.

Per creare la materia seguendo questo metodo occorre prima costruire lo spazio. Nello spazio dovremo creare un vettore di tempo, il quale ci permetterà di delimitare la materia e di costruirla.

Il vettore di tempo è un termine tecnico, non ha un legame diretto con i vettori, che conosciamo dalla matematica. È un concetto convenzionale, il cui significato va spiegato.

Immaginate un paesaggio che si apre ai vostri occhi. Vedete ad esempio gli alberi. Un albero ebbe le sue origini un giorno in un certo posto, l'altro albero cominciò a crescere in un altro posto e in un momento diverso. Il tempo è un sistema che spacchetta lo spazio, ossia attribuisce ad ogni parte dello spazio il suo significato. Qualunque parte dello spazio possiede il proprio tempo, il quale svolge un ruolo particolare: può essere paragonato allo sceneggiatore coordinante quello che avviene nello spazio.

In una definizione simile dello spazio e del tempo creare il vettore di tempo significa creare uno strumento indispensabile per effettuare il controllo. La costruzione del vettore di tempo sottintende che il vettore deve diventare un elemento della nostra coscienza, offrendole un sapere esatto della situazione d'ogni oggetto in qualsiasi momento. Non occorre disegnare il vettore o immaginare qualcosa avente forma di vettore. La costruzione del vettore di tempo nella nostra coscienza è la comprensione di che cosa e dove si trova, e quando e come si evolve. Basta prendere coscienza del vettore di tempo e potremo creare la materia.

© Грабовой Г.П., 2001

8. LA COSTRUZIONE DELL'INFORMAZIONE IN MODO CHE OGNI ELEMENTO POSSA COSTRUIRNE QUALSIASI ALTRO. IL METODO DEGLI INSERIMENTI.

Questo metodo consiste nel costruire un sistema di significati universale, creare una sfera d'informazione, ogni elemento del quale sia in grado di costruire un altro. Prendendo due elementi qualsiasi d'informazione, inserendoli mentalmente uno nell'altro più volte e cambiando di posto possiamo ottenere qualsiasi altro elemento. Si tratta del metodo degli inserimenti.

Entriamo nel dettaglio della procedura. Scegliamo due oggetti qualsiasi: ad esempio una cassetta video e un'arancia. La scelta degli oggetti non ha importanza. Immaginiamo i nostri oggetti in forma di sfere. Mentalmente prendiamo una delle sfere e la inseriamo dentro l'altra, dopo scambiamo i loro posti. Dobbiamo effettuare questa procedura moltissime volte. Dopo una lunga serie di trasferimenti nella nostra coscienza si plasma un corridoio attraverso il quale avvengono i trasferimenti. Con la pratica ci abituiamo a creare tali corridoi e analizzando la loro origine scopriamo che essi rappresentano il movimento del pensiero. Proprio queste vie solite dello spostamento del pensiero sono la materia. A livello di pensiero dobbiamo prenderla e inserire nell'organo malato, producendo in questo modo la sua guarigione. Indirizzando invece la materia verso la fotografia di una persona defunta la facciamo risorgere.

9. LA COSTRUZIONE DELLA MATERIA ATTRAVERSO LA VARIETÀ DELLE FORME ESTERIORI.

Immaginiamo un oggetto qualsiasi, la sua scelta è indifferente. Dobbiamo di nuovo mentalmente dividerlo in parti. Vi ricordo che questa procedura è applicabile a qualsiasi oggetto tranne l'uomo, il quale deve essere sempre immaginato interamente in virtù della costruzione della sua coscienza. Bisogna notare che anche l'informazione, corrispondente alla coscienza del computer, cioè al campo della sua reazione percepisce l'uomo come un intero.

Dunque, immaginiamo un oggetto, ad esempio un computer, consistente di molti componenti collocati in luoghi diversi. Ogni componente possiede la propria forma, quindi davanti a noi c'è una moltitudine di forme. Noi percepiamo tutte le forme contemporaneamente. Si può dire che la nostra percezione è composta di singole percezioni parallele, in quanto noi percepiamo molti elementi di forme diverse allo stesso momento.

Ora dobbiamo trovare un punto nella nostra coscienza nel quale tutta questa informazione multiforme potrebbe essere immediatamente raccolta. Questo luogo si chiama il punto di raccolta, ed è il posto dove ci possiamo raccogliere in un istante a livello d'informazione, è l'area della nostra autoricostruzione.

Abbiamo diviso il nostro oggetto in parti nell'area della percezione, dopo di che prendiamo tutti questi elementi e li riflettiamo nel punto di raccolta. Nel luogo in cui si uniranno gli elementi dopo la riflessione, si troverà anche la materia costruita. Il nostro compito ovviamente è di gestire l'intero processo.

Quindi, riflettiamo gli elementi di forme diverse nel punto di raccolta, e poi li raccogliamo nel luogo in cui intendiamo creare la materia. Il processo di raccolta di molti elementi in un punto trova analogia nell'ottica. La lente convessa, ossia la semplice lente d'ingrandimento funziona secondo lo stesso principio. Grazie ad essa siamo in grado di raccogliere i raggi solari in un punto. Questa analogia ci servirà nel lavoro pratico.

In base a questo metodo possiamo costruire qualsiasi materia, ovviamente si tratta di materia costruttiva. Tuttavia abbiamo la capacità di creare non solo la materia fisica, come un computer, ma qualsiasi elemento della realtà, per esempio qualche elemento di sviluppo costruttivo di una sostanza o la tecnologia di sviluppo della società. Riflettendo diversi elementi dal punto di raccolta e riunendoli immediatamente otteniamo il sapere che favorisce contemporaneamente l'evoluzione nostra e quella degli altri.

10. LA CREAZIONE DELLA MATERIA LÌ DOVE ESSA AVREBBE DOVUTO NASCERE COME CONSEGUENZA DEL FUNZIONAMENTO DEL DETERMINATO ELEMENTO DI REALTÀ.

Immaginiamo un albero: possiamo vedere la moltitudine dei suoi rami con le foglie verdi. Immaginiamo mentalmente questa situazione come già esistente nella natura. Sappiamo che con il passare del tempo sui rami accanto a quelle vecchie appariranno delle foglie nuove, è il segno che l'albero vive e si sviluppa. Possiamo non aspettare che sul ramo scelto nasca una foglia nuova e crearla da soli.

© Грабовой Г.П., 2001

Questo metodo ci fa valutare quali elementi sono la conseguenza, nel nostro caso della crescita dell'albero, e di crearli con le nostre forze. L'idea del metodo è di evidenziare nella nostra percezione i tratti già costruiti in base all'informazione e in seguito costruire l'elemento successivo da soli.

Prendiamo un altro esempio: la crescita di coralli o di cristalli. Possiamo anche fare un esperimento semplice: riempiamo un piatto o una tazza con l'acqua e facciamo sciogliere un po' di sale. La quantità di sale deve essere sufficiente per ottenere una soluzione satura. Quando la soluzione diventerà satura il sale non si scioglierà più in essa. Ora mettiamo dentro un cristallo di sale, possiamo metterlo nel fondo o appenderlo a un filo perché non tocchi il fondo. Osserviamo che il cristallo comincia a crescere, diventando sempre più grande. I nuovi strati si formano su quelli già esistenti. Grazie alla nostra coscienza possiamo gestire questo processo e costruire il cristallo da soli.

Ebbene, per creare una materia dobbiamo analizzare la conseguenza di quale processo o del lavoro di quale elemento della realtà potrebbe essere l'apparizione di questa materia. E allora la creiamo da soli, sulla base della nostra coscienza. Ripeto ancora una volta: la materia non ha altra fonte se non la nostra coscienza.

Abbiamo visto i dieci metodi di creazione della materia in base alla coscienza. Oltre a questi ovviamente esistono anche altri metodi. Ho scelto questi dieci in quanto più adatti a qualsiasi coscienza. Inoltre abbiamo già incontrato alcuni metodi di creazione della materia nei capitoli precedenti. Aggiungendo ai principi e ai metodi di resurrezione esposti nei primi capitoli le metodiche appena descritte, acquisiamo la capacità di creare in base alla nostra coscienza qualsiasi materia, appoggiandoci sulle premesse scientifiche e pratiche. L'apprendimento di tutta la teoria esposta nel presente libro fa diventare la pratica della costruzione della materia una procedura standard.

Possediamo la capacità di risuscitare i defunti, ricostruire gli organi persi, recuperare la salute. Siamo in grado di tenere sotto controllo qualsiasi situazione, costruire qualsiasi base d'elementi, ad esempio l'aria nel luogo dov'è assente (e questa aria sarà ecologicamente pulita). Possiamo scongiurare gli incidenti aerei, le esplosioni delle centrali atomiche, le catastrofi di ogni tipo. In altre parole, abbiamo il potere di salvare realmente e sistematicamente la gente.

© Грабовой Г.П., 2001

È ovvio che questi metodi richiedono un autoapprendimento, quindi le esercitazioni pratiche hanno un ruolo fondamentale. Dobbiamo cercare di applicare i metodi alla costruzione non solo di materia fisica, ma anche di quella spirituale. Quest'ultima appartiene già ad un livello superiore e comprende anche i sentimenti: l'amore, la fedeltà, la speranza e molti altri. Se consideriamo l'amore come materia primaria, grazie ai nostri metodi possiamo farlo percepire correttamente alla gente.

Tutto questo è estendibile anche alla costruzione di qualsiasi informazione. In base ai miei metodi saremo capaci di modellare l'informazione stessa e di rivelare la nostra coscienza nel modo scelto da noi, in particolare per creare qualsiasi materia, fisica o spirituale.

Potremo creare qualsiasi informazione e qualunque materia, fisica o spirituale, perché i metodi proposti seguono la tecnologia del Creatore stesso.

© Грабовой Г.П., 2001

CONCLUSIONE

CONCLUSIONE

Il presente libro fa parte di una serie di libri dedicati all'esposizione del vero quadro del Mondo. Di conseguenza devono trovarvi posto le risposte alle questioni sulla costruzione fondamentale del Mondo, inclusa la questione di primordialità, su che cosa c'è alla base di tutto.

Il nostro libro dà una risposta chiara e univoca a questa domanda. Prima era Dio, il Creatore. Seguirono l'Anima e lo spirito. Dopo venne la coscienza. La coscienza esiste sia indipendentemente, che come un elemento di congiunzione tra lo spirituale e il fisico, tra lo spirito e la materia. La materia fisica rappresenta una forma d'evoluzione della coscienza. Il Mondo è ideato così. La vita si regge su una base spirituale, molti fatti documentati ne sono testimonianza. I tre volumi del mio libro "La pratica del controllo. La via della salvezza" contengono centinaia esempi, comprovanti questo fatto.

La resurrezione sta entrando nella nostra vita quotidiana, sta diventando uno dei suoi fenomeni abituali. Le persone che hanno avuto possibilità di leggere anche solo una parte di questo libro, hanno acquisito una nuova percezione della vita, molti hanno cominciato a praticare il risuscitamento autonomamente. I casi di resurrezione sono molteplici e sono in continua crescita.

La resurrezione dei defunti e la nascita degli uomini nuovi comporteranno un aumento significativo della popolazione sulla Terra. Diventa attuale la questione delle risorse. In virtù di limitatezza delle risorse materiali la loro fonte principale sarà la creazione in base alla coscienza. Proprio per questo motivo il presente libro contiene la descrizione dei metodi di produzione di qualunque materia fondata sul potenziale della nostra coscienza. L'assimilazione di questi metodi permette di trovare le soluzione a tutti i problemi, incluso ampliare gli spazi in caso di loro insufficienza.

La mia metodologia è un esempio lampante di controllo della realtà che garantisce l'ulteriore sviluppo della nostra civiltà e l'evoluzione infinita della vita.

I principi di resurrezione, i metodi di creazione della materia e i metodi dell'evoluzione eterna rispecchiano la vera natura umana.

Aggiungerò alcune parole a proposito della creazione della materia basata sulla nostra coscienza. Ne abbiamo già parlato

© Грабовой Г.П., 2001

nella parte finale del quarto capitolo. Vorrei spiegare meglio perché l'uomo è in grado di farlo e addirittura introdurre questa procedura nella nostra quotidianità.

Il Creatore creò la nostra coscienza a sua immagine e somiglianza. Quindi la costruzione della nostra coscienza ci permette di creare qualsiasi oggetto della realtà che ci farebbe comodo per realizzare i nostri piani. A questo scopo occorre soltanto formare qualunque idea costruttiva nello stesso modo in cui essa sarebbe stata formata dal Creatore. Di conseguenza per la nostra creazione si apriranno delle prospettive illimitate.

Durante una delle dimostrazioni esibii l'esempio di creazione di materiali inesistenti sul nostro pianeta, si tratta del caso di materializzazione nell'appartamento di Gluško Svetlana Pavlovna, del quale abbiamo già parlato. Costruii un oggetto con materiale apparentemente simile al metallo. L'esame chimico della sua struttura mostrò che quel materiale aveva una natura completamente diversa, finora ignota sulla Terra. Scelsi apposta di creare l'oggetto con questo materiale insolito, visto che la base del materiale consiste di molti componenti. È un risultato della manifestazione dei legami universali nella materia.

Sono in grado di dimostrare il passaggio da un elemento chimico all'altro, ossia di trasformare un elemento in un altro. La trasformazione avviene su base spirituale.

Abbiamo potuto vedere che la trasformazione di un elemento in un altro è uno degli esempi della creazione di materia. Tutto il contenuto creativo dei nostri pensieri è realizzabile in realtà fisica.

Io propongo tecnologie della costruzione di dispositivi assolutamente innovative. Ad esempio, le piastre di montaggio costruite oggi tramite il processo di lisciviazione, riconosciuto come tecnologia ecologicamente dannosa, possono essere prodotte senza danneggiare l'ambiente grazie alla materializzazione. Questa tecnologia fu descritta nel mio articolo pubblicato sotto il titolo "Le definizioni fondamentali dei sistemi ottici nel controllo dei microprocessi" nella rivista "Mikroelektronika", n. 1 (153), 1999. La materializzazione permette di fare a meno di molti processi intermedi, quali ad esempio la brasatura o la saldatura. Si può anche evitare di produrre i singoli componenti dell'automobile e creare la macchina intera subito, nel suo aspetto finale. L'automobile in quel caso non avrà neanche i giunti.

© Грабовой Г.П., 2001

Conclusione

Esiste anche un metodo alternativo: si possono creare le macchine trasferendole dal futuro nel presente, ovvero materializzando nel presente le automobili dell'avvenire.

L'apprendimento dei metodi di materializzazione ci dona la capacità di creare i nuovi materiali, le macchine e tutto il necessario per la vita eterna completa.

**

Bisogna aggiungere qualche nota a proposito della cura delle malattie tramite il metodo delle sequenze numeriche. Come abbiamo già detto, questo metodo fa riferimento al fatto che ogni oggetto possiede una struttura di vibrazione numerica. La struttura di vibrazione numerica è un insieme di tutte le caratteristiche dell'oggetto. Per questo motivo la sequenza numerica corretta ricostruisce la normalità.

Il testo proponeva di fare ricorso alle diverse sequenze numeriche per curare diverse malattie. In realtà è una semplificazione. Lo feci per aiutare l'uomo ad entrare nel merito della tecnologia quanto prima e di cominciare presto a praticarla. In questo modo si arriva velocemente ai risultati positivi. Una volta che si comincia a registrare i risultati positivi potremo notare che tramite una sola sequenza, quella che abbiamo già imparato, possiamo curare anche tutte le altre malattie. Bisogna ricordare che le malattie sono molte, ma la salute è unica. Una volta trovato l'accesso alla salute, essa sarà sempre nelle nostre mani.

Se approfondiamo questa metodologia scopriamo che il suo fondamento è lo stato di coscienza. Le sequenze di numeri ci danno aiuto nella formazione dell'impulso di coscienza necessario, quello che porterà alla guarigione. Ecco perché feci cadere la mia scelta sulle catene di sette cifre: essa porta l'uomo in tempi più brevi ad effettuare il passaggio all'influenza di un impulso. Di conseguenza acquisiamo la capacità di ricostruire la salute tramite un solo impulso della coscienza.

Finora abbiamo parlato delle sequenze di numeri, parole e suoni. Eppure si può trattare delle sequenze di qualsiasi tipo di simboli, basta che sia corretta dal punto di vista dell'obbiettivo stabilito. Ad esempio, la sequenza scelta può avere effetto ricostruente. Prendiamo un foglio di carta e disegniamo sopra una certa serie di simboli. Posizionandolo accanto ad una pianta o una pietra avvertiremo che col tempo la pianta comincia a ricostruirsi e la pietra non avrà le crepe. La causa è da cercare nella trasmissione dell'informazione dalla sequenza dei simboli.

© Грабовой Г.П., 2001

***

In base ai principi e i metodi descritti nel presente libro possiamo modificare completamente la nostra vita. Si è già parlato delle possibilità di scongiuramento totale di terremoti e di altre catastrofi, della costruzione di navi spaziali assolutamente nuove, la creazione di apparecchi in grado di risuscitare e ricostruire gli organi umani. Esistono già alcuni dispositivi brevettati che effettuano il controllo del pensiero.

Elaborai anche nuove fonti d'energia, le quali permetteranno di rinunciare completamente alle centrali nucleari, e risolvere una volta per sempre il problema energetico. Le nuove fonti d'energia permettono di produrla senza causare danni all'ambiente. Abbiamo già menzionato la possibilità di ottenerla ad esempio dal tempo di eventi passati.

Aggiungiamo un altro esempio di creazione di apparecchiature del futuro. Sulla base dei principi da me proposti si può creare il supercomputer con velocità di elaborazione dei dati infinita e memoria illimitata. Si immaginerà che le dimensioni del computer dovranno aumentare parecchio e la sua costruzione complicarsi. Invece non è così! Le mie invenzioni dimostrano che un elemento fisico può contenere una quantità infinita d'informazione. Quindi la velocità infinita e la memoria illimitata possono trovare realizzazione in un piccolo microprocessore.

È stato già toccato anche l'argomento di scongiuramento dei terremoti. La gravità di questa calamità naturale, non parlando delle distruzioni che l'accompagnano, è testimoniata dai seguenti fatti.

Nelle vicinanze della superficie terrestre avviene un cambiamento significativo della tensione del campo elettrico. Nella situazione normale la tensione del campo elettrico vicino alla superficie di Terra oscilla tra 120 e 150 W/m. Con l'avvicinarsi di un forte terremoto 24 ore prima e durante la scossa nella zona di epicentro e nelle sue vicinanze la tensione del campo elettrico cresce di mille volte.

Le conseguenze di questa anomalia possono essere diverse. Ad esempio, 24 ore prima del terribile terremoto di Karpaty (Ucraina) nel 1986 nella città di Bucarest (Romania) situata a distanza di 200 km dall'epicentro saltarono tutti i computer della città. Inoltre durante la notte fu avvertita una luminescenza attorno ad alcuni oggetti.

© Грабовой Г.П., 2001

Conclusione

I fenomeni luminosi spesso accompagnano o preavvisano i grandi terremoti. Si osserva la luminescenza del cielo, il suolo, le cime delle montagne e i picchi delle rocce, le linee elettriche, le cime degli alberi, le antenne. A volte si avvista la luce attorno agli uomini e agli animali.

In un raggio abbastanza esteso attorno all'epicentro si verificano problemi di funzionamento non solo di apparecchi elettronici. Le persone che si trovano nella zona interessata (i piloti, gli operatori, i dirigenti) non si sentono capaci in quel momento di prendere decisioni precise. Il malfunzionamento dell'apparecchiatura e l'incapacità delle persone di prendere decisioni creano una situazione d'emergenza.

Ecco perché l'invenzione del mio dispositivo per lo scongiuramento dei terremoti e delle catastrofi ha un'importanza fondamentale. Questo dispositivo, come abbiamo già visto, è un frutto della nuova scienza.

Un pericolo altrettanto grave per la nostra civiltà è rappresentato dalle armi nucleari e dall'industria energetica nucleare. La situazione odierna desta molte preoccupazioni, e non solo a causa della grande presenza delle armi nucleari. Anche le centrali elettriche rappresentano un pericolo mortale. Citerò solo un caso quando dovetti salvare la Terra dall'estinzione.

Si tratta dello scongiuramento della catastrofe nella Centrale Nucleare di Kozlodujsk in Bulgaria. Il 30 gennaio 1998, nel n. 18 del giornale "Rossijskaja Gazeta" fondato dal governo Russo, nella rubrica "La sensazione silenziosa" fu pubblicato l'articolo "Le catastrofi di domani sono state fermate". Si raccontava come nell'anno 1996 avessi diagnosticato lo stato del reattore nucleare della Centrale Nucleare di Kozlodujsk in Bulgaria e avessi stabilito con assoluta precisione i guasti che avrebbero sicuramente portato alla sua esplosione a distanza di non meno di due anni, se non fossero stati eliminati. Quindi rimaneva ancora il tempo per dei lavori preventivi. La presenza di inconvenienti seri fu confermata nel corso di tali lavori. Ma non era finita qui. Più tardi le indagini scientifiche stabilirono che quella Centrale Nucleare produceva una fortissima influenza sui circostanti strati sotterranei con alta conduttività elettrica. L'esplosione del reattore avrebbe comportato uno scarico nel vuoto, che avrebbe rapidamente aspirato l'atmosfera della Terra. I mezzi esistenti non sarebbero stati in grado di fermare lo scarico e secondo i calcoli dei fisici entro l'anno 2000 il nostro pianeta sarebbe diventato una nuvola di polvere.

© Грабовой Г.П., 2001

La diagnosi dei guasti e la presa delle rispettive misure nella Centrale Nucleare sono attestate al più alto livello governativo. Le mie azioni permisero di prevenire l'incidente e di salvare la Terra.

Ai giorni nostri, quando il Mondo vive il pericolo della distruzione totale, la scienza deve trovare i metodi per evitarlo. In questa situazione solo il sistema del sapere e delle misure che propone i metodi reali di salvezza dalle catastrofi globali può chiamarsi scienza.

Nel mio lavoro utilizzo la chiaroveggenza. È la tecnologia irrazionale. È grazie alla chiaroveggenza che riuscii a prevedere molte catastrofi di carattere universale. Nessun altro sistema, nessun metodo o rimedio della scienza tradizionale era in grado di scongiurarle. Quindi, i fatti parlano chiaro: proprio le tecnologie irrazionali, come la chiaroveggenza, la materializzazione e la dematerializzazione, il trasporto telepatico ed altre, ma prima di tutte il risuscitamento, sono veramente tecnologie scientifiche. Il risuscitamento e la ricostruzione di qualsiasi oggetto sono le vere tecnologie della nuova scienza, questa è la realtà.

È da notare che io uso il termine "tecnologia irrazionale" nel suo significato adattato a oggi. Tuttavia bisogna capire chiaramente che queste tecnologie appaiono irrazionali solo dal punto di vista della coscienza tradizionale. A causa dell'incapacità della coscienza tradizionale, di vedere e di capire i processi elencati sopra questi ultimi vanno considerati irrazionali. Invece per lo stato di coscienza superiore tutti questi fenomeni sono assolutamente naturali. In sostanza, essi appartengono alla scienza di livello superiore, la scienza vera.

La vera scienza prende origini nella conoscenza della vera organizzazione del Mondo. Questa è la causa dell'efficacia straordinaria delle tecnologie descritte.

Nel mio lavoro pratico posso utilizzare la combinazione di chiaroveggenza, nuova scienza e quella tradizionale. Lo testimoniano le mie invenzioni citate sopra, i dispositivi brevettati e le tesi di dottorato in scienze. Lo confermano anche le nomine di accademico presso le diverse accademie del Mondo. Lo stesso approccio pratico nelle mie lezioni nelle quali parlo anche dei metodi scientifici ortodossi. Impartisco lezioni presso l'Agenzia del monitoraggio e previsione degli stati d'emergenza del Ministero delle Forze Maggiori della Federazione Russa e

© Грабовой Г.П., 2001

l'Accademia Russa del Servizio Statale presso il Presidente della Federazione Russa. Il loro tema sono le tecnologie moderne di prevenzione e liquidazione delle situazioni d'emergenza.

Ecco i titoli di alcuni corsi dedicati ai metodi di profilassi delle catastrofi a distanza:
- Modellamento matematico di profilassi delle catastrofi.
- La pratica del controllo irrazionale di profilassi delle catastrofi.
- I metodi speciali della profilassi dai processi catastrofici globali, rappresentanti la minaccia a tutto il Mondo.
- L'analisi generale degli approcci tradizionali e non-tradizionali per la profilassi delle situazioni d'emergenza.

Nel marzo del 2001 il mio corso didattico "La tecnologia della prognosi preventiva e dello sviluppo sicuro" fu approvato dal Ministero dell'Istruzione Pubblica della federazione Russa. Al termine del corso gli studenti ricevono il certificato di laurea specialistica e il certificato UNESCO. Questo corso fa parte della Dottrina "Il controllo delle previsioni".

Le mie lezioni entrarono a fare parte del corso degli studi che l'Istituto di Ricerca Scientifica della Federazione Russa delle Forze Maggiori propone alle scuole medie della Federazione Russa.

Il corso di lezioni, la pratica di resurrezione, la creazione dei dispositivi innovativi e altre sfere del mio lavoro sono componenti della mia Dottrina "Della salvezza e dello sviluppo armonioso". Sotto è riportato lo schema generale della mia Dottrina.

© Грабовой Г.П., 2001

LA DOTTRINA DI GRIGORI GRABOVOI

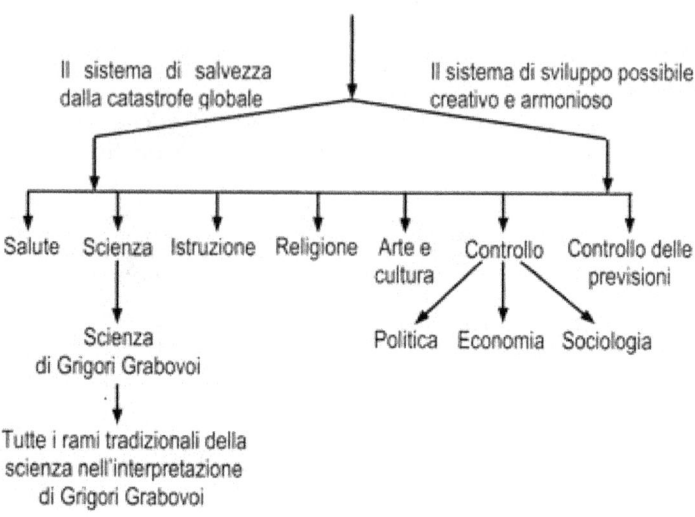

A proposito dell'istruzione vorrei aggiungere un momento importante, dal mio punto di vista indispensabile nel sistema di educazione. Si tratta dell'insegnamento dei metodi di controllo degli eventi direttamente dalla propria coscienza. L'insegnamento all'uomo deve iniziare ancora prima della sua nascita. Il mio sistema prevede il suo inizio nel passato infinito e il proseguimento nel futuro infinito. Si propone la suddivisione dell'insegnamento nelle seguenti tappe. La prima tappa inizia nel passato infinito e finisce tre anni prima della nascita del bambino. In questo periodo i genitori e altre persone tramite le apposite concentrazioni formano i futuri eventi del bambino. Si utilizza il complesso d'informazione del relativo periodo del passato. Dopo inizia la seconda tappa, che dura fino a un anno prima della nascita. La terza tappa termina nel momento della nascita del bambino, dopo di che ogni giorno della vita durante il primo mese rappresenta una singola tappa. In seguito le tappe si allungano fino ad un mese e poi crescono ciclicamente nel corso dello sviluppo fino all'infinità.

Si può studiare in qualsiasi età. All'uomo adulto basta trasferirsi mentalmente nell'età più giovane e seguire il corso di concentrazioni, corrispondenti a quella età. Occorre ricordare che questo metodo permette di assimilare in un giorno il materiale di

© Грабовой Г.П., 2001

molti mesi. Inoltre, trasferendosi a livello di pensiero nell'avvenire si possono assimilare le conoscenze future e di conseguenza imparare a prendere le decisioni corrette nel presente.

***

Per prevenire le catastrofi a livello di tutto il nostro pianeta e per sostenere l'evoluzione creativa e stabile progettai un particolare dispositivo. La costruzione avrà la forma di una freccia indirizzata nel cielo, con un cristallo sulla punta. Il cristallo funzionerà in base alla tecnologia esposta nel mio brevetto "Il metodo di prevenzione delle catastrofi e il dispositivo per la sua realizzazione", di cui si è parlato sopra.

Il funzionamento del dispositivo avrà il seguente principio. L'informazione verrà trasmessa dal cristallo attraverso i cavi in fibra ottica verso il fondamento della costruzione. Sulla terra attorno alla costruzione sarà disegnato un cerchio. La base della torre ne sarà il centro. La metà del cerchio conterrà la mappa della terra, simile a quella che possiamo acquistare al negozio.

Nel momento in cui in qualche parte del Mondo diventa inevitabile una catastrofe, ad esempio un terremoto o un uragano, nel rispettivo punto della mappa si accende una lampadina. È un segnale del pericolo. In seguito il cristallo sulla cima della torre comincerà a ridurre la forza della potenziale catastrofe. Se le risorse tecniche a disposizione della costruzione fossero sufficienti, il pericolo verrebbe liquidato completamente. Se invece non bastassero le risorse, il segnale in quel punto della carta avvertirebbe della necessità di aiuto supplementare. Il pericolo sarà eliminato grazie ai mezzi aggiuntivi.

Ora passiamo alla seconda metà del cerchio. Questa metà rappresenterà la carta del cielo stellato, ossia un suo frammento, il quale rispecchierà tutte le possibilità di evoluzione dell'Universo in tutti i tempi. Sarà possibile in questo modo prevenire le catastrofi nel cosmo.

L'immagine della mappa ai piedi della Torre può essere trasmessa via televisione e Internet in tutte le parti della sfera Terrestre. Si potrebbe addirittura creare un canale televisivo ad hoc: ogni persona accendendo la televisione nella propria casa avrà l'opportunità di entrare nel processo di salvataggio e indirizzare il proprio pensiero costruttivo alla ricostruzione dell'equilibrio. Ognuno sarà al corrente della situazione e in caso di necessità riuscirà a prendere parte nel programma di salvataggio.

© Грабовой Г.П., 2001

Qui vorrei notare che il cerchio con l'immagine della Terra e il frammento del cielo stellato, simile a quello che sarà designato ai piedi della torre, è presente sul mio timbro con il quale autorizzo i documenti.

La mia proposta di costruzione della torre con il cristallo sulla cima ebbe riscontri positivi.

Creai una struttura sociale che permette di unirsi nel compito di salvezza e evoluzione armoniosa: è la fondazione per la diffusione della Dottrina che porta il mio nome.

La Fondazione è la struttura che gestisce l'associazione internazionale "Associazione per la propaganda della Dottrina – A proposito della salvezza e dello sviluppo armonioso". Ad entrare in questa associazione è ammessa qualsiasi persona, organizzazione, stato ecc. Oltre allo sviluppo dell'associazione mi occupo anche dell'elaborazione del sistema di sviluppo sicuro, basato sugli accordi finalizzati con lo stato appositamente fondato. Credo nella necessità di creazione di tale stato, per poter stipulare accordi diretti con tutti i paesi del Mondo sullo sviluppo sistematico sicuro.

***

Rimane ancora una questione che richiede almeno un accenno breve. È lo status giuridico delle persone risorte. La resurrezione pian piano comincia ad entrare a far parte della nostra vita. Questo processo si sta rinvigorendo e la questione di status giuridico delle persone risorte diventa attuale.

Occorre creare un fondamento giuridico per il risuscitamento. A questo scopo dal punto di vista dello stato e del diritto deve essere affermato il principio della vita eterna. Il principio deve essere ufficializzato e introdotto nel sistema statale. La resurrezione deve considerarsi come un atto armonioso di sviluppo di qualsiasi stato e organizzazione statale. Alla resurrezione tocca diventare principio d'ogni stato, qualsiasi uomo, qualunque ambiente.

Le strutture di resurrezione hanno l'obbiettivo di fare risorgere tutti, gli abitanti di tutti i paesi, tutte le parti della Terra, incluse le epoche temporali. Bisogna fare risuscitare anche gli uomini che vissero in altri secoli, in diverse organizzazioni sociali. Di conseguenza alcune regioni avranno una struttura multistrato, a cellule: insieme alla popolazione moderna vivranno gli uomini sia della società primitiva, che schiavistica o feudale.

© Грабовой Г.П., 2001

Tuttavia questo fatto non rappresenterà alcun problema. Guardando diverse zone del Mondo potremo notare che anche oggi sulla Terra insieme alle società tecnologicamente sviluppate convivono le popolazioni completamente distinte. Molte tribù mostrano l'immagine della vita di molti secoli fa. Ma con il passare del tempo la civiltà arriverà fin là. Perciò dopo la resurrezione universale avverrà il progressivo allineamento della vita in diversi luoghi.

L'evoluzione successiva dei risorti proseguirà nell'ambito della costruzione universale del Mondo.

Il lavoro d'ufficializzazione dello status giuridico dei risorti è basato sul principio della Divinità (1.7). Ripetiamolo ancora una volta:

PRINCIPIO DELLA DIVINITÀ: LA TENDENZA ALL'INCORRUTTIBILITÀ DEL CORPO, ALLA VITA ETERNA E ALLO SVILUPPO DELLA COSCIENZA AUTENTICA RAPPRESENTANO LA PRASSI CHE PORTA ALLA FIORITURA PIÙ ELEVATA DELL'ESISTENZA UMANA.

***

Nel primo capitolo dedicato all'esposizione di alcuni episodi concreti di risuscitamento, nella descrizione del secondo episodio menzionai alcuni esseri che dirigono il risuscitamento. Nelle loro mani è anche la registrazione dei risuscitati. Ora ne voglio aggiungere qualche commento.

Questi esseri spiritualizzati sono creati direttamente da Dio e sono sotto il Suo controllo diretto. Sono un elemento nello sviluppo del Mondo. Questi esseri possiedono la capacità di prendere qualsiasi aspetto. Ad esempio possono trasformarsi in un uomo o in un edificio. Ma sono in grado di prendere contemporaneamente l'aspetto dell'edificio e di un uomo situato al suo interno, il quale accoglie i risuscitati e provvede alla loro registrazione.

Questi esseri dirigono tutto quello che riguarda il risuscitamento. Possiedono qualsiasi informazione e controllano la situazione. Sono delle isolette nella realtà fisica funzionanti come blocchi autonomi.

La resurrezione avviene sotto il controllo immediato di Dio, il risuscitamento passa obbligatoriamente attraverso Dio.

© Грабовой Г.П., 2001

Bisogna notare che le forze distruttive non possono risuscitare: il risuscitamento è privilegio delle forze d'edificazione.

Nel secondo capitolo abbiamo parlato della differenza tra i risuscitati e le persone che non erano mai morte. Ora posso dirvi che dopo il risuscitamento di tutti non sarà più possibile distinguere i risuscitati dagli uomini mai morti. Tutti avranno la stessa posizione.

***

Il presente libro aiuta a liberarsi da uno degli errori più diffusi, uno dei più grandi miti della nostra storia. Intendo qui il mito dell'esistenza della realtà fisica oggettiva che non dipende dalla coscienza umana.

Questa teoria mette in dubbio la vera origine dell'uomo, priva l'uomo della sua autentica grandezza, nega la sua definizione Divina.

Esiste inoltre una serie di altri miti che impediscono alla gente di vivere la vita pienamente. Prendiamo come esempio il problema della sofferenza. È universalmente conosciuta l'affermazione che la sofferenza fa parte imprescindibile della nostra vita. È un'asserzione assolutamente assurda. È sbagliata, perché la sofferenza in questo Mondo non ha nessun vero fondamento, nessuna base. Le idee di questo genere sono il risultato della non-comprensione della reale organizzazione del Mondo.

Prendiamo, infatti, una delle cause più serie della sofferenza: la morte dei parenti o delle persone care. È indiscutibilmente una causa seria. Ciò nondimeno sappiamo già risuscitare i defunti, sappiamo che la morte non dovrebbe avere luogo nella nostra vita. Essa esiste ancora solo a causa di un equivoco. Presto questo fenomeno abbandonerà per sempre la nostra vita.

Lo stesso accade con altre cause false della sofferenza. Insieme ad esse sparirà anche l'idea assurda che molte cose si possono ottenere a costo di sofferenza. Nei tempi del pericolo della distruzione nucleare l'idea della necessità di soffrire può portare alla catastrofe globale. Durante secoli la gente è stata abituata a credere che molte cose si ottenessero solo tramite la sofferenza. È arrivato il momento di liberarsi dai simili pregiudizi. In realtà come avevo già detto, i dolori e altre emozioni negative non hanno una vera base, soprattutto ora, quando con l'inizio del risuscitamento pratico le pene cominciano a dissolversi. Quindi la regola principale che permette di controllare l'esattezza del

© Грабовой Г.П., 2001

processo di risuscitamento in corso, sono i miglioramenti e le tendenze positive che iniziano a realizzarsi nella vita delle persone che si occupano del risuscitamento e di quelle che le stanno vicine.

Il Creatore mise a fondamento del Mondo le emozioni creative e prima di tutto la gioia, la luce e l'amore. Proprio la gioia, la luce e l'amore sono la base dell'organizzazione del Mondo, e sono proprio queste a garantire insieme alla comprensione corretta del Mondo, l'eterna vita felice e piena.

Un'importanza basilare in questo è attribuita all'innalzamento del livello di coscienza, perché, come sappiamo già, il passaggio agli stati di coscienza sempre più alti è la strada verso Dio.

Tutte le grandi religioni del Mondo nacquero in base all'esperienza personale dei loro fondatori. In altre parole il fondamento d'ogni religione è la rivelazione. In che cosa consiste la rivelazione? Uscendo al di fuori dai limiti della coscienza prosaica, negli stati superiori della coscienza, l'uomo scopre la realtà fondamentale di questo Mondo. E allora chi l'ha conosciuta parla di questa realtà. Ecco perché le tecnologie di innalzamento di livello di coscienza sono sostenute da tutte le religioni fondamentali ed edificatrici del Mondo.

Ma non bisogna cercare di capire queste cose per via della logica, perché sono fuori dalla logica abituale. Qui ragiona la logica di un altro livello, che dal punto di vista della coscienza abituale non ha niente a che fare con la logica.

L'innalzamento del livello di coscienza è l'unica strada reale che porta verso Dio e alla comprensione del Mondo. Solo negli stati di coscienza superiori davanti all'uomo si apre la Verità.

***

Questo libro è destinato a tutti gli uomini, si rivolge ad ognuno. Ma è scritto non solo per gli uomini. Il nostro obiettivo è di fare funzionare non solo gli uomini, ma anche gli animali, le piante, le pietre e tutto l'universo in base al sistema di salvezza. È possibile. È necessario. Il presente libro insegna la strada e mostra come estenderla a tutti i fenomeni del Mondo. Questo porterà all'instaurazione dell'armonia autentica nel Mondo. Questo libro è per tutto il Mondo e per tutti i tempi.

La vita eterna realizza tutti i desideri. Esprimendo i nostri desideri dobbiamo sapere che in parte sono predeterminati dal Signore. Se vediamo la vita eterna nell'allontanamento, dobbiamo sapere che allo stesso tempo è vicina a noi. Impariamo

© Грабовой Г.П., 2001

a vedere i fenomeni come sono davvero, perché sono come li vogliamo noi. Se guardando la realtà c'è qualcosa che non ci soddisfa, ad esempio la morte biologica, significa che essa non deve esistere nel Mondo, perché ci deve piacere tutto.

Risuscitando o materializzando gli oggetti dobbiamo crearli a immagine e somiglianza nostra. Possiamo trasmettere il sapere assimilato da questo libro a qualsiasi oggetto e farlo diventare portatore di queste conoscenze.

In questo libro si insegna la pratica dell'apprendimento attraverso il risuscitamento. Ne possiamo dedurre che la coscienza è basata sui principi dell'Eternità.

La mia religione destina il controllo per lo sviluppo infinito, la vita eterna. I principi del Mondo nella mia concezione interpretano l'Eternità come l'Eternità unica, creata dal Signore a scopo di benessere e sviluppo universale.

Prendendo come base questi punti principali della mia Dottrina, prendete questo libro e portatelo come luce, la luce della vita, la luce che vi illumina la strada. Questo libro dona la felicità autentica a tutti. Stimola l'evoluzione che vi accompagnerà sempre e che già state vivendo. Grazie a questo libro potete trasformare il Mondo attorno e dentro voi stessi. Perché questo libro è lo strumento reale della mia Dottrina. Contiene il principio d'azione, il principio dell'azione creativa. Il libro stesso è l'azione reale. Questo libro è la Strada.

Parlando del mio libro intendo la vita reale, che lo produsse. Espressi la realtà tramite le parole, le quali portano la luce della vita, la luce eterna, inesauribile. La luce splenderà sempre, basta toccare il libro o pensarne, oppure leggerne le prime pagine.

Il libro insegna come costruire attorno a noi la realtà desiderata. Apprendendolo sarete in grado di controllare tutto, sempre e eternamente. Il controllo eterno si rispecchierà nella vostra Anima e farà arrivare queste conoscenze a tutti. Si instaurerà il benessere universale, l'aspirazione all'unione, l'unificazione l'evoluzione creativa universale.

Quando verrete a contatto con Dio nel Suo sentimento superiore nei vostri confronti, nel Suo amore infinito per voi, capirete di essere la creatura Divina, obbligata e tenuta a creare, e comincerete a creare a immagine e somiglianza. Creerete come crea il Signore. Porterete la luce della Sua coscienza lì dove vedete il meglio, e anche lì dove vedete qualcosa che deve essere

© Грабовой Г.П., 2001

cambiato. Diffonderete la luce della Sua coscienza laddove vi indicherà l'Anima, la vostra coscienza, la vostra intelligenza e l'intelletto. Lì, dove gli uomini, gli animali, le piante e tutto il Mondo vivente ne avranno bisogno. Perché voi siete la luce del Mondo, oggi e per sempre.

© Грабовой Г.П., 2001

ALLEGATO (F)

IL FENOMENO DELLA RESURREZIONE

ALLEGATO (F)
IL FENOMENO DELLA RESURREZIONE

Il fenomeno della resurrezione si conosce da sempre. Le testimonianze attraversano tutta la storia dell'umanità. Ne parlano anche i famosi misteri dell'Antica Grecia. I persiani coltivavano la teoria che sarebbero arrivati i tempi in cui la Divinità suprema avrebbe fatto risorgere tutti i morti nei loro propri corpi.

L'ultima credenza trova un parallelo nel Cristianesimo, dove esiste la teoria della resurrezione di tutti i defunti al secondo avvento di Cristo (parusìa). Bisogna porre l'accento sul fatto che si tratta proprio della resurrezione del corpo fisico.

Queste questioni e i problemi connessi incuriosivano le menti di molti pensatori dall'antichità fino ai nostri giorni.

Il testo classico in cui è menzionato il risuscitamento è il Vangelo, la testimonianza scritta dei miracoli di resurrezione compiuti da Gesù Cristo. Sappiamo che Gesù curava anche malattie considerate inguaribili.

Possiamo citare gli episodi di risuscitamenti nella storia della chiesa ortodossa. Ricordiamo ad esempio i risuscitamenti praticati dai santi Varlaam da Chuta, Sergio di Radonež, Giovanni di Kronštadt.

Nei nostri giorni in India vive il santo Bhagavan Sri Satia Sai Baba, le resurrezioni avvenute grazie a lui sono attestate documentalmente.

Gli episodi di resurrezione hanno già avuto luogo nella storia. Ma finora erano casi singoli. Ora arriva la tappa delle resurrezioni di massa, il risuscitamento di tutti. Il meccanismo della salvezza è un crescendo, come una reazione a catena. Sono funzionali anche le conoscenze parziali dei metodi e dei principi della resurrezione. Ad esempio, quando questo libro non era ancora finito, prestai una copia del manoscritto a Zinovjeva Natalia Filippovna. La signora lavorò sulla bozza del presente libro per risuscitare il marito e a dicembre del 2000 avvenne il suo incontro con il risorto. Invece a gennaio del 2001 incontrò il fratello risorto, anche se mi raccontò d'aver lavorato solo sulla resurrezione del marito. La mia esperienza dimostra che un processo con una reazione a catena, quando un evento implica e ne genera un altro, è molto diffuso. Mi hanno mostrato i dati dei casi in cui dopo un ritorno alla vita da me effettuato, in

© Грабовой Г.П., 2001

famiglia avvenivano delle resurrezioni di massa. Il Creatore dà alla gente infinitamente più di quanto ci si possa aspettare. In questo consiste l'amore di Dio per gli uomini, e l'amore Divino è la garanzia della salvezza universale e della vita eterna!

Dell'avvento dei tempi della resurrezione universale e della vita eterna nel corpo fisico si sapeva da sempre. Ricordiamo qui alcuni brani attinti direttamente dalla Bibbia:

"In verità, in verità vi dico: è venuto il momento, ed è questo, in cui i morti udranno la voce del Figlio di Dio, e quelli che l'avranno ascoltata, vivranno". (Vangelo secondo Giovanni, 5. 25).

"Ma di nuovo vivranno i tuoi morti, risorgeranno i loro cadaveri". (Isaia, 26: 19)

Nelle seguenti parole dell'apostolo Paolo si nota che il risuscitamento coinvolgerà tutti, sia le persone pie, sia i peccatori:

"Ammetto invece che adoro il Dio dei miei padri, secondo quella dottrina che essi chiamano sètta, credendo in tutto ciò che è conforme alla Legge e sta scritto dai Profeti,

nutrendo in Dio la speranza, condivisa pure da costoro, che ci sarà una resurrezione dei giusti e degli ingiusti". (Atti degli Apostoli, 24: 15)

In molti frammenti della Bibbia si parla del cambiamento qualitativo dell'uomo e del suo corpo. Per esempio, si parla di Gesù "il quale trasfigurerà il nostro misero corpo per conformarlo al suo corpo glorioso, in virtù del potere che ha di sottomettere a sé tutte le cose". (Lettera ai Filippesi, 3: 21).

"Così anche la resurrezione dei morti: si semina corruttibile e risorge incorruttibile; si semina ignobile e risorge glorioso, si semina debole e risorge pieno di forza; si semina un corpo animale, risorge un corpo spirituale. Se c'è un corpo animale, vi è anche un corpo spirituale". (I Lettera ai Corinzi, 15: 42-44).

In alcuni brani si descrive il processo stesso della resurrezione: "Dice il Signore Dio a queste ossa: Ecco, io faccio entrare in voi lo spirito e rivivrete. Metterò su di voi i nervi e farò crescere su di voi la carne, su di voi stenderò la pelle e infonderò in voi lo spirito e rivivrete: Saprete che io sono il Signore." (Ezechiele, 37: 5-6). E ancora: "Vi darò un cuore nuovo, metterò dentro di voi uno spirito nuovo, toglierò da voi il cuore di pietra e vi darò un cuore di carne". (Ezechiele, 36: 26-27).

© Грабовой Г.П., 2001

Di conseguenza avrà luogo la trasformazione dell'uomo, paragonata alla trasformazione del bambino sciocco nell'uomo maturo e saggio. Quello che adesso l'uomo vede come se guardasse attraverso il vetro appannato, molto approssimativamente, dopo la propria trasformazione potrà vedere chiaramente e distintamente, faccia a faccia:

"Quand'ero bambino, parlavo da bambino, pensavo da bambino, ragionavo da bambino. Ma, divenuto uomo, ciò che ero da bambino l'ho abbandonato. Ora vediamo come in uno specchio, in maniera confusa; ma allora vedremo a faccia a faccia. Ora conosco in modo imperfetto, ma allora conoscerò perfettamente, come anch'io sono conosciuto." (I Lettera ai Corinzi, 13: 11-12)

Lo stesso si afferma in altri punti, ad esempio: Carissimi, noi fin d'ora siamo figli di Dio, ma ciò che saremo non è stato ancora rivelato. Sappiamo però che quando Egli si sarà manifestato, noi saremo simili a lui, perché lo vedremo così come Egli è. (I Lettera di Giovanni, 3:2).

L'apostolo Paolo dice che il corpo dei redivivi diventerà immortale, non soggetto alla distruzione, e la morte non esisterà più.

"Ecco io vi annunzio un mistero: non tutti, certo, moriremo, ma tutti saremo trasformati, in un istante, in un batter d'occhio, al suono dell'ultima tromba; suonerà infatti la tromba e i morti risorgeranno incorrotti e noi saremo trasformati. È necessario infatti che questo corpo corruttibile si vesta di incorruttibilità e questo corpo mortale si vesta di immortalità. Quando poi questo corpo corruttibile si sarà vestito d'incorruttibilità e questo corpo mortale d'immortalità, si compirà la parola della Scrittura: La morte è stata ingoiata per la vittoria". (I lettera ai Corinzi, 15: 51-54).

Bisogna capire però che il risuscitamento di massa è possibile solo quando si è consapevoli di ciò che accade. Proprio con questo scopo nel mio libro "La resurrezione delle persone e la vita eterna sono ormai realtà!" ho esposto i principi generali e i metodi della resurrezione. Per la prima volta la resurrezione è rappresentata da un punto di vista scientifico. Non a caso molte persone dopo aver letto anche solo una parte del libro con successo praticano il risuscitamento.

Ai nostri giorni, il problema della resurrezione ha acquistato una sfumatura completamente diversa. Dato che il Mondo moderno si è avvicinato troppo al pericolo di autodistruzione, la resurrezione in questo caso diventa una via di salvezza.

© Грабовой Г.П., 2001

Siccome la resurrezione si basa sullo spirito, è la salvezza reale senza ritorno.

L'inizio della resurrezione universale segna l'apertura della nuova tappa nell'evoluzione della nostra civiltà. La vita eterna sta diventando ormai nostra realtà.

© Грабовой Г.П., 2001

ALLEGATO (G)

GLI ESERCIZI PER OGNI GIORNO DEL MESE PER LO SVILUPPO DELLA COSCIENZA, LO SVILUPPO DEGLI AVVENIMENTI NELLA DIREZIONE FAVOREVOLE, IL RECUPERO DELLA SALUTE COMPLETA E L'INSTAURAZIONE DELL'ARMONIA CON LA PULSAZIONE DELL'UNIVERSO

ALLEGATO (G)
GLI ESERCIZI PER OGNI GIORNO DEL MESE PER LO SVILUPPO DELLA COSCIENZA, LO SVILUPPO DEGLI AVVENIMENTI NELLA DIREZIONE FAVOREVOLE, IL RECUPERO DELLA SALUTE COMPLETA E L'INSTAURAZIONE DELL'ARMONIA CON LA PULSAZIONE DELL'UNIVERSO

Io consiglio di dedicare ogni giorno del tempo agli esercizi seguenti. Per ogni giorno del mese si propongono tre esercizi corrispondenti a quel giorno. Le esercitazioni insegnano il controllo degli eventi tramite diverse concentrazioni. Durante il processo della concentrazione bisogna sempre avere a mente l'obiettivo concreto che state cercando di raggiungere. L'obiettivo può consistere nella realizzazione dell'evento desiderato, ad esempio la guarigione da una malattia, lo sviluppo del meccanismo di conoscenza del Mondo e così via. Il compito più importante è regolare sempre l'informazione sintonizzandola sulla salvezza universale e lo sviluppo armonioso. Tale regolazione può consistere nello sforzo di combattere con la distruzione a livello informativo, dato che svolgiamo il compito di soccorritori.

In pratica a livello della nostra percezione la concentrazione può essere eseguita nel modo seguente:
- dobbiamo immaginare l'obiettivo della concentrazione attribuendogli una forma geometrica qualsiasi, ad esempio la sfera. Sarà la sfera dell'obiettivo della concentrazione.
- ci predisponiamo spiritualmente a costruire gli eventi desiderati in sintonia con il metodo del Creatore.
- durante la concentrazione sui diversi oggetti, le cifre concrete o la conoscenza della realtà dobbiamo controllare la posizione della sfera. Con uno sforzo mentale dobbiamo spostare la sfera nel campo della nostra percezione che emana più luce nel momento della concentrazione.

Ho esposto una variante della tecnologia della concentrazione, in pratica se ne possono trovare molte altre. Sono particolarmente efficaci i metodi di controllo degli eventi basati sulla comprensione tramite la concentrazione dei processi del Mondo.

Il primo esercizio per ogni giorno del mese consiste nella

concentrazione su qualche elemento della realtà interiore o esteriore.

Il secondo è la concentrazione su una sequenza di sette o nove cifre.

Il terzo esercizio prevede la tecnologia del controllo di eventi in forma verbale.

Alla maggiore efficacia delle ultime due esercitazioni contribuisce la buona conoscenza del §7 del quarto capitolo del presente libro.

Occorre prestare attenzione al seguente aspetto importante. Bisogna essere consapevoli del fatto che il risultato positivo della concentrazione è determinato in grande misura dal nostro approccio ad essa. Dobbiamo cercare di aprirci a questo processo creativo, ascoltare come la nostra voce interiore ci suggerisce di affrontare queste concentrazioni.

Ad esempio, si è già detto sopra che possiamo scrivere su un foglio di carta una sequenza numerica e concentrarci su questa. Ma ci sono anche alternative.

Concentrandoci sulla sequenza di nove numeri possiamo immaginare di trovarci al centro di una sfera, mentre le cifre sono disposte sulla sua superficie interna. L'informazione dell'obiettivo della concentrazione può essere collocata all'interno di questa sfera che ha la forma di una sfera tridimensionale. Dobbiamo disporci all'evidenziazione di quel numero che emana più luce, alla prima impressione che una delle cifre facenti parte della sequenza numerica, situata all'interno della superficie interna della sfera grande è più luminosa delle altre, e dobbiamo fissarla. In seguito dobbiamo unire mentalmente la sfera interna contenente l'obiettivo della concentrazione con l'elemento della percezione in forma di numero di sette cifre.

Nella concentrazione sulla sequenza di sette cifre si può immaginare che i numeri siano situati sulla superficie di un cubo, su una delle sue facce.

Seguendo le nostre sensazioni possiamo spostare le cifre, cambiando la loro disposizione per raggiungere il risultato massimo.

Possiamo agire anche in modo completamente diverso. Possiamo collegare mentalmente ogni numero con qualche elemento dell'ambiente interiore o esteriore. Gli elementi non

© Грабовой Г.П., 2001

Allegato (G). Gli esercizi per ogni giorno del mese per lo sviluppo della coscienza, lo sviluppo degli avvenimenti nella direzione favorevole, il recupero della salute completa e l'instaurazione dell'armonia con la pulsazione dell'universo

devono obbligatoriamente essere dello stesso tipo. Una cifra ad esempio può essere messa in corrispondenza con un albero, l'altra legata a qualche sentimento. Siamo noi a deciderlo. In questo approccio paragoniamo simbolicamente i numeri con gli elementi della realtà scelti. Come al solito questi elementi possono essere non solo fisici, ma anche mentali, cioè possiamo immaginarli nella nostra coscienza.

Questi procedimenti ci offrono delle ulteriori possibilità di controllo. Siamo liberi di modificare la struttura della concentrazione, il modo di sintonizzarci, possiamo variare l'equiparazione del numero agli elementi della realtà. Tutto questo ci permetterà di raggiungere maggiore efficacia nella concentrazione, potremo gestire meglio il tempo di realizzazione del nostro desiderio, il che è molto importante nella vita pratica.

Nelle situazioni che richiedono un soccorso immediato, la nostra concentrazione deve dare un risultato istantaneo. Invece se si tratta di garantire l'armonia dello sviluppo, il fattore tempo diventa meno rilevante. In questo caso è decisivo creare le condizioni proprio per l'armonia dello sviluppo, prendendo in considerazione tutte le circostanze, e ad aiutarci in questo saranno le concentrazioni.

Dunque queste esercitazioni devono essere organizzate in modo individuale. Ognuno sceglie da solo il sistema del proprio sviluppo. È importante ritenere il seguente principio.

Il sistema del proprio sviluppo non deve essere scelto solo in base alla logica. Ovviamente poniamo davanti a noi degli obiettivi cercando di raggiungerli, ma nella nostra Anima ci sono già delle mete depositate lì in precedenza. Quindi quando pratichiamo le concentrazioni, le prime a realizzarsi possono essere le mete fissate precedentemente, gli obiettivi dell'Anima, gli obiettivi di sviluppo non solo nostro personale, ma anche di tutta la società. Traducendo, in pratica ci accorgiamo che sono proprio queste le mete che dobbiamo realizzare per prime, lo percepiamo al livello profondo interiore, al livello di sviluppo dell'Anima, al livello del Creatore.

Ecco perché parlando delle concentrazioni pensiamo prima di tutto all'armonia universale. Bisogna capire tuttavia, che nel caso in cui la situazione richiede l'intervento, l'armonia comprende sempre l'elemento di salvezza come componente

© Грабовой Г.П., 2001

indispensabile. Anche se lo scopo principale dell'armonia è garantire lo sviluppo di eventi in modo da evitare l'incombere di qualsiasi pericolo. Ovviamente lo sviluppo armonioso deve essere tale da durare eternamente.

Lo garantiscono le concentrazioni elaborate da me per ogni giorno del mese e collaudate in pratica. La loro esercitazione permette di raggiungere l'armonia che darà la gioia e la continuità al cammino di chi le esercita, nonché il dono di salvare sé stessi e gli altri e la vita eterna.

Avendo a disposizione queste concentrazioni possiamo ricorrere in ogni situazione alle azioni attive e non rimanere passivi. La coscienza di contribuire realmente al processo di salvataggio universale e allo sviluppo eterno armonioso, mentre esercitiamo le concentrazioni si apre la libertà dataci dal Creatore. Di conseguenza avviene lo sviluppo creativo di tutti e si realizza la nostra felicità autentica.

Le concentrazioni sono previste per 31 giorni. Se le esercitazioni avvengono ad esempio a febbraio, in cui ci sono 28 giorni, dopo il 28-mo giorno dobbiamo iniziare il primo giorno di marzo. In altre parole, il giorno del mese dell'elenco di esercizi deve sempre corrispondere al giorno del calendario. Le concentrazioni possono essere praticate in qualsiasi momento della giornata o durante la notte. La quantità delle concentrazioni per giorno e la loro durata si stabiliscono liberamente. È auspicabile mantenere una certa regolarità nelle concentrazioni e praticarle prima di eventi importanti.

Se il primo esercizio di un giorno appare difficile, si può saltarlo e passare agli altri due. Il risultato sarà raggiunto ciò nonostante e col tempo, gli esercizi con il numero 1 risulteranno sempre più comprensibili e facili. Quindi il mio consiglio è di praticare quello che sembra comprensibile e piace.

Ora passiamo agli esercizi:

1° giorno del mese:

1. Il primo giorno del mese bisogna praticare la concentrazione sulla pianta del piede destro. Questa concentrazione ci mette in contatto con il punto d'appoggio nel Mondo esteriore. Nel pensiero dobbiamo appoggiare i piedi

© Грабовой Г.П., 2001

Allegato (G). Gli esercizi per ogni giorno del mese per lo sviluppo della coscienza, lo sviluppo degli avvenimenti nella direzione favorevole, il recupero della salute completa e l'instaurazione dell'armonia con la pulsazione dell'universo

sulla Terra. La Terra raffigura nella nostra coscienza l'appoggio portante.

Il controllo nel sistema di recupero completo si basa sul fatto che il punto d'appoggio rappresenta sia sé stesso, sia il punto della creazione. Dato che è il punto della creazione, tramite la concentrazione possiamo subito sviluppare la coscienza.

Ci rendiamo conto che seguendo lo stesso principio secondo il quale sulla Terra tutto cresce e si sviluppa, nascono le piante e si forma la materia del nostro corpo, in base a questo principio possiamo creare qualsiasi realtà esteriore. La comprensione di questo concetto è il fondamento della presente concentrazione.

Comunque, nel corso della concentrazione possiamo anche non pensare al suo meccanismo di fondo. Basta concentrarci semplicemente sulla pianta del piede destro tenendo nella mente quell'evento che vorremo far realizzare. Il meccanismo della costruzione della realtà di cui si è parlato sopra si mette in azione automaticamente. L'evento desiderato si ottiene in modo armonioso, perché questo controllo garantisce allo stesso tempo anche l'armonizzazione degli eventi.

Questo esercizio può essere praticato più volte al giorno.

2. La concentrazione sulla sequenza di sette numeri: 1845421; sulla sequenza di nove numeri: 845132489.

3. In questo giorno è opportuno concentrarsi sul Mondo e sentire che ogni oggetto del Mondo è una parte della nostra personalità. Avendo questa sensazione, ci accorgeremo che il soffio di vento da ogni oggetto del Mondo ci suggerisce una soluzione. Quando percepiremo che ciascun oggetto possiede una particella della nostra coscienza, ci renderemo conto dell'armonia mandataci dal Creatore.

2° giorno:

1. In questo giorno bisogna concentrarsi sul mignolo della mano destra. Come nel caso precedente, concentrandoci sul mignolo dobbiamo tenere nella mente l'evento alla realizzazione del quale aspiriamo.

Possiamo praticare questo esercizio diverse volte al giorno con gli intervalli che consideriamo più opportuni. La nuova concentrazione può iniziare dopo venti minuti, come dopo un'ora o più. Le concentrazioni possono essere una o due al giorno, ma anche dieci e più. La durata delle concentrazioni dipende da noi.

Dobbiamo affidarci alla nostra sensazione interiore, all'intuito, imparare a sentire la voce interiore e quello che essa ci suggerisce. Questa regola riguarda tutte le esercitazioni.

Durante questo esercizio non è obbligatorio rimanere immobili. Possiamo anche toccare qualche cosa con il mignolo della mano destra, non ha importanza. Abbiamo la libertà di agire a nostro piacere.

È importante il seguente aspetto. A nostra disposizione ci sono molti elementi di percezione. Oltre al mignolo destro ci sono altre nove dita e molte altre parti del corpo. Ma della moltitudine degli elementi di percezione in questo momento dobbiamo concentrarci su uno solo, il mignolo destro. Di conseguenza il controllo acquista l'armonia.

2. La sequenza di sette numeri: 1853125.
La sequenza di nove numeri: 849995120.

3. Il secondo giorno del mese dobbiamo percepire l'armonia del Mondo in relazione a noi stessi. Dobbiamo produrre questo Mondo com'è stato creato da Dio. Guardiamo il Mondo e scorgiamo il suo aspetto passato. Guardiamo il Mondo e scorgiamo il suo aspetto futuro. Guardiamo il Mondo e scopriamo chi siamo noi nel Mondo oggi. Così sarà il Mondo sempre e in tutti i tempi.

3° giorno:

1. Il terzo giorno del mese lo dedichiamo alla concentrazione sulle piante. La pianta può essere fisica, cioè come realmente esiste nella natura. In questo caso durante la concentrazione la possiamo semplicemente osservare. Ma si può anche immaginare la pianta e concentrarci sulla sua immagine.

Questa concentrazione fa uso del metodo di riflesso seguente. Concentrandoci sulla pianta immaginiamo di formulare l'evento desiderato nella luce che essa riflette. In altre parole dobbiamo non solo immaginare l'evento, ma vederlo realmente, costruirlo in realtà. L'evento costruito tramite tale controllo risulta armonizzato, anche perché la pianta esiste già in questo Mondo in armonia.

2. La sequenza di sette numeri: 5142587;
la sequenza di nove numeri: 421954321.

© Грабовой Г.П., 2001

3. Guardando la realtà scopriamo che ci sono molti Mondi. Rivolgiamo ora lo sguardo al Mondo di cui abbiamo bisogno, avviciniamoci e espandiamolo. Guardiamolo con lo sguardo del testimone. Avviciniamoci a questo Mondo e posando le mani sopra sentiamo il calore che emana il nostro Mondo. Ravviciniamolo verso di noi e guardiamo il Creatore. Sentiamo come ci parla e cosa ci consiglia. Confrontiamo questo sapere con le nostre conoscenze e avremo il Mondo eterno.

4° giorno:

1. È il giorno della concentrazione sui cristalli o sulle pietre. Possiamo prendere anche un granello di sabbia. Diciamo che abbiamo scelto una pietra. Concentrandoci sulla pietra immaginiamo una sfera che lo circonda. È la sfera d'informazione. Mentalmente scorgiamo come tutti gli eventi desiderati cominciano a raggrupparsi all'interno della sfera. In questo modo avviene il controllo in questa concentrazione.

2. La sequenza di sette numeri: 5194726;
la sequenza di nove numeri: 715043769.

3. Dobbiamo usare gli aspetti della realtà suggeriti dai presenti metodi. I metodi devono essere armoniosi. Uno deve essere conseguenza dell'altro, come il secondo è l'effetto del primo. Camminando per strada ci accorgiamo che ogni passo nasce dal precedente. Alzandoci dopo essere stati seduti vediamo quanto diversi possono essere i nostri movimenti. Il movimento può nascere dal precedente, e produrre un altro movimento precedente. Immaginiamo il Mondo continuo, nel quale ogni movimento riguarda solo la nostra singola persona. Quando riusciamo a far diventare il Mondo monolitico, che ci suggerisce i metodi concreti di controllo nel Mondo e del Mondo, allora il nostro Mondo sarà presente dappertutto, potremo avvicinarci ad esso, prenderlo nelle mani e le mani diventeranno quel Mondo che regge il nostro Mondo. Sentiremo di stabilire il contatto con il Mondo eterno, il Mondo di tutti i Mondi, sarà l'unico per tutti, il Mondo collettivo, scelto da noi e da ogni uomo. Dobbiamo crearlo in modo che sia ideale per tutti e per noi. La sua perfezione deve essere unificatrice, dobbiamo vedere la perfezione di tutti e di noi stessi nel nostro Mondo unico e allo stesso tempo nel Mondo unico di tutti.

© Грабовой Г.П., 2001

5° giorno:

1. Il quinto giorno bisogna concentrarci sugli elementi della realtà, che sono il risultato della nostra cooperazione con altri elementi della realtà. Vediamo che cosa intendo.

Quando la nostra attenzione si rivolge ad un oggetto, la nostra coscienza si concentra su questo oggetto. Grazie al legame stabilito con noi, questo elemento della realtà acquisisce una determinata parte della nostra concentrazione e una certa quantità del nostro sapere. Questo oggetto trasmette a sua volta una parte dell'informazione ricevuta da noi e dal nostro stato ad altri elementi della realtà. Nello stesso modo, ad esempio, la luce del sole illuminando diversi oggetti parzialmente si riflette in essi ed illumina altri.

Quindi dopo che abbiamo guardato un oggetto, questo entrando in interazione con noi trasmette qualche cosa di suo nell'ambiente circostante. Il nostro obiettivo è di capire che cosa di proprio ogni elemento della realtà trasmette nell'ambiente. Ovviamente ci possiamo limitare ad un elemento singolo, concentrandoci sul quale immaginiamo contemporaneamente l'evento desiderato. La particolarità di questo metodo consiste nel fatto che la realizzazione dell'evento necessario avviene tramite la concentrazione sul così detto elemento secondario.

Dunque, tramite le riflessioni logiche, la chiaroveggenza o qualche altro metodo spirituale dobbiamo scoprire che cosa trasmette all'ambiente un elemento della realtà dopo il contatto con noi. Concentrandoci su questo effetto, ossia l'elemento secondario della realtà e tenendo nella mente allo stesso tempo l'evento ambito, otteniamo la realizzazione di quest'ultimo.

2. La sequenza di sette numeri: 1084321;
   la sequenza di nove numeri: 194321054.

3. Quando vediamo il cielo, sappiamo dell'esistenza della Terra. Quando guardiamo la Terra, possiamo immaginare il cielo. Se ci troviamo sotto la Terra, il cielo esiste al di sopra di essa. Queste verità semplici devono essere la fonte del Mondo eterno. Uniamo il cielo con la Terra e ci accorgeremo che tutto quello che si trova sotto la Terra potrebbe essere anche sopra essa. Dobbiamo andare incontro al nostro spirito e troveremo i risorti lì dove si trovano. Avviciniamo l'eternità alla verità del Mondo e scopriremo che il Mondo è infinito, di conseguenza

© Грабовой Г.П., 2001

Allegato (G). Gli esercizi per ogni giorno del mese per lo sviluppo della coscienza, lo sviluppo degli avvenimenti nella direzione favorevole, il recupero della salute completa e l'instaurazione dell'armonia con la pulsazione dell'universo

saprete vedere il Creatore autentico, il Creatore reale, perché Egli ci ha dato quello che abbiamo, e noi creiamo come Egli ha creato. Egli ci è molto vicino. È il nostro amico. Ci vuole bene. Dobbiamo allungare la mano verso di Lui e creare come Egli ha creato. Siamo le Sue creature e allo stesso tempo i Creatori. Solo il Creatore può dare vita ai Creatori. Dobbiamo vivere in armonia con il nostro Creatore. Dobbiamo essere aperti per Lui ed eterni in tutte le nostre manifestazioni, in tutte i nostri atti di edificazione. Possiamo sempre cambiare, tutto quello che desideriamo cambiare. Abbiamo la facoltà di creare tutto quello che vogliamo creare, in quel posto dove ci troviamo e in quel momento quando desideriamo. Per perfezionarci abbiamo l'Eternità. Negli atti l'Eternità è moltiplicata con gli atti del Creatore. Siamo quello che il Creatore ha identificato in noi, quello che Egli ha creato in noi. Ma siamo anche quelli che vogliono che il Creatore si personifichi nei propri atti e in quella eternità, nella quale vediamo noi stessi. Il Creatore presente in noi è quel Creatore che si muove insieme a noi in ogni nostro passo. Rivolgiamoci a Lui e Lui porterà armonia nella nostra vita.

6° giorno:

1. Il concetto della concentrazione in questo giorno è il seguente: il cambiamento di struttura della coscienza in base alla densità della concentrazione grazie alla percezione di oggetti remoti.

Questo tipo di concentrazione è comodo quando desideriamo che un certo evento avvenga in un determinato luogo. In quel caso occorre concentrare la coscienza proprio in quell'area.

Il presente metodo è altrettanto efficace nella situazione in cui al contrario non vogliamo che un evento considerato sfavorevole si verifichi in un certo posto. In quest'ultimo caso dobbiamo eliminare l'informazione negativa. Eliminare significa deconcentrare la coscienza in quel posto. La distensione provocata impedirà la realizzazione della situazione svantaggiosa.

L'evento desiderato può essere realizzato nel luogo scelto, grazie alla concentrazione della coscienza tramite i suoi elementi remoti. Questo metodo è già stato oggetto del nostro studio. La sua applicazione richiede l'utilizzo degli elementi della coscienza responsabili degli oggetti remoti. Possiamo percepire gli oggetti reali fisici distanti sia con la vista normale, sia con lo sguardo mentale. In tutti e due casi facciamo uso degli elementi remoti della nostra coscienza. Fissando nello stesso momento nella nostra coscienza l'evento desiderato, otteniamo il suo compimento.

Dunque l'idea del metodo è seguente: collochiamo l'informazione nelle aree della coscienza più remote, più facciamo migliorare la sua elaborazione, più di conseguenza migliorerà la realizzazione dell'evento necessario. Inoltre l'evento avrà luogo nel posto fissato.

Nei confronti delle forze distruttive bisogna adoperare il metodo dello sfocamento. Spostando il fuoco della nostra coscienza, possiamo liquefare l'informazione negativa in tale misura da farla diventare impercettibile, come se non fosse mai esistita.

2. La sequenza di sette numeri: 1954837;
la sequenza di nove numeri: 194321099.

3. Se ci capitasse di vedere il Mondo capovolto, dobbiamo ricordare sempre che anche capovolto, diviso o pressato il Mondo è sempre armonioso, unico e benefico. Dietro ogni capovolgimento, l'ambiguità o altro stato atipico del Mondo c'è la benevolenza Divina, e noi possiamo vivere in armonia perché sappiamo che siamo sempre stati eterni e rimarremo eterni, e nessuna struttura, nessuna informazione potrà cambiare la volontà Divina.

7° giorno:

1. Nel settimo giorno del mese bisogna concentrarsi sulle aree ultraremote della coscienza. Abbiamo a che fare con esse quando guardiamo le nuvole lontane o gli oggetti distanti, ad esempio gli alberi o le loro foglie.

La materializzazione di un oggetto o la realizzazione di un evento richiede l'elaborazione di una grande quantità d'informazione. Le aree ultraremote della coscienza garantiscono l'elaborazione ultraveloce dell'informazione. Più lontane sono le aree della coscienza adoperate, più velocemente avviene l'elaborazione dell'informazione.

La conoscenza di questo fatto trova la seguente applicazione nel presente metodo: Guardando una nuvola con la vista normale o attraverso lo sguardo mentale costruiamo allo stesso

© Грабовой Г.П., 2001

Allegato (G). Gli esercizi per ogni giorno del mese per lo
sviluppo della coscienza, lo sviluppo degli avvenimenti nella
direzione favorevole, il recupero della salute completa
e l'instaurazione dell'armonia con la pulsazione dell'universo

tempo l'evento desiderato proprio su questa nuvola, o su una foglia d'albero, nel caso scegliessimo essa per la concentrazione. Grazie all'utilizzo delle aree ultraremote della coscienza riusciremo presto a raggiungere il risultato ambito.

L'evento si realizzerà in modo armonioso, perché né la nuvola, né la foglia possono distruggere. Non sono in grado di causare il male a nessuno. Di conseguenza l'evento avrà lo svolgimento armonioso.

2. La sequenza di sette numeri: 1485321;
La sequenza di nove numeri: 991843288.

3. Vediamo che il Mondo segue l'evoluzione a immagine e status dei nostri atti in conformità con la volontà Divina. Il Mondo è la creazione riconosciuta da tutti, quando decidiamo di cambiarlo con i nostri atti dobbiamo metterli in sintonia con il benessere di tutti, e allora le nostre azioni saranno approvate, la salute migliorerà e arriverà il benessere di tutti. Il benessere di tutti è l'atto del Mondo che ci porta nel regno Divino e fa diventare eterna la vita di tutti e la nostra vita individuale.

8° giorno:

1. In questo giorno impariamo a effettuare il controllo, concentrandoci sulle conseguenze degli eventi.

Immaginiamo di essere seduti sulla riva di un lago mentre guardiamo una barca a motore che passa davanti a noi a grande velocità. Davanti alla barca l'acqua è calma, dietro invece si formano le onde. Le onde sono l'effetto del movimento della barca.

Ora rivolgiamo il nostro sguardo a una foglia sull'albero. Essa è l'effetto dell'esistenza dell'albero.

Le nuvole coprono il cielo e sulla terra cadono le prime gocce di pioggia. Le gocce sono la conseguenza dell'esistenza delle nuvole.

Esempi simili che si possono trovare attorno a noi in abbondanza. Scegliamone uno qualsiasi e concentriamoci su una delle sue conseguenze, tenendo nella mente allo stesso tempo l'evento desiderato. L'evento avrà la sua realizzazione.

Questo metodo di controllo è molto efficace e permette di modificare anche gli eventi del passato.

2. La sequenza di sette numeri: 1543218;

© Грабовой Г.П., 2001

La sequenza di nove numeri: 984301267.

3. Possiamo notare che l'infinità della linea della cifra otto unisce in sé tutti i Mondi, che abbiamo incontrato nei sette giorni precedenti. Quando il nostro Mondo si unirà agli altri Mondi, scopriremo di avere nell'Anima tanta gioia quanta diversità esiste in questo Mondo. Percependo ogni particella del Mondo come gioia universale, vedremo che la gioia è eterna, come è eterno il benessere. In questo stato di gioia universale alziamo le mani verso l'alto e sentiamo la benevolenza Divina che ci chiama all'Eternità. Dobbiamo vedere l'Eternità lì, dov'è. Dobbiamo vedere l'Eternità lì, dove non è. Dobbiamo vedere l'Eternità lì, dov'è sempre stata, e diventeremo i Creatori dell'Eternità lì, dove dal punto di vista degli altri non c'è. Quando saremo in grado di vedere l'Eternità e di crearla, diventeremo eterni sempre e dappertutto, in qualsiasi eternità e in qualsiasi Mondo. Siamo i Creatori a immagine e somiglianza e l'Eternità ci crea a immagine e somiglianza. Creando l'eterno creeremo noi stessi. Creando noi stessi, creiamo l'eterno, così come l'Eternità può creare un'altra Eternità e come il Creatore creò tutti gli uomini allo stesso tempo.

9° giorno:

1. Nel nono giorno del mese, la concentrazione può essere intitolata come: la concentrazione sulle aree ultraremote della coscienza avvicinate ai punti più vicini della nostra coscienza. Il presente metodo di concentrazione consiste nel trasferimento delle aree più remote della coscienza in quelle vicine al massimo. Nello stesso tempo il trasferimento non deve cambiare la nostra percezione né delle aree lontane, né di quelle vicine. In questo modo riceviamo l'unico impulso per la creazione di qualsiasi elemento del Mondo. Non appena lo otteniamo diventeremo gli esperti nel controllo, ci basterà concentrarci spiritualmente per normalizzare qualsiasi situazione, il solo nostro volere farà realizzare qualsiasi desiderio.

L'unico impulso menzionato sopra sviluppa uno stato spirituale particolare. Questo stato non è legato immediatamente al pensiero, perché la presenza del pensiero in tale stato non è obbligatoria, ma ci può essere ad esempio la concentrazione sul bene, sull'edificazione o sull'instaurazione dell'armonia.

La sola presenza di tale armonia in questo stato favorisce il

Allegato (G). Gli esercizi per ogni giorno del mese per lo
sviluppo della coscienza, lo sviluppo degli avvenimenti nella
direzione favorevole, il recupero della salute completa
e l'instaurazione dell'armonia con la pulsazione dell'universo

corso positivo degli eventi.

È da sottolineare che questo tipo di concentrazione mette in rilievo una forma particolare di percezione. La percezione è situata all'interno della nostra coscienza, ne fa parte, e la dobbiamo strutturare in tal modo da farla funzionare come è stato indicato.

Il metodo di concentrazione citato tocca le questioni profonde del controllo in base alla coscienza.

2. La sequenza di sette numeri: 1843210;
La sequenza di nove numeri: 918921452.

3. Considerando il Mondo come una struttura molto profonda della costruzione del Mondo possiamo vedere che tutto quello che esiste in natura, ad esempio le piante, l'uomo, l'animale, ogni molecola, o quello che ancora non è stato creato o è stato creato prima, tutto ha una base unica in Dio, la dimostrazione del Suo meccanismo della creazione. Scoprendo come viene creato tutto, saremo in grado di farlo anche noi. Dobbiamo arrivare a questo attraverso il fondamento del nostro "Io", la profondità del nostro "Io", e allora vedremo come il nostro "Io" si sviluppa insieme a tutto l'Universo, cresce e si trasforma nel Mondo. Noi siamo il Mondo. Noi siamo la realtà. Guardiamola con gli occhi di ciascuno, con i nostri propri occhi e troveremo che la nostra Anima, è in verità la nostra vista. Guardiamo con la nostra Anima e vedremo il Mondo vero, sapremo come correggerlo e farlo diventare tale da portarci all'Eternità. Sapremo sempre la strada guardando il Mondo da dentro di noi e da fuori di noi.

10° giorno:

1. La concentrazione esercitata in questo giorno consiste nella meditazione simultanea su tutti gli oggetti della realtà, in un momento, un solo impulso della percezione di tutti questo oggetti.

Concentriamoci sul fatto che tutti gli oggetti accessibili alla nostra percezione debbano essere colti in un solo momento della percezione. In un attimo percettivo dobbiamo cogliere tutti gli oggetti esteriori.

Ovviamente all'inizio l'informazione percepita su tutti gli oggetti può essere parziale. Non vi preoccupate, l'obiettivo del nostro lavoro è di raggiungere la percezione massima di tutti gli

© Грабовой Г.П., 2001

oggetti. Col tempo acquisiremo questa capacità.

Comunque anche nella tappa iniziale dell'esercitazione di percezione riusciremo ad ottenere qualche informazione su ciascuno degli oggetti. Per esempio, avremo l'informazione sull'esistenza di questi oggetti.

Per avere l'informazione sull'oggetto ci basta trovare il punto necessario di concentrazione e sintonizzarci. Potremo accedere all'informazione su qualsiasi oggetto e a tutte le sfere di controllo. Siccome questo metodo di concentrazione insegna a percepire contemporaneamente il numero massimo di oggetti, questa esercitazione ci permetterà di controllare simultaneamente grandi masse d'informazione.

Possiamo citare il seguente esempio di risultato prodotto da questa attività pratica. Immaginiamo di avere davanti a noi un computer. Ci basterà uno sguardo su questo computer per sapere come gestirlo e quali azioni si possono effettuare grazie ad esso.

Questo tipo di concentrazione ci fornisce l'informazione di qualsiasi oggetto, perché la rispettiva esercitazione ci insegna a effettuare il controllo di ogni oggetto d'informazione. L'accesso al controllo può essere sia logico, come incondizionato, ossia basato sulla spiritualità.

Ecco le dieci esercitazioni di concentrazione per la prima decade del mese. In sostanza i miei lettori, devono essere in grado di dedurre da soli le concentrazioni successive fino alla fine del mese, in base alle relazioni di causa-effetto nel campo d'informazione. In altre parole si possono sviluppare ulteriormente le conoscenze acquisite finora, considerando tutto il lavoro dal punto di vista del controllo fondamentale. Tuttavia andremo avanti con l'esposizione dei metodi di concentrazione, ma in forma più breve.

2. La sequenza di sette numeri: 1854312;
La sequenza di nove numeri: 894153210.

3. L'unione tra le due cifre: l'uno e la nuova cifra zero ci ha mostrato il Mondo in tale aspetto, come se lo zero fosse inizialmente stato presente nella cifra uno. Quando noi guardiamo l'uno e aggiungendo lo zero lo facciamo crescere fino a dieci, compiamo un'azione. La nostra azione deve essere armoniosa. Dobbiamo sentire che ogni nostro atto è in grado di aumentare significativamente, di accrescere quantitativamente

© Грабовой Г.П., 2001

Allegato (G). Gli esercizi per ogni giorno del mese per lo
sviluppo della coscienza, lo sviluppo degli avvenimenti nella
direzione favorevole, il recupero della salute completa
e l'instaurazione dell'armonia con la pulsazione dell'universo

e qualitativamente ciascuna delle nostre manifestazioni. Noi siamo la manifestazione del Mondo. Mettiamoci in armonia con quello che vediamo. Osserviamo noi stessi e i nostri pensieri. Dobbiamo essere lì, dove siamo, e lì, dove non siamo. Dobbiamo essere dappertutto, perché siamo i Creatori. La nostra armonia porterà all'Eternità. La resurrezione è un elemento dell'Eternità. Anche la vita eterna è un elemento dell'Eternità. Dobbiamo trovare un'Eternità autentica per noi, della quale la vita eterna e la resurrezione sono dei casi singoli. Dobbiamo diventare i Creatori di tutto. Dobbiamo sapere chiaramente che quello che arriverà dopo la resurrezione è la vita eterna autentica. La vita eterna autentica genera lo status d'Eternità successivo, lo status successivo del Mondo e della personalità. Dobbiamo essere sempre pronti e ricordare che altri obiettivi, quelli dell'Eternità, quelli nati prima di noi e quelli che poniamo davanti a noi, generano Mondi nuovi, costruiti nella nostra coscienza. La nostra Eternità è contenuta dentro di noi. Siamo già eterni, basta capirlo. Passiamo a questo livello grazie all'atto sapiente, come quello dell'unificazione dell'uno con lo zero e l'eternità riempirà ogni nostra azione, ciascuna delle nostre manifestazioni, qualsiasi nostro passo.

11° giorno:

1. In questo giorno sperimentiamo la concentrazione sui fenomeni che riguardano l'interazione tra l'uomo e gli animali. Ad esempio, abbiamo a casa un cane, un gatto o un pappagallino. Riflettiamo sul significato più profondo della nostra interazione con essi, i nostri contatti, la comunicazione. Come avvengono dal punto di vista degli animali stessi?

Il capire i processi della percezione e del pensiero di altri partecipanti dell'interazione ci permette di entrare nella struttura di controllo della realtà.

2. La sequenza di sette numeri: 1852348;
La sequenza di nove numeri: 561432001.

3. Nello stesso modo in cui abbiamo fatto aumentare la cifra uno di dieci volte aggiungendo accanto la cifra zero, possiamo ottenere il numero successivo inserendo a suo fianco l'uno. Il numero 11 è la personificazione del Mondo, quello che è dentro di noi e quello visibile a tutti. Siamo quella essenza

visibile sempre a tutti gli uomini, ogni persona può ricevere la nostra esperienza armoniosa, quella che abbiamo approfondito nel nostro sviluppo. Condividiamo la nostra esperienza e la vita sarà eterna.

12° giorno:

1. In questo giorno ci concentriamo sui fenomeni, legati alla creazione di un intero. Ad esempio, vediamo un'oca o un cigno perdere una piuma: dobbiamo concentrarci su come bisogna agire per farla ritornare al suo posto. Come si potrebbe ottenere ciò? Cerchiamo di capire come creare o ricreare un tutto.

Prendiamo un altro esempio: una foglia è caduta dall'albero. Come possiamo farla ritornare a posto e aiutare l'albero a riacquistare il suo aspetto iniziale?

Si tratta della concentrazione basata sulla raccolta dei singoli elementi della realtà in un insieme, che rappresenta il loro stato normale. L'attività pratica di concentrazione in questo caso produce la capacità di controllo.

In questa concentrazione come in molte altre l'oggetto siamo noi stessi. Siamo in grado di ricostituire qualsiasi nostro organo. Una volta una donna si rivolse a me con la richiesta d'aiuto: durante un'operazione le fu tolto l'utero. Era un caso molto serio. Applicai gli stessi principi descritti nel presente libro e feci ricostruire l'utero. La signora vive con l'utero integro e sano.

2. La sequenza di sette numeri: 1854321;
La sequenza di nove numeri: 485321489.

3. Uniamoci con il Mondo nel suo involucro, come lo percepiamo nei nostri atti e ci accorgeremo che i nostri atti sono l'essenza del Mondo sempre in armonia con noi. Scopriremo che il Signore mandandoci la Sua grazia, voleva la nostra unione. Dobbiamo essere uniti lì, dove il Signore crea lo sviluppo. L'unione con Dio è nello sviluppo. Nello sviluppo Divino, autentico e creativo l'unione si produce in ogni istante del nostro movimento. Andiamo avanti e ci sviluppiamo in direzione dell'Eternità e questa sarà per sempre la nostra unione con il Creatore nel nostro sviluppo eterno. L'Eternità della vita è l'unione autentica con il Creatore.

© Грабовой Г.П., 2001

Allegato (G). Gli esercizi per ogni giorno del mese per lo sviluppo della coscienza, lo sviluppo degli avvenimenti nella direzione favorevole, il recupero della salute completa e l'instaurazione dell'armonia con la pulsazione dell'universo

13° giorno:

1. Nel tredicesimo giorno bisogna concentrarsi sui singoli elementi discontinui di un oggetto della realtà.

Immaginiamo il momento di percezione di un oggetto, ad esempio di un camion, una palma o una pietra, la scelta è irrilevante. È importante distinguere nell'oggetto scelto i singoli frammenti, le sue parti. Per esempio possiamo immaginare il camion con tutti i suoi elementi.

Vale la pena ricordare che questa procedura è valida per qualsiasi forma, tranne quella umana. L'uomo deve essere percepito sempre per intero. È una legge. Il nostro obiettivo in questo caso è di scoprire i legami persistenti tra le singole parti. Se riusciamo a trovarli, allo stesso tempo tenendo presente nella mente l'evento desiderato, per esempio una guarigione di qualcuno o l'acquisizione della capacità di chiaroveggenza, otterremo la sua realizzazione. In questo modo è opportuno perfezionare le nostre facoltà di controllo.

2. La sequenza di sette numeri: 1538448;
La sequenza di nove numeri: 154321915.

3. Vedremo i volti di quelli che creavano il Mondo prima di noi. Vedremo i meccanismi secondo i quali il Mondo fu creato prima di noi. Vedremo il Mondo che fu prima di noi. Sentiremo di essere sempre esistiti e trasferiremo questa sensazione su quei volti e con questa sensazione creeremo i meccanismi. Ci accorgeremo che tutto quello che ci circonda, riprodotto artificialmente o creato in modo naturale, è il Creatore. Ci personificò in quello che noi vediamo. La nostra personificazione è il Mondo che si sta creando. Potremo trovare in conseguenza qualsiasi tecnologia di sviluppo spirituale, intellettuale o tecnologico, purché essa sia creativa. Dobbiamo considerare lo sviluppo come un'evoluzione equivalente e onnipresente di qualsiasi elemento della realtà e di qualsiasi oggetto d'informazione, e riusciremo a distinguere un'essenza che è la nostra Anima, la nostra personalità e il nostro Creatore. L'individualità del Creatore e la creazione di tutti gli uomini sono la base dell'armonia del Mondo, caratterizzante tutto, sempre presente e ovunque comprensibile. Il Creatore, creando personalmente noi e solo noi, creò tutti gli uomini allo stesso tempo. Così anche noi dobbiamo creare il Mondo individualmente e allo stesso tempo per tutta la gente e per tutti i tempi e gli spazi.

© Грабовой Г.П., 2001

14° giorno:

1. In questo giorno dobbiamo concentrarci sul movimento degli oggetti circostanti. Osservandoli ci domandiamo: perché la nuvola si muove? Perché la pioggia cade? Perché gli uccelli volano? Come accade tutto ciò? Cerchiamo il significato informativo d'ogni evento. Tale concentrazione accompagnata dal pensiero dell'evento desiderato favorisce la realizzazione di quest'ultimo e il perfezionamento dell'arte del controllo.

2. La sequenza di sette numeri: 5831421;
La sequenza di nove numeri: 999888776.

3. In questo giorno dobbiamo vedere nelle nostre mani le mani che riflettono la luce della vita, le dita come dita riflettenti la luce delle nostre mani. Dobbiamo vedere che il nostro corpo splende di luce luminosa d'amore, di bene e di salute, di luce della mia Dottrina sulla vita eterna. In questo giorno i lettori possono percepire la mia Dottrina e rivolgersi a me nel pensiero. Ci si può rivolgere a me anche in qualsiasi altro giorno del mese e in qualunque stato chiedendo qualsiasi cosa di cui si ha bisogno per arrivare alla vita eterna e all'edificazione universale. Aiuterò tutti! Ma ci si può rivolgere anche a sé stessi, e scoprire da soli che cosa avete ricevuto da me. Potete vedere questo sapere, applicarlo e trasmetterlo ad altri. In questo giorno si può entrare in armonia con me come in qualsiasi altro giorno precedente o successivo. Anche nei giorni quando il tempo non sarà misurabile con il tempo e lo spazio, potete rivolgervi a me con la richiesta d'aiuto, di conversazione, di realizzazione di un evento o solo per essere accolti. Siamo liberi come lo siamo sempre stati. Imparate questa regola e diffondetela ad altri, e la vostra vita sarà eterna lì, dove ci sono io. E la vita diventerà eterna lì, dove ci siete voi, dove ci sono tutti gli uomini. L'Eternità sarà lì dove c'è tutto da sempre. Questo principio sarà vero e attendibile per tutti, lo è già, e noi siamo quelli che siamo nell'Eternità, perché noi siamo l'Eternità.

15° giorno:

1. Il secondo giorno del mese abbiamo praticato la concentrazione sul mignolo della mano destra. Il quindicesimo giorno possiamo utilizzare come oggetto di concentrazione

© Грабовой Г.П., 2001

Allegato (G). Gli esercizi per ogni giorno del mese per lo sviluppo della coscienza, lo sviluppo degli avvenimenti nella direzione favorevole, il recupero della salute completa e l'instaurazione dell'armonia con la pulsazione dell'universo

qualsiasi altra parte del nostro corpo, altre dita, i piedi o altro, a nostra scelta. La concentrazione segue lo stesso procedimento descritto per il secondo giorno.

2. La sequenza di sette numeri: 7788001;
La sequenza di nove numeri: 532145891.

3. Il quindicesimo giorno del mese dobbiamo sentire la Grazia Divina che ci è stata mandata dall'Intelletto Universale, siamo riconoscenti al Signore per la sua propria creazione, per la creazione di ogni suo elemento e del suo status che gli permette di riprodurre l'Universo, perché Dio è presente ovunque. Secondo questo principio avvertiremo la gratitudine delle piante e degli animali nei nostri confronti, sentiremo la gratitudine di un'altra persona e il suo amore. Sentiremo di amare gli altri. La creazione, la grazia e la compenetrazione sono nell'amore. L'amore universale, raggiungibile per tutti e raggiungente tutti è il Creatore, il quale ha personificato il Mondo in noi. Siamo la manifestazione dell'amore del Creatore, perché Egli è l'amore verso di noi. Abbiamo avuto il dono del Creatore inizialmente, e il dono siamo noi, siamo Creatori, perché creati dal Creatore, Dio è eterno, universale, dobbiamo andare verso di Lui, ed Egli è dappertutto. Andiamo lì dove ci chiama, perché Egli ci chiama dappertutto. Egli è dove siamo noi, è ovunque siamo noi. Noi siamo nel movimento del Creatore, siamo la personificazione della Sua Eternità. Vedremo che Egli ha creato il Mondo eterno nell'evoluzione reciproca e universale, che il Mondo è stato creato eterno, che il Mondo personifica noi eterni. Siamo i Creatori, che costruiscono l'eterno e il Creatore ci ha creati eterni nel momento della creazione del Mondo eterno.

16° giorno:

1. In questo giorno dobbiamo concentrarci sugli elementi della realtà esterna che entrano in contatto con il nostro corpo.

In questa concentrazione cerchiamo di sentire la cooperazione con i nostri amici il sole, l'aria e l'acqua.

Ci concentriamo sul calore che ci danno i raggi di sole. Sentiamo il loro tocco, il calore che ci scalda.

Sentiamo il venticello che soffia su di noi. Sentiamo come ci sfiora. Potrebbero essere anche forti raffiche di vento o aria immobile. Se allo stesso tempo fa molto caldo e umido, sentiamo

© Грабовой Г.П., 2001

contemporaneamente il calore, l'aria e l'umidità sul viso.

Sentiamo l'effetto rinfrescante dell'acqua quando laviamo il viso, facciamo la doccia o facciamo un bagno.

Le concentrazioni sono praticabili anche nella stagione fredda. Il nostro viso è sempre scoperto. Nella stagione estiva sulla spiaggia tutto il nostro corpo gode del contatto con il sole, l'aria e l'acqua. Inoltre possiamo aggiungere il contatto con la terra.

Queste concentrazioni hanno una grande importanza, in quanto stabiliscono un nostro contatto consapevole con le forze della natura.

Tale esercitazione ovviamente può essere praticata ogni giorno.

Tenendo nella mente nello stesso tempo l'evento ambito otteniamo la sua realizzazione.

2. La sequenza di sette numeri: 1843212;
La sequenza di nove numeri: 123567091.

3. Dobbiamo sentire l'armonia lì dov'è, cioè ovunque. È l'armonia del Creatore. Sentiamo l'armonia dove essa è presente ora, dov'era prima e sarà anche in futuro, dove non c'è mai stata e dove sarà sempre. È l'armonia del cambiamento. È l'armonia della trasformazione. È la trasformazione nella vita eterna. Avviciniamoci a noi stessi dappertutto, sentiamo questa armonia ovunque, e vedremo che la nostra armonia emana onde di gioia e d'amore. Vedremo che noi facciamo diventare il Mondo armonioso per sempre nel suo status eterno d'equilibrio. Stiamo combattendo nella grazia eterna Divina per la vita e la fede eterna.

17° giorno:

1.. Il diciassettesimo giorno del mese ci dedichiamo alla concentrazione sugli elementi della realtà esterna, quelli che ci circondano sempre. È lo spazio circostante, il Sole, la Luna, le costellazioni e tutto quello che crediamo esistere sempre. Ci concentriamo su uno di questi elementi e come al solito rammentiamo l'evento che vogliamo far realizzare.

2. La sequenza di sette numeri: 1045421;
La sequenza di nove numeri: 891000111.

3. Guardiamo con l'occhio onniveggente il risuscitamento di tutti e di tutto. Noteremo che la ricostruzione del Mondo è la

© Грабовой Г.П., 2001

Allegato (G). Gli esercizi per ogni giorno del mese per lo sviluppo della coscienza, lo sviluppo degli avvenimenti nella direzione favorevole, il recupero della salute completa e l'instaurazione dell'armonia con la pulsazione dell'universo

realtà nella quale viviamo. Sentiremo di vivere nel Mondo eterno. Andiamo avanti su questo camino e scorgeremo la strada che ci chiama. Prendiamo questa strada e vedremo il Creatore eterno, proveremo il piacere della nostra eternità ed è proprio questo piacere l'Eternità della vita. L'amore del Creatore è immenso, la sua semplicità è confidenziale, Egli è semplice e trasparente come l'abbiamo sempre immaginato, è amorevole e costruttivo come abbiamo sempre saputo. È il nostro Creatore e Egli ci offre la strada. Prendiamo la Sua strada, perché la Sua strada è anche la nostra.

18° giorno:

1. È il giorno della concentrazione sugli oggetti immobili. Possiamo scegliere un oggetto a nostro piacere: un edificio, un tavolo, un albero. Dobbiamo trovare la natura individuale dell'oggetto scelto, il suo senso. Dobbiamo capire che cosa questo oggetto rappresenta per noi. Questo è l'idea della concentrazione.

In seguito non ripeterò più che durante la concentrazione occorre tenere ben presente nella mente l'evento la cui realizzazione vogliamo raggiungere. Sarà sottinteso.

2. La sequenza di sette numeri: 1854212;
La sequenza di nove numeri: 185321945.

3. Noi ci dirigiamo lì, dove ci sono gli uomini, lì dove ci sono gli eventi. Lavoriamo dove c'è resistenza. Quando ce ne rendiamo conto, la resistenza diventa trasparente, la sua forza diminuisce, cominciamo a vedere il Mondo dell'Eternità, anche se la resistenza non è ancora cessata del tutto. Dobbiamo andare ed essere ovunque vogliamo. Possiamo essere dappertutto. Possiamo abbracciare tutto il Mondo della grazia, per cui dobbiamo lottare contro la resistenza a favore della vita eterna e allora la resistenza crollerà e dietro essa scorgeremo la luce della vita eterna. Sarà così sempre e in tutti i tempi.

19° giorno:

1. In questo giorno sperimentiamo la concentrazione sui fenomeni della realtà esterna, nei quali qualche cosa inizialmente intero si trasforma in un insieme di singoli elementi. L'esempio di tale fenomeno è la nuvola che si trasforma in gocce di pioggia,

© Грабовой Г.П., 2001

o la chioma d'albero che muta in singole foglie cadenti.

Durante la concentrazione su simili fenomeni cerchiamo di scoprire le leggi in base alle quali si potrebbe evitare tale sviluppo di eventi. La scoperta di queste leggi è l'obiettivo della concentrazione del diciannovesimo giorno.

2. La sequenza di sette numeri: 1254312;
La sequenza di nove numeri: 158431985.

3. La lotta dello spirito per il suo posto autentico nel Mondo, così come la lotta della nostra Anima per la personificazione del Creatore, fa diventare il nostro intelletto e la mente controllabili. La nostra coscienza si trasforma in universale e la nostra parte di coscienza diventa la coscienza universale. Diventiamo quelli che siamo davvero. La nostra eternità si manifesta nei nostri pensieri, i pensieri diventano l'Eternità, i nostri pensieri donano l'Eternità al Mondo. Noi saremo lì, dove siamo, saremo lì dove non siamo. Esisteremo sempre anche se il Mondo consiste di intervalli temporali, lì dove saremo noi gli intervalli del tempo diventeranno il Mondo, lo spazio si unirà con l'Eternità, il tempo cederà e noi saremo nel movimento, vivremo nel tempo eterno, percepiremo il tempo eterno, questo tempo verrà da noi. Ogni attimo del nostro tempo è eterno. Dobbiamo sentire l'Eternità in ogni istante e ci accorgeremo di possederla già.

20° giorno:

1. In questo giorno il nostro obiettivo sarà la concentrazione sulle aree remote della coscienza. Dovremo aiutare la gente.

Immaginiamo di dover spiegare qualcosa ad un'altra persona, qualcosa che non sa o non capisce. Sappiamo già che in realtà ogni uomo possiede tutto il sapere, la sua Anima contiene qualsiasi conoscenza. Il nostro scopo quindi è di aiutarla a rendersi conto dell'informazione già in suo possesso. Proprio in tale presa di coscienza del sapere nascosto nella nostra Anima consiste la comprensione autentica.

È più facile aiutare l'uomo a capire l'informazione necessaria custodita nella sua Anima tramite le aree remote della sua coscienza. Si può arrivare ad esse attraverso le aree remote della nostra coscienza.

© Грабовой Г.П., 2001

Allegato (G). Gli esercizi per ogni giorno del mese per lo sviluppo della coscienza, lo sviluppo degli avvenimenti nella direzione favorevole, il recupero della salute completa e l'instaurazione dell'armonia con la pulsazione dell'universo

Questa esercitazione ci introduce nell'attiva partecipazione del programma di salvataggio. A questo proposito è indispensabile sottolineare un punto cardine di questa concentrazione. La concentrazione deve garantire un effetto positivo del controllo degli eventi per tutti, senza distinzione, l'evoluzione favorevole degli eventi per tutta la gente, indipendentemente dal luogo in cui essa è dislocata. La gente deve ricevere il nostro aiuto anche se si trova a grande distanza da noi.

In forma breve possiamo chiamare questo esercizio la concentrazione sul successo di tutti. Grazie al nostro lavoro le situazioni concrete nella vita di tutta la gente avranno uno sviluppo positivo.

Volendo, soprattutto in fase iniziale, all'inizio dell'attività pratica possiamo aggiungere alla concentrazione descritta anche un'altra esercitazione: ci dobbiamo concentrare sugli oggetti remoti, ad esempio il Sole, i pianeti o le stelle e le costellazioni. Non è necessario essere in grado di scorgerli con la vista normale. Il nostro scopo è di capire che cosa sono essi dal punto di vista dell'informazione.

2. La sequenza di sette numeri: 1538416;
La sequenza di nove numeri: 891543219.

3. Guardiamo il Mondo dalla posizione più alta della nostra coscienza, dal punto di vista della posizione più profonda della nostra Anima e con l'aspirazione più spirituale al benessere di tutti, guardiamo il Mondo come se fosse ancora nella fase di creazione e creiamolo com'è adesso. Ma nel crearlo simile a com'è oggi, dobbiamo cambiare lo stato del Mondo con i suoi vizi verso il miglioramento, nella direzione dell'edificazione e della vita eterna. Scopriremo in seguito che i vizi non sono in realtà i vizi, ma la comprensione errata del Mondo. Dobbiamo capire il Mondo correttamente come ce lo insegna il Creatore e scopriremo che Egli è dappertutto e la correttezza è ovunque, basta andarle incontro, non negarla ed avvicinarci a questa correttezza per sempre, e allora vedremo il Mondo trasformato. Scopriremo che l'Universo è divenuto nostro, che il Creatore è contento di noi, che noi stessi siamo Creatori, e possiamo creare dappertutto, sempre e per sempre. Siamo gli aiutanti del Creatore, siamo gli aiutanti di qualsiasi persona e come il Creatore stesso creiamo il Creatore e raggiungiamo il punto di unione di tutti. Il punto dell'unione di

tutti è la nostra Anima. Guardiamolo e vedremo la luce della vita. È la luce emanata dalla nostra Anima. La luminescenza della nostra Anima è quello che ci chiama in alto, lontano, la luminescenza dell'Anima è il Mondo. Vediamo il Mondo perché lo vede la nostra Anima. Vediamo l'Anima perché abbiamo gli occhi dell'Anima. Guardiamo noi stessi da tutti i lati e scopriremo l'unione universale con tutto il Mondo, che esiste sempre e dappertutto. Il nostro pensiero è il pensiero del Mondo. Il nostro sapere è il sapere del Mondo. Distribuiamo il sapere della vita e diffondiamo la luce della nostra Anima, vedremo la vita eterna in quello stato in cui ci troviamo. Scopriremo che la vita eterna è da tempo con noi, che è esistita ed esisterà sempre. La vita eterna siamo noi.

21° giorno:

1. Il ventunesimo giorno dobbiamo praticare la concentrazione sulle sequenze dei numeri in direzione opposta. L'esempio di una tale sequenza è: 16, 15, 14, 13, 12, 11, 10. I numeri che compongono la sequenza devono essere inclusi tra 1 e 31 (il numero massimo di giorni in un mese). Quindi abbiamo a nostra disposizione 31 numeri. Affidiamo al nostro intuito la scelta dei numeri per la composizione della sequenza.

2. La sequenza di sette numeri: 8153517;
La sequenza di nove numeri: 589148542.

3. Vediamo come scorre un ruscello dalle montagne. Vediamo come si scioglie la neve. Rivolgiamo il nostro sguardo mentale a queste immagini se le abbiamo già viste con gli occhi. Scopriremo che il nostro pensiero non è diverso dagli occhi. La nostra coscienza non si distingue dal nostro corpo. Vedremo che la nostra Anima costruisce il corpo. Non dimentichiamo queste conoscenze, trasferiamole da un secondo in un altro, trasmettendole agli altri e costruendo in un istante l'Eternità. Costruiremo noi stessi eternamente come se fossimo vissuti prima, questa costruzione eterna è la vita eterna. In base allo stesso principio costruiamo attorno a noi stessi anche gli altri oggetti, creiamo i Mondi. Creiamo la gioia e seminiamo il grano, creiamo il pane e costruiamo gli strumenti, le macchine, facciamo queste macchine assolutamente innocue, incapaci di distruggere, e allora scopriremo di vivere già in questo Mondo, vedremo che tutto ciò ci è mandato da Dio, che le macchine sono

© Грабовой Г.П., 2001

Allegato (G). Gli esercizi per ogni giorno del mese per lo sviluppo della coscienza, lo sviluppo degli avvenimenti nella direzione favorevole, il recupero della salute completa e l'instaurazione dell'armonia con la pulsazione dell'universo

la manifestazione di Dio e della nostra coscienza. Fermiamo la macchina se essa crea pericolo. Creiamo il corpo se è malato, risuscitiamo se qualcuno se ne è andato, impediamo che qualcun altro se ne vada. Siamo i Creatori, dobbiamo prendere, agire e andare avanti in armonia con tutto il Mondo, in armonia con tutto il creato, in armonia con tutto quello che sarà mai creato in tutta l'infinità del Mondo, e in armonia con noi stessi.

22° giorno:

1. In questo giorno dobbiamo concentrarci sugli elementi della realtà caratterizzati dalla riproduzione interminabile. Né è un esempio il concetto dell'Eternità, o lo spazio infinito.

2. La sequenza di sette numeri: 8153485;
La sequenza di nove numeri: 198516789.

3. La nostra Anima è una struttura creata, è una struttura ricostruibile. Guardiamo come si costruisce e come si ricostruisce. La nostra Anima è nell'atto di ricostruzione, apriamo il nostro Mondo e vediamo come si è riprodotto il Creatore, guardiamo il meccanismo di ricreazione e scopriamo l'amore. L'amore è quello che porta la luce al Mondo. L'amore è quello su cui è costruito il Mondo. L'amore è quello che esiste da sempre. Guardiamo chi ha creato l'amore e vedremo noi stessi. L'amore appartiene a noi, siamo noi, siamo appartenenti all'amore. Costruiamo con amore, costruiamo con prosperità, costruiamo con gran gioia di vita e di felicità universali, e vedremo la gioia che sentono tutti attorno a noi. Dobbiamo vedere la gioia di quelli che ci stanno vicini e il nostro cuore si riempirà di felicità. Viviamo in felicità, in armonia e la felicità ci porterà l'Eternità. Guardiamo con i nostri occhi eterni, con il nostro corpo eterno, guardiamo con lo sguardo eterno la nostra famiglia e doniamole l'Eternità. Guardiamo con la nostra Eternità tutti gli uomini, e doniamo a loro l'Eternità. Guardiamo con la nostra Eternità tutto il Mondo, tutto quello che ci circonda e doniamogli l'Eternità. Il Mondo fiorirà, ci sarà un fiore che fiorirà eternamente. Questo fiore sarà il nostro Mondo, il Mondo di tutti. E noi vivremo e la nostra felicità sarà eterna.

© Грабовой Г.П., 2001

23° giorno:
1. In questo giorno dobbiamo concentrarci sull'evoluzione di tutti gli elementi della realtà nella direzione della realizzazione degli obiettivi Divini.
2. La sequenza di sette numeri: 8154574;
La sequenza di nove numeri: 581974321.
3. Guardiamo il Mondo, esaminiamo quello che c'è da fare al suo interno, guardiamo le nostre faccende domestiche, i nostri sentimenti. Studiamo come i nostri sentimenti sono legati agli eventi, perché guardiamo avanti, perché percepiamo, perché i nostri affari vanno in un modo piuttosto che in un altro. La parola "altrimenti" non può esistere nel Mondo, perché il Mondo è unico e multiforme nella sua unità. Esaminiamo perché la parola "unico" significa multiforme. Sentiamo tutta la natura dei fenomeni in una nostra faccenda concreta. Studiamo questa faccenda in tutti gli aspetti. Guardiamo il nostro organismo e ricostruiamolo in un istante mentale. Guardiamo la nostra coscienza e facciamole risolvere tutti i nostri problemi. Guardiamo la nostra Anima e scopriremo che contiene già tutto il sapere.

24° giorno:
1. In questo giorno nel corso della concentrazione dobbiamo trasformare la forma umana in un qualsiasi altro oggetto, ad esempio una cassetta video, una penna, una pianta. Dobbiamo scoprire da quale elemento della forma umana nasce per esempio la cassetta, ovvero come bisogna concepire l'aspetto dell'uomo per ottenere la cassetta.
2. La sequenza di sette numeri: 5184325;
La sequenza di nove numeri: 189543210.
3. Noi vediamo la realtà che solo noi vediamo. Siamo arrivati alla realtà che rappresenta noi. Guardiamo tutti i giorni dal primo al ventiquattresimo e vedremo che il nostro amore è infinito. Guardiamo il Mondo con amore, studiamo com'è costruito il sentimento, guardiamo il sentimento come creazione eterna e arriveremo all'amore come Eternità. Ci arriviamo e rimaniamo per sempre con amore. Il Creatore ci ha creati innamorati. Siamo creature Divine e amiamo. L'amore è la vita, la vita è l'amore. Diamo l'amore lì dove andiamo, diamo l'amore lì dove ci determiniamo e ci predeterminiamo. L'amore

© Грабовой Г.П., 2001

Allegato (G). Gli esercizi per ogni giorno del mese per lo sviluppo della coscienza, lo sviluppo degli avvenimenti nella direzione favorevole, il recupero della salute completa e l'instaurazione dell'armonia con la pulsazione dell'universo

---

può essere espresso non con le parole o con i sentimenti, ma i nostri atti sono l'amore lì dove creiamo.

25° giorno:

1. In questo giorno possiamo concentrarci su qualsiasi oggetto a nostra scelta. È importante che le concentrazioni siano multiple e che differiscano tra loro. Analizziamole e uniamo diversi oggetti di concentrazioni da questo insieme nei gruppi in base a qualche caratteristica. Ad esempio, il videoregistratore e la cassetta possono essere attribuiti ad un gruppo, perché si completano nella realizzazione della loro destinazione. Lo stereo e il videoregistratore appartengono allo stesso gruppo in quanto articoli creati con l'utilizzo dell'elettronica. Allo stesso gruppo si possono ascrivere gli oggetti dello stesso tipo, per esempio due libri. Tuttavia dal punto di vista del loro contenuto o tema questi libri possono finire in gruppi diversi se nella formazione dei gruppi è determinante il principio tematico.

Abbiamo la piena libertà creativa. A casa possiamo dare un'occhiata intorno e adoperare ai fini della concentrazione i diversi oggetti circostanti.

1. La sequenza di sette numeri: 1890000;
   La sequenza di nove numeri: 012459999.

2. Concentriamoci sul pensiero di noi stessi. Cogliamo il pensiero di noi stessi come un nostro riflesso. Guardiamo noi stessi come guardiamo gli altri. Guardiamo noi stessi come guardiamo un ramo dell'albero, una foglia della pianta, la rugiada mattutina o la neve sul davanzale. Vedremo quello che è eterno davanti a noi, vedremo che noi siamo eterni.

26° giorno:

1. In questo giorno impariamo a vedere l'intero e la sua parte contemporaneamente, il generale e il particolare.

Immaginiamo una mandria di mucche: possiamo vedere tutta la mandria e allo stesso tempo concentrarci su una singola mucca, capire di che cosa vive, a cosa pensa, come va a svilupparsi. Oppure possiamo rivolgere la nostra immaginazione ad un formicaio e ad una singola formica.

Questa concentrazione ci insegna a vedere con lo stesso sguardo l'insieme e la sua parte, il generale e il particolare.

© Грабовой Г.П., 2001

2. La sequenza di sette numeri: 1584321;
La sequenza di nove numeri: 485617891.

3. Prendiamo in considerazione il fatto che la nostra evoluzione è eterna. Notiamo che la nostra evoluzione è costante. Occupiamoci di quello che è eterno, perché ogni movimento è eterno e ogni cosa è la personificazione dell'Eternità, ogni persona è l'Eternità e ogni Anima è una moltitudine delle Eternità. Andiamo alle Eternità multiformi dall'Eternità unica e vedremo che l'Eternità è una per tutti. Attraverso questo sapere arriveremo a comprendere la nostra Anima e scopriremo di essere Creatori di quello di cui abbiamo bisogno. Applichiamolo alla creazione di ogni cosa e vedremo che ogni cosa è creata da noi. Applichiamolo alla nostra salute e capiremo che il nostro organismo è sempre autoricostituibile. Applichiamolo alla salute degli altri e curando gli altri matureremo esperienza anche per noi stessi. La cura degli altri è sempre un'esperienza per sé stessi. La ricostituzione di tutto è sempre l'esperienza per noi. Facciamo del bene, diamo più felicità e gioia e riceveremo l'Eternità tra le mani come uno strumento concreto di tecnologia della nostra coscienza. Estendiamo la coscienza sulle rigide condizioni dell'Eternità. Lì dove l'Eternità si allarga, superiamola, superiamo l'Eternità nell'infinità e vedremo che siamo la personificazione del Creatore. Noi creiamo solo lì, dove l'Eternità ancora si allarga, siamo i Creatori dell'Eternità, teniamo sotto controllo l'Eternità e l'Eternità obbedisce a noi sempre.

27° giorno:

1. In questo giorno dobbiamo praticare la stessa concentrazione del nono giorno del mese con la differenza che aggiungiamo lo sviluppo infinito d'ogni elemento della concentrazione.

2. La sequenza di sette numeri: 1854342;
La sequenza di nove numeri: 185431201.

3. Aiutiamo quelli che hanno bisogno di essere aiutati. Aiutiamo quelli che non hanno bisogno di aiuto. Aiutiamo noi stessi, se ci occorre aiuto. Aiutiamo noi stessi, se non ci serve aiuto. Dobbiamo considerare la parola aiuto in senso più ampio, e la bontà come personificazione dell'aiuto. Siamo

© Грабовой Г.П., 2001

buoni e aiutiamo. Siamo Creatori e abbiamo l'aiuto. Ogni atto della nostra creazione ci porta aiuto. Tutto quello che abbiamo creato ci aiuta. Abbiamo una quantità infinita di aiutanti, e noi aiutiamo una quantità infinita di persone. Tra noi e tutti gli altri c'è un legame universale, aiutiamo sempre tutti e tutti ci aiutano. Attraverso i legami universali e l'aiuto reciproco portiamo la società alla prosperità, doniamo la felicità a tutti e scopriremo di essere in armonia universale con tutti, dove Dio-Creatore è tutto quello che è stato creato attorno a noi, è tutto quello che abbiamo creato noi. La personificazione di Dio come nostro creatore si manifesterà nella nostra Anima con la comprensione autentica del Mondo nell'autoevoluzione già dopo che abbiamo ottenuto l'Eternità della vita. L'Eternità della vita è l'infinità del Creatore. Per essere viventi in infinità, bisogna essere creabili in infinità. Per essere creabili in infinità non occorre nulla, perché siamo creati per sempre, per essere creabili eternamente. Possiamo far sì che ogni nostro pensiero, ogni nostro movimento, ogni nostro atto crei l'Eternità.

28° giorno:

1. In questo giorno praticheremo la stessa concentrazione dell'ottavo giorno del mese, con una solo differenza. Ecco di che si tratta:

Avrete notato che nel giorno precedente nella definizione della concentrazione i numeri 2 e 7 si addizionavano: 2+7= 9. In questo caso la situazione è diversa. Il numero 28 è composto dalle due cifre 2 e 8. Il numero 28 deve essere percepito come moltiplicazione di due per otto. Non l'addizione, ma proprio la moltiplicazione. L'otto si raddoppia. Proprio per questo motivo si ripete il programma dell'ottavo giorno. Tuttavia questa ripetizione non può essere letterale, non deve essere una copia esatta del lavoro precedente. Dobbiamo modificare qualche cosa, e per primo modificare qualcosa in noi. Ad esempio possiamo cambiare la nostra percezione di questa concentrazione. Seguendo lo stesso schema dobbiamo scoprirvi qualcosa di nuovo, vederla da un punto di vista diverso.

La nostra percezione e comprensione delle concentrazioni deve sempre approfondirsi e crescere. È un processo creativo,

che favorisce il nostro sviluppo.
 2. La sequenza di sette numeri: 1854512;
 La sequenza di nove numeri: 195814210.
 3. Guardiamo noi stessi come guardiamo tutto il Mondo. Guardiamo il Creatore come il Creatore ci guarda e capiremo che cosa Egli vuole da noi. Guardiamo il suo sguardo e vedremo il Suo sguardo. Scopriremo che lo sguardo del Creatore è rivolto anche verso i fenomeni lontani del Mondo, il nostro obiettivo è di controllare questi fenomeni del Mondo. Dobbiamo trasformare tutti i fenomeni del Mondo in armoniosi. Ecco il nostro obiettivo autentico. Dobbiamo generare e creare Mondi sempre armoniosi. Questo è il nostro compito da quando siamo stati creati. Perché Egli ha già creato, perché Egli ha già fatto, il nostro scopo è di seguire le sue orme, dato che siamo creati a Sua immagine e somiglianza. Il Creatore si è autoricreato, ma ha creato anche noi. Autoricreiamoci e creiamo gli altri. Creiamo tutti gli altri e diamo a tutti la prosperità universale, allora il Mondo sarà creato per noi, per tutti e per il Creatore. Creiamo per il Creatore perché è stato Lui a crearci. Creiamo per il Creatore perché è stato Lui a creare tutto. Tutto quello che noi creiamo, lo facciamo per il Creatore.

29° giorno:

 1. In questo giorno praticheremo la concentrazione riassuntiva. Dobbiamo ripassare tutte le concentrazioni dalla prima alla ventottesima, ma le dobbiamo percepire in un impulso. È essenziale. Dobbiamo abbracciare tutta la strada fatta in un mese con un solo momento di percezione.

 Inoltre occorre effettuare una certa analisi del nostro lavoro. In questo giorno viene creata la piattaforma per il lavoro nel mese successivo.

 Immaginiamo tutto quello che abbiamo fatto precedentemente sotto forma di una sfera e collochiamola sulla retta infinita, il tratto iniziale della quale comprende anche il mese successivo. In questo modo creiamo la piattaforma non solo per il mese successivo, ma anche per il nostro sviluppo futuro interminabile.
 2. La sequenza di sette numeri: 1852142;
 La sequenza di nove numeri: 512942180.

© Грабовой Г.П., 2001

Allegato (G). Gli esercizi per ogni giorno del mese per lo sviluppo della coscienza, lo sviluppo degli avvenimenti nella direzione favorevole, il recupero della salute completa e l'instaurazione dell'armonia con la pulsazione dell'universo

3. Guardiamo il Mondo con i nostri occhi. Guardiamo il Mondo con tutti i nostri sentimenti. Guardiamo il Mondo con tutte le nostre cellule. Guardiamo il Mondo con tutto il nostro organismo e con tutto ciò che può vedere, con tutto il nostro essere. Guardiamo il Mondo e noi stessi e anche dentro noi stessi. Guardiamo il Mondo con la consapevolezza che il Mondo è intorno a noi e ci avvolge. Guardiamo la realtà che genera la vita. Guardiamo la realtà che produce l'Eternità. Ci accorgeremo che ovunque rivolgiamo lo sguardo, dappertutto c'è soltanto la realtà che genera la vita e l'Eternità. Il Creatore di questa realtà è Dio. Il Dio che ha creato questa realtà, ha generato la vita eterna. Egli ci vede come vediamo noi stessi, Egli ci vede come noi stessi non ci vediamo, ed è il nostro Creatore. È Dio.

30° giorno:
1. In questo giorno effettuiamo la prima concentrazione sulla piattaforma costruita. La concentrazione pone le fondamenta del nostro lavoro nel mese successivo.
Dobbiamo concentrarci sull'armonia del Mondo. Dobbiamo sentirla, trovarla, gioire e ammirarla. Ci sorprende la perfezione con la quale è stata creata da Dio. Ammiriamo l'armonia del Mondo come conseguenza della perfezione del Creatore.

2. La sequenza di sette numeri: 1852143;
La sequenza di nove numeri: 185219351;

3. Il principio secondo il quale costruiamo tutti i giorni precedenti, in questo giorno può essere essenziale, perché a febbraio con i suoi 29 o 28 giorni questo principio nel trentesimo giorno passa al primo o al secondo giorno. Tale unione segna il ciclo eterno della vita. Troviamo l'Eternità in tutte le nostre armonizzazioni precedenti. Troviamo questa Eternità nel semplice esempio della lunghezza dei mesi: un mese ha 30 giorni, l'altro, febbraio ne ha 29 o 28 giorni e tramite solo questo mese di febbraio abbiamo le unioni del numero 30 con i numeri 1 o 2. L'unione tra i numeri di natura e origine diversa simboleggia l'unione e la natura comune di tutti. Troviamo la natura comune in tutto, in ogni elemento dell'informazione, troviamo la natura comune lì dove non è visibile subito, troviamola lì dov'è evidente, troviamola lì dove si nota subito. Allora vedremo, capiremo, sentiremo di essere ispirati.

© Грабовой Г.П., 2001

31° giorno:

1. Nel trentunesimo giorno ci concentriamo sulle aree segregate di ogni singolo volume.

Immaginiamo un albero che cresce su un terreno. Vediamo che sotto l'albero c'è la terra, sopra e attorno c'è l'aria. Tutte queste aree singole si uniscono nella nostra coscienza perché tutte rappresentano per noi la riproduzione eterna della vita. La vita è eterna. Dobbiamo capirlo. Rammentiamolo osservando il Mondo attorno a noi, sentendolo, dissolvendoci in esso. E ci arriverà la comprensione della verità: SI, LA VITA È ETERNA!

2. La sequenza di nove numeri: 1532106;
La sequenza di sette numeri: 185214321.

3. Concentriamoci in questo giorno su noi stessi. Siamo assolutamente e completamente sani e tutte le persone sono sane. Il Mondo è eterno. Tutti gli eventi sono edificativi. Percepiamo sempre tutto solo positivamente. Tutto attorno a noi è a favore.

Occorre fare una nota alle esercitazioni riportate sopra. Ripeto ancora una volta: siamo noi a decidere la quantità e la durata delle concentrazioni. Dobbiamo decidere inoltre quale risultato è di maggior peso per noi in questo mese, quali sono le mete da raggiungere per prime. Se vogliamo ottenere un determinato risultato in termini precisi, bisogna fissare questa scadenza nell'impostazione dell'obiettivo e cercare di raggiungerla tramite le concentrazioni.

Ricordiamo che queste esercitazioni hanno un carattere creativo. Favoriscono il nostro sviluppo, la nostra crescita spirituale, di conseguenza saremo in grado di mettere in pratica le concentrazioni al livello più alto, e di innalzare il nostro sviluppo e così via. Questo processo è infinito. Presto ci accorgeremo che la nostra vita comincia a subire cambiamenti positivi, ma in realtà siamo noi che cominciamo a migliorarla, prendendone il controllo nelle nostre mani.

Le esercitazioni aiutano l'evoluzione della coscienza, lo sviluppo degli eventi nella nostra vita nella direzione favorevole, il miglioramento della salute e l'instaurazione dell'armonia con la pulsazione dell'Universo.

© Грабовой Г.П., 2001

POSTFAZIONE

POSTFAZIONE

Salvando noi stessi salveremo gli altri. Salvando gli altri salveremo noi stessi. Il movimento verso il Mondo è la verità del Mondo. Il movimento verso la coscienza è la verità della presa di coscienza. La nostra missione è universale. Dobbiamo aspirare a trovare quella strada che ci è stata predeterminata. La nostra strada è la strada verso l'Eternità. La nostra vita è la creazione. La nostra immagine è l'immagine di Dio. La nostra coscienza è l'immagine della ragione. La nostra creazione è l'immagine della verità. Siamo i Creatori, così come Dio è Creatore. Siamo la verità, perché la verità è Dio. Quando guardiamo il Mondo con gli occhi lucidi e spalancati, i nostri occhi riflettono la realtà della nostra creazione Divina. Quando guardiamo Dio, negli occhi si riflette la verità del Mondo. I nostri occhi sono creati da Dio e con questi possiamo vedere come Egli ha creato, guardiamo e creiamo. I nostri occhi sono la nostra coscienza, la nostra Anima è tutto quello che creiamo. Il nostro corpo è la nostra coscienza. Le nostre mani sono la nostra coscienza. Guardando noi stessi, creiamo noi stessi. Guardando la gente, creiamo la gente. Guardando il Mondo, creiamo il Mondo. Percepiamo il Mondo e il Mondo crea sé stesso. Guardiamo la realtà e la realtà ci vede. Vediamo la realtà nello stesso modo in cui vediamo tutta la gente attorno. Quando saliamo sulla cima del Mondo, il Mondo è accanto a noi. Quando gli andiamo incontro, il Mondo è sulla cima. Se lo vediamo, vediamo il nostro amore. Il nostro amore è la nostra creazione, donata da Dio e creata da Lui una volta e per sempre. Come l'amore creato da Dio è esistito sempre e dappertutto, così vi do questo libro per tutti i tempi della vostra vita e per tutti i tempi della vita di tutti. Quando viviamo per sempre, ci muoviamo verso l'alto e il nostro cammino è coperto di rose. Quando viviamo dappertutto ci muoviamo dappertutto e il nostro cammino è coperto di spazio e di mondi. Quando viviamo per sempre, il nostro cammino è cosparso di fiori. Prendiamo questi fiori e diamoli a tutti, regaliamo ad ognuno il fiore della vita eterna. Indichiamo la strada, abbreviamola e facciamola uguale per tutti. Ogni persona deve vivere la vita eterna e ad ognuno deve essere indicata la strada che ognuno ce l'ha nell'Anima. Apriamo la nostra Anima e mostriamo a tutti il fiore della nostra gioia.

© Грабовой Г.П., 2001

Scopriamo questa realtà nello stesso spirito in cui l'abbiamo già compresa. Dobbiamo andare verso quello che sappiamo già. Dobbiamo essere quello che siamo già. Salviamo noi stessi e salviamo gli altri, e la nostra ragione sarà immediata nell'Eternità, e l'Eternità personificherà la nostra ragione. Quando vedremo noi stessi nell'istante della nostra ragione accadrà la resurrezione universale. Risorgerà ogni presente e ogni assente, ogni vivente non morirà mai. Risuscitiamo tutti in base al principio della vita universale, perché il sapere moderno, il sapere della salvezza e la salvezza vera si basano su quello che noi sappiamo. L'avvento del Creatore è in quello che comprendiamo, in quello che sappiamo già e noi assumeremo questi saperi. Questo è l'avvento del Salvatore per ognuno. Possiamo avere questo sapere e dobbiamo salvarci tramite questo sapere. E la salvezza raggiungerà ciascuno. Perché possiamo essere salvati quando ognuno in particolare si salverà, perché possiamo essere salvati quando tutti si salveranno insieme. Andiamo lì, dove la salvezza c'è da sempre. Ci salveremo in ogni caso. Il nostro scopo è di realizzare la salvezza in pratica e la pratica deve diventare la salvezza nella vita eterna. Perché solo la vita eterna è la vera salvezza, perché solo la vera salvezza è la vita eterna.

Grigori Grabovoi.

© Грабовой Г.П., 2001

Edizioni L'Arcipelago
Via Panciatichi, 23/6
50100 Firenze
tel: 3408135490

Stampato da DBook
per conto di Edizioni L'Arcipelago
prima stampa: agosto 2015
ristampa: febbraio 2016

www.ingramcontent.com/pod-product-compliance
Lightning Source LLC
Chambersburg PA
CBHW060106170426
43198CB00010B/785